江苏省一流本科课程配套教材

江苏省高校教师教学创新大赛特等奖课程配套教材

创新创业教程

主 编 杨慧 鲁涛 赵茜

CHUANGXIN

CHUANGYE

JIAOCHENG

中国教育出版传媒集团

高等教育出版社·北京

内容简介

本书是高等学校创新创业系列教材之一,分为三篇共 12 章:创新篇(第 1—4 章)包括认识创新、创新思维、创新方法和创新发展,遵循"基础—应用—前沿"的逻辑递进;创业篇(第 5—10 章)围绕创业机会、创业团队、创业资源、商业模式及创业计划与实施,按照"理论—设计—实操"的路径展开;融合篇(第 11—12 章)聚焦科技创新创业与大学生创新创业,体现创新创业在科技领域和人才培养中的实践融合。本书可作为本科生和研究生创新创业相关课程教材。

图书在版编目(CIP)数据

创新创业教程 / 杨慧,鲁涛,赵茜主编. -- 北京 : 高等教育出版社,2025.7. -- ISBN 978-7-04-065154-6

Ⅰ. G647.38

中国国家版本馆 CIP 数据核字第 2025XT3974 号

策划编辑 林 荫 责任编辑 林 荫 封面设计 张文豪 责任印制 高忠富

出版发行	高等教育出版社	网 址	http://www.hep.edu.cn
社 址	北京市西城区德外大街 4 号		http://www.hep.com.cn
邮政编码	100120	网上订购	http://www.hepmall.com.cn
印 刷	上海盛通时代印刷有限公司		http://www.hepmall.com
开 本	787 mm×1092 mm 1/16		http://www.hepmall.cn
印 张	16.25		
字 数	392 千字	版 次	2025 年 7 月第 1 版
购书热线	010 - 58581118	印 次	2025 年 7 月第 1 次印刷
咨询电话	400 - 810 - 0598	定 价	38.00 元

前　言

当前，全球科技革命与产业变革加速演进，创新驱动发展战略的实施迫切需要培养具有创新精神和创业能力的高素质人才。创新创业教育不仅关乎个体职业发展，更是提升国家核心竞争力的战略举措。本书的编写，正是顺应这一时代要求，旨在为高校创新创业教育提供系统化、本土化的教学资源，为创新型人才培养提供理论支撑和实践指导。

本书构建了创新创业深度融合的知识体系，帮助学生掌握基础理论、提升实践能力、拓展前沿视野。全书分为三篇共 12 章：创新篇（第 1—4 章）从认识创新、创新思维、创新方法到创新发展，遵循"基础—应用—前沿"的逻辑递进；创业篇（第 5—10 章）围绕创业机会、创业团队、创业资源、商业模式及创业计划与实施，按照"理论—设计—实操"的路径展开；融合篇（第 11—12 章）聚焦科技创新创业与大学生创新创业，体现创新创业在科技领域和人才培养中的实践融合。内容设计上，兼顾"基础＋进阶"层次与"理论＋实践"维度，既夯实学生核心素养，又引导其探索颠覆式创新、自主创新等前沿议题，满足拔尖创新人才的成长需求。

本书在以下方面具有显著特色：第一，提升创新内容比例。回归创新本质，强化"创新思维＋创新型创业"的双创融合观，大幅提高创新部分篇幅，引入不同学科领域创新案例，引导学生多维度理解新质生产力发展机遇与挑战。第二，强化产教融合与实践导向。紧密贴合新时代背景和产业实践前沿，精选 12 个引导案例和超 100 个嵌入案例，提供商业模式设计、创业计划制订等实用工具，有效增强教材的实践指导价值。第三，突出中国理论和中国实践。突破传统教材重国际理论的局限，设立"创新发展""科技创新创业"等独立板块，系统阐释"自主创新"等中国原创理论，全书中国案例占比超 70％。此外，本书系统阐述了双创教育的中国实践，为大学生开展创新创业活动提供了行动指南。

本书的完成得益于课程团队的集体智慧，在此表示感谢。同时，本书参考了国内外优秀研究成果，在此一并致谢。限于编者水平，书中难免疏漏，恳请各位专家、读者批评指正，以便我们在后续修订中不断完善。

编　者
2025 年 6 月

目 录

第一章　认识创新

【学习目标】

☑ 理解创新的内涵和意义

☑ 理解熊彼特创新理论和创新的经济学定义

☑ 掌握企业内部创新和外部创新类型

☑ 掌握突破性创新和渐进性创新的特征与功能

☑ 了解国家创新体系、产业创新系统、企业创新生态系统

引导案例

华为在创新中涅槃

不是为了创新而创新，一定是为了创造价值。

——任正非

在竞争激烈的通信设备行业，兴衰就在转瞬之间，唯有持续创新才能稳立市场。华为称得上该行业的一匹创新黑马，它坚持以"开放式创新"的理念打开边界，与世界握手，成为全球领先的信息与通信基础设施和智能终端提供商。

1987年，任正非在深圳市创立华为技术有限公司（以下简称"华为公司"），主要从事进口交换机代理销售。1990年，华为开始从事交换机制造。1997年，华为开始进军发展中国家市场。2005年，华为吹响了进军欧美市场的号角，跻身全球主流的通信设备制造商行列。目前公司主营业务包括运营商网络业务、企业解决方案业务、消费者终端业务三大类。截至2023年底，华为全球员工总数已超过20万人，来自全球162个国家和地区。在发展过程中，华为曾多次遭遇寒冬。2001年和2002年华为销售额曾连续两年零增长。2019年美国对华为的制裁更是将其推上中美贸易摩擦战的风口浪尖。华为通过持续创新突破一道道难关，以其独特的智慧与光芒照亮前行的道路。

首先是技术创新。华为坚持将每年销售额的至少10%投入研发中。华为技术研发看重两个关键点，第一便是"拿来主义"即引进技术的基础上实现创新，第二便是"服务于市场"即技术研发紧跟市场。华为从一家小公司成长为让全球客户信赖的国际企业离不开贴近客户的产品创新。以智能手机为例，2009年起华为逐渐在智能机领域崭露头角。此时，苹果是智能手机行业的龙头老大和创新典范，国内企业基本处于跟随模仿的状态。以用户交互为例，苹果推出的全球第一部具有指纹识别功能的iPhone 5s后，引起国内厂商疯狂的追捧与模仿。但有些客户却觉得指纹识别之后滑动屏幕上的滑块才能完成解锁的动作过于繁琐。针对此问题，华为在Mate 7上对这一功能进行了优化，在苹果原有技术的基础上进行调整，将指纹识别和屏幕解锁合为一步。小小的改变却大大地方便了用户，使得Mate 7在众多指纹解锁智能机中脱颖而出。2018年华为推出的P20 Pro，采用

三摄像头设计,在苹果原有双摄方案的基础上增加了一个长焦镜头,而同年苹果新机型依旧沿用了双摄像头,这也是华为首次产品设计创新超越苹果。紧接着 2019 年推出的 P30 Pro 四摄,直接主导了华为在智能手机摄像头的创新方向,实现了从"抄"到"超"的巨大跨越。

再者是管理创新。华为管理创新主要体现在制度创新和组织创新。"全员持股"是华为最大的颠覆性制度创新,也是华为创造组织奇迹的根本所在。华为仅有两大股东,一个是持股约为 99% 的工会委员会,另一个是持股约为 1% 的任正非。作为一家民营企业,任正非完全可以拥有华为的绝对控股权,但任正非没有这样做。从华为创立的第一天起,他就坚持"以客户为中心,以奋斗者为本"的核心价值观。他认为,企业长期发展的根本动力是企业的劳动者,他们为公司创造出价值、做出贡献,需要得到合理的回报。华为将这种回报不仅体现在高薪酬上,还体现在股权的激励上。华为在企业内部实行"工者有其股"即劳动者持股制度,最新的以五年为一周期的 TUP 股权创新方案更是将外籍员工也纳入范围内,将懈怠的老员工排除在外。华为的"劳动者普遍持股"的股权激励制度在中国企业中是史无前例的,它将员工个人利益与公司利益捆绑在一起,是管理者对利益分配的大胆创新,也是华为释放生产力的重大举措和取得成功的关键密码。

华为管理创新的另一个重要体现是组织创新。1997 年,任正非带领华为管理班子日夜兼程访问了美国思科公司、IBM 公司、贝尔实验室与惠普等公司。其中,"蓝色巨人"IBM 公司管理制度的规范、灵活、响应速度都给任正非留下了深刻的印象。1998 年,任正非痛下决心花费了全年销售额的一半 40 多亿元聘请 IBM 公司 200 多名专家对华为的生产、研发、财务、人力资源等职能领域组织结构和管理流程进行量身定做,开始了长达五年的全面改革。改革之后华为产品成本下降为原来的 50%,商品及时交付率从 20% 提升到 60%,远高于业界平均水平 40%。任正非多次强调,组织改革的目的是避免官僚主义,增强作战能力,在困境和压力中实现"打胜仗"的目标。华为学习军队作战模式,提出了"铁三角"组织管理模式,由客户经理、解决方案专家、交付专家分别负责前期与客户沟通、中期产品设计和后期交付,形成以项目为中心的一线作战单元,从点对点被动响应客户到面对面主动对接客户,以深入准确全面理解客户需求。任正非说:"铁三角不是一个三权分立的制约体系,而是生死与共,聚焦客户需求的共同作战单元",这恰恰体现了华为一直推崇的"狼性精神",即群体奋斗意识和团结一致的行动。

在持续创新的道路上,华为始终遵循"以客户为中心"的创新思想。作为一家通信科技公司,华为并不是一味追崇技术为大,它更强调与市场相适应。华为的创新不是盲目冒进,也不是虚无缥缈,而是始终紧紧围绕着客户的显性需求和隐性需求展开。作为多款华为旗舰手机的决策者与参与者,华为副总裁李昌竹表示,华为的创新,归根到底是要让每项技术和产品投入都能给消费者带来更好的体验。

资料来源:根据中国管理案例共享中心案例《华为基业长青的基石:持续创新》《从"抄"到"超":华为创新发展之路》改编。

思考题:(1)案例中涉及哪些类型的创新?

(2)如何理解华为的"自主创新"?

第一节　创新内涵

在社会发展变迁的广阔洪流中,创新的力量深刻影响着国家宏观战略、企业微观运营乃至个体成长与价值实现的每一个层面。正如古人云:"苟日新,日日新,又日新"。在国家层面,创新是引领发展的第一动力,它决定了一个国家、一个民族的发展速度、效能和可持续性。创新推动了产业结构的优化升级,引发了社会治理模式的深刻变革,为国家在国际竞争中赢得战略主动权。在组织层面,创新是企业保持市场竞争优势、达成持续成长目标的核心驱动力。企业通过技术创新提升产品与服务的竞争力,通过管理创新优化内部运营流程,通过市场创新捕捉外部机会并赢得消费者认可。在个体层面,创新能力已成为衡量个人综合素质与未来发展潜力的重要标尺。具备创新思维与实践能力的人能够更有效地应对环境变化,把握时代机遇。无论是职业生涯的晋升、创业梦想的追逐,还是学术研究的突破,创新都是开启成功之门的钥匙。在这样一个创新无处不在的时代中,深入探索创新的本质与内涵对于培养创新精神、提升创新能力,进而在各自领域内引领变革、创造价值具有深远的意义。

一、创新的概念

在我国,创新一词出现很早,如公元 554 年成书的《魏书》有"革弊创新者,先皇之志也"。其中,革弊指的是革除旧的、阻碍社会发展或国家治理的弊端;创新则是指创立或创造新的制度、政策或方法,以适应时代的变化和发展的需求,特指北魏孝文帝推行一系列汉化改革,包括政治、经济、文化等方面的制度创新。在西方,英语中 innovation 这个词起源于拉丁语 innovare,有三层含义:第一,更新,就是对原有的东西进行替换;第二,创造新的东西,就是创造出原来没有的东西;第三,改变,就是对原有的东西进行发展和改造。可见,创新是一个内涵广泛的概念,能被赋予很多不同的意义。

【一起来探究】

创新是什么?

创新是一个过程——人们投入时间、金钱、物资等资源发明新产品、新服务或者新流程。

创新是一个事件——体现在离散事件的发生,比如产品、服务、创意或决策的产生。

创新是一种轨迹——由离散的无数单个创新事件汇聚而成的集合。

创新是一种变化——组织或个体发生渐进性或突破性的变化。

你认可上述观点吗?

从一般意义讲,创新是为了达到一定的目的,通过对事物进行变革或改良,以获得新颖独特、对社会发展有益的成果或产品的活动。这一定义反映了创新具有四个特征:

（1）创新活动通常具有明确的目的性。例如，科技领域的创新是为了攻克某个技术难题或是开发新的技术或产品。教育领域的创新是为了提高人才培养质量，促进教育公平。环保领域的创新是为了减少环境污染，推动可持续发展。艺术领域的创新则是为了推动艺术发展、促进文化交流与融合、激发个人创造力与想象力等。创新者在进行创新时，会围绕这些目的进行思考和探索。

（2）创新的核心在于对事物进行变革或改良。这种变革或改良可能涉及技术、产品、服务、管理模式等多个方面。通过引入新的技术、设计、流程或方法，创新者能够创造出与现有事物不同的新成果或新产品。例如导入案例中，华为手机在苹果原有技术基础上进行提高，将指纹识别和屏幕解锁合为一步，大大地方便了用户，此为产品的改良。再如，福特发明生产线，推动汽车制造从手工作业演变为大规模生产，此为生产方式的变革。

（3）创新成果或产品通常具有新颖性和独特性。它们可能是前所未有的，或者是在现有基础上进行了显著改进和优化的。例如，20世纪70年代，法国一家名为Mobilo的公司在巴黎推出了共享单车服务，这些被涂成红色的单车是共享单车的最早雏形。近年，我国以摩拜和ofo为代表的共享单车企业，通过引入智能锁、GPS定位、电子围栏等先进技术，并与出行平台、电商平台、广告商等合作打造一站式出行生态，使得共享单车获得了前所未有的广泛应用。

（4）创新活动不仅要追求经济效益，还要注重社会效益。创新成果或产品应该能够对社会产生积极影响，例如解决社会问题、提高社会福利、推动社会进步等。例如，在应对自然灾害、公共卫生等应急事件上，传统的物资保障方法是以实物储备和调拨为主，近年来我国大力拓展储备体系的维度，采用多种新形式的技术储备与生产能力储备，形成多元化应急物资保障体系，既能够全面应对复杂多变的应急挑战，保护人民群众生命财产安全，又能够避免资源闲置与浪费。

二、　创新的经济学定义

经济学家约瑟夫·熊彼特首次将"创新"引入经济领域。1912年，他在《经济发展理论》一书中提出创新理论（innovation theory），其核心观点是经济增长的关键在于创新，而不是资源或资本的增加。创新能够带来生产效率的提高和生产方式的变革，从而推动经济增长。这一观点突破了传统的经济发展观念，即仅仅关注人口、资本、工资等量的变化，而强调了创新在经济发展中的核心作用。此外，该理论还特别强调企业家在创新过程中的重要作用。企业家是创新的主体，他们通过引入新的生产要素和条件，实现生产要素的新组合，从而推动经济的发展。

熊彼特将创新定义为建立一种新的生产函数，即企业家实行对生产要素的新组合。他分别从产品、生产、市场、资源和组织的角度界定了五种形式的创新：第一，引入一种新产品。即引入全新的产品或对现有产品进行显著改进，以满足消费者的新需求或提供更高的价值。产品创新可以通过研发新技术、新材料或新设计来实现。第二，采用一种新的生产方法。即生产或服务提供过程的改进，包括新的生产方法、工艺流程或组织方式的引入。流程创新可以提高生产效率、降低成本并提升产品质量。第三，开辟新市场。即通过新的营销策略、销售渠道或市场定位来开辟新市场或扩大现有市场范围。市场创新有助于企业更好地满足客户需求，提升市场份额。第四，获得原料或半成品的新供给来源。原意指控制原材料或半制成品的一种新的供应来源，后扩展为资源配置创新，即企业内部资源的新组合，包括原材料、资本、劳动力等生产要素的重新配置。资源配置创新可以优化企业的生产结构,提高资源利用效率。第五,建立新的企业组织形式。原意是创造一种垄断地位或打破一种垄断地位,后拓展为企业组织创新,包括新的组织结构、管理方式或企业制度的引入。组织创新有助于提升企业的管理效率、激发员工创新精神和增强企业竞争力。

熊彼特开创性地提出了创新理论,将创新和企业生产联系在一起,强调企业家的重要作用,建立了创新经济学理论的最初体系。这一理论后来逐渐发展形成两个主要分支,即以技术变革和技术推广为对象的技术创新经济学和以制度变革和制度形成为对象的制度创新经济学,为创新实践提供了坚实的理论基础。

经济与合作发展组织(organization for economic cooperation and development,OECD)在《技术创新调查手册》(即《奥斯陆手册》)中对创新作了定义。创新是指一种新型或经过改进的产品或流程(或其组合),该产品或流程与单位先前的产品或流程存在显著差异,并已向潜在用户推出(产品)或由单位投入使用(流程)。这一定义强调了新的产品或流程在功能、性能、结构或应用方面具有显著差异,能够视为一种全新的或有所改进的解决方案,同时已通过适当的渠道向潜在用户推广或得到实际应用。

三、 创新的意义

创新的意义和价值深远且多维,它不仅推动着个人、组织乃至整个社会的进步与发展,还深刻影响着政治、经济、科技、文化等多个领域。

(1)推动科技进步。通过不断的探索和实践,人们能够发现新的科学原理和技术方法,推动科技水平不断提升,进而改变人们的生产和生活方式。人类历史上曾发生过三次科技革命,第一次科技革命(又称工业革命)始于18世纪60年代,以蒸汽机的发明和使用为标志,此后机器开始代替手工劳动,工厂开始代替手工工场,人类社会进入蒸汽时代。第二次科技革命始于19世纪70年代,以电力的广泛应用为标志,人类进入电气时代。第三次科技革命始于20世纪40年代,以电子计算机的发明和使用为主要标志,人类进入信息时代。

(2)促进经济发展。通过创新,企业能够开发出新产品、新技术和新服务,满足市场的新需求。创新还能够促进产业升级和转型,推动经济结构的优化和升级。例如,近年来我国一直在推行"智改数转"改革以推动传统制造业升级。智改是指智能化改造,即通过引入先进的智能制造技术和设备,提高生产过程的自动化、智能化水平;数转是指数字化转型,即通过运用大数据、云计算、物联网等现代信息技术,对企业运营进行数字化、网络化、智能化改造,实现业务流程重构和优化。

(3)提升社会福祉。创新可以推动政治制度的完善、社会管理的优化以及文化教育的进步。创新能够解决诸如环境污染、资源短缺等许多社会问题。通过创新,人们能够享受到更加便捷、高效、舒适的生活,提高生活质量和幸福感。

案例

中国高铁的创新发展

20世纪80年代,中国铁路面临着运力不足、行驶速度低、客货混跑等困境,开始积极引进国外的高铁技术,包括日本的新干线和法国的TGV等,并通过一系列的实验和实践,逐步将高铁技术与中国国情相结合。1998年,中国建成了第一条真正意义上的高速铁路——广深准高速铁路。进入21世纪后,中国加大自主研发力度,建立了完善的高铁产业链和技术标准体系,形成了具有自主知识产权的高速列车系列,包括"和谐号"和"复兴号"等。2024年高铁里程超4万公里,稳居世界第一,为人们出行带来了极大便利。

(4)提升国家竞争力。在全球化背景下,创新成为国家之间竞争的关键因素。一个国家或地区的创新能力越强,其在国际上的竞争力也就越强。根据实现工业化和现代化的不同方式,世界上的国家可分为三类:资源型国家、依附性国家和创新型国家。作为创新型国家,应具备四个特征:一是创新投入高,国家的研发投入即 R&D 支出占 GDP 的比例一般在2%以上;二是科技进步贡献率达70%以上;三是自主创新能力强,国家的对外技术依存度指标通常在30%以下;四是创新产出高,世界上公认的20个左右的创新型国家所拥有的发明专利数量占全世界总数的99%。

(5)助力个人成长和发展。创新能够激发人们的创造力和想象力,改变人们的思维方式和行为方式。伟大的价值是无形的,人的生命因为有意义的创新而大放异彩。

案例

国家最高科学技术奖获得者王泽山院士

南京理工大学王泽山教授在火炸药研究领域攻克了三大难题:第一,过期火炸药的资源化利用。从过期火炸药中获取多种可再利用的产品,解决了传统处理方式对环境造成的污染问题,并为国家创造了巨大的经济效益。第二,低温感度发射装药技术。这项技术大幅提升了身管武器的极端环境适应性,使我国主战武器能够在严寒或炽热条件下依然保持精准的推力,适应全地域全天候作战需求。第三,远程等模块发射装药技术。这项技术提升了火炮的射程和打击精准度,解决了欧美至今未突破的"低膛压、全等化、低过载"技术瓶颈,使我国火炮弹道性能全面超越世界同类武器。王泽山本人也从一名普通教师成长为国内外公认的权威专家,入选中国工程院院士,并荣获国家最高科学技术奖。

第二节 创新类型

由于创新具有丰富的内涵,其具体类型也分为多种。从创新内容、创新程度等不同维度可对创新进行如下一般性分类。

一、按照创新内容划分

从创新内容的维度划分,人们常说的创新类型包括技术创新、产品创新、流程创新、服务创新、市场创新、商业模式创新、组织创新、管理创新、政策创新等,这些概念不仅是多领域的,也是多层次的。我们首先介绍这些基本类型的概念,然后讨论其关联性。

(一) 技术创新

技术通常指人类改造自然、创造人工自然的方法、手段和活动的总和,是在人类历史过程中发展着的劳动技能、技巧、经验和知识,是构成社会生产力的重要部分。技术属于创造物质财富的实践领域,是劳动技能、生产经验和科学知识的物化形态,既包括设备、工具和机器等技术硬件,也包括技能、流程等技术软件。技术创新是指通过开发新技术,或改进现有技术,从而推出新产品、新工艺或提供新服务的过程。

案例

飞机上的数字孪生技术

数字孪生是指实物资产、流程和系统的数字复制品,即通过传感器、物联网、人工智能等数字技术构建的物理实体的虚拟模型。这个虚拟模型能够全方位、动态地跟踪和仿真预测物理实体的特征、行为、运行过程及性能。2018 年,通用公司开发了世界上第一种用于飞机起落架的数字孪生技术。研发人员制造了起落架的数字孪生器件,将传感器设置在物理设备的典型故障点,如液压和制动的温度节点,提供实时数据,帮助航空公司预测故障点或判断起落架的剩余生命周期。

资料来源:任治潞.回顾与展望之创新篇 那些改变业态的颠覆性技术[J].大飞机,2019(2):31—34.

(二) 产品创新

产品创新是指创造某种新产品或对某一新或老产品的功能进行创新。产品创新可分为全新产品创新和改进产品创新。全新产品创新是指产品用途及其原理有显著的变化,改进产品创新是指在技术原理没有重大变化的情况下,基于市场需要对现有产品所做的功能上的扩展和技术上的改进。传统意义上的产品是有形的,近年来,保险、金融、通信等行业也开始把提供的服务业务称为产品,这些业务创新可称为服务产品创新。例如"余额宝"作为一款互联网理财产品,在推出时属于服务产品创新。

(三) 流程创新

流程(工艺)创新是指生产产品和传递服务的新方式,比如对产品的加工过程、工艺路线以及设备所进行的创新,或者服务流程的创新等。产品创新的目的是提高产品设计与性能的独特性,流程(工艺)创新的目的是提高产品或服务质量、降低生产或服务成本、提高生产或服务效率、改善工作环境等。

案例

联邦快递

联邦快递的创始人弗雷德·史密斯在耶鲁大学读书期间提出了"隔夜送到"(overnight delivery)的设想。当时的物流行业主要采用点对点的送货方式,史密斯观察到这种传统运输方式的局限性,设计了中心辐射(hubs and spokes)配送系统:货运代理公司围绕一个机场画一个圈,这个机场作为中心枢纽(hubs),圈内有多条卡车路线作为辐条(spokes)。白天,卡车从商家收集包裹。晚上所有辐条都会指向机场,卡车司机和飞行员将包裹装满飞机,满载的飞机将飞往美国中部更大的枢纽——孟菲斯。从芝加哥、洛杉矶、纽约、迈阿密等地飞往孟菲斯的航线将成为关键辐条。飞机在孟菲斯卸货和分拣,然后重新装机飞往包裹目的地。天亮之前,目的地城市的卡车车队会在圈内完成包裹配送。根据大学时期的这个设想,史密斯在 1971 年创立了联邦快递,成功推出隔夜递送服务。这一流程创新对整个物流行业产生了深远的影响。

(四) 服务创新

服务创新是指将新的设想、新的技术手段转变成新的或者改进的服务方式,使潜在用户感受到不同于从前的崭新内容。服务创新的目的是使用户体验新的服务或者是满足用户额外的服务需求,可以是对服务过程作出巨大变革,也可以是简单变更附加服务内容,或者与竞争者相比改变服务定位。

案例

人工智能客服

人工智能(AI)客服是一种基于机器学习、自然语言处理等技术的服务创新,它通过语音识别、智能问答、语音合成等技术,实现了智能客服的全新模式。AI 客服能够为客户提供全天候支持和个性化体验,并能够通过数据分析深入洞察客户需求。这种服务模式提高了客服效率和服务质量,减少了人工客服的工作强度和疏漏问题,成为客服行业的一大变革。

(五) 市场创新

市场创新是指企业从微观的角度促进市场结构的变动和市场机制的创造,以及伴随新产品的开发对新市场的开拓、占领,从而满足新需求的行为。其中,市场结构的变动,如通过差异化竞争、市场细分等手段改变现有市场竞争格局;市场机制的创造,如通过引入新的交易方式、支付方式、物流模式等改变市场运作规则等。

案例

亚马逊 Prime 会员

亚马逊公司作为全球最大的在线零售商之一,通过其创新的 Prime 会员服务取得了巨大成功。用户在成为 Prime 会员后可以观看大量的长篇电影和热门原创电视剧,享受生鲜免费当日送达,购买衣服和鞋子前可以先试穿,可以借阅不限数量的书籍、杂志和漫画等。通过这些服务,亚马逊吸引了大量忠诚用户,并提高了他们的购物频次。这种市场创新不仅提升了用户的购物体验,还大幅增加了公司的销售额。

(六) 商业模式创新

商业模式是创造和传递价值的系统,由客户价值、关键资源、关键流程和盈利方式等要素构成。从本质上讲,商业模式是一种交易结构,企业一方面要创造客户价值,另一方面要获取收入,把两者关联起来的方式就是商业模式。商业模式创新是指把新的商业模式引入社会的生产体系,并为客户和自身创造价值。

案例

滴滴出行

滴滴出行是一个基于移动互联网的创新出行服务平台,采用共享经济模式。它起初只是一个简单的打车应用,但随着时间的推移,逐渐发展为一个多元化的出行解决方案提供商。滴滴通过开发一个手机应用程序,让用户可以方便地叫车。司机们则可以通过这个应用接收订单,提供服务。这一模式打破了传统的出租车行业界限,使得服务更加灵活和便捷。为了进一步提升服务质量和用户体验,滴滴还引入了大数据分析技术。通过对大量数据的处理和分析,滴滴能够预测交通状况,优化路线规划,提高车辆的利用率。随着业务的发展,滴滴不断扩展其服务范围,除了常规的出租车服务外,还推出了快车、专车、顺风车等多种出行方式,满足了不同用户群体的需求。

(七) 组织创新

组织创新是指应用行为科学的知识和方法,通过调整和变革组织结构及管理方式,使其能够适应外部环境及组织内部条件的变化,从而提高组织活动效益的过程。典型的组织创新有:根据新的任务目标来划分组织的功能,对所有管理活动进行重新设计;对职位和部门设置进行调整,改进工作流程与内部信息联系,包括管理人员的重新安排、职责权限的重新划分等;各种规章制度的变革等。

案例

阿里巴巴"1＋6＋N"组织变革

2023年3月,阿里巴巴集团董事会主席兼首席执行官张勇发布全员信,宣布启动"1＋6＋N"组织变革。"1"指一个阿里巴巴集团,"6"指阿里云智能、淘宝天猫商业、本地生活、菜鸟、国际数字商业、大文娱六大业务集团,"N"则指旗下多家业务公司,如阿里健康、高鑫零售、盒马等,以及阿里未来可能新创设或投资的公司。阿里重组六大业务集团,实行各业务集团和业务公司董事会领导下的CEO负责制,对各自经营结果负总责,让"放权"的动作逻辑更加清晰,正如张勇所言:"让组织变敏捷,让决策链路变短,让响应变快,是本次变革的初衷和根本目的。"

(八) 管理创新

管理创新是指把新的管理要素(如新的管理方法、新的管理手段、新的管理模式等)或要素组合引入管理系统以更有效地实现组织目标的活动。以人类最早的管理活动——生产管理为例,历史上企业生产方式发生了几次大的变革,从手工生产,到大量生产,到精益生产、计算机集成制造、敏捷制造,再到大量定制、绿色制造,反映了劳动者、劳动工具、劳动对象和信息的不同水平的配置与整合。企业通过生产管理创新,不断满足市场对成本、质量、时间、服务等要素的重点需求。

案例

改变世界的机器

琼斯等 50 多位专家,用了 5 年的时间,对 17 个国家的 90 多家汽车制造企业进行了比较分析,在 1990 年首次出版了《改变世界的机器》的著作,总结了丰田的生产方式,指出了它的重大历史意义,认为这是制造工业的又一次革命,并把日本取得成功的生产方式称为精益生产(lean production)。精益生产方式与以欧美企业为代表的大量生产方式相比,到底有些什么优越性呢? 第一,所需人力资源无论在产品开发、生产系统,还是工厂的其他部门,与大量生产方式下的工厂相比均能减至 1/2;第二,新产品开发周期可减至 1/2—2/3;第三,生产过程的在制品库存可减至 1/10;第四,工厂占用空间可减至 1/2;第五,成品库存水平可减至 1/4;第六,产品质量可提高 3 倍。

资料来源:沃麦克 J. P.,琼斯 D. T.,鲁斯 D.改变世界的机器[M].余锋,张冬,陶建刚,译.北京:机械工业出版社,2015.

(九) 政策创新

政策创新是指政府因为公共治理需要,在缺少相关治理政策或旧政策已不足以应对新环境时,主动或被动地引进、调整、完善与优化公共政策的行为。政策创新旨在提高政策效果和公众满意度,一般体现在政策设计、政策工具和政策评估等政策制定和实施过程中的创新。

> **【一起来探究】**
>
> ### 哪些组织是创新主体?
>
> 社会中存在营利组织、非营利组织和政府组织三种组织类型。营利组织通过提供商品和服务来获取利润,主要包括各类企业。非营利组织包括教育机构、科研机构、公益机构以及各类社会团体等,这类组织不以营利为目的,主要目标是推进社会公益事业或某种特定事业的发展。政府组织是由国家授权的公共管理机构,除了中央和地方政府机构外,还包括一些承担特定职责的公共机构(如中央银行),主要执行管理和监管职责。
>
> 上述创新类型中,哪些是企业的创新? 哪些又是非营利组织和政府组织的创新呢?

这些创新类型大都是从企业角度定义的,因为企业是社会中最主要的创新主体。根据企业对不同类型创新的掌控程度,又可划分为内部创新和外部创新,如图 1-1 所示。内部创新的具体类型在上文已作解释,可以看出这些创新类型并不是独立的,它们之间存在交叉和融合。外部创新中,政治创新包括上文提到的政策创新,也包括立法和体制改革等;社会创新一般是由多元主体发动的旨在推动社会改良、实现社会目标的创造性活动,分布在教育、医疗、养老、扶贫、助残、环保、社区发展等领域;哲学创新是指在哲学领域内对传统观念的批判和重构,以及对新思想的形成和发展,是一种思维方式的变革。

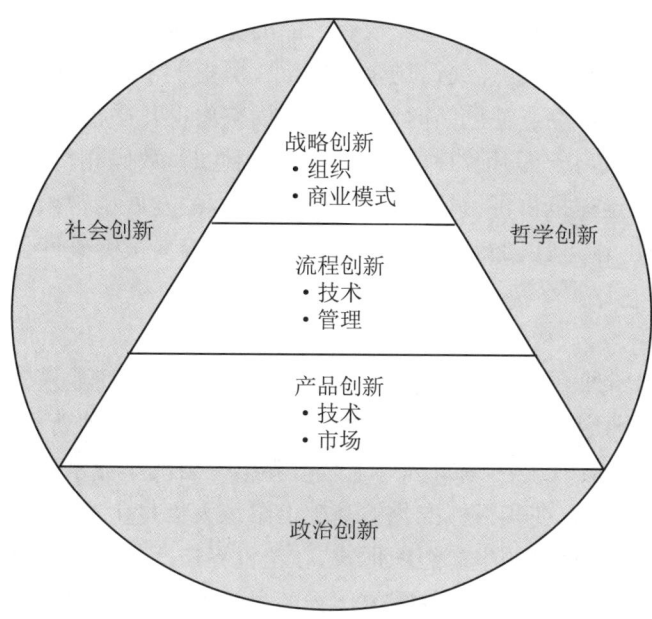

图 1-1　创新的类型

资料来源:阿曼德,谢泼德.创新管理:情境、战略、系统和流程[M].北京:北京大学出版社,2014.

二、 按照创新程度划分

从创新程度的维度,创新类型可划分为渐进性创新和突破性创新。这一分类主要是从企业视角尤其是从企业技术创新视角所作的定义。

(一) 渐进性创新

渐进性创新是指在企业原有的创新管理轨迹下,对产品、工艺流程、服务、商业模式等进行的程度较小的改进和提升。渐进性创新虽然对现有产品或技术的改变相对较小,但是能够充分发挥已有的技术潜能,并能够经常强化组织现有优势。对火箭发动机、计算机和合成纤维的研究表明,渐进性创新对产品成本、可靠性和其他性能都会产生显著影响。渐进性创新能够增加产品或服务的功效,提高顾客满意度,渐进性的工艺流程创新能够提高企业生产力并降低成本,其长期累计效果能够对企业盈利状况产生显著影响。

案例

智能手机屏幕的演进

智能手机行业的一个典型渐进性创新体现在屏幕技术的演进上。从早期的电阻屏到后来的电容屏,这一转变不仅提升了触控的灵敏度和准确性,还使得多点触控成为可能,极大地丰富了手机的应用场景和用户体验。随后,屏幕占比逐渐成为手机厂商竞争的新焦点,从窄边框到无边框,再到全面屏、折叠屏的出现,每一次技术的革新都为用户带来更加沉浸式的视觉享受。

　　研究表明,渐进性创新只能维持企业现有产品的竞争能力,当市场出现拥有突破性创新成果的竞争对手时,企业就可能丧失市场领先地位。历史上不乏这样的例子,当电子管生产企业正孜孜不倦地致力于渐进性创新时,晶体管的横空出世几乎击溃了所有的电子管企业。当胶片照相机制造商致力于提升胶片质量与相机耐用性时,数码相机以其无需胶片、即时成像与易于存储的优势迅速抢占了市场。日本石英钟技术的发展也曾给瑞士机械表带来致命打击。这些教训说明,渐进性创新可以保持优势,但却很容易被突破性创新的漩涡所吞噬。

(二) 突破性创新

　　突破性创新是指企业的某种新产品、新工艺、新服务或者新商业模式能够显著增加企业的收入和利润。突破性创新常伴有一系列的产品创新、工艺流程创新和组织创新,甚至导致产业结构的变革。例如1913年,福特创立了全世界第一条汽车流水装配线。这种流水作业法后来被称为"福特制",它在实行标准化的基础上组织大批量生产,使一切作业机械化和自动化,是一种劳动生产率很高的生产组织形式,在全世界广泛推广。突破性创新常带来重大的技术突破以及全新概念的产生,往往需要优秀的科学家、工程师或企业家花费大量时间和资金来实现。

　　突破性发明是突破性创新的一种,主要指在技术创新领域,基于全新科学原理,突破原有技术轨道,实现技术跃迁并带来显著变革的创新成果。例如生活领域的智能手机、电动汽车,医疗领域的基因编辑技术、精准医疗,以及工业领域的智能制造、工业互联网等。突破性发明能够使人类向前跨越一大步,它可能无法使开创它的企业获得先动优势,但往往能孕育出一个全新的行业。

案例

智能手机的诞生

　　从传统手机到智能手机的转变,是移动通信领域的一次重大突破性创新。传统手机主要用来通话和发送短信,功能单一。20世纪90年代初,智能手机的概念开始萌芽。1993年,IBM公司与BellSouth合作推出了世界上公认的第一部智能手机——IBM Simon。它不仅是世界上第一款使用触摸屏的手机,还集成了日历、通讯录、世界时钟、计算器、记事本、电子邮件和游戏等多种功能,极大地拓展了手机的使用场景和可能性。这一突破性创新不仅提升了用户体验,还推动了移动互联网的快速发展。后来智能手机又集成了拍照、音乐播放、视频播放、上网浏览等多元化功能,并且拥有强大的操作系统和处理器,支持用户安装各种第三方应用程序,彻底改变了人们的生活方式。

　　企业在突破性创新方面所做的努力,失败往往多过成功。许多世界级大公司,如IBM、通用电气、西门子、飞利浦、通用汽车和杜邦公司等,会有规律地用突破性创新来打断正在进行的渐进性创新;小型的创业型企业,例如美国硅谷的初创企业,有很多都在进行突破性创新。实际情况却是这些创新大多以失败结局。

(三) 两者的关系

　　渐进性创新和突破性创新在创新目标、不确定性、技术轨道和技术水平等多个比较项目上都存在明显区别,如表 1-1 所示。

表 1-1　渐进性创新和突破性创新的比较

比较项目	渐进性创新	突破性创新
创新目标	维持与加强现有市场地位	改变游戏规则,实现跨越
重点	所有产品成本降低和性能的提高	开发新产业、产品或工艺
技术	现有技术的开发利用	研发探索新技术
不确定性	低	高
技术轨道	线性的、连续的	发散的、不连续的
商业计划	创新开始即制订计划	基于探索性学习而演化
新思想产生与机会识别	在前一创新末期产生	偶发于整个生命周期
主要参与者	正式的交叉功能团队	具有多功能知识的个人,非正式的网络
过程	正式的阶段模型(如线性流程)	早期阶段为非正式的柔性探索(试错迭代),后期阶段为正式的阶段模型
组织结构	在业务单位内部运转的跨功能项目小组	从思想到孵化器,再到目标驱动的项目组
资源与能力	标准的资源配置	创造性获取资源与能力
运营单位的介入	早在一开始就正式介入	从早期的非正式介入到后期正式介入

资料来源:Leifer R. et al. Radical innovation:How mature companies can outsmart upstarts[M]. Watertown:Harvard Business Press,2000.

渐进性创新和突破性创新又具有紧密的关联性。所有成功的技术型企业都需要渐进性创新来满足当前客户不断变化的需求,由此实现企业的持续成长。但是这些创新还必须周期性地辅以突破性创新。此外,在同一项技术的发展轨道上,往往同时存在渐进性创新与突破性创新,只是出现的顺序不同,技术水平的变化轨迹也显著不同,如图 1-2 所示。

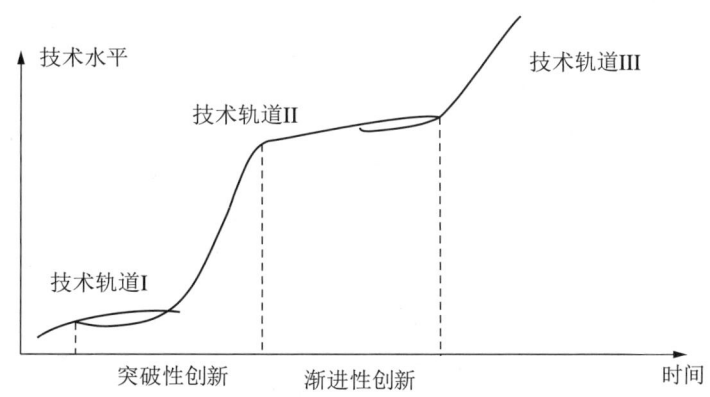

图 1-2　渐进性创新与突破性创新的技术水平变化轨迹

资料来源:付玉秀,张洪石.突破性创新:概念界定与比较[J].数量经济技术经济研究,2004(3):73—83.

图 1-2 显示,当一种区别于技术 I 的新技术 II 的新思想提出以后,首先要进行突破性创新,尽管这种突破性创新的产品性能早期可能不如前一代产品,但当解决了主要技术难题之后,将经历一个技术水平与产品性能急剧上升的过程,直到产品的主要技术性能指标稳定下来。这时企业就转入渐进性创新阶段,直到出现新的技术轨道 III,当技术轨道 III 所带来的技术生产的产品在市场上超过技术轨道 II 时,渐进性创新便以衰败告终。如果一个企业同

时开展技术轨道 II 上的渐进性创新与技术轨道 III 上的突破性创新,该企业可以保持持续的竞争优势,如果从事技术轨道 II 上的渐进性创新的企业没有从事技术轨道 III 上的技术轨道研究,新企业将挑战在技术轨道 II 领先的企业,导致技术轨道 III 中期阶段市场竞争格局的重新洗牌。

本节介绍了两种基本的分类方法,除此之外,创新还有其他分类方法,例如从创新方式和驱动因素上可分为集成创新、反向创新、模块化创新、设计驱动创新、偶发性创新等类型。

第三节 创新系统

创新系统是融创新主体、创新环境和创新机制于一体,促进创新资源合理配置和高效利用,促进创新机构之间相互协调和良性互动,充分体现创新意志和目标的系统。本节从宏观、中观和微观三个层面介绍国家创新体系、产业创新系统和企业创新生态系统三类创新系统的基本概念、构成和功能。

一、 国家创新体系

国家创新体系是以政府为主导,充分发挥市场配置资源的基础性作用,各类科技创新主体紧密联系和有效互动的社会系统。这一体系融创新主体、创新环境和创新机制于一体,在国家层面上促进全社会创新资源合理配置和高效利用,促进各创新机构间相互协调和良性互动,有效提升创新能力和创新效率,使科学技术与经济社会相互促进、协调发展,充分体现国家创新意志和战略目标。

国家创新体系的参与主体较多,包括:第一,创新主导企业,这些企业凭借技术壁垒和知识产权保护等措施,对其他企业形成挤出效应和并吞效应,从而主导整个产业的技术派系和产业结构,是产业链条中的顶层主宰者。第二,创新配套企业。包含产业链上游的供应商、中游的制造商及下游的市场合作商。这些企业无法挑战产业的主导设计,主要是在现有技术派系和品牌体系下,开展有效的工艺创新和市场创新等。第三,大学和科研机构。这些组织是知识生产的主流,但知识的利用主要依赖于创新企业的吸收、集成和创造性组合。第四,用户。不少学者认为,多数创意产生于个体层面的认知和情感过程,所以富有活力的个体参与者对于创新尤为重要。数字化时代,“大众创造”也已成为一种新的价值创新形式。第五,创新服务机构。包括知识产权服务机构、金融服务机构及政府服务机构等,是连接企业与社会网络的桥梁。上述主体中,作为知识利用和实施创新的主体,企业在国家创新体系中居于核心位置。

发展国家创新体系的目的在于提高国家创新水平与综合竞争力。人们通过对国家创新体系效率的评价和对国家创新能力的测度两个方面来评价发展绩效。创新效率的评价通常采用数据包络分析法,从投入产出的角度予以评价。创新能力的测度通常采用建模计量法或综合指标法。后者的应用较为广泛,例如,经济合作与发展组织(OECD)推出了科学技术与工业记分牌,用于比较 OECD 成员在研发与创新、科技人员、专利、信息与通信技术、创新活动、国际合作等方面的绩效。再如,欧盟发布欧洲创新记分牌,对其成员在创新驱动因素、企业活动和创新产出方面进行统一评价。

案例

欧洲创新记分牌

欧洲创新记分牌(EIS)是欧盟评估成员国创新能力的工具,主要通过框架条件、投入、创新活动和影响四个维度,涵盖人力资源、研究体系、创新环境、金融支持、就业影响等32个具体指标进行测度。成员国根据创新绩效被分为创新领导者、强大创新者、中等创新者和新兴创新者。根据《欧洲创新记分牌2024》报告,丹麦、荷兰等为创新领导者,法国、比利时等为强大创新者,意大利、捷克等为中等创新者,波兰、克罗地亚等为新兴创新者。在报告选定的其他欧洲国家与全球范围内的竞争对手中,瑞士为最具创新力的欧洲国家,韩国是最具创新力的全球竞争对手。

国家创新体系的发展呈现三个新趋势。一是创新政策框架的转变。创新政策作用于从科学技术的生产部门向产业部门转移科技成果这一特定过程。现有的创新政策框架是在既定的技术—经济范式下进行的。新技术革命背景下,创新政策框架从注重科技创新本身向改善整个创新生态系统和引领社会发展转变。二是更加注重包容性和可持续创新。包容性主要解决的问题是目前创新活动中低收入群体被排斥在外的情况。可持续创新则需要颠覆不可持续的技术路径,加速绿色技术部署。三是更具开放性。创新国际化趋势愈加明显,各国必须基于全球视野调整创新政策的重心和治理模式,不断打破国家创新体系的国家边界。

二、 产业创新系统

产业创新是指一定历史背景下特定产业的创新,覆盖了技术创新、产品创新、流程创新、组织创新、材料创新等范畴,且不同产业有不同的创新内容。产业创新系统是指开发、制造产业产品和产生、利用产业技术的企业活动的系统(或集合)。在这一系统中,企业有两种关联方式,一是发展制造技术中的互动与合作过程,二是创新和市场活动中的竞争与选择过程。产业创新系统有四种典型的分类方法:

(1) 按研究与开发(R&D)密集度划分。OECD、欧盟等国际组织采用此种分类方法,把产业分为高R&D密集度产业和低R&D密集度产业。前者如电子、医药产业,后者如纺织业。

(2) 按市场结构和产业动态划分。按此分类法分为熊彼特Ⅰ型部门和熊彼特Ⅱ型部门。前者以小企业为主,创新活动频繁,市场进入壁垒低,表现为创造性毁灭,不断颠覆旧技术和产品,如互联网行业;后者以大企业为主,创新活动稳健,市场进入壁垒高,注重技术累积和升级,主导市场稳定发展,如汽车业。

(3) 按技术的净供给部门和使用部门划分。按此分类方法,计算机行业、仪表仪器业、化学工业等是技术的净供给者,产生了大量创新产品,归为核心部门。汽车业、冶金业为技术的使用者,在创新中起次要作用,归为次级部门。服务业等吸收技术的行业归为使用部门。

（4）按创新的来源和专用性机制划分。按此分类方法，纺织业、服务业属于供应商主导型，创新主要来源于供应商提供的设备原材料。设备制造业属于专业化供应商型，创新主要来源于企业内部的设计开发部门以及专业用户需求，创新类型为产品创新。汽车业、钢铁业属于规模密集型，往往涉及流程创新，创新既来自内部研发和干中学，又来自外部设备制造业。制药业、电子工业等属于基于科学的产业，产品和流程创新层出不穷，大学、公共研发实验室参与产业内部研发和科学研究。

马莱巴（Malerba）在 21 世纪初提出了产业创新系统的基本模型，包括两部分内容：一是基本构成要素，二是产业系统的动态和转型。基本构成要素是指知识和技术、参与者和网络、制度。知识和技术决定了一个产业的边界，因为每个产业都有自己特定的知识基础、技术和投入要素。参与者包括企业、非企业组织（如大学、金融机构、政府部门、技术协会）和个体（如消费者、企业家、科学家），这些异质性的组织和个体通过市场关系和非市场关系联系在一起，形成网络结构。制度包括规范、管理、常规、规定、法律、标准等正式和非正式的形式，可能是国家范围内的，也可能是某一产业系统所特有的。产业系统的动态和转型是多样性创作过程和选择过程的结果。之后，研究者在该模型的基础上进一步丰富产业创新系统的理论架构，并发展出产业创新系统的政策理论。这些理论模型在实践中具有重要意义，能够指导人们科学地制定产业发展政策，有效提升产业的创新水平，并推动特定产业的赶超发展。

案例

中国新能源汽车产业

中国新能源汽车产业近年来发展迅速，已成为全球新能源汽车市场的引领者。从产业链构成来看，新能源汽车产业涵盖了上游原材料（如锂、钴、镍等金属矿产）、中游零部件制造（电池制造商、电机及控制器制造商等）以及下游整车制造与销售等多个环节，还涉及充电基础设施的建设和完善。中国政府为支持新能源汽车产业发展出台了多个产业政策，例如，2023 年，国家发展改革委等部门出台了《关于加强新能源汽车与电网融合互动的实施意见》，财政部、税务总局、工业和信息化部出台了《关于延续和优化新能源汽车车辆购置税减免政策》等，有力推动了产业创新系统发展。

资料来源：俞立严.新能源汽车增势强劲　产业链企业排产上升[N].上海证券报,2024-10-15.

三、 企业创新生态系统

企业创新是指企业的创新者借助于技术上的发明、管理上的发现、市场中的机遇等，通过对生产要素和生产条件以及有关的资源配置方式进行新的变革，并使变革成果取得商业上的成功。影响企业创新投入与绩效的因素有很多，除企业规模、公司治理结构等内部因素，还包括市场结构、科技进步、市场需求、创新合作网络、创新政策等外部因素。企业创新生态体系正是通过打破企业边界，充分利用外部因素，实现企业与其他创新主体互利共生。

1993 年，美国经济学家 James Moore 在《哈佛商业评论》上发表文章《掠食者与猎物：新的竞争生态》，将供应链和价值链理论外推，基于企业生态观视角正式提出了商业生态系统的概念。他借用生态系统的概念来描述当今市场中的企业活动，认为企业不再是孤军奋战的经营实体,而是生态系统的成员,在生态系统的背景下,企业不应一味追求战胜竞争对手,而应和竞争对手乃至整个生态系统共同演化。

　　基于上述思想,演变出企业创新生态系统的概念,即企业为了满足客户日益多样化和复杂化的需求,在进行产品或服务的创新过程中,与影响其创新活动的其他组织或个人建立各种合作关系,从而形成协同演化、相互依赖、共存共亡的具有开放性和动态性的网络式系统。企业创新生态系统的构成包括:第一,核心生态要素,是指与企业直接相关的供应商、互补品供应商、顾客和分销商等;第二,扩展生态要素,是指与企业间接相关的供应商、互补品供应商、顾客和分销商等;第三,完整生态要素,如政府部门、风险承担者(如投资者)、竞争对手、同类企业等;第四,系统环境要素,指政治、经济、社会、文化和科技等宏观环境。

案例

海尔开放式合作生态 HOPE

　　海尔在 2009 年搭建了海尔开放创新平台(HOPE 平台,Haier open partnership ecosystem)。HOPE 平台是一个创新者聚集的生态社区,一个庞大的资源网络,也是一个支持产品创新的一站式服务平台。HOPE 跟踪、分析和研究与产业发展密切相关的超前 3—5 年的技术,同时推进这些技术的产业化转化。HOPE 把技术、知识、创意的供方和需方聚集到一起,提供交互的场景和工具,促成创新产品的诞生。自成立以来,HOPE 平台支持海尔各个产品研发团队和超前研发团队创造了众多的颠覆性产品,如 MSA 控氧保鲜冰箱、净水洗衣机、水洗空调、天樽空调、NOCO 传奇热水器、防干烧燃气灶等,受到消费者喜爱。目前 HOPE 平台上聚集着高校、科研机构、大公司、创业公司等群体,覆盖了超百项的核心技术领域,社群专家 12 万余人,全球可触达资源超 100 万。

　　在一本著名的创新系统书籍——《硅谷生态圈:创新的雨林法则》中,作者讨论了有趣的关键性物种的话题。在亚马逊热带雨林生物链中,有一些物种看上去其貌不扬,但它们在生物链中却处于连接不同种属生物的关键位置,一旦失去它们就可能造成整个生态系统全盘崩溃,从而给热带雨林的生物多样性带来毁灭性打击。在企业创新生态系统中,这种"关键性物种"指的就是处于跨组织网络节点处,起着承上启下重要作用的一批组织者,例如企业领军人物。他们通过一种特殊的能力像桥梁一样将不能直接联系的组织连接起来,彻底消除创新网络中的孤岛,并通过外部辐射效应,实现创新系统和外部环境的信息、物质和能量的交换,进一步突破组织边界,使得创新系统具有更为广泛的开放度。这样的组织者需要具备一套多层次、多领域的知识能力结构,如战略意识、领导力、科研水平、市场洞察力、组织沟通能力等,其中很大一部分能力与人的因素息息相关,这些软能力在系统协调的过程中发挥的作用是难以估量的。

四、 大学参与创新

　　大学在国家创新和经济发展中占有重要地位。20 世纪末,社会学家将生物学领域的三螺旋概念用来分析政府、产业和大学之间的新型互动关系,提出了三螺旋理论(triple helix model)。该理论揭示了政府、产业和大学在知识经济社会中的互动关系和合作模式,为政产学协同创新提供了理论框架和实践路径。该理论甚至认为,大学作为知识生产的核心力量,在知识经济时代将起到主导作用。

大学参与创新活动的方式有多种,包括与企业合作、培养人才、与企业交流信息、技术许可和创办企业等。目前,关于大学参与创新活动的焦点在大学的技术转化问题。其中,技术转让是大学技术转化的主要方式之一,也是创新性知识和技术成果向现实生产力转化的重要方式。我国当前仍然面临着专利转让率较低的困扰,正在通过一系列变革,诸如转化机构设置、利益分配机制等扭转这一局面。

随着大学在知识创新中的作用逐渐增强,其与企业的联系日益密切。大学科研人员通常拥有深厚的专业知识和技术能力,他们在长期的学习和研究中积累了丰富的科研成果。这些科研成果通过与企业合作转化为实际应用,推动企业技术进步和产品升级。此外,大学与企业合作,不仅可以为企业培养高素质人才,还可以通过项目合作或共建实验室等方式,由企业为大学科研人员提供良好的工作环境和实验条件,激发他们的创新热情和工作积极性。当然,人们对于大学参与创新也持有一些反思性观点。在个人层面,大学与企业的良好联系或者技术的顺利转化需要研发人员在发明披露、合作者识别及技术的进一步开发中付出一定的精力,这些会潜在地分散其学术注意力。在系统层面,企业支持和鼓励职务发明的目的是获得独占许可权,这会削弱知识开放共享的社会属性,且知识产权保护会导致知识碎片化。因此,大学如何参与创新是一个值得关注和探讨的重要课题。

思考题

1. 创新具有什么特征?有哪些价值?
2. 熊彼特是如何从经济学的角度定义创新的?
3. 举例说明什么是流程创新,什么是组织创新。
4. 突破性创新和渐进性创新的区别是什么?
5. 在国家创新体系中占有核心地位的主体是什么?
6. 马莱巴关于产业创新系统的基本理论是什么?
7. 什么是企业创新生态系统?

实践练习

活动名称:调研集成电路产业系统

活动内容:可以通过现场或在线调研的方式,从两个角度展开:一是从中国集成电路产业链的角度,调查产业链上游的材料、设备、EDA 和集成电路设计,产业链中游的芯片制造,产业链下游的封测等环节;二是从政策角度,调查分析国家及相关部委、地区出台的支持集成电路产业发展的各类政策。通过以上调查了解我国集成电路产业创新系统概貌。

第二章　创新思维

【学习目标】

☑ 理解创新思维的概念和本质

☑ 理解创新思维的特征和发展过程

☑ 掌握三种常见的创新思维方式

☑ 掌握创新思维训练工具

☑ 了解数据思维与创新思维的融合关系

引导案例

宇树科技：让飞天技术落地奔跑

前进的路，是一个个"迷思"被打破的过程。

——王兴兴

2025 年春晚舞台上，16 台人形机器人 H1 与真人舞者默契配合，完成了一场机械与艺术的跨界表演。灯光下，这些由钢铁骨骼构成的"舞者"动作流畅如真人，甚至能完成后空翻、劈叉等高难度动作。当镜头扫向观众席时，一位戴着黑框眼镜、笑容腼腆的年轻人轻轻鼓掌，他就是这群机器人的缔造者，宇树科技创始人王兴兴。这位 35 岁的年轻人用 16 年时间，书写了一段关于热爱、专注与颠覆的传奇。

1990 年，王兴兴出生于浙江余姚一个普通家庭，从小性格内向的他对机械和电子展现出狂热兴趣。初中时，他用水泥地磨零件、自制微型涡轮喷气发动机，甚至在家中电解水制取氢气。"别人刷题，我拆电机"，他回忆道，高中三年，他的英语成绩仅及格三次，总成绩却因数理化的满分稳居年级前列。高考时，他因严重偏科考入浙江理工大学机电专业，凭借对机电的热爱，他在大学宿舍里用 200 元造出 14 自由度双足机器人，甚至研发出能模拟触感的力反馈手套。他认为："动手不是为了炫技，而是为了验证脑海中那些疯狂的想法"。

2013 年，王兴兴正在上海大学攻读硕士，彼时的机器人领域，尤其是四足机器人，几乎被液压驱动技术垄断。像波士顿动力这样的巨头研发出的机器人虽然能做出后空翻等惊人动作，但每台成本高达数百万美元，且维护复杂，对普通人甚至普通企业来讲遥不可及。大多数研发机构也沿着这条路走，要么在液压技术上修修补补，要么用传统电机加一堆复杂的减速装置，结果不是成本居高不下，就是性能难以突破，机器人始终只能用在军事、科研这些高门槛的领域。

面对这个困境，王兴兴没有在旧框架里打转。他琢磨着，有没有更聪明、更便宜的办法让机器人灵活地"跑"起来？一次偶然的机会，王兴兴注意到无人机嗡嗡作响的盘式无刷电机，这种电机轻如蝉翼却爆发力惊人，正是无人机灵巧飞行的"心脏"。一个火花闪过脑海:能不能让"飞天"的技术落地奔跑呢? 他敏锐地抓住核心:如果通过矢量控制(FOC)技术,这种电机可实现精准到毫秒级的力矩响应,这不正是机器人关节梦寐以求的能力吗? 但让这个想法落地却困难重重,无人机电机工作相对简单,而机器人动作复杂多变,对电机的反应速度、力量大小和稳定性要求极高。直接照搬肯定不行。王兴兴面临的首要难题就是:如何在无人机电机控制器的基础上,设计出尺寸够小、性能超强,又能扛住机器人剧烈运动的专用驱动器。为了解决这些问题,王兴兴开始了艰苦的技术攻关。他深入研究电机原理,一遍遍地试验不同的控制算法和电路设计。在实验室里,他不断地调试、优化、失败、改进,经过反复的尝试后,他运用逆向思维,从机器人实际运动需求出发,反向推导电机和驱动器的性能指标。经过不懈努力,2015 年,王兴兴终于取得了突破。他成功研制出高动态性能的机械腿,从电控系统、机械结构到核心控制算法,全部实现自主研发,推出了四足机器人 XDog。这款机器人不仅能在陡峭的山坡上奔跑自如,还能完成倒立、托马斯全旋这样的高难度动作,速度快,力量足,甚至能驮着成年人翻山越岭,适应极寒酷热的环境。XDog 的成功,彻底证明了用盘式无刷电机驱动机器人这条创新技术路线的巨大潜力。

2016 年,王兴兴基于 XDog 技术创立杭州宇树科技股份有限公司,持续推动机器人创新迭代,从首款商用四足机器人 Laikago,到教育级 A1、消费级 Go1、工业级 B1,直至人形机器人 H1,产品已应用于亚运会、冬奥会等国家级场景。截至 2025 年 6 月,公司本年度营收已突破 10 亿元,C 轮融资 7 亿元后估值达 120 亿元,产品出口 50 余国,占据全球四足机器人市场近 70% 份额。

思考题:(1) 宇树科技如何在机器人行业开辟新路径?

(2) 案例中用到了哪些思维方式? 和传统思维有何差异?

第一节 创新思维内涵

创新思维是与常规思维相对的一种思考方式,它超越了既有的思维框架,不局限于过往经验,也不以可靠性和稳定性作为价值取向。它是人类思维活动中最精彩最迷人、最有价值的部分,为科学技术进步和人类文明演进提供了不竭的动力。

一、创新思维的概念

思维是人脑对外部信息和内部信息的加工活动,是人所特有的反应形式,指导人们的认识、实践活动。人在不断认识世界和改造世界的过程中都有思维参与其中,其中创新思维作为有创见的、有价值的思维方式在人的认识实践活动中发挥了重要作用。人类社会进步离不开发现、发明与创造,一切文化的物质和非物质存在形式都与创新思维有关。创新思维是一种改变已有思考问题的角度、观点,另寻新的方向去认识事物,突破固有思维模式的认知方式,从而提出不同于寻常的、富有创见的新观念、新理论的思维。简而言之,创新思维就是以新颖独创的方法解决问题的思维。

【一起来探究】

创新思维和创新能力的关系

创新能力是人们革旧布新和创造新事物的能力,包括发现问题、分析问题、解决问题以及在解决问题的过程中进一步发现新问题,从而不断推动事物发展变化。当人的目标需求体系通过实践操作系统与外部环境接触后,发现现实条件不能满足自己的需要,便会发现问题并力图解决它。于是,创新能力就在人类利用外在环境以求自身生存和发展的过程中生成。创新能力的基本构成要素包括创新思维、创新意识和创新技能。创新能力的主要作用体现在三方面:

(1)教人学会创新思维;

(2)教人如何进行创新实践;

(3)教人解决遇到的各种现实问题。

那么,培养创新思维对提升创新能力具有什么作用呢?

创新思维的对立面是思维定势,或称惯性思维。在长期的思维活动中,每个人都形成了自己惯用的思维模式,当面临某个事物或现实问题时,便会不假思索地把他们纳入已经习惯的思想框架进行思考和处理,即思维定势。常见的思维定势有:

(1)经验型思维定势。经验是人类在实践中获得的主观体验和感受,是理性认识的基础,在人类的认识和实践中发挥着重要作用。但经验未必充分反映出事物发展的本质和规律,经验型思维定势是指人们处理问题时按照以往的经验去办的一种思维习惯,照搬经验,忽略了经验的相对性和片面性,制约了创造性思维的发挥。

(2)书本型思维定势。书本是人类认识世界、改造世界的经验总结,是人类的宝贵财富,应当认真学习与传承。但是不能将书本当作教条死记硬背,不能将书本内容当作放之四海而皆准的真理,要活学活用。尤其是书本知识与客观世界之间存在着一定程度的滞后性,不能一味按照书本知识指导实践。

(3)从众型思维定势。从众型思维定势是指没有或不敢坚持自己的主见,总是顺从多数人意志的一种广泛存在的心理现象。破除从众型思维定势,需要在思维过程中不盲目跟随,在科学研究和发明过程中具有独立的思维意识和心理抗压能力。

(4)权威型思维定势。权威型思维定势是指对权威迷信、盲目崇拜与夸大,甚至以权威作为判定是非的唯一标准。这种思维定势的形成一方面来源于青少年时期所接受的灌输式教育而非启发式教育,另一方面来源于社会中广泛存在的个人崇拜现象。在科学研究中更是要区分权威与权威定势,坚持"实践是检验真理的唯一标准"。

思维定势对日常普通问题的思考和处理能够发挥有效作用,但是它往往阻碍新思想、新观点、新技术的产生。创新思维就是要让人们客服思维定势,让人们用新的眼光去审视问题和解决问题。

二、 创新思维的特征

创新思维通常具有联想性、求异性、发散性、逆向性、突发性和综合性等特征。当人们采用创新思维开展工作或活动时,至少会显现出其中的一项特征,也可能是多项特征的组合。

(一) 联想性

联想是将表面上似乎毫无关联的事物巧妙地联系起来,从而催生出新的创意和解决方案。这种思维方式不仅允许我们利用个人已有的经验和知识来实现创新,例如人们常说的由此及彼、举一反三、触类旁通等,使我们能够从已知推导出未知,它还能够借助他人的发明或创造作为跳板,进一步拓展创新的边界。联想是创新者在思考时经常采用的方法,它往往能迅速显现出成效,是激发创意和推动科技进步的重要工具。通过联想,人们不仅能够发现事物之间的潜在联系,还能在跨界融合中孕育出前所未有的新想法和新技术。

(二) 求异性

求异性是指对约定俗成、司空见惯的事物或观点,持一种怀疑的、分析的、批判的态度,用新的方式来对待和思考所遇到的问题。例如,通过变换思考角度、更改逻辑顺序等方法,使旧有的事物或观点得到更新和发展。求异的过程要依据客观事实进行。为了达成创新的目标,个体不应受限于常规思维模式,也不应盲目崇拜权威,要破除思维定势、逆转思维惯性,敢于对已成定论的现象和权威的结论提出质疑,要秉持怀疑与批判的精神,对所有事物与现象持开放且审慎的态度。

(三) 发散性

发散性是指对同一问题从不同层次、不同角度、不同方向进行探索,从而提供新结构、新点子、新思路或新发现。发散性的思维活动不受限制和禁锢,可以帮助人们在众多可供选择的方案、办法及建议中选择最佳的答案,提出一些别出心裁、出乎意料的见解,使看似无法解决的问题迎刃而解。这种发散性特征又可以进一步细化为流畅性、灵活性和新颖性等特征。流畅性是思想的自由发挥,指在尽可能短的时间内生成并表达出尽可能多的思维观念以及较快地适应、消化新的思想概念。灵活性是指克服头脑中僵化的思维框架,按照某一新的方向来思索问题。新颖性表现为发散的奇异和独特,能够从前所未有的新角度提出超出寻常的新想法。

(四) 逆向性

逆向性就是有意识地从常规思维的相反方向去思考问题的方法。在面对创新挑战或解决那些因循守旧难以攻克的问题时,传统观念、常规经验和权威言论往往会成为束缚创新思维的无形枷锁。因此,如果仅仅按照思维惯性行事,人们很可能会陷入困境,难以取得突破。这时从相反的方向寻找解决办法,反而可能引领我们发现新的路径,获得想要的结果甚至取得更为出色的成果。

案例

晶体管研制

20世纪60年代中期,全世界都在研究制造晶体管的原料锗,其中的关键技术是将锗提炼得非常纯。索尼公司的江崎研究所,也全力投入了一种新型的电子管研究。为了研究出高灵敏度的电子管,人们一直在提高锗的纯度上下工夫。当时,锗的纯度已达到了99.999 999 9%,要想再提高一步,真是比登天还难。后来,有一个刚出校门的黑田由子小姐,被分配到江崎研究所工作,担任提高锗纯度的助理研究员。这位小姐比较粗心,在实验中老是出错,免不了受到江崎博士的批评。后来,黑田小姐发牢骚说:"看来,我难以胜任这提纯的工作,如果让我往里掺杂质,我一定会干得很好。"不料,黑田小姐的话突然触动了江崎的思绪,如果反过来会如何呢?于是,他真的让黑田小姐一点一点地向纯锗里掺杂质,看会有什么结果。于是,黑田小姐每天都朝相反的方向做实验,当黑田把杂质增加到1 000倍的时候,锗的纯度降到了原来的一半,一种性能优良的半导体材料诞生了。接着,他们又发明出自动电子技术领域的新型元件,使用这种电子晶体技术,电子计算机的体积缩小到原来的1/4,运行速度提高了十多倍。

(五) 突发性

突发性是指在极短的时间内,以一种突发的形式,迸发出创造性的思想火花,产生新的概念。人们发现,一些创新想法或解决方案往往会在不经意间突然涌现,这种涌现通常基于长时间的思考、问题探索和知识积累。创新思维不是线性发展的,而是可能在某个放松、休息或与问题不直接相关的时刻"灵光一闪"而出现。这种突发性不仅令人惊喜,也体现了持续思考、广泛学习和保持开放心态对于激发创新潜力的重要性。

案例

米老鼠的诞生

迪斯尼曾一度从事美术设计,后来他失业了。原来他和妻子住在一间老鼠横行的公寓里。但失业后,因付不起房租,夫妇俩被迫搬出了公寓。这真是连遭不测,他们不知该去哪里。一天,二人呆坐在公园的长椅上,正值他们一筹莫展时,突然从迪斯尼的行李包中钻出一只小老鼠。望着老鼠机智滑稽的面孔,夫妻俩感到特别好玩,心情一下子就变得开心了,忘记了苦闷和烦恼。这时,迪斯尼头脑中突然闪过一个念头,对妻子惊喜地大声说道:好了!我想到好办法了!世界上有许多人像我们一样穷困潦倒,他们确定都很苦闷。我要把小老鼠得意的面孔画成漫画,让千千万万的人从小老鼠的形象中得到安慰和愉快。风行世界数十年之久的米老鼠就这样诞生了。

(六) 综合性

综合性是指把对事物各个部分、侧面和属性的认识统一为一个整体,从而把握事物的本质和规律。也就是说创新思维不是把对事物各个部分、侧面和属性的认识机械相加,也不是将其随意地、主观地拼凑在一起,而是深入洞察并把握它们之间内在的、必然的相互联系,以及各自的结构和功能,从而实现对事物全面而系统的认识。创新思维实际上是各种思维形式的综合体。它既包含抽象思维,又包含逻辑思维;既包含发散思维,又包含聚合思维;既包含求同思维,又包含求异思维等。

三、 创新思维的本质

创新思维是人类创造力的核心和思维的最高级形式,是一种辩证性的思维活动,其本质体现在:

(一) 破旧与立新的辩证统一

创新意味着打破旧有的、不适应事物发展的观念、理论和模式,探索并应用新联系、属性和规律,以更有效地认识和改造世界。不破除牛顿—伽利略的绝对时空观,相对论就无法创立;不冲破惠更斯的光的波动说,光量子的概念也就无法建立。批判与继承是创新的前提,即辩证地否定旧事物,取其精华,去其糟粕。而标新与立异则是创新思维的精髓,它要求思维主体在智慧碰撞中突破传统,达到更高、更新、更有价值的认识。破旧与立新的辩证统一是创新思维的功能性本质。

(二) 逻辑思维与非逻辑思维的辩证统一

逻辑思维是通过概念、判断、推理等方式有条理地反映现实,而非逻辑思维则包含直觉、联想等难以用常规逻辑解释的思维活动。在创造性活动中,如灵感或顿悟的形成,非逻辑思维起关键作用,但这一切都离不开逻辑思维的基础。即便是最出色的想象力、直觉和灵感,其成果也需通过逻辑验证才能成为科学理论或创造。但是,创新思维并非单纯依赖逻辑思维,而是结合想象、灵感等创新素质的自由创造。爱因斯坦既信赖直觉和灵感,也承认从特殊到一般的推理是直觉性的,而一般到特殊的推理则是逻辑性的。在逻辑思维与非逻辑思维的辩证统一的基础上实现思维素材的超逻辑组合是创新思维的过程性本质。

(三) 量变与质变的辩证统一

创新思维活动是人有意识、有目的、能动的活动,这一活动过程体现着量变,也体现着质变,是量变和质变的统一。在创新思维的过程中,人们需要通过学习、观察、思考和实践来不断积累知识和经验,如同水滴石穿、绳锯木断般,是一个逐渐变化的过程。每一个小的发现、每一个新的想法,都是创新思维活动中量变的体现。在量变达到一定程度时,创新思维会发生质的飞跃,产生出全新的、前所未有的思想和观念。量变与质变的辩证统一是创新思维的哲学性本质。

四、 创新思维的发展过程

美国心理学家华莱士研究了许多创造发明家的自述经验,在1926年出版了《思想的艺术》,书中把创新思维的活动过程分为四个阶段。如图2-1所示。

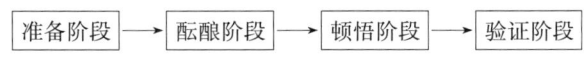

图 2-1　创新思维活动的四个阶段

(一) 准备阶段

准备阶段是整理和加工创新活动所需材料的阶段,此阶段逻辑思维占主导,思维活动主要局限于显意识层面。围绕创新思维的核心——问题意识,该阶段涵盖三项关键任务:首先是发掘并提出富有意义和价值的问题;其次是主动广泛地搜集并整理相关信息或资料;最后是进行初步的思索或实验验证。

(二) 酝酿阶段

酝酿阶段是创造者在解题困境中表面搁置问题而实际在无意识中继续思考的阶段。华莱士首次将无意识引入创新思维过程中,认为酝酿期个体"无意识的大脑活动"在不知不觉地对收集到的材料进行着筛选和重组。华莱士提出无意识在创新思维中的作用,认为此阶段大脑在无意识中对材料进行筛选和重组。牛顿、安培、黑格尔等创造者在此阶段常表现出如痴如醉的状态,说明酝酿对于新思想方案的成熟至关重要,而普通人往往缺乏耐心,未能充分利用这一阶段。

(三) 顿悟阶段

这是思维创新过程的关键阶段,主要通过想象直觉和灵感等非逻辑思维,进入"豁然开朗"的境地,从而突破原有理论、技术框架和传统观念、思维定式的束缚,清晰地获得问题解决方法。例如门捷列夫等科学家对元素排列的突破性理解等。这个阶段长短不一,爱因斯坦狭义相对论的新观念产生以后,仅五六个星期就写成论文,而达尔文在进化论的新思想产生以后,经过 20 年才写出《物种的起源》这一不朽名著。

(四) 验证阶段

验证阶段是创新思维成果实现科学化和实用化的关键环节,它是指在意识的支配下运用具有逻辑性的实践方法,对灵感思维所取得的成果进行真伪分析、检验与论证。这一过程旨在确保创新成果建立在坚实的科学理论基础之上,并最终转化为能被他人理解和接受的新理论、新技术或新产品。创新思维成果的取得往往需要经过长期的探索、刻苦的钻研,甚至多次的循环往复。

第二节　创新思维方式

创新思维方式是指个体或团队在面对问题时,采用非常规、非传统的思考方法和路径,以寻求新颖、独特且有效的解决方案或创造新事物的过程。联想思维、发散思维和灵感思维是常见的三种创新思维方式。

一、联想思维

联想思维是指从一种事物想起另一种事物的心理活动。联想是发明创造活动的一种心理中介,它具有由此及彼、触类旁通的特性,能将人们的思维引向深化,导致创造性想象的形成。联想的类型又分为相似联想、接近联想、对比联想和因果联想等。

(一) 相似联想

相似联想是指由一个事物想到另一个与它在原理、结构、性质、功能、形状、声音、颜色等方面具有相似之处的事物。例如,智能手表和健康监测设备之间的相似性促使制造商开发集成多种健康监测功能的智能手表。这些手表不仅可以显示时间,还能监测心率、睡眠质量、步数和卡路里消耗等健康指标,满足用户对健康监测和日常生活管理的相似需求。

(二) 接近联想

接近联想是指由一事物联想到在时间上或空间上相接近的另一事物。这种联想通常基于经验中事物之间的实际联系。

案例

西湖苏堤的由来

公元 1071 年,苏东坡被贬到杭州担任知州。当时的西湖由于多年缺乏治理,很多地段都已被泥沙淤积,成了所谓的"葑田",湖水面积逐渐缩小。有一天,苏东坡突然想到如果把从湖里挖上来的淤泥堆成一条贯通南北的长堤,既能便利来往的游客,又能增添西湖的景点,岂不是一举多得? 于是,他组织了数万名民工,在西湖的南北两端修筑了一条长堤。这条堤坝不仅起到了防洪护湖的作用,还通过分隔湖水,改善了水质,使得西湖焕发出新的生机。堤上六桥横跨,杨柳依依,桃花灼灼,春色满园,被后人誉为"苏堤春晓"。

(三) 对比联想

对比联想是从周围事物的对立面或相反方面进行的联想。这类联想基于人类大脑对差异和对比的敏感性。当人们遇到一个概念、物体或情境时,大脑会自动搜索与之相反或相对的概念、物体或情境。这种搜索不仅限于物理或表面的对立(如黑与白、高与低),还可能涉及更深层次的抽象对立(如爱与恨、自由与约束)。

案例

卡介苗的发现

在 20 世纪初的法国,细菌学家阿尔伯特·卡默德和加米尔·介兰,正致力于结核杆菌的研究。这种古老的病原体以其强大的毒性和狡猾的传播方式给人类带来了深重的灾难。无数的人因它而失去生命,而医学界却对它束手无策。一天,卡默德和介兰驱车前往一个偏远的农场进行实地考察。农场里,一片低矮的玉米引起了他们的注意。这些玉米穗小叶黄,生长不良,与周围生机勃勃的农作物形成了鲜明的对比。农场主告诉他们,这种玉米是十几年前从外地引进的,但经过多代的种植,它逐渐退化,失去了原有的优良特性。看着这片退化的玉米地,卡默德和介兰的心中突然涌起了一个念头。他们开始思考,如果将结核杆菌像玉米一样,一代一代地定向培育下去,它的毒性是否会像玉米一样逐渐退化呢?如果这个假设成立,那么将这种退化后的结核杆菌注射到人体内,是否就能使人体产生免疫力,从而预防结核病呢?这个想法让他们激动不已,在接下来的13年里,他们夜以继日地工作,不断地对结核杆菌进行培育、筛选和测试,在经过了230代的培育后,他们成功地找到了那个梦寐以求的退化结核杆菌。他们将它命名为"卡介苗",并进行了初步的动物实验。实验结果令人振奋,接种了卡介苗的动物在接触到结核杆菌后,并没有出现严重的病症。随后,卡介苗开始了人体试验。经过一系列的严格测试,结果显示,卡介苗能够显著地提高人体对结核病的免疫力,降低发病率和死亡率。

(四) 因果联想

因果联想是指由具有因果关系的事物形成的联想。在因果关系中,原因通常被理解为能够导致某事物发生或变化的要素或条件,而结果则是由这些原因所引发的后果或效应。在因果联想中,人们可以由一个原因联想到可能产生的多种结果,也可以由一个结果联想到多种原因。换句话说,因果联想是双向的,既可以由起因想到结果,也可以由结果想到起因。科学发现中源于因果联想的事例数不胜数。例如澳大利亚甘蔗种植人在收货时发现有一片甘蔗田产量意外地提高了50%。他们回忆起一个月前有一些水泥洒落在这篇土地里。经过反复研究,发现正是水泥中的硅酸钙使这片酸性土壤得到改良,提高了甘蔗产量,由此创造出了水泥肥料。

二、 发散思维

发散思维是由美国心理学家吉尔福特在《人类智力的本质》中作为与创造性有密切关系的思考方法提出的。它是一种从多角度、多侧面、多层次和多结构去寻求解答的思维方式。发散思维一般具有如下特征:一是流畅性。思考者能够迅速产生大量与问题相关的信息或答案,思维活动畅通无阻,灵敏迅速。二是变通性。思考者能够产生不同类型的答案或方法,思维活动不受传统思维模式的束缚,能够灵活转变思考方向。三是独特性。思考者能够产生不同寻常的新颖答案或方法,思维活动具有与众不同的新颖性。发散思维的具体形式包括用途发散、功能发散、结构发散、因果发散等。

(一) 用途发散

用途发散是以某事物的功能为发散点,设想出该功能的各种用途。例如,木头可以用于制作桌椅板凳、建造房屋、制作铅笔纸张等多种用途。水不仅可以用于洗脸刷牙、炒菜做饭等日常生活用途,还可以用于灌溉农田、发电等工业用途。车除了作为交通工具提供出行便利外,还可以用于运输货物、作为救援车辆等。

(二) 功能发散

功能发散是从某事物的功能出发,设想出获得该功能的各种可能性。这通常涉及对现有功能的拓展或创新应用。例如,灯除了基本的照明功能外,还可以设计成可调节亮度、色温的灯具,满足不同场景下的照明需求;手机从基本的通话、短信功能向人工智能助手、增强现实应用以及生物识别技术拓展;无人机从简单的空中拍摄功能进化到物流配送、农业监测以及灾害救援等多元化应用。

案例

大疆崛起

如果把大疆比喻成手机行业的苹果,那么他连一个像三星、华为一样的对手都没有。截至 2024 年,大疆在全球民用无人机市场占据超 80% 的市场份额。大疆的创始人汪滔(Frank Wang)在香港科技大学读书期间,开始自行研究飞控系统。2006 年,他在深圳创立大疆公司,最初的产品主要是一些低成本无人机。2009 年,大疆推出的飞行控制器产品正式走向市场。公司每年将收入的 20% 投入研发,获得了飞控系统、图像传输、自动飞行等领域多项技术的自主研发能力。2013 年,大疆推出的 Phantom 无人机系列彻底改变了市场格局。这款产品不仅具备高清摄像功能,更是开创了用户航拍的潮流,以其易用性和高性价比迅速普及至大众消费者。在消费级市场成功后,大疆迅速扩展至专业及商业级市场,推出如 Inspire、Mavic 等产品,满足影视制作、测绘、农业监测等多元化需求。尤其是在农业智能化及城市安全监控等领域,大疆无人机的应用场景不断增加。此外,大疆在人工智能、5G 技术等领域展开布局,例如,通过 AI 算法提升无人机的自主飞行与数据处理能力,利用 5G 网络实现更为实时的数据传输和控制等。在新兴市场方面,大疆正积极探索智能仓储、无人机配送等领域的可能性,这些新兴应用有望成为未来业务增长的新引擎。

(三) 结构发散

结构发散是以某事物的结构为发散点,设想出利用该结构的各种可能性。这种思维方式通常涉及对现有结构的改进或创新设计。例如,通过改变建筑物的结构形式,设计成圆形、三角形、螺旋形等,可以创造出独特的建筑风格和视觉效果;通过改变家具的结构设计,可折叠、可变形等,可以节省空间、提高使用效率;通过优化机器设备的结构设计,减轻重量、提高精度等,可以提高设备的性能和效率。

(四) 因果发散

因果发散是以某个事物发展的原因或结果为中心点,进行发散思考,从而找到导致某一现象的原因或者某一现象可能引起的结果。例如:灯不亮了,可能是停电了,也可能是灯泡坏了,还可能是电路故障、开关损坏等原因;天气变化可能是由于大气环流、气压变化等自然因素引起的,也可能是由于人类活动,如排放温室气体等导致的全球气候变化。

三、 灵感思维

灵感思维是指经过大量、艰苦的思考之后,在转换环境时突然得到某种特别的创新性设想的思维方式。灵感是大脑的一种潜在机能,是思维发展至高级阶段的产物,一般具有如下特征：

（1）突发性。灵感往往在不经意间突然涌现，让人茅塞顿开，它的出现具有偶然性。

（2）瞬时性。灵感的出现往往非常短暂，如果不及时捕捉和记录，可能会迅速消失。

（3）模糊性。灵感初现时通常较为模糊，需要进一步的思考、加工和整理。

灵感思维的产生具有一定的规律性：

（1）灵感产生于大量的创造性活动。在持续不断的创造性活动中，大脑的神经网络被反复激活，每一次的思考与实践都像是在为灵感的到来铺设道路。经由这些大量且艰辛的创造过程，大脑的神经纤维被推向了紧绷的极限，仿佛一张蓄势待发的弓，思维能力正逼近突破的边缘。此时，个体的心智状态变得异常敏感，对周遭的一切都充满了高度的感知力。

（2）灵感产生于大量的信息积累。就像电压逐渐升高，直至某一临界点，电光一闪，电路瞬间接通，释放出璀璨的光芒，灵感也在大量的信息输入后，于某一时刻豁然开朗。信息输入包括阅读各类相关资料、利用网络资源进行广泛搜索，以及向专家请教等多种方式，这些是灵感闪现前的必要准备。

（3）灵感产生于一定的诱因。大量的信息、创造性活动使创造力处于饱和状态。此时，创造力的飞跃需要某种诱因点燃。诱因往往出现在紧张思考后的放松时刻，比如散步、沐浴、赏花、聆听音乐或是轻松的交谈之中。一夜酣睡之后的清晨，常常成为灵感造访的大好时刻。根据日本学者对 821 名发明家灵感涌现的环境进行统计，结果表明，"家中"占 42％，"工作单位"占 18％，"户外"占 40％。

案例

春日里的生命赞歌

有一次，贝多芬与几个朋友到郊外散步，美丽的田野、翠绿的青山和蜿蜒曲折的河流映入眼帘。面对这如诗如画的大自然，贝多芬不禁陷入了深深的思考，他思考着该如何用音乐来表达这份美丽与宁静。散步中，朋友们说说笑笑、热热闹闹，唯有他一言不发，完全被眼前的景色所吸引，脑海中不断涌现出各种旋律和节奏。突然，他仿佛捕捉到了某种灵感，于是狂奔着跑回家去，将朋友们惊得不知所措。回到家中，贝多芬立刻坐到钢琴前，将刚才所见的美丽景色用乐曲的形式弹奏出来。他的手指在琴键上跳跃，旋律如泉水般流淌而出，充满了大自然的诗情画意。这首曲子就是后来人们熟知的《第四交响曲》，它是贝多芬在创作《第五交响曲》的过程中于 1806 年间创作的，是暂时中断命运交响曲的创作，在灵感的推动下用很短的时间一气呵成的。明朗柔和的曲风让它成为贝多芬众多作品中最独特、最温柔的一部。

第三节　创新思维训练

创新思维并非天赋异禀，它可以通过后天的学习与训练得到显著提升。通过质疑现有观念、分析综合信息、发挥想象力以及参与创意活动等，可以逐步锻炼自己的创新思维。团队合作与多元化交流也是培养创新思维的有效途径。另外，在开放、包容和鼓励的环境中，人们更容易产生新的想法和灵感。

一、 柯尔特思维工具

英国剑桥大学认知研究（cognitive research trust，简称 CoRT）基金会主任爱德华·德波诺从 1970 年开始致力于思维技能训练问题的研究。他根据思维理论和丰富的思维技能教学经验，编写了《柯尔特思维教程》，创造出了"六项思考帽"等被广泛应用的思维工具，被誉为"创新思维之父"。《柯尔特思维教程》（又称 CoRT 教程），分为思维广度、组织、交互、创造力、信息和感觉、行动六大部分，共 60 个思维工具及场景，包括了几乎人类所有的思考环节。例如，拓展思维广度部分包含以下 7 个思维工具：

（1）考虑利弊（PMI）。这个工具要求人们不仅要关注事物的有利因素（plus），还要关注不利因素（minus）和无利也无弊但却有趣的因素（interesting）。通过全面考虑利弊，可以更准确地评估事物的价值和潜在的风险。

（2）考虑所有因素（CAF）。这个工具要求考虑影响事物或问题的各种因素（consider all factors），包括那些可能被忽视的细节。找出所有相关因素是解决问题和制定有效策略的关键。

（3）预想决策后果（C&S）。这个工具要求人们对于一个行动、计划、决策或发明等事项，要从即时、短期、中期和长期等多个时间区段全面、辩证地考虑它可能造成的后果或影响（consequence & sequel）。通过推测后果，可以更好地理解事物的内在逻辑和演变规律，从而更好地应对和解决问题。

（4）确定目标（AGO）。这个工具要求人们明确自己的目标，并制订实现这些目标的计划（aims，goals and objectives）。确定目标是制订有效策略和行动计划的关键。

（5）优先考虑重点（FIP）。思考者要对事物和问题的有关因素和众多观点先行评估，权衡轻重缓急，优先考虑最重要的因素、目标、结果等（first important priorities）。

（6）探求其他选择（APC）。在作出抉择或采取某项行动之前，打破完美的心理设限，寻找解决问题的新途径（alternative，possibilities and choices），越是不明显的就越可能是最佳的。

（7）参考他人意见（OPV）。这个工具鼓励人们倾听他人的意见和建议（other people's views），以获得更全面的视角和更准确的判断。所谓"兼听则明，偏信则暗"，通过参考他人意见，可以避免盲点和偏见，提高决策的质量。

在柯尔特系列思维工具中，传播和使用较为广泛的是"六项思考帽"。"六项思考帽"通过六种不同颜色的帽子来代表六种不同的思维模式：白色思考帽代表中立而客观的信息、事实和数据；红色思考帽代表情感和直觉，反映人们的感受和预感；黑色思考帽代表批判与负面，进行逻辑上的否定和风险评估；黄色思考帽代表积极与正面，寻求解决问题的可能性和利益；绿色思考帽代表创新与思考，鼓励创造性思维和新的解决方案；蓝色思考帽则负责控制和调节思维过程，规划和管理整个思考流程。"六项思考帽"作为一个操作简单且经过反复验证的思维工具，能够使混乱的思考变得清晰，将团体中无意义的争论转化为集思广益的创造，提升每个人的创造性。在团队讨论和决策过程中，"六项思考帽"不仅有助于充分研究每一种情况和问题，还能创造超常规的解决方案。这种思维模式为人们提供了热情、勇气和创造力,使每一次会议、讨论和决策都充满新意和生命力。它不仅是管理思维的工具,也是人际沟通的操作框架,更是提高团队智商的有效方法。

【一起来探究】

如何使用"六顶思考帽"?

1. 白色思考帽:信息与数据

目的:收集并展示所有相关的信息和数据,确保决策基于事实。

使用方法:

(1)列出所有已知的事实和数据。

(2)询问是否有遗漏的信息或需要进一步调查的数据。

(3)专注于信息的准确性和完整性,避免主观判断。

2. 红色思考帽:情感与直觉

目的:表达个人的感受、直觉和情绪反应,为决策提供非逻辑性的视角。

使用方法:

(1)允许团队成员表达他们对问题的直观感受。

(2)鼓励说出直觉上的反应,即使这些反应可能缺乏逻辑支持。

(3)识别并理解情感对决策的影响。

3. 黑色思考帽:批判与风险评估

目的:识别问题、挑战和潜在风险,确保决策的全面性和稳健性。

使用方法:

(1)列出所有可能的负面后果和障碍。

(2)对每个潜在问题进行深入分析,评估其严重性和可能性。

(3)识别并讨论解决方案的局限性。

4. 黄色思考帽:积极与利益

目的:寻找问题的积极面,探索解决方案的潜在好处和机会。

使用方法:

(1)列出所有可能的正面结果和利益。

(2)强调解决方案的积极方面,激发团队的乐观情绪。

(3)探讨如何最大化利益,减少潜在损失。

5. 绿色思考帽:创新与创造

目的:鼓励创造性思维和新的解决方案,打破传统思维框架。

使用方法:

(1)允许团队成员提出任何可能的解决方案,无论多么不切实际。

(2)鼓励自由联想和头脑风暴,激发新的想法。

(3)对所有建议持开放态度,不进行立即的批判或评估。

6. 蓝色思考帽:过程与控制

目的:管理整个思考过程,确保讨论有序、高效地进行。

使用方法：

（1）确定讨论的目标和议程。

（2）分配思考帽的使用顺序和时间。

（3）监控讨论过程，确保每个思考帽都得到充分的讨论。

（4）总结讨论结果，提出下一步行动计划。

你和伙伴们能使用这六顶帽子解决一个需要共同决策的问题吗？你会采用怎样的使用顺序？

在使用六顶思考帽开始讨论之前，应明确要解决的问题或达成的目标，然后根据讨论的需要，按顺序分配思考帽的使用。常见的顺序是白帽、绿帽、黄帽、黑帽、红帽、蓝帽。如图 2-2 所示。在这个顺序中，白色思考帽先行，用于收集信息；绿色思考帽随后，用于创造和提出解决方案；黄色思考帽评估这些方案的优点；黑色思考帽指出潜在的问题和风险；红色思考帽表达个人情绪和直觉判断；最后，蓝色思考帽对整个思考过程进行总结和控制。六顶思考帽的使用顺序并不是固定不变的，它可以根据实际情况和需要进行调整，也可以根据具体场景单独使用。

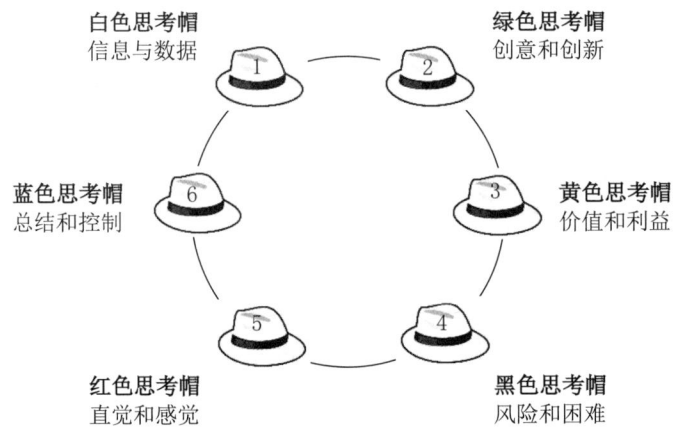

图 2-2 六项思考帽的一种使用顺序

案例

ABM 公司的团队决策

1996 年，ABM 公司由于疯牛病引起的恐慌一夜之间丧失了 80% 的收入。面对这一突如其来的危机，ABM 公司急需找到降低成本和增加收入的策略渡过难关。在这个关键时刻，ABM 公司借助"六项思考帽"思维工具来帮助团队进行决策。公司召集了 12 名团队成员，明确了问题核心和目标，即如何在短时间内找到降低成本和增加收入的策略。接着，团队成员戴上白色思考帽，收集关于公司现状、市场趋势、竞争对手情况等方面的客观数据和信息。在绿色思考帽的激发下，团队成员进行了头脑风暴，提出了 30 个降低成本的方法和 35 个营销创意。然后，团队戴上黄色思考帽，对这些方法和创意进行了评估，筛选出了 25 个具有可行性和潜在价值的创意。在黑色思考帽的引导下，团队对这些创意进行了批判性思考,指出了可能存在的风险和问题,并制定了相应的应对策略。其后,团队成员戴上了红色思考帽,基于个人经验和直觉,表达情绪感受、预感等。最后使用蓝色思考帽对整个讨论过程作出结论。ABM 公司在短短 60 分钟内就找到了 25 个具有可行性的创意。这些创意帮助 ABM 公司成功度过了长达 6 个星期没有收入的艰难时期。

二、 思维导图

思维导图是由英国著名教育学家、心理学家托尼·博赞(Tony Buzan)发明的。它运用图文并重的技巧,把各级主题的关系用相互隶属与相关的层级图表现出来,把主题关键词与图像、颜色等建立记忆链接。思维导图把形象思维与抽象思维有机地结合起来,让左右脑同时工作,协助人们在科学与艺术、逻辑与想象之间平衡发展,从而开启人类大脑的无限潜能,极大地激发创新思维的活力。

思维导图具有以下四个基本特征:

(1)焦点集中,即思维导图的中心通常有一个清晰明确的图像,它作为整个思维导图的焦点,集中了学习或思考的主要注意力。

(2)放射结构,即从中央图像出发,主题的主干作为分支向四周放射。这些分支代表了与中心主题相关的不同子主题或概念。

(3)层次分明,即分支由一个关键图像或者写在相关线条上的关键词构成。较重要的子主题作为一级分支直接连接在中央图像上,而相对不那么重要的子主题则作为二级、三级等分支,依次附在较高层次的分支上。这种层次分明的结构有助于清晰地展现信息的层级关系。

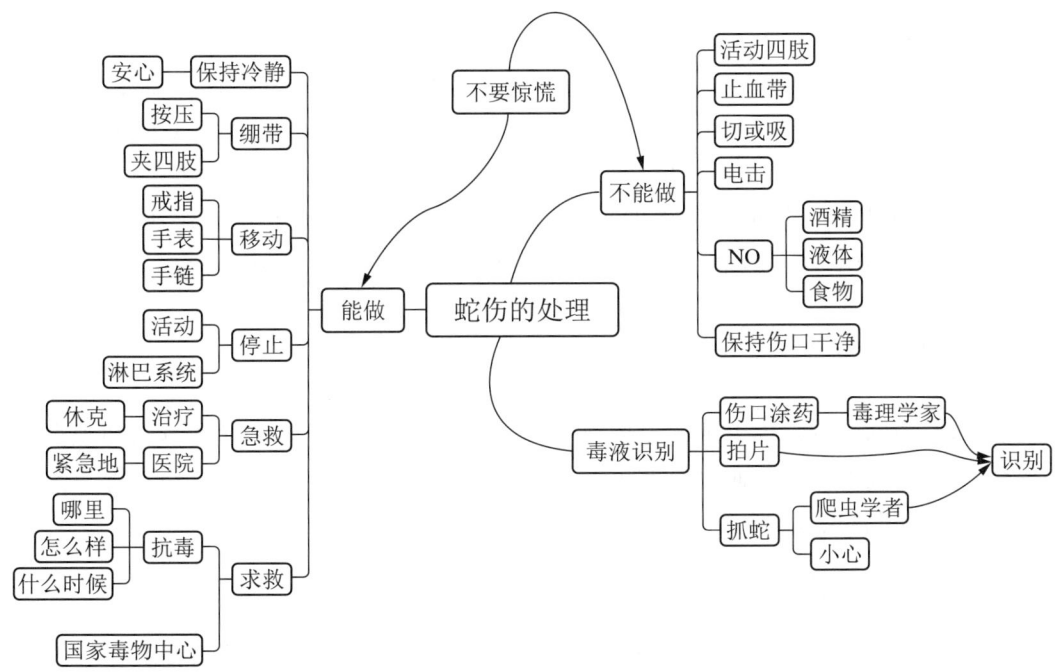

图 2-3 蛇伤处理思维导图示例

资料来源:博赞.思维导图[M].卜煜婷,译.北京:化学工业出版社,2015.

（4）节点连接，即各分支之间形成一个相互连接的节点结构，这种结构使得思维导图在表现形式上类似于树状图。通过节点连接，不同的子主题或概念之间可以建立起逻辑或关联关系，从而形成一个完整的知识系统或思维框架。

图 2-3 是一幅关于蛇伤处理的思维导图，由新西兰农林部的生物安全部门和新西兰生态保护部门联合推出。在新西兰，活蛇不允许进入境内。该思维导图为那些不知道被蛇咬伤后如何进行急救而有可能进行错误操作的人们提供指导，对于需要检查出入境人员和货物的边境工作人员来说非常具有价值，同时对其他国家野外工作者也有效传达了处理蛇伤时的注意事项。

思维导图的应用领域非常广泛，下面列举了一些应用场景。

（1）生涯规划。通过绘制生涯规划的思维导图，个体可以系统地思考自己的兴趣、技能、价值观和长期目标，从而在脑海中构建出一个清晰、连贯的职业发展蓝图。这一过程中，思维导图不仅作为记录和整理信息的工具，更作为一种引导思考、激发潜能的媒介，帮助个体制定职业发展路径。

（2）知识整合。在学习过程中，人们可以将学到的知识点按照主题或逻辑关系进行分类，绘制成思维导图，将零散的知识点系统化、结构化。这样，不仅能够更加清晰地理解知识点之间的关系，还能促进知识的迁移和应用。同时，思维导图作为一种可视化的笔记形式，更加符合人类大脑的记忆规律，有助于提高学习效率和记忆效果。

（3）项目管理。通过绘制项目管理的思维导图，团队可以清晰地了解项目的整体结构和各个任务之间的关系，更好地进行责任分配和进度监控。此外，思维导图作为一种可视化的沟通工具，能够促进团队成员之间的信息共享和协作效率，提高整个团队的凝聚力和执行力。

（4）会议管理与决策支持。采用思维导图形式进行会议记录，能够快速提炼会议要点，形成行动方案，提升会议效率与执行力。在决策过程中，思维导图有助于梳理思路，激发创意，优化决策路径。

（5）产品设计与市场营销。在产品规划阶段，思维导图能够帮助设计师梳理产品功能、明确用户需求和产品定位。在市场营销方面，思维导图通过分析市场趋势、竞争态势和消费者行为等因素，帮助营销团队制定精准的营销策略和推广计划。

现实生活中，思维导图的应用无处不及，人们还可以借助软件工具来绘图，例如 MindNow、GitMind、树图、XMind、幕布等软件，均提供强大的思维导图功能。

三、泛化思维训练

思维定势束缚了创造性思维的发挥，它使大脑忽略了思维定势之外的事物和观念。解决思维定势的有效方法就是通过改变思考方向来扩展思维的广度，例如变顺着想为倒着想（逆向思维）、变正着想为侧着想（侧向思维）等。

(一) 逆向思维训练

大多数人对问题的思考，首先是按照常规、常理、常识去想，或者是顺着事物发生的时间、空间或逻辑顺序去想。而逆向思维训练则教人们以悖逆常规、常理、常识的方式，从已知事物的功能、结构、因果关系等方面作反向思维，产生新的构思。

（1）功能性反转。功能性反转是指从已有事物的相反功能去设想新的技术发明或寻求解决问题的新途径。例如，恒温培养箱就是冰箱的逆向应用。传统上，冰箱的主要功能是制冷，防止食物腐败变质。然而，科学家和工程师们通过逆向思考，利用冰箱制冷技术的原理，开发了恒温培养箱。恒温培养箱的主要功能不是制冷，而是提供稳定的温暖环境，用于生物实验和细胞培养等科学研究。

（2）结构性反转。结构性反转是指从已有事物的相反结构形式去设想新的技术创造。例如，传统煎锅的结构是锅底加热，这种结构在烹饪过程中会产生大量的烟雾，不仅影响烹饪环境，还可能对人体健康造成危害。为了改进这一问题，设计师们将加热源从锅底转移到了锅的上方。这种设计使得热量不再直接作用于锅底，而是通过上方的加热元件传递到食物上，从而有效减少了烹饪过程中产生的烟雾。

（3）因果关系反转。通过改变已有事物的因果关系来引发创意和解决问题的新思路。传统上，人们是在户外或固定地面上进行跑步锻炼，跑步动作是"因"，锻炼身体是"果"。然而，在跑步机上，为达成锻炼效果而设计的跑步机滚筒成为"因"，人的跑步动作成为对这种机械运动的响应或"果"。跑步机自动带动人的脚步进行跑步运动，创造了一种全新的锻炼方式。

（二）侧向思维训练

事物具有相互关联性，看似问题在此，实则"钥匙"在彼；看似瞄准焦点，实则答案在远离焦点的一侧。理解并应用"他山之石，可以攻玉"的智慧，在面对难题时，巧妙应用侧向思维，以迂回的方式解决问题。侧向思维训练包括以下几类：

（1）侧向移入。这种思维方式是指将其他领域的原理、技术和方法等移植过来加以利用。例如，奥地利医生约瑟夫·奥恩布鲁格观察到父亲通过敲击酒桶的声音来判断酒量，受此启发，他开始尝试用类似的方法诊断病人胸腔内的积液情况。他用手指关节轻轻叩击病人的胸部，聆听不同部位和力度下产生的声音差异，通过反复实践，逐渐掌握了通过声音判断胸腔内是否存在积液及其量的技术，即叩诊。

（2）侧向移出。这种思维方式是指将现有的设想、已取得的发明、已有的技术等，从现有的使用领域、使用对象外推到其他领域或对象上。例如，雷达技术原本用于军事领域，气象学家通过将其应用于气象领域，通过雷达发射和接收电磁波来探测大气中的降水、云层分布等信息，提高了天气预报的准确性和时效性。后来雷达技术又被广泛应用于航空航海、交通管理、工业自动化、农业、建筑、医疗等领域。

（3）侧向转换。这种思维方式是指不按最初设想或常规直接解决问题，而是将问题转换成为侧面的其他问题，或将解决问题的手段转为侧面的其他手段等。例如，波音与洛克希德竞争军用运输机计划，结果洛克希德的 C-5 胜出，而波音把自己的 KC-135 加油机研究成果用于民用大型运输机研制，于是波音 747 诞生了。

案例

李维斯牛仔裤

在 19 世纪中叶，美国加利福尼亚州淘金热的浪潮席卷而来，吸引了无数寻求财富的冒险者。有一位名叫李维·施特劳斯(Levi Strauss)的年轻人带着一大批帐篷踏上了淘金之旅,打算在这片充满机遇的土地上销售帐篷,赚取财富。然而,当他抵达加利福尼亚后,现实却给他泼了一盆冷水。由于当地气候异常温暖,矿工们更倾向于在户外露营,享受自然的凉风,而不是睡在帐篷里。面对堆积如山的帐篷和寥寥无几的顾客,李维陷入了困境。他开始观察矿工们的生活和工作习惯,发现他们在艰苦的采矿作业中,对耐用、舒适且适合户外活动的衣物有着迫切需求。特别是裤子,因为它们在采矿过程中极易磨损。于是,李维作出了一个大胆的决定。他将那些无人问津的帐篷帆布裁剪下来,利用这些材料缝制成裤子。这些裤子坚固耐磨、设计合理,很快受到矿工欢迎。为了满足更多消费者的需求,李维开始不断改进他的产品。他引入了铜制铆钉来加固裤子的关键部位,如口袋边缘和裤腰,这一创新设计不仅增强了裤子的耐用度,也成为李维斯(Levi's)牛仔裤的经典标志之一。李维斯品牌逐渐成为牛仔裤的代名词,并跨越世纪成为全球知名的时尚品牌。

第四节 数智时代创新思维的激发

数智化是指利用数字技术实现智能化、高效化、自动化的生活方式和工作方式。数智化涵盖了大数据、人工智能、物联网、云计算等多个领域,旨在提高生产效率、改善人民生活、推动社会进步。数智时代是人类进入数字化、智能化时代的一个统称,这一新的时代背景下,创新思维的激发和训练有了更多方法和途径。

一、 数据思维与创新思维

数据思维是指从数据中获取信息、分析问题、推理和解决问题的能力和思维方式。它采用数学、统计和计算机科学等知识和工具,强调通过搜集、整理、分析和解读数据来支持决策和判断。数据思维的应用范围广泛。在商业领域,数据思维可以帮助企业了解市场、顾客需求和竞争对手,进而制定策略。在政治领域,数据思维可以帮助政府分析社会问题、制定政策。在医疗领域,数据思维可以帮助医生诊断疾病、制订治疗方案。在教育领域,数据思维可以帮助学校了解学生的学习情况、制订教学方案。数据思维的步骤包括确定问题、搜集数据、清洗和整理数据、分析数据、解读数据和得出结论。在这个过程中,需要使用各种工具和技术,还需要遵循数据质量、数据安全和隐私保护等原则。

数据思维与创新思维具有相互促进的关系。一方面,数据为创新提供了坚实的基础。通过对数据的深度挖掘和分析,可以发现新的市场需求、技术趋势,为创新指明方向。例如,基于大数据分析的健康管理平台,能够预测疾病风险,提供定制化健康管理方案,这是传统医疗模式难以实现的。另一方面,创新思维不断拓展数据应用的新边界。新技术、新算法的不断涌现,使得数据处理能力大幅提升,数据价值得以更充分地挖掘和利用,反过来又促进了更多创新实践的开展。

数据思维与创新思维相融合能够极大推动社会进步。在制造业领域,这一融合直接推动了智能制造的蓬勃发展。借助物联网、人工智能等前沿技术,生产流程得以深度优化,生产效率显著提升,大规模定制生产和个性化定制服务成为现实。在城市管理层面,智能交通系统、环境监测网络等一系列创新应用,为人们带来了便捷、安全的城市生活,加速了智慧城市的进程。在公共服务领域,特别是教育与医疗两大关键板块,数据驱动的个性化教育方案与医疗健康管理,结合前沿的教育理念和医疗技术,不仅极大地提升了服务的质量与效率,还显著增强了公众的满意度与信任度。

案例

犀牛智造

2016年,马云提出"五新"概念,即新零售、新金融、新制造、新技术、新能源。其中,新制造意味着数字技术对传统制造业的深度重构,实现制造业的智能化、个性化和定制化。他认为,工业时代的制造业考验的是生产一样东西的能力,数据时代考验的是生产不一样东西的能力。2019年,备受关注的阿里巴巴新物种"犀牛智造"揭开面纱。在服装行业中,大多数企业是根据生产线能力和历史经验来确定产能。制造商往往需要提前4—6个月组织生产,夏季生产羽绒服、冬季生产短裙,这种反季节生产模式十分常见。这样导致的一个结果是,在市场环境或气候变化时,容易出现爆款准备不足,或是产品滞销的情况。犀牛智造平台的上线就是为了帮助中小企业解决供应链中供需不匹配、预售预测难、商家反应慢等一系列痛点。犀牛工厂的"新制造"形成了独特风格,即订单不大、款式应季、即卖即生产、品牌众多。通常服装行业的生产模式是平均1000件起订,15天交货,而犀牛工厂则是100件起订、7天交货。想要在工序繁杂的纺织制造业实现如此大的变革,技术能力需过硬。数据分析"大脑"支撑了犀牛智造平台的生产流程,边缘计算、机器学习、图像识别等技术则是支柱;基于此,每一个订单的要求可以通过物联网技术(internet of things,简称IoT)精确下发到各个生产环节。"新制造让'made in internet'成为现实。"犀牛智造平台负责人伍学刚说,"阿里巴巴新制造团队中,80%的成员是工程师,我们相信有一天,工厂的制造能力可以像云计算一样被调用,实现生产的云端化,让服装纺织业变得更加灵敏,不仅是中小型的服装生产企业,全国的创业者、主播、设计师也将从新制造中受益"。

二、 人工智能与创新思维

人工智能(AI)在多个领域都展现出强大的潜力和价值,当AI被恰当地使用时,它可以成为激发创新思维的有力工具。

(1) AI为创新者提供新的工具和平台。AI提供了知识获取与整合的新工具,能够帮助创新者整合大量资料,快速找到知识之间的关联。AI技术可以帮助分析大量数据,发现隐藏的规律和趋势,从而为新产品或服务的开发提供灵感。AI辅助的设计软件可以更快地生成和测试设计原型,加速创新过程。让AI承担一些繁琐的基础性工作,可以释放创新者思维,让他们有更多时间专注于创造性任务。

(2) AI促进跨学科合作。AI技术跨越了多个学科领域,如计算机科学、数学、心理学等。这种跨学科的性质促进了不同领域专家之间的合作,从而产生了新的创新思路和方法。当不同领域的知识和技术相互融合时,往往能够催生出前所未有的创新成果。

（3）激发想象力和创造力。AI 的某些应用如虚拟现实（VR）和增强现实（AR），能够创造出沉浸式的体验环境，帮助人们构思出新颖的想法和解决方案。AI 可以根据每个人的需求和兴趣提供个性化的学习体验，促进人们更加自主地探索和学习新知识，从而培养出独特的创新视角。此外，AI 还可用于生成艺术、音乐等创意内容，进一步拓展人类的创造边界。

但是，过度依赖 AI 也可能导致创新思维束缚。斯坦福大学教育史学家拉里·库班（Larry Cuban）指出，从历史的观点来看，科技植入教育总体来说是不成功的。MIT 媒体实验室创办人、计算机科学家尼古拉斯·尼葛洛庞帝（Nicholas Negroponte）指出，过度依赖 AI 可能使学习变得过于程式化，从而限制了学生的创新能力。

思考题

1. 创新思维与传统思维的区别是什么？
2. 创新思维的发展一般经过哪些阶段？
3. 常见的创新思维方式有哪些？
4. 如何运用柯尔特思维工具培养创新思维？
5. 通过哪些方法可以拓展和泛化思维？
6. 什么是数据思维？举例说明数据思维与创新思维融合的价值。

实践练习

活动名称：利用思维导图为一顿丰盛的午餐搜寻食材

活动内容：为了准备一顿丰盛的午餐，需要准备食材，可以从多个路径去构建思维导图，搜寻各种可用食材。第一个路径，肉类中的各种食材。第二个路径，蔬菜中的各类食材。第三个路径，水果中的各种食材。利用发散思维，还可以去扩展到其他更多的食材路径。

第三章　创新方法

【学习目标】

☑ 掌握头脑风暴法的规则和程序

☑ 掌握核检表法的内容和实施过程

☑ 理解和掌握 TRIZ 发明原理

☑ 理解和掌握列举法

引导案例

菲利普灯泡的改进

你可以用 100 年获得顿悟,也可以用 TRIZ 原理花 15 分钟解决问题。

——根里奇·阿奇舒勒

　　研究和推广绿色家电产品是当今家电产业发展的最重要趋势之一,绿色家电能够减少对生态环境的破坏和对资源的浪费。在这一背景下,菲利普公司开发了小型荧光灯用于替代白炽灯。这些荧光灯的寿命至少 10 倍于相同功能的白炽灯。一只 18 瓦的菲利普小型荧光灯,发光相当于一只 75 瓦的白炽灯,但却节约了四分之三的电能。

　　荧光灯的发光原理是:荧光灯管里充满了水银蒸气,灯管内壁涂有荧光剂,当水银蒸气受到高压电的激发后,水银原子中的电子脱离出来,一部分电子撞击荧光剂后,发出白光。在长期使用的情况下,荧光灯的亮度会逐渐变弱,这是由于玻璃管吸收了部分水银蒸气,使得管中的水银蒸气含量不断减少的缘故。但是,这不仅削弱了荧光灯的亮度,而且还缩短了荧光灯的使用寿命。由此可见如果管内水银蒸气量过少,会降低荧光灯工作的可靠性,削弱了产品在市场上的竞争力。鉴于对玻璃管内水银的缺失率缺乏准确的统计数据,再加上最初相对落后的制造技术,传统的荧光灯内往往不得不填充过量的水银,以防水银蒸气减少,这就不可避免地造成了水银这种宝贵物资的浪费。另外,如果荧光灯管破损,大量的水银蒸气会释放出来,对环境和人体的危害是非常大的。但是,降低管内的水银蒸气含量却要增加电能的耗费。因为为了保证亮度,需要增加能量以激发出更多的电子。

　　显然,系统现在存在的问题是:为了保证荧光灯有足够和稳定的亮度,就不得不增加荧光灯内水银蒸气的含量;但增加水银蒸气的量,并不利于环境保护。如果考虑到环境保护的问题,必须减少水银蒸气的含量,但减少水银蒸气的量,又要降低荧光灯工作的可靠性,同时也增加了能量的耗费。通过上面的分析,我们发现了系统中存在的一对物理矛盾:玻璃管内水银蒸气的量,同时具有需要多和少的截然不同的要求。下面,使用 TRIZ 矛盾矩阵和发明原理来解决这个技术难题。

首先,列出问题中存在的各种不定因素。接着,再找出这些不定因素所对应的是哪些通用技术参数。接下去,把这些通用技术参数,按提高还是降低系统的性能分成两类。然后,把这两类通用技术参数,按提高还是降低系统的性能进行一一搭配,并查找矛盾矩阵表,找出对应的发明原理,最终解决这个技术难题。下面进行具体操作。

系统中存在的不定因素有:水银蒸汽的量、工作的可靠性、荧光灯消耗的能量、对环境有害的因素、耗费的电能。

使系统性能提高的参数是:

(1) 物质的量;

(2) 对象产生的有害因素。

使系统性能降低的参数是:

(1) 可靠性;

(2) 能量损失;

(3) 静止物体的能量消耗。

这样,经过分析和配对后,得到三对技术矛盾:

(1) 减少水银蒸气的量(物质的量),但荧光灯工作的可靠性降低(可靠性);

(2) 减少水银蒸气的量(物质的量),但需要耗费更多的电能(能量的浪费);

(3) 有利于环境保护(对象产生的有害因素),但荧光灯使用的能量增加了(静止物体使用的能量)。

对这三对技术矛盾,运用解决技术矛盾的矩阵法,得到三个创新原理的提示,以开拓思路。

(1) 减少水银蒸气的量(物质的量),但荧光灯工作的可靠性降低(可靠性)。

在矛盾矩阵表中,寻找"物质的量/可靠性"的交叉处,得到28#创新原理,提示我们考虑:机械系统代替原理。

(2) 减少水银蒸气的量(物质的量),但需要耗费更多的电能(能量损失)。

在矛盾矩阵表中,寻找"物质的量/能量损失"的交叉处,得到7#创新原理,提示我们考虑:嵌套原理。

(3) 有利于环境保护(对象产生的有害因素),但荧光灯使用的能量增加了(静止物体使用的能量)。

在矛盾矩阵表中,寻找"对象产生的有害因素/静止物体使用的能量"的交叉处,得到37#创新原理,提示考虑:热膨胀原理。

运用7#、28#和37#创新原理,寻求最终解决方案。

(1) 应用7#创新原理得到解决方案1:在真空管的里面,内嵌一个玻璃囊。

(2) 应用28#创新原理得到解决方案2:用高频的电磁场,来打破这个玻璃囊。

(3) 应用37#创新原理得到解决方案3:利用金属线和玻璃囊的热膨胀系数差异,释放水银蒸气。

最后,得到这样的菲利普灯泡:经过精确计算的、满足性能要求的、最小剂量的水银,被密封在玻璃囊中。在玻璃囊的内壁上,嵌着金属线圈。该玻璃囊,被内嵌在真空管的一端。荧光灯被制造出来后,通过一个高频的电磁场,来加热玻璃囊。由于玻璃囊和金属线圈的热膨胀系数不一样,使得金属线圈能够切断玻璃囊,释放出水银蒸气。同一般的荧光管相比,用这种新的制造技术,至少可以减少75％的水银含量,也就大大减少了对环境的污染。

资料来源:赵敏,史晓凌,段海波.TRIZ入门及实践[M].北京:科学出版社,2010.

思考题:(1) 根据案例说明发明原理的应用为何能加速问题解决。

(2) 如何理解"发明问题至少要解决一个矛盾"?

第一节　头脑风暴法

头脑风暴法(brain storming)是由美国 BBDO 广告公司创始人奥斯本于 1939 年提出的一种集体性发明技法,并于 1953 年在《应用想象》一书中正式发表。这种方法又称为智力激励法或 BS 法,是世界上第一个创新发明技法,也可以说是最具实用性的一种集体创造性地解决问题的方法。

一、 头脑风暴法的基本规则

从形式上看,头脑风暴法就是将少数人召集在一起,针对某一特定问题召开特殊的专题会议,让与会者自由联想和讨论,在没有任何约束的情况下发表个人的想法,提出自己的创意,在思想碰撞中激起脑海的创造"风暴",从而产生大量新设想。头脑风暴法之所以能够催生新的创意,主要是由于轻松融洽的氛围、相互启发引起的连锁反应以及会议讨论激发出的竞争意识。在使用头脑风暴法解决问题时,为了减少群体内的社交抑制因素,提高群体创造力,应当遵守以下基本规则。

(一) 延迟评判

在头脑风暴会议中,主持人和参与者对各种意见、方案的正确与否,不要当场作出评价,更不能当场提出批评或指责。即使对看起来天方夜谭的设想,也不应表现负面态度和倾向。对现有观点批评,会导致发言谨慎保守,从而遏制新观点的诞生。美国心理学家梅多和教育学家帕内斯在做了大量实验和调查研究后指出:"推迟判断在集体解决问题时可多产生70％的设想,在个人解决问题时可多产生90％的设想。"为排除由于害怕批评而产生的心理障碍,对各种意见、方案的评判必须放到最后阶段。

(二) 自由畅想

与会者在轻松的氛围下,就像与家人聊天一样各抒己见,避免随波逐流、人云亦云。坚持开放性的独立思考,不受书本、权威、经验和已知规律的束缚,敞开思想,畅所欲言,这是头脑风暴法的关键。独树一帜的见解尤为珍贵,有些看起来异想天开甚至是荒唐的想法,可能是开辟了新的解决问题的思路。

(三) 以量求质

如果一味评判和追求方案质量,参会人的时间和精力就会过多投入到对某一设想的补充和提高上,从而影响其他设想的提出和思路的开拓。反之,如果大家提出的设想非常丰富多样,就极有可能产生非常好的方案。因此,头脑风暴法以给定时间内提出尽可能多方案为原则,设想的数量越多,就越有可能获得有价值的创造。

(四) 组合改进

鼓励参加者相互启发、补充和完善,可以对他人的想法进行组合,取长补短,以形成更好的想法。此外,会后对所有设想还要进行综合改善。与单纯提出新想法相比,对想法进行组合和改进可以产生出更好、更完整的想法。所以头脑风暴法是一种群体式的发明战术,能更好地体现集体智慧。

案例

直升机扇雪

有一年,美国北方大雪纷飞,天气格外寒冷。很多大跨度的电线被积雪压断,严重影响通信线路的畅通。许多人试图解决这一问题,但都未能获得成功。电信公司经理尝试应用头脑风暴法来解决这一难题。他召开了座谈会,参加会议的都是些不同专业的技术人员。

按照头脑风暴法的会议规则,大家开始七嘴八舌地议论起来。有人提出设计一种专用的电线清雪机;有人想到,用电热来融化冰雪;也有人建议用振荡技术来清除积雪;还有人提出,能否带上几把大扫帚,乘坐直升机去清扫电线上的积雪。对于这种"坐飞机扫雪"的离奇设想,尽管大家觉得实在离谱,但在会上没有人对此提出批评。相反,有一位工程师在听到用飞机扫雪的想法后,大脑突然受到启发,一种简单可行且高效率的清雪方法突然冒了出来。他考虑,每场大雪过后,可以出动直升机沿积雪严重的电线飞行,依靠螺旋桨高速旋转时产生的强大气旋,即可将电线上的积雪迅速扇落。他马上提出"直升机扇雪"的最新设想,顿时,又引起其他与会者的丰富联想。有关用飞机除雪的主意,一下子又多了七八条。不到一小时,与会的 10 名技术人员,共提出 90 多条新设想。

会后,公司组织专家对记录下的各种设想进行分类和论证。专家们认为设计专用清雪机、采用电热或电磁振荡等方法来清除电线上的积雪,虽然在技术上可行,但研制费用大。那种由"用直升机扫雪"激发出来的几种设想,倒不失为一种大胆的新方案。专家们认为,如果可行的话,那将是一种既简单又高效的好办法。经过现场试验,人们发现用直升机扇雪确实有效。这样,一个技术难题终于在头脑风暴会中找到了一个可行的解决方案。

二、 头脑风暴法的实施程序

头脑风暴法的实施程序包括会前准备、会议过程和创意评价三个阶段。

(一) 会前准备

在准备阶段,需要确定参与人、主持人和主题任务,并进行训练。主题选择应针对平时悬而未决的问题,与参与者能力层次和心理期待相符。小组人数一般为8~12人,时间为30~60分钟,参与者最好来自不同专业或岗位。主持人要求熟悉决策问题背景和头脑风暴法流程,并具有控制议程、营造自由氛围的能力。

(二) 会议过程

在会议阶段,首先由主持人叙述议题,要求参与人提出相关创意或思路。参与人想发言先举手或做其他示意,由主持人指名开始发表设想,发言力求简单扼要,注意不要作任何评价。会议到了人人挖空心思的地步时,主持人应想办法使讨论发言再持续一段时间,因为奇思妙计往往是在山穷水尽的压力下产生的。创意的收集与创意的生成同时进行,应有专门人员负责笔录,并用数字注明设想顺序,以便查找。过程中,主持人应遵守上述基本规则,并积极采取各种方式引发大家思维共振和连锁反应,诱发更多创意和灵感。会前准备和会议阶段的具体流程如图3-1所示。

(三) 创意评价

在风暴会议之后,要对创意进行评价和选择,以便对要解决的问题,找到最佳方案。可以通过组织专门的小组、召开专门的会议来评价各种设想,对富有创见的想法可再进行加工完善,以便形成方案。在评价和整理的过程中还可能形成许多更有价值的设想,这种做法常被称为"二次会议"。

三、 头脑风暴法的适用场景

头脑风暴法是一种通过集体讨论和思维碰撞来激发创意和解决问题的方法。它适用于以下场景:

(1)创新项目的初期阶段,需要快速产生大量创意和解决方案。在创新项目的萌芽期,项目团队往往面临创意稀缺和方案模糊的困境。此时,头脑风暴法通过构建一个开放、包容的讨论环境,鼓励团队成员抛开常规思维束缚,自由表达各种想法,从而迅速汇聚多样化的思维视角,为项目初期提供丰富的创意素材和潜在的解决方案。

(2)需要团队成员共同参与并集思广益,促进团队合作和凝聚力。头脑风暴法通过要求所有成员积极参与讨论,不仅促进了信息的共享与交流,还增强了成员间的相互理解和信任。在共同探索问题、提出解决方案的过程中,团队成员能够感受到个人价值被认可,从而激发更高的工作热情和更强的团队归属感。这种集体参与的过程,也是一种团队建设的有效手段。

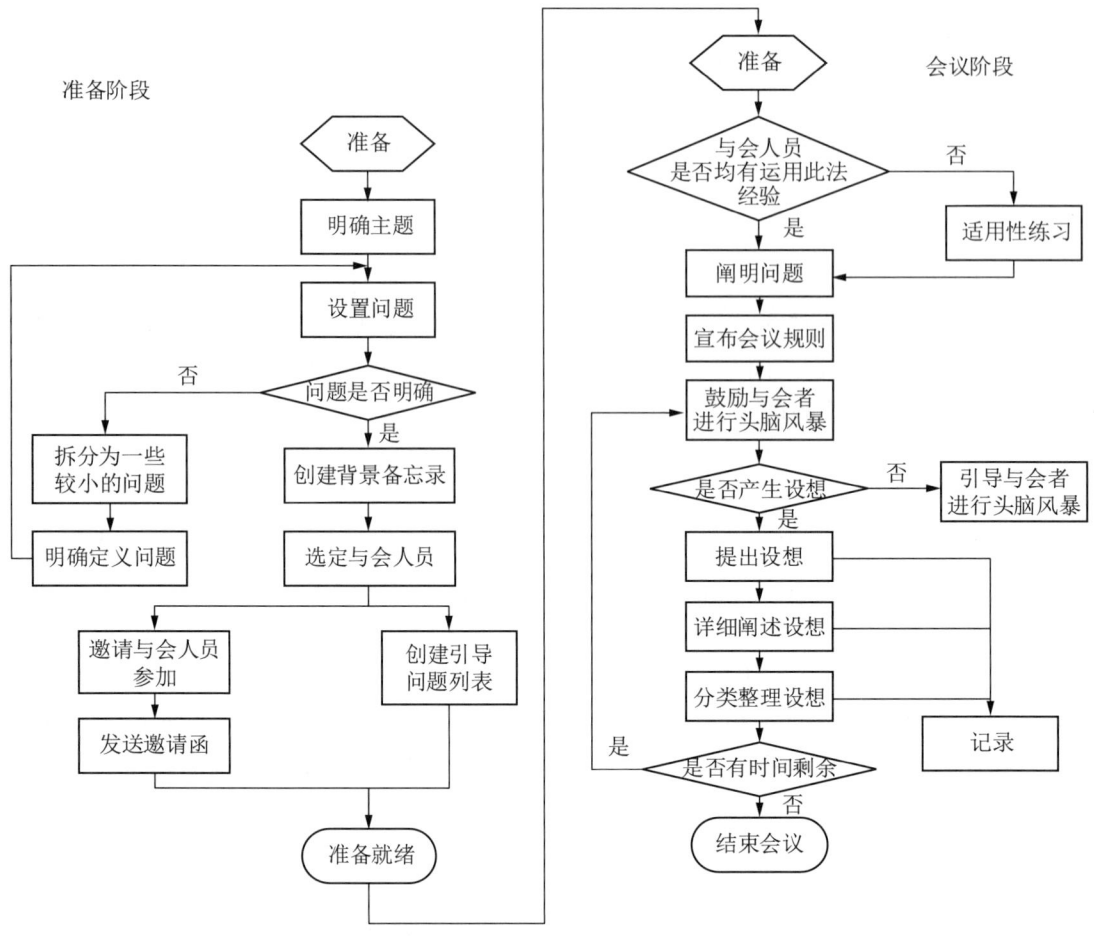

图 3-1　头脑风暴法会前准备与会议阶段流程

（3）面临复杂问题或挑战，需要多角度思考和创新思维。复杂问题往往涉及多个变量和层面，单一视角难以全面把握问题的本质。头脑风暴法通过鼓励跨领域、跨专业的团队成员参与，引入多元化的知识背景和思维方式，实现对问题的全方位审视。

（4）需要快速找到解决方案并进行筛选和优化。头脑风暴法通过高效的讨论机制，能够在短时间内生成大量候选方案，为快速决策提供可能。团队可以利用成本效益评估工具对这些方案进行筛选和优化，确保选定的方案既符合项目目标，又具备实施的可行性和经济性。

案例

分享一瓶可乐

"分享一瓶可乐"是可口可乐在全球范围内的营销活动。在这个创意中，可口可乐去掉了传统标志品牌，换成"Share a Coke with"后跟一个人的名字。活动中使用一个包含250个所在国家最流行名字的列表，然后让大家去找一个写有他们名字的瓶子，再在社交平台分享出去。活动自澳大利亚开始，然后在全球80多个国家/地区传播出去。在美国，这个活动让销售额增加了2%以上，扭转了可乐消费量10多年的呈下降趋势的格局。

四、头脑风暴法的局限性

作为一种集思广益的创新方法,头脑风暴法具有激发创意、快速生成想法、鼓励参与等诸多优势,同时也存在一些局限性:

(1) 群体压力。在头脑风暴过程中,个体可能会因为希望被群体接受或避免冲突而倾向于提出与大多数人相似的观点,从而抑制了真正新颖和独到的想法的产生。群体中的主导性成员或意见领袖可能会无意中引导讨论走向他们预设的方向,导致其他成员不敢或不愿提出异议,减少了创意的多样性。

(2) 评估困难。在头脑风暴阶段,通常强调想法的数量而非质量,这可能导致大量想法涌现,但后续筛选和评估这些想法的有效性和可行性就会比较困难。如果缺乏即时有效的评估标准和方法,也会使团队难以在会议结束时对哪些想法值得进一步探索达成共识,导致后续实施阶段低效。

(3) 个人偏见。每个参与者都有自己的知识背景、经验和价值观,这些个人因素会在无意识中影响其提出和评估想法的方式,可能导致某些类型的想法被过度重视或忽视。偏见还可能表现为对特定个体或群体的想法持有先入为主的看法,影响了公平性和包容性,减少了从多元视角获取创新点的机会。

第二节　检核表法

检核表法(check list method)是一种用于产品改进和新产品开发的理性化问题解决方法。它使用检核表对需要解决的问题逐项校核,从不同角度诱发创造性设想,通过系统性提问激发创新思维,以促进创造、发明或革新。这种方法适用于各种类型和场合的创造活动,被誉为"创造技法之母"。很多创造技法都是在检核表法的基础上开发出来的。学会运用检核表法,思路会变得非常开阔。

一、奥斯本检核表法

创造学家们提出过多种各具特色的检核表,其中最著名的就是奥斯本检核表,由美国创造工程学家 A.F.奥斯本提出。采用这一检核表的方法称为奥斯本检核表法。奥斯本检核表法共有九项提问,可以针对选定的研究对象逐项提问,也可以在九项中有选择地提问,通过思考产生新信息、新设想。

奥斯本检核表的九个检核点为:

(1) 他用:能否将其用于其他用途?

(2) 类比:能否从别处得到启发? 能否借用别处的经验或发明?

(3) 改变:能否通过结构、运动、形状等改变获得新品?

(4) 扩大:能否增大某些部分或扩展其功能?

（5）缩小：能否缩小某些部分或简化其功能？

（6）替代：能否用其他材料、元件、结构等代替现有事物？

（7）调整：能否重新配置布局、型号、规格等？

（8）颠倒：能否上下、左右、前后、里外、正反颠倒？

（9）组合：能否将两种或多种元素结合起来？

二、实施过程

检核表法的实施过程可分为五个步骤：

（1）明确目标与问题。首先需要明确创新的对象、目标以及需要解决的问题或约束条件。这有助于后续有针对性地提出问题和寻找解决方案。

（2）设计检核表。对照九个检核点，列出检核表，为随后的检核思考作准备。表 3-1 给出了一个电风扇创新设计的检核表示例。

表 3-1　电风扇创新检核表：检核问题

序号	检核点	检核问题
1	他用	有无新的用途？是否有新的使用方式？可否改变现有的使用方式？
2	类比	有无类似的东西？利用类比能否产生新的观念？过去有无类似的问题？可否模仿？能否超过？
3	改变	可否改变功能、颜色、形状、运动、气味、音响、外形？是否还有其他改变的可能？
4	扩大	可否增加些什么？附加些什么？更长的时间？更长、更高、更厚？提高强度、性能？
5	缩小	能否减少些东西？可否密集、压缩、浓缩、聚束？可否微型化？可否缩短、变窄、去掉、分割、减轻？
6	替代	可否替代？用什么替代？还有什么别的排列、成分、材料、过程或能源？
7	调整	可否调整、互换或重新配置？可否变换模式、布置顺序、操作工序、因果关系以及规范？
8	颠倒	可否颠倒？可否颠倒正负、正反？可否头尾、上下颠倒？可否颠倒位置、作用？
9	组合	可否重新组合？可否尝试混合、合成、配合、协调、配套？可否进行物体组合、目的组合、物性组合？

资料来源：创新方法研究会.创新方法教程［M］.北京：高等教育出版社，2015.

（3）逐条检核与记录。针对表中每一项，进行启发式思考，促使创造性想法产生，并将想法记录下来，内容尽可能具体详细。表 3-2 列出了电风扇设计的一些创新想法。

表 3-2　电风扇创新检核表：创新想法

序号	检核点	创新想法
1	他用	保护用电风扇：冰箱、电视机内装风扇散热
2	类比	太阳能、遥控、激光风扇
3	改变	保健电风扇：改进风扇使人伤风感冒的缺点
4	扩大	自动控制电风扇：根据环境温度调节风量、控制时间
5	缩小	吸顶电风扇：去掉电扇，改成吸顶式
6	替代	木叶片电风扇：叶片用药物浸泡的木料制成，有保健功能
7	调整	球型风扇、栅叶风扇：改变结构从而改变性能
8	颠倒	热风、排风、吸尘扇
9	组合	灭蚊风扇、催眠风扇

资料来源：创新方法研究会.创新方法教程［M］.北京：高等教育出版社，2015.

（4）筛选与完善新设想。对产生的想法进行分析比较，从中选出比较有价值、有研究开发前景的新设想。在这些想法中，有的能够直接开发出新产品，有的不能直接开发，但可以与其他新设想相结合或留作参考用。

（5）实施与验证。将筛选后的新设想付诸实施，并进行验证。在实施过程中，要注意观察和分析新设想的效果和反馈，及时调整和优化。同时，要收集相关数据和信息，以便对新设想进行客观的评价和评估。

检核表法的应用是一个持续迭代和创新的过程。在应用过程中，要不断总结经验教训，发现新的问题和机会，并继续运用检核表法进行探索和创新。通过不断的迭代和优化，可以不断提高创新的质量和效率。检核表法在应用过程中要注意逐条检核、多次检核和集体检核。逐条检核是指确保每个问题都得到充分的讨论和考虑，不要遗漏任何一点。多次检核是因为每次检核可能都会有新的收获和发现。集体检核是指邀请他人共同进行检核，通过集体讨论和头脑风暴来激发更多的创新思维和想法。

三、 适用场景

检核表法的适用范围非常广泛，几乎适用于任何类型和场合的创造活动。例如，在产品开发和设计方面，检核表法可用于新产品研发，帮助研发团队从多个角度思考新产品的潜在用途、改进空间、组合方式等，从而激发新的创意和设计方案；也可用于产品改进与优化，对于现有产品，检核表法可以引导团队发现产品的不足之处，提出改进方案，如改变形状、颜色、功能等，以提升产品的竞争力和用户体验。检核表法还可用于服务流程优化，在服务流程设计上，检核表法可以帮助企业从客户需求、服务效率、成本控制等多个角度设计服务流程，确保服务流程的顺畅和高效；在服务流程改进上，对于现有的服务流程，检核表法可以引导团队发现流程中的瓶颈和问题，提出改进措施，如简化步骤、提高效率等。

案例

餐厅服务流程优化

（1）他用：餐厅的某些设施或服务是否还有其他用途（如举办小型聚会、提供 Wi-Fi 服务等）？

（2）类比：能否从其他行业（如零售业、银行业）借用自助服务设备或技术？

（3）改变：能否修改服务流程中的某些环节（如简化点餐步骤、优化菜品推荐等），提高顾客满意度？

（4）扩大：能否增加服务人员的数量或提高他们的工作效率，以应对高峰期的顾客需求？

（5）缩小：能否消除服务流程中的冗余环节或不必要的等待时间？

（6）替代：能否用电子菜单代替传统的纸质菜单，提高点餐效率？

（7）调整：能否重新安排服务流程中的各个环节，使其更加顺畅和高效？

（8）颠倒：能否将某些服务流程颠倒或反转（如先支付后点餐，再取餐）？

（9）组合：能否将点餐、支付和取餐等流程组合在一起，减少顾客的等待时间？

检核表法存在一定的局限性。它强调创新主体的心理素质改变，借助克服心理障碍，以产生更多的思路，而较为忽略对技术对象的客观规律性认识。因此在使用此方法解决较复杂的技术发明问题时,仅能提供一个大概的思路,仍需进一步与技术方法相结合。检核表法对技术小发明和小革新特别适用,也可以和头脑风暴法等其他方法结合使用。如果要解决的问题比较复杂,可以借助检核表法使得问题明确化,从而缩小目标,找到问题的关键所在,有针对性地解决它。

第三节　TRIZ 发明原理

TRIZ 源自"发明问题解决理论"四个俄文单词的首字母缩写,由苏联发明家根里奇·阿奇舒勒(Genrich Altshuller)在 1946 年首次提出,其目的是研究人类在进行发明创造、解决技术难题过程中所遵循的科学原理和法则。

一、 发展历程

TRIZ 理论提出与发展大致经历三个阶段:

(一) 1946—1980 年:奠基与早期发展

阿奇舒勒在任职于苏联里海海军的专利局期间,开始大量研究专利文献,并从中抽取解决发明问题的基本方法。他发表了一系列文章和著作,提出 TRIZ 理论的基本概念和方法,包括"最终理想解"和发明问题解决算法 ARIZ 等。此外,他还提出 40 条发明原理和物-场分析等 TRIZ 工具,TRIZ 理论初具雏形。

(二) 1981—1990 年:理论完善与培训推广

阿奇舒勒及其他科学家对 TRIZ 理论进行深入研究,提出了更多工具和方法,如物-场分析的 76 个标准解法和更新的 ARIZ 版本等。1982 年,出现了专业的 TRIZ 技术学校,传授 TRIZ 方法学,并为工业企业提供 TRIZ 咨询。

(三) 1991 年至今:全球扩散与广泛应用

随着苏联解体,TRIZ 理论开始在全球范围内传播和应用。美国、日本等国家的一些公司和组织开始引入 TRIZ 理论,并着手进行 TRIZ 的咨询和软件开发工作。TRIZ 协会和专业机构在多个国家纷纷成立。TRIZ 的应用从工程和技术领域扩展到管理、创意、设计等各个领域。数字化工具的出现使得更多人能够方便地应用 TRIZ 方法。此外,TRIZ 还开始与其他创新方法相结合,形成更综合的创新方法论。

二、 核心思想与主要内容

阿奇舒勒发现,技术系统进化过程不是随机的,而是有客观规律可以遵循。在他看来,人们在解决发明问题过程中,所遵循的科学原理和技术进化法则是一种客观存在。大量发明问题所面临的基本问题是相同的,其所需要解决的矛盾从本质上讲也是相同的。因此,将已有的知识进行整理和重组,形成一套系统化的理论,就可以用来指导后来者的发明和创造。TRIZ 的核心思想在于:

(1) 在解决发明问题的实践中,人们遇到的各种矛盾以及相应的解决方案总是重复出现;

(2) 用来彻底解决技术矛盾的创新原理和方法数量并不多,一般技术人员都可以学习和掌握;

(3) 解决本领域技术问题的最有效原理和方法,往往来自其他领域的科学知识。

正是基于以上思想,阿奇舒勒和其他科学家一起,对数以百万计的专利文献和自然科学知识进行研究、整理和归纳,最终建立起一整套系统化的、实用的解决发明问题的理论和方法体系,如图 3-2 所示。

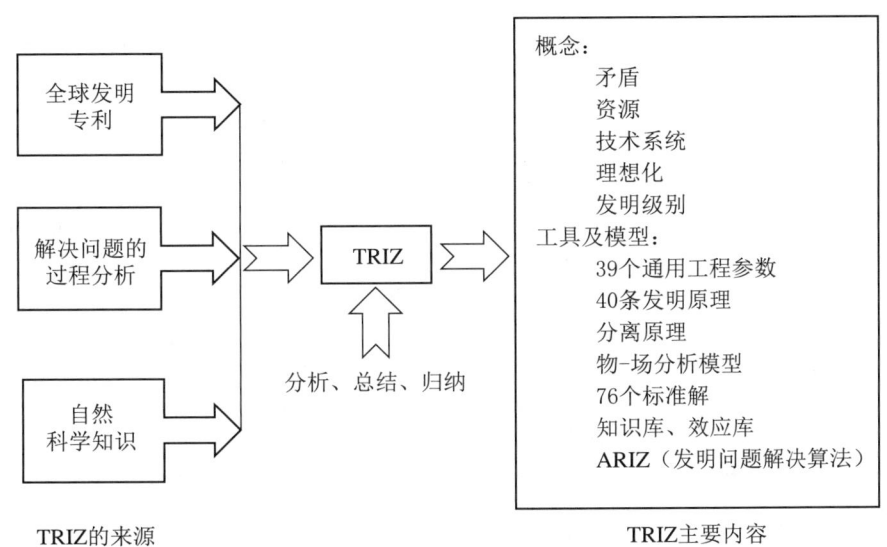

图 3-2　TRIZ 的内容

TRIZ 的内容主要包括:

(1) 创新思维与问题分析方法。TRIZ 理论提供了诸如多屏幕法等系统分析问题的科学方法。它运用物-场分析法来剖析产品功能,认为每种功能都由两种物质及一种场这三个基本元素构成。通过分析技术系统内部构成要素间的相互关系与相互作用,可以催生出技术创新。

(2) 技术系统进化法则。TRIZ 认为,任何产品和技术的发展都会经历婴儿期、成长期、成熟期和衰退期这四个阶段。基于技术系统的进化演变规律,TRIZ 总结提炼出了 8 个基本进化法则。这些法则能够帮助我们分析确认当前产品的技术状态,预测未来的发展趋势,从而开发出具有竞争力的新产品。

(3) 技术矛盾解决原理。TRIZ 将冲突划分为技术冲突和物理冲突两类。技术冲突指的是当系统某个方面得到改进时,另一方面却会出现不希望的结果。而物理冲突则是指系统同时表现出两种相反的状态。TRIZ 理论将不同发明创造所遵循的共同规律归纳为了 40条发明原理,并结合工程实际来寻求技术矛盾的解决方案。

（4）发明问题解决算法 ARIZ。针对问题情境复杂的技术系统，ARIZ 算法通过一系列非计算性的逻辑过程，如问题的变形与再定义等，来实现问题的转化，直至最终解决问题。

（5）基于工程学原理的知识库。知识库是 TRIZ 理论解决矛盾的精髓所在。它包含了矛盾矩阵（由 39 个通用工程参数和 40 条发明原理组成）以及 76 个标准解决方法，为解决问题提供了有力的支持。

三、 40 条发明原理

40 条发明原理（也称创新原理）是 TRIZ 理论的核心，如表 3-3 所示。这些原理建立在对上百万个专利分析的基础之上，蕴含了人类发明创造所遵循的共性规律，是 TRIZ 用于解决矛盾的基本方法。

表 3-3　40 条发明原理

序号	发明原理	序号	发明原理	序号	发明原理	序号	发明原理
1	分　割	11	事先防范	21	减少有害作用	31	多孔材料
2	抽　取	12	等　势	22	变害为利	32	颜色改变
3	局部质量	13	反向作用	23	反　馈	33	匀质性
4	非对称	14	曲面化	24	中　介	34	抛弃或再生
5	组　合	15	动态特性	25	自服务	35	物理/化学参数改变
6	多用性	16	未达到或超过	26	复　制	36	相　变
7	嵌　套	17	空间维数变化	27	廉价替代品	37	热膨胀
8	重量补偿	18	机械振动	28	机械系统替代	38	强氧化剂
9	预先反作用	19	周期性作用	29	气压和液压结构	39	惰性环境
10	预先作用	20	连续性作用	30	柔性壳体或薄膜	40	复合材料

下面逐条介绍 40 条发明原理。

（1）分割原理：将一个整体分割成独立的部分，以改善其性能或解决存在的问题。例如，组合家具可以独立组装和拆卸其各个部分。

（2）抽取原理：从物体中移除产生负面影响的部分或属性，或者只抽取需要的部分或特性。例如，将空调的压缩机安装在室外，以减少室内噪声。

（3）局部质量原理：改善物体的特定部分或功能，以提高整体性能。例如，高性能跑车采用碳纤维材料制作车身关键部位，大幅减轻重量，提升车辆加速和操控性能。

（4）非对称原理：将对称形式转换成为非对称形式或加强其不对称的程度，以产生新的效果或解决方案。例如，非对称机翼设计应用于飞机，提高飞行稳定性和燃油效率。

（5）组合原理：将几个独立的部分或功能组合在一起，形成一个整体，以减少复杂性并提高性能。例如，智能手机将相机、音乐播放器、电话等功能合并于一体，简化了设备数量，提高了用户体验。

（6）多用性原理：设计具有多种用途的物体或系统，以提高其灵活性和实用性。例如，多功能榨汁机可以榨汁、搅拌和切碎。

（7）嵌套原理：将一个物体放入另一个物体中，以节省空间或提高性能。例如，可伸缩的吸管可以缩短存放。

（8）重量补偿原理：通过添加额外的结构或利用外部环境来补偿或平衡物体的重量，以改善其性能。例如，舰载飞机的弹射器通过复杂的机械结构平衡飞机的重量。

（9）预先反作用原理：在需要之前采取行动，以预防潜在的问题或提高性能。例如，拉弓射箭时先储存能量，待需要时释放。

案例

预应力结构

在物质的结构承受外荷载之前，人们预先对处在外荷载作用下的受拉区施加压应力，用以改善结构使用性能的结构形式，被称为预应力结构。一提起预应力结构，人们马上就会想起预应力混凝土。其实，在人们生活中，很多地方都用到了预应力结构，如木桶、圆形水池、弯形构件等。为使木制的水桶坚固耐用，人们在还没装水之前，先把铁箍或竹箍紧紧地套在桶壁上。这样，就从外面对木桶壁产生一个环向的压应力。若预先施加的压应力，超过最大水压力引起的拉应力，木桶就不会开裂漏水。为使圆形水池坚固，也可以效仿木桶加箍一样，沿水池周边预先作用预应力。同样，在弯形构件的荷载加上去之前，给构件施加预应力，就会产生一个与荷载作用产生的变形方向相反的变形。当荷载使构件沿其作用方向发生变形之前，必须首先把这个与荷载相反的变形抵消，然后才能继续使构件沿荷载方向发生变形。这样，预应力就像给弯形构件多施加了一道防护一样，改进了构件的机械性能。

资料来源：赵敏，史晓凌，段海波.TRIZ 入门及实践[M].北京：科学出版社，2010.

（10）预先作用原理：在事件发生前采取预防措施，以减少潜在的问题或提高性能。例如，汽车安全气囊系统，在碰撞前瞬间充气保护乘客。

（11）事先防范原理：预先准备好应急措施，以提高物体的可靠性。例如，奥运火炬"祥云"顶端的纸卷形状容易形成风的回旋，在预燃室上方加盖板可以提高其抗风性能。

（12）等势原理：避免物体或系统在工作过程中的能量损失，以提高效率。例如，汽车装配线中，零部件在与装配高度相同的平面上供应，避免升降，提高装配效率。

（13）反向作用原理：通过进行与原动作相反的动作来解决问题或产生新的效果。例如，使用反向转动的风扇来清理灰尘。

（14）曲面化原理：用球面代替平面，用球体代替立方体，或者用旋转运动代替直线运动，以改善性能或美观性。例如，圆珠笔和钢笔的笔尖都是球形而不是别的形状，这种球形的笔尖，下墨均匀、书写流畅。

（15）动态特性原理：使不动的物体成为可动的，或将物体分成彼此相对移动的几个部分，以改善性能或产生新的效果。例如，笔记本电脑通过分割物体的几何结构，引入铰链连接，使其各部分可以改变相对位置。

（16）未达到或超过的作用原理：如果得到规定效果的 100% 很难，就完成多一些或少一些，以产生新的效果或解决方案。例如，冰雕的制作过程中，通过精雕细琢来超过一般效果。

（17）空间维数变化原理：把物体的动作、布局由一维变为多维，或者将物体倾斜或侧向放置，以改善性能或产生新的效果。例如，运用三维动画技术制作《清明上河图》。

（18）机械振动原理:利用机械振动的特性来解决问题或产生新的效果。例如,岩石破碎机利用机械振动原理,通过震动使岩石颗粒发生相对位移,实现岩石的快速破碎和分离。

（19）周期性作用原理:用周期作用(脉冲)代替连续作用,或者利用脉冲的间歇完成其他作用,以提高效率或改善性能。例如,黄河水车由周期性机械运动实现连续汲水。

（20）连续性作用原理:通过持续或连续的作用来解决问题或产生新的效果。例如,农业滴灌技术通过持续供水来保证作物的生长。

（21）减少有害作用原理:快速地跃过有害的或者危险的过程及阶段,以减少损失或提高安全性。例如,新型网球拍通过加装质量阻尼小球来快速衰减击球后的弯曲振动。

（22）变害为利原理:利用有害因素获得有益的效果,或者将有害因素结合来消除有害因素。例如,废水处理厂利用细菌分解污水中的有害物质,同时产生生物能源。

（23）反馈原理:引入反馈或者改变已有反馈,以改善性能或产生新的效果。例如,在智能健身器材中,用户运动数据实时反馈给设备,设备根据反馈调整训练强度和模式。

（24）中介原理:使用中介物来实现或加强物体的功能,以提高效率或改善性能。例如,心脏起搏器通过引入一个可以传递电信号的中介物来帮助心脏正常工作。

（25）自服务原理:使物体具有自我服务的功能,以减少人工干预或提高自动化程度。例如,可自动清洗和消毒的医疗器械,通过内置清洁系统减少人工干预,提高卫生标准和设备使用寿命。

（26）复制原理:通过复制或模仿来解决问题或产生新的效果。例如,自动驾驶汽车的超声波传感器模仿蝙蝠的回声定位,提升车辆安全性。

（27）廉价替代品原理:用廉价物品替代昂贵物品,同时降低某些质量要求(如工作寿命),以提高性价比或降低成本。例如,塑料机芯电子表。

（28）机械系统替代原理:用光、声、嗅觉系统替代机械系统,或者用电、磁场替代机械场等,以提高效率或改善性能。例如,用红外线感应系统替代传统的机械门禁系统,通过人体散发的红外热量来触发警报。

（29）气压和液压结构原理:用气体或液体代替固体,或者利用气体或液体的特性来解决问题或产生新的效果。例如,汽车液力变矩器利用液体传递扭矩,替代传统的机械传动。

（30）柔性壳体或薄膜原理:利用软壳和薄膜取代常用结构,或者用它们将物体与外部环境分隔,以改善性能或产生新的效果。例如,柔性太阳能电池板采用薄膜材料,可弯曲贴合各种表面,拓宽了太阳能发电的应用场景。

（31）多孔材料原理:使用多孔材料来改善性能或产生新的效果。例如,新型吸音板采用多孔结构设计,有效吸收室内噪声,改善声学环境。

（32）颜色改变原理:通过改变物体的颜色来改善性能、美观性或产生新的效果。例如,智能温控涂料能根据环境温度变化而改变颜色,调节建筑吸热和反射,达到节能效果。

（33）匀质性原理:是指与主物体交互的物体,应该由主物体的同种材料(或具有相似属性的材料)制成。这一原理的核心思想是通过材料的一致性来减少系统内部的冲突和复杂性,从而提高整体的效率和可靠性。例如,心脏支架通常由与血管组织相容性极佳的材料制成,以减少排异反应和并发症。

（34）抛弃或再生原理:是指在系统或产品中,某些部件在完成其功能后可以被抛弃或再生,从而简化系统结构、降低成本或提高效率。这一原理的核心思想是通过动态调整系统的组成部分,使其在不同阶段发挥不同的作用,最终实现资源的优化利用。例如,软件更新中,旧版本的软件被抛弃,新版本的软件被安装,从而保持系统的先进性和功能性。

(35)物理/化学参数改变原理:是指通过改变一个对象或系统的属性(物理或化学参数),如改变物理状态(气、液、固等物态)、改变浓度或密度、改变柔度(灵活度)、改变温度或体积,来提供一种有用的益处。例如将洗衣粉变成洗衣液,将鸡精变成鸡汁调味料,将固态的奶酪开发成液体奶酪。

(36)相变原理:利用物质的相变(如固态到液态、液态到气态等)来解决问题或产生新的效果。例如,相变储能建筑材料能在夜间吸收冷量并在白天释放,有效降低室内温度波动。

案例

用冰的无声爆破

当水在开始结冰时,体积膨胀,同时产生了惊人的力量,足以把水管水泥制件等坚硬的物体撑破。可以利用冰膨胀产生的力量,对需要拆除的楼房实施无声"爆破"。人们在几处关键的"爆破"点放入巨型水瓶,然后进行人工制冷。水很快结成冰,并向外面膨胀。于是,墙体被拱起裂,整栋楼房坍塌。这个过程,被称为"用冰的无声爆破"。它避免了通过炸药等剧烈的爆破方式造成的化学污染、声音污染以及突发大量粉尘的污染,是绿色环保型爆破技术。

资料来源:赵敏,史晓凌,段海波.TRIZ 入门及实践[M].北京:科学出版社,2010.

(37)热膨胀原理:利用物质的热膨胀或冷缩特性来解决问题或产生新的效果。例如,双金属片温度传感器利用不同金属热胀冷缩的差异,精确测量温度并控制电路开关。

(38)强氧化剂原理:通过利用氧化性更强的物质(如富氧空气、纯氧、电离化氧气、臭氧等)来代替普通空气或较低氧化性的物质,以加速反应过程、增强效果或解决特定问题。例如,用氧气-乙炔火焰进行高温切割,通过纯氧替代普通空气,提高切割效率和温度。

(39)惰性环境原理:通过创造一种中性或惰性环境来隔离、保护系统或物质,以防止其受到外部环境的负面影响或干扰。例如,灯泡内充入惰性气体,以防止灯丝在高温下氧化,从而延长灯泡的使用寿命。

(40)复合材料原理:通过用复合材料代替同质材料,以获取更优的性能或满足特定的需求。例如,飞机外壳常用复合材料制造,这种材料结合了多种材料的优点,如高强度、轻质、耐腐蚀等,从而满足了飞机对材料性能的高要求。

TRIZ40 条发明原理为创新和问题解决提供了有力的工具和方法,可以帮助人们从不同的角度思考问题,找到有效的答案。学习并熟练掌握这些原理,对于解决科研、生产和生活中的各种问题,能够产生重要的启发和神奇的促进作用。

四、 TRIZ 应用流程

TRIZ 理论的应用是一个系统而科学的过程,可遵循以下流程:

(1)问题定义与转化。首先要清晰地定义问题的现状、目标和限制条件。使用准确的语言描述问题,包括问题的表现形式、发生的条件和影响范围,将实际问题转化为 TRIZ 语言,包括描述工具或技术的作用对象、作用对象的问题、工具和技术要实现的功能、实现该功能的系统以及解决的目的。

（2）系统分析与矛盾识别。将问题分解为子系统,分析子系统之间的关系,找出问题的关键所在。使用 TRIZ 提供的工具,如因果链、功能模型、九屏幕法等,对问题进行深入分析。识别问题中的矛盾点,包括技术矛盾和物理矛盾。技术矛盾是指改善一个系统参数的同时导致另一个系统参数恶化的情况。物理矛盾是指系统或系统组件在同一时间、同一空间内不能同时满足两种相反要求的情况。

（3）应用 TRIZ 原理与法则。根据矛盾类型,从 TRIZ 的 40 条发明原理中选取合适的原理作为创新设计的灵感来源。这些原理如分割、嵌套、预先作用等,能够激发前所未有的设计思路。利用 TRIZ 提供的 76 个标准解,针对物理矛盾进行解决。标准解提供了针对特定类型问题的通用解决方案,可以加速问题解决过程。

（4）构建与评估解决方案。根据 TRIZ 原理和法则,构建具体的解决方案。这些方案可以是全新的设计概念,也可以是对现有产品或系统的改进。对生成的解决方案进行评估,从技术可行性、经济可行性、市场需求等多个角度进行定性定量相结合的分析评估。

（5）实施与验证解决方案。将经过评估的最优解决方案付诸实践。制订详细的实施计划,确保方案的顺利实施。通过原型制作、模拟测试等方式对解决方案进行验证。收集用户反馈,对解决方案进行持续改进和完善。

五、 发明级别与 TRIZ 的适用范围

阿奇舒勒在研究中发现,各国不同的发明专利所蕴含的科学知识、技术水平存在很大的差异性,很难区分它们的知识含量、技术水平、应用范围及对人类的贡献大小。因此,有必要把各种不同的发明专利依据其对科学的贡献程度、技术的应用范围以及为社会带来的经济效益等情况划分一定的等级加以区分,以便更好地应用和推广不同级别的发明专利。TRIZ理论将发明划分为以下五个等级。

（1）最小发明问题（一级发明）。在本领域范围内进行正常设计,解决方案显而易见,或是对已有系统简单改进。这类问题的解决主要依靠设计人员自身掌握的知识和一般经验就可以完成。例如,针对机械弹簧式捕鼠器,改变已有捕鼠器的设计参数,增加弹簧的刚度、加强底部钢板的强度等。该类发明占人类发明总数的 32%。

（2）小型发明问题（二级发明）。在解决一个技术问题时,对现有系统某一个组件进行改进。这类问题的解决主要采用本专业已有的理论、知识和经验。例如,在气焊枪上,增加一个防回火装置。该类发明大约占人类发明总数的 45%。

（3）中型发明问题（三级发明）。对已有系统的若干个组件进行改进,在一个学科内创新解决了系统的矛盾（例如,机械工程、化学工程等）。这类问题的解决需要用到一个学科内部现有知识和方法。例如,汽车上用自动换挡系统代替机械换挡系统。该类发明大约占人类发明总数的 18%。

（4）大型发明问题（四级发明）。采用全新的原理完成对现有系统基本功能的创新。这类问题的解决,需要多学科知识的交叉,主要从科学底层的角度而不是从工程技术的角度出发,充分挖掘和利用科学知识、科学原理来实现发明。例如,集成电路的发明等。这类发明

大约占人类发明总数的 4%。

（5）重大发明问题（五级发明）。利用最新的科学原理，完成一种全新系统的发明。这类问题的解决，主要依据人们对自然规律或科学原理的新发现。例如，无线电传输、晶体管、激光的首次发明等。该类发明大约占人类发明总数的 1% 或者更少。

阿奇舒勒认为一级发明过于简单，不具有参考价值；五级发明对于一般科研人员又过于困难，也没有参考价值。他从专利中将属于二级、三级和四级的专利挑出来进行分析研究，从而发现了蕴藏在背后的规律。因此，利用 TRIZ 方法可以帮助发明者将其发明水平从一级、二级提高到三级或四级水平。但是对五级发明问题而言，利用 TRIZ 是无法解决的，这是其局限性所在。阿奇舒勒还发现，真正的发明专利往往都需要解决隐藏在问题中的矛盾。因此他规定，是否出现矛盾是区分常规问题和发明问题的一个主要特征，发明问题必须要解决至少一个矛盾。综上，TRIZ 是同时研究技术规律和思维问题的创新方法，其有效应用边界在于：

（1）TRIZ 通常不解决技术领域以外的问题；

（2）TRIZ 不解决技术领域中的五级发明问题；

（3）TRIZ 不同于专业科技书籍，不讲与创新思维无关的技术规律；

（4）TRIZ 不同于头脑风暴法，不讲与技术规律无关的思维问题。

第四节　列举法

列举法是一种成熟的创新技法，它主要运用发散性思维把问题展开，一一列举出来，以寻求创造发明的思路。列举法是一种比较简便的小发明技法，可用于现有产品的改进，也可用于新产品开发。列举法分为特性列举法、缺点列举法和希望点列举法三类。

一、特性列举法

特性列举法是 19 世纪 20 年代末由美国内布拉斯加大学的克劳福特教授发明的，又称为属性列举法。它通过仔细观察需要改进的对象，列出其所有特征和属性，然后确定改进的方向和方法。具体使用可分为两个步骤。第一步，从名词特性、形容词特性和动词特性三个方面将对象的特性详细列出，就像分解一架机器的每个零件，列出它们的功能、特性和与整体的关系。第二步，尝试用各种可替代的属性置换每个特性，引出具有独创性的方案。关键是要详尽地分析每个特性，提出问题，找出缺陷，并尝试从材料、结构、功能等方面加以改进，从而革新事物的一个或几个部分，改变整体性能。

案例

水壶设计

第一步，列举研究对象的特性。

（1）名词特性：水壶、壶嘴、壶柄、壶盖、壶身、壶底、气孔、材料（铝、铁皮、钢精、铜皮、搪瓷等）、制造方法（冲压、焊接）。

（2）形容词特性：颜色（黄色、白色、灰色）、重量（轻、重）、形状（方、圆、椭圆）。

（3）动词特性：装水、烧水、倒水、保温。

第二步，分析鉴别特性，提出革新方案。

（1）壶嘴是否太长：改短壶嘴，使倒水更方便。

（2）壶柄改用塑料：提高绝缘效果，防止烫手。

（3）壶盖用冲模压制：降低成本，增加美观度。

（4）改用更优良、更廉价的材料：降低生产成本，提高市场竞争力。

（5）气孔移到别处：设计出能鸣笛的壶，水开时自动提醒，增加安全性和便利性。

资料来源：芮鸿岩，戴斌荣.当代大学生创新创业理论与实践［M］.北京：高等教育出版社，2021.

二、 缺点列举法

人无完人，金无足赤，任何事物都或多或少存在着这样那样的缺点。缺点列举法就是积极寻找并抓住事物的缺点，再针对缺点改进设计方案实现技术创新。这是一种有效且简便的创造方法，目的是通过发现和解决缺点，实现产品或服务的优化。具体使用可分为两个步骤。第一步，针对研究对象，采用发散性思维尽量列举它的缺点，然后将缺点一一列出归类整理，筛选出主要缺点。列举缺点就是发现问题，特别是要在别人看不出问题的地方看出问题，从别人认为不足为奇的现象中发现问题。第二步，针对缺点加以分析，提出可行性的改进方案。

案例

雨靴设计

第一步，列举改进对象的缺点。

（1）核心缺点：雨靴不透气，夏天穿闷脚，易患脚气。

（2）形式缺点：后跟容易磨损。

（3）延伸缺点：使用寿命短，不够耐用。

（4）隐性缺点：穿着舒适性差，缺乏美观设计。

第二步，分析鉴别缺点，提出改进方案。

（1）改进透气性能：在前后增加透气孔，解决闷脚问题。

（2）增强耐磨性：在后跟部位嵌入鞋钉，提升耐磨性能。

（3）提高舒适性和美观度：改进雨靴的材质和设计，使其更加符合人体工学，增加时尚元素。

资料来源：芮鸿岩，戴斌荣.当代大学生创新创业理论与实践［M］.北京：高等教育出版社，2021.

三、 希望点列举法

希望点列举法是从社会需要出发，提出各种希望设想，以列举希望点为基础寻找创新方向。它不同于被动型的缺点列举法和特性列举法，不受现有物品的束缚，应用范围较广，是一种主动型的小发明技法。

案例

耳机设计

第一步,列举创新目标的希望点。

(1) 理想型希望:耳机音质卓越,佩戴舒适,电池续航时间长。

(2) 超前型希望:耳机具备主动降噪功能,且能根据环境自动调节音量。

(3) 幻想型希望:耳机能实时翻译不同语言,实现跨国交流无障碍。

第二步,对这些希望点进行分析鉴别,并将其转化为具体的研发课题。

(1) 电池续航优化:采用高效能电池和智能电源管理系统,提升耳机的电池续航能力,减少充电频率。

(2) 主动降噪与音量调节:研发先进的主动降噪技术,并集成环境音量自适应系统,确保用户在不同环境下都能享受最佳的听觉体验。

(3) 实时翻译功能:探索集成人工智能翻译技术的可能性,开发能够实时翻译多种语言的耳机,为跨国交流提供便利。

思考题

1. 头脑风暴法的基本规则有哪些?如何理解以量求质规则?

2. 奥斯本检核表规定了哪些检核点?

3. TRIZ 定义的技术矛盾和物理矛盾分别指什么?

4. TRIZ 如何划分发明级别?

5. 列举法分为哪些类型?一般过程是什么?

实践练习

活动名称:选择一部手机,利用核减表法对其进行创新设计探索

活动内容:利用核减表法对一部手机进行创新设计,可以尝试从他用、类比、改变、扩大、缩小、替代、调整、颠倒、组合九个方面探索。

第四章　创新发展

【学习目标】

☑ 理解颠覆性创新的概念和作用方式

☑ 理解开放式创新的特点和类型

☑ 理解自主创新的概念和类型

引导案例

科大讯飞：从草台班子到技术巨头

燃烧最亮的火把，要么率先燎原，要么最先熄灭。

——科大讯飞股份有限公司联合创始人　江涛

1991 年，年仅 17 岁的刘庆峰考上中国科学技术大学，进入电子工程与信息科学系学习。研究生毕业时，刘庆峰站在了人生中一个抉择的十字路口：出国还是创业。最终他选择了后者。刘庆峰在校期间不仅学业出色，活动能力也很强，在同学们中的威信很高。他开始和他看中的同学一个一个谈，向他们描绘语音产业的远大前景。结果这些人被说服了，决定一起创业。1999 年，由十几个大学生搭建的草台班子在合肥居民区内一间租来的民房里成立了一家语音技术公司。他们在艰苦的条件下夜以继日地进行技术研发，披星戴月地工作，语音技术实现了从实验室走向大众市场的华丽转型。星星之火，可以燎原。"燃烧最亮的火把，要么率先燎原，要么最先熄灭。"这句话被刻在科大讯飞办公大厦的墙上，激励着科大讯飞在科技创新的道路上探索前行。

科大讯飞在成立之初就将"顶天立地"的发展战略确定为引领自主创新的发展方向。何为"顶天立地"？"顶天"是指核心技术务必确保国际领先，"立地"是让技术成果力求大规模产业化应用。科研与产业化是科大讯飞腾飞的两翼，有了这坚实的两翼，就真正实现了从基础研究、应用研究到产业化、市场化的对接。成立之初，面对国外巨头在国内语音市场的激烈竞争，中文语音技术必须取得实质性突破，要实现这一点，仅仅依靠科大讯飞一己之力是不可能的。当时国际大公司不仅已经掌握了大部分中文语音市场的研发和销售，有的还干脆出巨资连根挖走国内为数不多的几家零散语音科研机构，而且国内在中文语音基础研究方面也存在着固有的技术分割壁垒。中科院声学所在声学信号方面蜚声海内外，中国社科院语言所在汉语音律研究方面卓有建树，而中科大在语音文本研究方面领先国际。但由于种种原因，这三个研究所一直无法形成深入的、实质性的合作。刘庆峰意识到，以往这种单枪匹马的模式正是中国语音产业发展最大的障碍与瓶颈，"要想技术制胜，必须要打破这种壁垒，对核心技术源头的资源进行整合，否则只会被国际企业越甩越远，不但科大讯飞的生存与发展无从谈起，民族语音产业的振兴更只能是天方夜谭"。

找到了病根,把准了脉,科大讯飞迅速采取了行动。获得第一笔融资后,就立即用这笔资金做基础建立利益共享机制,整合国内在语音技术不同领域优势互补的研发资源。科大讯飞与中科大、中科院声学所、中国社科院语言所这三个在语音领域有着丰富积累的著名机构相继实现合作,成立了国内语音技术联合实验室;联合国内外众多的语音专家和科研院所共同发起了"中国中文语音创业联盟",并作为盟主与中科大、中科院声学所、中科院自动化所、中国社科院语言所、华为、IBM、Intel、Analog Devices等近百家单位建立"讯飞联盟中心";接着与微软共同成立了合肥微软技术中心,和美国最大的语音识别厂商 Nuance 共同成立了联合实验室,共同展开相关技术的合作。科大讯飞还进一步和国家普通话培训测试中心成立联合实验室,同新疆大学、内蒙古大学、西藏大学和云南大学成立语音及语言联合实验室,开展多民族语音及语言核心技术研究,拓宽了科大讯飞核心技术的研究领域。通过提供专项科研经费,让这些科研院所专注于各自优势方向的研究、发展和创新,而由科大讯飞提供统一的产业运作和转化平台。联合实验室规划研究的课题都是与科大讯飞未来产品方向紧密相关的,科大讯飞把新产品在技术上有没有可能实现和怎样实现,都交给联合实验室研究。如此,市场方向更加明确,技术研究更加专注,合理的分工协作极大提速了中国语音产业技术进步和市场应用发展的步伐。在这种创新的利益共享机制作用下,科大讯飞汇聚学研合力,打破了过去长期未曾改观的产学研分割壁垒,国内语音核心技术资源在源头得到了整合。

科大讯飞还创造性地提出了语音平台战略,借助战略伙伴的力量一起开拓市场。所谓语音平台战略,即通过各种技术合作、市场合作和产业合作方式,科大讯飞提供语音开发平台,像英特尔提供 CPU 一样,让国内外著名的大企业共同在科大讯飞的语音基础上创造新的产品和系统,加大产品开发力度和深度,使语音技术及产品应用到各个行业,渗透到社会生活方方面面,从而实现对语音市场的全方位进军。科大讯飞打造一个从核心技术到二次开发厂商,再到终端用户的产业链,使得二次开发厂商能和科大讯飞一起携手合作,利益共享,共同推动语音产业的发展。语音平台战略利益共享的核心理念,充满了吸引力,各行业开发商纷纷加盟,合作开发伙伴很快达到 500 余家,不仅有联想、华为、海尔等国内各行业的龙头企业,还包括 Intel、EPSON、西门子-VDO 等国际 IT 巨头。全球最大的手机内核芯片提供商 ARM 公司、全球最大的玩具语音芯片提供商 SUNPLUS 公司、全球最大的 DSP 厂商 TI 公司等都把科大讯飞选为中文语音技术战略合作伙伴。科大讯飞也由此把业务触角深入到了各行业应用领域,实现了高速的、大范围的市场覆盖,极大增强了核心技术和产品在市场中的竞争能力。

资料来源:根据中国管理案例共享中心案例"自主创新的科大讯飞之翼"改编。

思考题:(1) 科大讯飞是如何在智能语音领域实现技术突破和市场突破的?

(2) 科大讯飞的自主创新路径与传统路径有何差异?

第一节　颠覆性创新

一、概念的提出

1995 年,哈佛大学教授 Christensen(克里斯坦森)在《颠覆性技术:抓住下一波浪潮》一文中提出颠覆性技术的概念,是指以意想不到的方式取代现有主流技术的技术。1997 年,Christensen 在《创新者的困境:当新技术造成大公司破产》一书中对颠覆性技术的概念进行了更为深入的解释。颠覆性技术是指针对一批新客户,从低端或边缘市场切入,以简单、方便、便利等为初始阶段特征,为其设计新的产品或服务,随着产品或服务的不断改善,最终取代原有市场并形成新价值体系。

2003 年,Christensen 在其续作《创新者的解答》中以"颠覆性创新"取代了"颠覆性技术",统一了两者的内涵,并将创新活动正式划分为持续性创新(sustaining innovation)与颠覆性创新(disruptive innovation,另一译法为破坏性创新)两个不同的创新范式。颠覆性创新是指企业基于"够用技术"(good enough technology)的原则,在新技术或技术融合、集成的基础上,偏离主流市场用户所重视的产品或服务属性,转而聚焦低端用户或新用户看重的属性或属性组合,通过引入低成本、简化、便捷等新特征的产品或服务,从低端市场或新兴市场切入,逐步拓展现存市场或开辟新的市场,并引起部分替代或颠覆现存主流市场产品或服务的一类不连续技术创新。

案例

特斯拉颠覆汽车行业

在人们的印象里,电动汽车在动力、续航和加速性能方面无法与燃油车媲美,甚至在一些消费者心中,电动汽车被视为低端或无法满足高性能需求的替代品。然而,特斯拉的横空出世打破了这一固有观念,彻底颠覆了人们对电动汽车的认知。特斯拉不仅提供了零油耗、零排放的环保特性,还通过创新的电池技术和高效的动力系统,显著提高了电动汽车的续航能力和加速性能。例如,在与传统豪华品牌宝马 7 系、奔驰 S-Class 等车型的极速加速能力对比中,特斯拉 Model S 具备更强的性能表现,且续航里程远远超过大多数早期电动汽车。特斯拉打破了电动汽车续航短、动力差的传统观念,成功将电动汽车推向了高端市场,证明了电动车不仅可以环保,还可以拥有媲美甚至超越传统燃油车的动力性能。特斯拉的出现,是对传统汽车厂商的冲击,为整个汽车市场提供了更多的选择,改变了整个汽车行业生态。

除了颠覆性技术创新,颠覆性商业模式创新也属于颠覆性创新。商业模式创新不是为消费者提供新的产品或服务,而是采取与在位企业不同的、全新的方式为消费者提供产品或服务。例如,美国西南航空公司的廉价航空模式、戴尔电脑直销模式等都是典型的颠覆性商业模式创新。颠覆性创新的核心在于破坏性,它不仅挑战现有的商业模式,还可能对经济体系和产业结构造成重大影响,因此成为学术界与产业界重点关注的创新范式。

二、实现过程

通常情况下,颠覆性创新的产生需要具备两个条件:第一,主流市场存在产品与服务功能过剩,导致客户被过度服务并出现价值冗余;第二,主流企业被高端市场或高利润市场所吸引,当他们受到来自低端的颠覆性技术的威胁时,并不会引起重视。也就是说,颠覆性创新的产品或服务最初并不具备高端市场的吸引力,而是专注于满足低端市场或新兴市场的需求,而主流企业在初期往往忽视来自低端市场或新兴市场的挑战。颠覆性技术的产生先借助新的技术属性在利基市场站稳脚跟,然后通过技术性能的快速迭代侵蚀主流市场,并最终替代在位企业占领主流市场。图 4-1 描绘了颠覆性技术的实现过程。

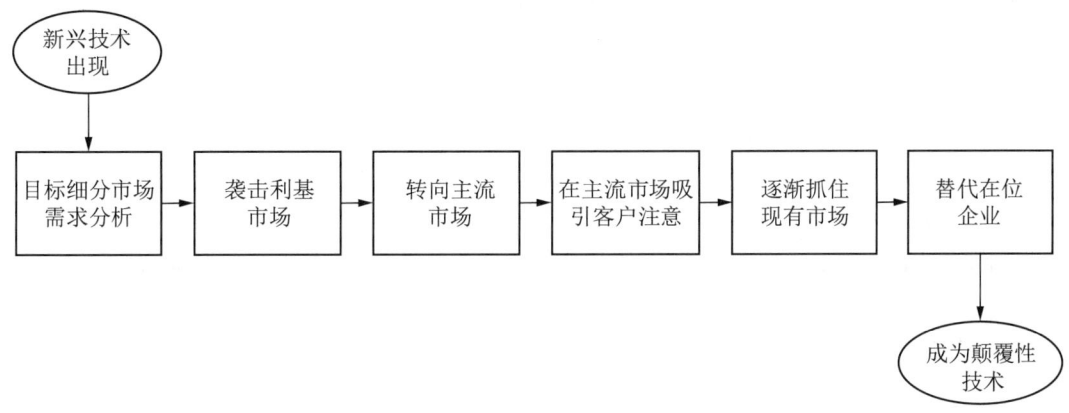

图 4-1　颠覆性技术的基本实现过程

如图 4-1 所示,新兴技术的出现是实现颠覆性技术的起点。这些新技术往往蕴含着巨大的潜力,能够颠覆现有市场格局。当新兴技术涌现时,企业需敏锐地捕捉到这一机遇,为其寻找一个合适的目标细分市场,并深入分析市场需求。在确定了狭小的目标细分市场后,企业需迅速占据这个利基市场。利基市场虽然规模有限,却能为企业提供宝贵的实践机会和初步的市场份额。在利基市场中站稳脚跟后,企业逐步将目光投向更为广阔的主流市场。通过技术创新和升级,企业能够在主流市场中吸引客户注意,并逐渐扩大市场份额。这一过程中,企业需密切关注市场动态和竞争对手的策略,以便灵活调整其市场定位和产品策略。随着技术不断成熟和市场份额逐步扩大,最终替代在位企业,成为市场的新领导者,从而完成"新兴技术出现—占据利基市场—拓展主流市场—实现市场颠覆"整个过程。

三、作用方式

颠覆性创新对市场发挥的破坏作用主要有两种基本方式:端破坏和新市场破坏。

(一) 端破坏

端破坏是指从市场的低端或边缘开始,创新通过提供简单、便捷或成本较低的产品或服务,逐步取代主流市场中的高端产品。例如,廉价航空公司以低成本提供最低限度的航空服务,成功挑战了传统航空市场的高端运营模式。

案例

小米手机

小米公司捕捉到智能手机技术在中低端市场的巨大潜力,先是针对发烧友和学生群体推出高性价比的智能手机,迅速站稳脚跟。随后,小米通过持续的技术创新和产品升级,如MIUI系统的不断优化和智能家居生态的构建,吸引了主流市场消费者。近年来,小米推出MIX等高端产品,实现了高端市场份额的大幅增长。小米一直在优化产品设计和用户体验上下足功夫,从硬件到软件都追求极致的用户体验。小米还采用了独特的商业模式和运营方式。传统智能手机厂商通过零售渠道、代理商等多层分销方式进行产品销售,小米则通过在线直销和社交媒体的粉丝经济来降低成本,减少中间环节。这种线上销售模式使得小米能够直接与消费者互动,迅速获得市场反馈并进行产品优化。此外,小米通过构建强大的社区,形成了紧密的粉丝联系和用户参与机制。公司不仅通过互动营销建立了高度的品牌忠诚度,还通过用户参与的方式,在产品设计、功能优化等方面获得了宝贵的市场洞察。小米逐渐将其创新模式扩展到印度等发展中国家市场,并成功渗透到全球高端市场,开始与苹果、三星等国际巨头竞争。

(二) 新市场破坏

新市场破坏是指通过进入尚未被主流市场充分关注的领域,提供更具性价比的替代产品或服务,创造出一个全新的市场空间。

案例

ARM 颠覆英特尔

英特尔曾一直是人们心中公认的中央处理器之王。有很长一段时间,AMD公司在与英特尔竞争却无法超越,原因在于AMD一直跟着英特尔的游戏规则走,比谁的计算能力更强。但是,另外一家公司却在另一个层面上打败了英特尔,这家公司就是ARM。ARM不比谁的计算能力更强,它就比功耗低,就做低端市场,就做不起眼的手持设备。手持设备最致命的就是耗电、发热。但当手持设备流行起来,手机、机顶盒、汽车、家用电器里面都是轻量级的中央处理器,ARM的销量就开始大增。ARM投资不起英特尔那种10亿美元的大工厂,它就把所有的设计方案输出,自己不做生产。后来,苹果、三星、华为做芯片都是靠ARM的授权,导致英特尔陷入了"人民战争"的汪洋大海。

上述两种作用方式表明,颠覆性创新通常是从低端市场或新兴市场发起并取得成功。这一过程通常伴随着技术进步和产品改进,企业通过逐步提升技术和优化产品,进而向更高端市场扩展。这种市场扩展不仅仅是地理范围的拓展,更包含了市场层次的提升。除了市场层面的转移,颠覆性创新还具有深远的社会意义。与传统的高端市场定制创新不同,颠覆性创新的焦点更多地倾向于降低成本、简化产品或服务,从而使得更多社会中低收入群体能够享受创新成果。通过提供低成本、高效能的产品或服务,颠覆性创新能够打破传统的消费壁垒,让技术的红利惠及更广泛的社会阶层。这种创新模式不仅促进了社会生产力的提升,还推动了社会的公平性。因此,颠覆性创新的意义超越了商业竞争,它在满足基本社会需求、解决社会不平等问题等方面同样发挥了独特作用。

四、 独角兽企业

独角兽企业是一类跨越式发展的创新型企业,已成为颠覆性创新的重要策源地。这一概念最早来自投资界,于2013年由 Cowboy Ventures 基金投资公司创始人 Aileen 提出,是指创业发展在10年内、企业估值达到10亿美元的指数型发展的新创企业。这一概念一经提出便广泛传播,得到世界各国产业界、学术界的认可,其中,估值超过100亿美元的企业被称为超级独角兽企业。

从全球创新布局来看,独角兽企业的发展彰显了国家或地区在发展新技术新业态新模式方面的创新优势与综合实力。美国是全球范围内拥有独角兽企业数量最多的国家,中国、印度、英国、德国和加拿大等紧随其后。独角兽企业主要涌现于互联网、电子商务、数字经济、智能运输、医疗健康等领域,其市场竞争优势的主要来源在于与技术创新紧密结合,具备更强的创造性与独特性。研究报告显示,2024年中国已有独角兽企业369家,数量全球第二,超过全球独角兽企业数量的四分之一,仅次于美国。企业包括字节跳动、蚂蚁集团、SHEIN、大疆、小红书、货拉拉等,人工智能、集成电路、医药健康、新消费、软件和信息服务企业数量分列前五位,占比一半以上。

独角兽企业的发展阶段通常围绕"创意形成—颠覆性创新发展—企业跨越式发展"的过程展开。创意是独角兽企业的核心竞争力。硅谷创业教父 Steven 曾提到,创新型企业只有通过创意的方式去做与主流市场不同的事情才有可能发展为独角兽企业。在创意形成阶段,独角兽企业会有一个新颖、前瞻性的想法或技术突破。这些创意源自对市场需求的敏锐洞察,或是对现有技术、商业模式的深刻反思。创业者们凭借对行业的深刻理解,将这些创意转化为具体的商业计划。进入颠覆性创新发展阶段,独角兽企业开始将创意付诸实践,通过技术创新或模式创新,对现有市场格局进行挑战和重塑。它们不仅关注产品或服务的差异化,更致力于通过技术革新来降低成本、提高效率,从而为用户带来前所未有的价值体验。最终,独角兽企业迎来跨越式发展。在前期创意和创新的基础上,企业开始迅速扩张,不仅在市场份额上取得显著增长,还在品牌影响力、技术创新能力和盈利能力等方面实现质的飞跃。这一阶段的企业,往往能够吸引大量资本注入,进一步加速其全球化布局和多元化发展。

案例

SHEIN 独角兽

在2024年全球独角兽榜单中,诞生于中国的 SHEIN(希音)以4 600亿元的价值成为全球第五大独角兽、中国第三大独角兽。这家国际 B2C 快时尚电子商务公司成立于2008年,2015年更名为 SHEIN,主要经营服装、鞋、包等时尚用品。在商业模式上,SHEIN 采取了与传统快时尚品牌不同的全新方式。其独特的"小单快返"模式,通过与本土服装工厂紧密合作,实现了快速设计和生产,每天上架数千款新品,满足了消费者对新鲜感和时尚的追求。

在营销策略上,SHEIN 摒弃了传统快时尚品牌的高额广告和实体店铺成本,转而通过社交媒体和短视频平台进行病毒式营销,利用用户生成内容(UGC)和 KOL 合作,快速积累用户基础。在技术创新上,公司通过高效的供应链管理系统与本土工厂紧密合作,实现"小单快返",同时利用大数据分析进行精准营销,提供个性化推荐,吸引年轻用户。AI 推荐系统和虚拟试穿功能增强了用户体验,降低了退货率。此外,SHEIN 还注重环保工艺与生产模式的革新,采用冷转印牛仔工艺等技术,节水效能大幅提升。SHEIN 从低端市场切入,向消费者提供低成本、便捷且时尚的服装选择,它通过颠覆性的商业模式和技术应用,挑战了现有的快时尚电商格局,在海外市场上打造出一头体量庞大的超级独角兽,被誉为中国电商出海"四小龙"之一。

第二节　开放式创新

一、概念的提出

2003 年,Chesbrough 教授首次提出了开放式创新(open innovation)的概念。开放式创新是指企业在技术创新过程中,同时利用内部和外部相互补充的创新资源实现创新,企业内部技术的商业化路径可以从内部进行,也可以通过外部途径实现,在创新链的各个阶段与多种合作伙伴多角度的动态合作的一类创新。

开放式创新是一种新兴创新模式,颠覆了研发即创新的传统观念,改变了内部研发的封闭式创新模式。传统的封闭式创新模式侧重于公司内部的研发与技术突破,而开放式创新则通过跨企业、跨行业的合作,利用外部创意、技术和市场渠道来加速创新过程。两者的区别如表 4-1 所示。

表 4-1　开放式创新与封闭式创新的比较

封闭式创新的基本原则	开放式创新的基本原则
● 本行业最聪明的员工为我们工作	● 并非所有的聪明人都为我们工作,我们需要和企业内外部的所有聪明人合作
● 为了从研发中获利,我们必须自己发明创造、开发产品并推向市场	● 外部研发工作可以创造巨大的价值,而要分享其中的一部分,则必须进行内部研发
● 如果我们自己研究,就能最先把产品推向市场,最先将创新商业化的企业将成为赢家	● 我们不是非要自己研究才能受益,建立一个更好的商业模式要比贸然冲向市场好得多
● 如果我们创造出行业中最多、最好的创意,我们必将胜利	● 如果我们充分利用企业内外部的创意,我们必将胜利
● 我们必须控制知识产权,这样竞争对手就无法从我们的创意中获利	● 我们应当通过让他人使用我们的知识产权而从中获利,同时应当购买别人的知识产权,只要它能提升我们的商业模式

资料来源:Chesbrough H. W. Open Innovation: The new impressive for creating and profiting from technology [M]. Boston: Harvard Business Press, 2003.

二、 开放式创新的源泉与类型

开放式创新是一个复杂的、动态的过程，这一过程中技术创新的实现依赖于多个利益相关者的合作与互动。这些利益相关者包括用户、供应商、竞争对手、科研机构、政府、大学以及其他相关机构。这种多元化的协同合作关系促使技术、市场需求、生产能力等多方要素相互交织、相互作用，从而加速创新进程。通过与外部组织互动，企业能够获得新的技术、市场需求的洞察，以及更加灵活的生产模式，这为企业在竞争激烈的市场中提供了创新的动力和优势。图 4-2 显示了开放式创新体系的主要构成及相互关联，形成了开放式创新的源泉。

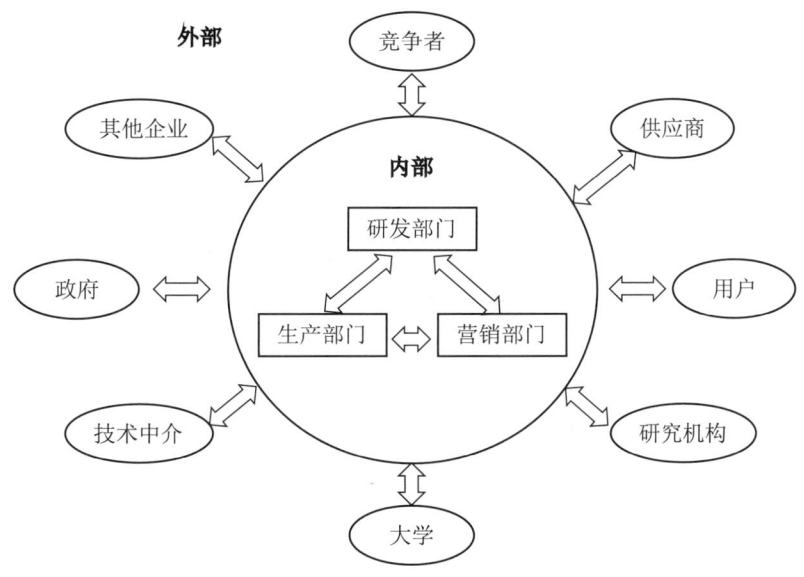

图 4-2 开放式创新体系的构成

按照创新流动的方向，开放式创新可分为内向开放式创新和外向开放式创新。内向开放式创新是指企业通过引入外部资源，尤其是外部技术和创意，来补充自身的技术不足，并将这些外部资源整合到企业的内部创新过程中。在这种方式下，企业利用外部的研究成果、创意或者技术资源，为自己的产品和服务提供创新支持，常见于企业通过外部采购、合作研发、外部授权等途径，引入先进的技术和创意来推动内部创新。企业可以把研发项目有目标地向领先用户、零部件供应商、设计公司甚至竞争对手公开，促进创意的输入、输出与碰撞，从大学和研究机构获取技术资源弥补内部资源的不足。

外向开放式创新是指企业将自身的技术、创意或研发成果输出到外部市场，与其他企业或组织合作进行技术商业化。在这种方式下，企业通过与外部合作伙伴进行技术合作、技术转让，将内部的技术成果通过外部途径实现市场化，从而将内部技术推向更广阔的市场，提升技术的应用和盈利能力。内部技术商业化能够激活在封闭的创新环境下可能被抛弃的、不适合公司现有商业模式的某些技术，从他人使用本企业的技术中获益，致使研发回报最大化。

三、 开放式创新的特点

在开放式创新模式下,外部创意和外部市场化渠道的作用上升到和内部创意及内部市场化渠道同样重要的地位。这一转变颠覆了将研发等同于创新的传统认知,打破了内部研发的孤立壁垒,并高度重视用户、供应商、风险投资家、知识产权专家等外部参与者的角色。通过有效整合并利用外部广泛的创新资源,结合多方利益相关者的协同合作,共同构建了一个充满活力的创新生态系统。开放式创新的主要特点有:

(一) 强调内外部间的创新合作

开放式创新要求企业通过广泛的内外合作,搜集和利用企业内部和外部的所有创意,使内外部的创新人才都为公司"服务"。这意味着企业不再局限于自身的研发能力,而是积极寻求与外部合作伙伴、客户、学术机构甚至竞争对手的合作,共同推动创新进程。

(二) 重视外部创新成果的搜索和利用

企业并非仅仅靠自己的研究才能获利,外部研发也可以创造巨大的价值,企业应当想办法享用这一价值。因此,开放式创新鼓励企业积极搜索和利用外部的创新成果,通过购买、授权、合作等方式引入外部创新,以补充和增强自身的创新能力。

(三) 双向的创新流动

开放式创新不仅仅是单向引入外部技术,也包括将内部技术以合作或授权的方式输出。这种双向的知识和资源流动有助于企业拓宽收入来源,形成多层次的价值创造。同时,通过外部化内部资源,企业还可以获取额外的收益,进一步提升其市场竞争力。

(四) 构建卓越的商业模式

开放式创新不仅关注技术创新本身,还强调商业模式的创新。建立一个能利用一切研究成果的模式比仅仅把自己的产品推向市场更重要。这意味着企业需要思考如何通过开放式创新从外部技术中获利,如通过技术授权、风险投资、合作开发等灵活的商业模式实现技术价值的最大化。

案例

特斯拉的开放式创新

特斯拉公司作为电动汽车领域的佼佼者,不仅注重内部研发,还积极与供应商、科研机构和高校合作,共同研发更先进的电池技术、自动驾驶技术等。这种合作方式使得特斯拉能够汇聚多方智慧和资源,加速技术创新和产品研发。特斯拉的开放式创新还体现在其专利策略上。马斯克没有像传统的公司一样把发明专利捂在自己手里,而是免费提供给所有想要生产电动汽车的公司,包括同为电动汽车厂商的竞争者。在他看来,电动车是替代燃油车、减少环境污染、实现可持续发展的关键途径。然而,这一目标的实现需要整个行业的共同努力,而非单靠特斯拉一家公司的力量。马斯克深知"独木难成林"的道理,他知道在汽油车已经完全控制市场的情况下,电动车的竞争对手不是电动车生产商,而是整个汽车行业。因此,他选择将专利开放,鼓励其他公司加入电动车的研发与生产行列,彼此竞争又合作,共同做大电动车行业的"蛋糕"。马斯克认为,专利保护虽然可以保护公司的技术成果,但也可能成为创新和进步的桎梏。他坚信,技术的共享能够激发更多的创新灵感,加速技术进步的步伐。

第三节　自主创新

一、 概念和内涵

自主创新是近年来我国经济、科技乃至政治领域使用频率最高的词汇之一。它是指以人为主体积极、主动、独立的发现、发明、创造的活动,是通过拥有自主知识产权的独特的核心技术以及在此基础上实现新产品的价值的过程。1994 年,国内学者陈劲明确使用了自主创新的概念,认为研发中的学习是自主创新的主导学习模式,只有通过研发,才能掌握技术的本质。这一理论为我国自主创新战略的实施提供了理论依据,并成为之后一系列自主创新政策的基石。中国提出自主创新的意义,并不在于重新定义创新,而是传达一种理念、意志和战略意图。它表明,中国要摆脱技术依赖,自强自立,实现经济社会发展的战略转型。

针对不同的创新主体,自主创新有不同的内涵。国家层面的自主创新是指一个国家的产业技术不依赖于外部的技术引进,而主要依靠本国自身力量独立开发新技术,进行技术创新活动,主要表现为对产业发展关键(共性)技术的内源式供给,对部分前沿高技术以"我"为主的研究开发,对基础科学和应用科学领域基本发展方向的引领或影响等。产业层面的自主创新主要表现为对行业发展有重大影响的核心技术的开发和掌控,行业组织和(或)行业内企业参与国际标准的制定,行业组织拥有对产品和服务的自主定价权以及市场价值分配过程中的话语权和主导权。企业层面的自主创新以形成自主品牌为目的,表现在掌握对产业发展有重大影响的自主知识产权(或专有技术)和参与国际标准制定等。

当然,自主创新不一定是单纯技术(新产品、新工艺等)层面的,管理、制度、战略、市场、文化乃至商业模式等非技术方面都是自主创新的有机组成部分。此外,自主创新的概念是与对发达国家的技术依赖相对而言的。在当今全球化和技术快速变革的环境下,任何企业、国家都在一定程度上依赖其他企业或国家的技术而发展。因此,自主创新并不意味着要摆脱对其他国家或企业的技术借鉴,而是应尽可能地利用全世界的技术资源,使之融入自身的技术系统,从而能够在产业价值链中占据一定地位。

二、 自主创新的分类

从技术来源角度,自主创新可分为引进消化吸收再创新、集成创新、原始创新。其中,原始创新是最高层次的自主创新。

(一) 引进消化吸收再创新

引进消化吸收再创新主要指模仿、改进与创新的"3I"（imitation-improvement-innovation）模式。第一步是模仿，即通过引进国外技术，学习和模仿先进技术，填补国内技术空白。第二步是改进，这一阶段的目标是在原有引进技术的基础上进行优化，使其更符合本地市场的需求和技术要求，且适应中国国情的实际情况。第三步是创新，即在消化和吸收外部技术的基础上，通过自主研发创新出具有本土特色的技术和产品。通过"3I"模式，企业能够逐步提升技术水平，走出单纯依赖引进技术的困境。

案例

京东方的惊险一跃

京东方科技集团股份有限公司（以下简称京东方）是国际领先的半导体显示技术、产品与服务提供商。作为面板（半导体显示）龙头企业，全球范围内每四块显示屏幕就有一块出自京东方。截至 2023 年，京东方累计自主专利申请超过 9 万件，累计主持制修订国内外技术标准共计 103 项。京东方是 1993 年由老国企北京电子管厂改制而来。作为中国最早的显示企业之一，京东方彼时进入的是上一代显示产业——CRT（阴极射线管）领域，也就是当年俗称"大屁股电视机"的配套产业。当时，市场政策的基调是加快经济发展，扩大对外开放，积极地引进外资。京东方在这个过程中也抓住机会，通过中外合资的方式围绕着 CRT进行产业布局。经过 10 年发展，京东方成为北京市的明星企业。2003 年，京东方的收入超过 100 亿元，10 年时间，公司业绩增长了 100 多倍。但是当时京东方的主营业务并不突出，在与外资企业的合资模式下，也难以掌握核心技术。当时的京东方渴求自主技术创新，在业务上也需要寻找新的增长机会，也就是第二增长曲线。京东方选定的技术路线和市场方向为液晶显示（LCD）。然而，液晶显示与 CRT 技术可谓泾渭分明。想要进入液晶显示领域，必须要推倒 CRT 技术的既有框架从头再来，这无疑是"惊险一跃"。这一跃，京东方是通过跨国并购完成的。2003 年年初，京东方斥资 3.8 亿美元，收购了韩国现代集团的液晶业务板块 HYDIS，这是当时中国企业有史以来最大的跨国并购案之一，以京东方当时的资金实力，风险很大。为什么一定要走跨国并购路线？因为进入液晶显示领域之前，京东方在这个领域既没有技术积累，也没有制造能力，更谈不上专利储备。如果要进入液晶显示行业，无异于跨界到一个完全陌生的领域。在这一领域，日本、韩国和中国台湾的企业具有先发优势，并已经筑起很高的专利技术壁垒。通过收购，京东方能够获得足以进入行业的初始技术来源。但京东方要的不仅是现有的技术，而是自主技术创新的能力。在液晶显示这个领域里，技术的掌握、迭代、创新都来自建设产线、开发产品、优化工艺等实践过程。京东方收购韩国HYDIS 之后，便立刻着手在北京建设了一条液晶面板 5 代线，这成为中国工程师的技术"练兵场"，京东方的工程师在边学习边实践的过程中，构建起京东方自有的技术专利体系，形成了与国外巨头在技术上抗衡的能力。

(二) 集成创新

集成创新是指将各个已有的技术单项有机地组合起来，集成一种新产品或新的工艺生产方式。它强调将多个相关技术和资源有机融合,通过技术、组织及知识的协同作用,形成一种综合性的创新模式。集成创新的目的是有效集成各种要素,在主动寻求最佳匹配要素的优化组合中产生"1+1>2"的集成效应。例如,华为"软硬结合"战略便体现了这一效应。

(三) 原始创新

原始创新是指企业或国家通过原创性技术突破,创造全新的产品、服务或技术模式。与以上两类创新不同,原始创新不是对现有技术进行改进,而是从 0 到 1 地实现全新的技术突破。国家在实施自主创新战略时,必须明确原始创新的核心地位,注重通过技术突破和创新来打破现有技术范式,摆脱对外部技术的依赖,推进经济增长方式的转型。

以上三类创新中,原始创新不仅是推动产业升级和经济发展之源泉,更是国家创新能力和核心竞争力提升的核心动力。引进消化吸收再创新和集成创新作为实现技术积累的手段,可以在短期内为国家技术进步提供支撑,但长期目标始终是实现真正意义上的技术独立和创新能力的自主提升。对我国而言,企业和产业的发展路径正是经历了从技术引进到集成创新,再到实现自主研发和原创技术突破的过程。这一创新轨迹是中国自主创新战略不断深化和提升的体现。

三、 自主创新能力的形成

自主创新能力是指一个国家、地区或企业在科学技术领域,依靠自身力量,独立研发新技术、新产品、新工艺的能力。从企业层面,自主创新能力的形成与提升主要依赖技术能力和创新努力两大要素,如图 4-3 所示。

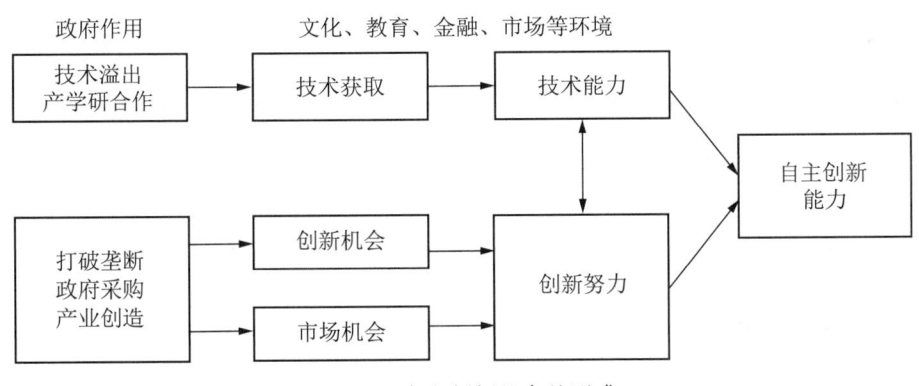

图 4-3　自主创新能力的形成

有效的外部技术获取能够使后进国家企业克服技术能力不足的障碍,而丰富的市场机会能够使后进国家企业克服创新激励不足的障碍,政府在其中发挥重要作用。例如,在先进技术获取与吸收方面,督促跨国公司独资与合资企业技术溢出,推动产学研合作;在为企业提供创新机会和市场机会方面,采取打破垄断、优先采购以及引导企业进入新兴技术产业等措施。此外,文化、教育、金融、市场等外部环境对企业自主创新能力的形成和提升也起到重要作用,良好环境有利于激发创新意识,促进创新资源的有效配置和利用。

企业自主创新能力的形成往往是从模仿阶段开始,经过创造性模仿阶段,最终进入自主创新阶段。在模仿阶段,企业主要依赖现有的成熟技术与生产设备。通过模仿既有的生产工艺与流程,企业逐步建立基础的生产能力和质量管理体系。该阶段,企业的技术创新能力较弱,研发活动几乎完全依赖外部技术的引进和应用,其内部技术管理尚处于起步阶段,技术资源的利用效率较低。因此,模仿阶段的主要特征是企业对外部资源高度依赖以及内部创新能力薄弱。创造性模仿阶段,企业开始对引进的技术进行本地化适配与创新应用,包括对产品设计和工艺流程的优化调整。这一阶段的核心特征是企业逐步形成了自身的技术能力,同时通过外部技术合作与内部研发相结合,增强了自主开发能力。此外,企业在此阶段开始构建更复杂的技术组织架构,与外部技术资源形成有机联系,实现技术的增值利用。自主创新阶段,企业开始摆脱对外部技术的依赖,通过完全自主的研发能力掌握了核心技术,逐步建立适应市场需求的创新机制和技术标准。在这一阶段,企业能够充分结合市场需求导向和技术前沿突破,形成自己的技术核心竞争力和独特的价值链优势。此阶段的主要特征是企业从市场追随者逐步成长为行业领导者,技术创新能力和市场影响力大幅提升。

案例

宁德时代

宁德时代成立于2011年,初期主要做锂离子电池的研发、生产和销售。2012年,华晨宝马找到宁德时代,希望宁德时代能够为旗下纯电动汽车之诺1E提供动力电池。华晨宝马不仅向宁德时代提供了一份800页的电池生产标准,还派驻了动力电池研发人员。在高标准的生产体系下,宁德时代完成了动力电池研发、设计、开发、认证、测试的全流程的经验积累。高标准的原始技术积累使得宁德时代在动力电池领域打开局面,北汽、吉利、长安等乘用车企的动力电池订单纷至沓来。2019年,宁德时代位于德国的首个海外工厂破土动工。2020年,宁德时代正式进入特斯拉的电池供应商序列。2024年,宁德时代推出一项创新换电方案"巧克力换电",通过一种模块化设计的电池,可以让车主在短短1.5分钟内将电池换掉,彻底解决电动汽车的续航焦虑问题。

随着我国科技创新能力显著增强,创新体系建设不断完善,企业的国际竞争力也在不断提升,很多领域已经具备了与国际领先企业竞争的实力。在此背景下,除了上述传统路径,企业提升自主创新能力的路径变得多元化,例如通过跨领域技术融合、开放式创新等方式创造出全新的产品或服务。此外,随着数字化时代的到来,大数据、人工智能等前沿技术的应用也为企业培育自主创新能力提供了多种方式和路径。

思考题

1. 颠覆性技术的实现过程是什么?
2. 颠覆性创新的作用方式有哪些?
3. 什么是独角兽企业? 其创新具有什么特征?
4. 开放式创新的基本原则是什么?
5. 内向开放式创新和外向开放式创新的根本区别是什么?
6. 自主创新包含哪些类型?

❈ 实践练习

活动名称：探索华为公司的开放式创新

活动内容：开展调查研究，从不同角度探索华为公司的开放式创新实践：第一个角度，华为的内部研发；第二个角度，华为与供应商的合作创新；第三个角度，华为与科研机构的合作创新；第四个角度，华为与高校的合作创新。

第五章　认识创业

【学习目标】

☑ 理解创业的含义以及创业活动的意义

☑ 了解创业的不同分类及各种创业类型

☑ 深入理解创业要素和创业过程

☑ 掌握蒂蒙斯模型

☑ 理解创业风险管理的基本内容

引导案例

硅谷钢铁侠马斯克的创业历程

如果你有一个好的想法，那就应该坚持下去，即使其他人可能不理解你。

——马斯克

埃隆·里夫·马斯克于 1971 年 6 月出生于南非行政首都比勒陀利亚，父亲是南非人，母亲是加拿大人，他还有一个弟弟和一个妹妹。马斯克本科毕业于宾夕法尼亚大学经济学和物理学双专业，是美国、南非、加拿大三重国籍的企业家、工程师、发明家、慈善家。他同时担任 Tesla 创始人兼首席执行官，SpaceX 首席执行官兼首席技术官，SolarCity 董事会主席，Twitter 首席执行官，Neuralink 创始人，OpenAI 联合创始人，美国国家工程院院士，英国皇家学会院士。马斯克曾多次入选《时代周刊》全球最具影响力人物，获得 2019 年霍金科学传播奖，2023 年度世界航天奖。2021 年 10 月其财富突破 3 000 亿美元，成为福布斯统计史上最富有的人。2024 年他以 1 950 亿美元的财富位列 2024 福布斯全球亿万富豪榜第 2 位。

马斯克从小就对科学技术十分痴迷，10 岁开始学习编程，13 岁就开发出一款游戏并因此赚到人生第一桶金。纵观马斯克的前半生，简直就是创业的半生，他创建或参与创建了一系列颠覆性企业，如 Zip2、PayPal、SpaceX、特斯拉、SolarCity 等。

1. 初次创业：Zip2

1995 年，马斯克和弟弟金巴尔用父亲资助的 2.8 万美元联合创立了一个类似于"大众点评"的网站——Zip2。初期，公司经营困难，没有顾客为他们埋单，营收乏力。幸运的是 1996 年一家风投公司决定向 Zip2 注资 300 万美元。此后，兄弟两人也将先前的零售营销策略改为将大型新闻媒体机构变成自己分销商的模式，大获成功。但是，在公司发展过程中，马斯克与投资人在经营模式上产生严重分歧，同时马斯克也嗅到了互联网泡沫的危机。当互联网灾难即将来临时，马斯克兄弟二人成功将 Zip2 以 3.07 亿美元的价格出售给康柏，从而幸运地躲过了那场灾难。马斯克也从这笔交易中赚到了整整 2 200 万美元，而此时他只有 27 岁。

2. 再次创业:PayPal

Zip2 成功变现之后,马斯克决定成立自己的第二家公司——X.com,这也是互联网的首个电子支付平台。很快,马斯克就遭遇了一个强大的对手——彼特蒂尔。蒂尔先是创办了与 X.com 形成竞争的康菲尼迪,双方为争夺用户展开了一场旷日持久的用户补贴大战,最终两败俱伤。处于第二的康菲尼迪由于资金问题,于 2000 年 3 月被并入了X.com,后更名为 PayPal。2002 年,eBay 以 15 亿美元收购了 PayPal,马斯克作为该公司最大股东直接从这笔交易中赚得 1.8 亿美元,只有 30 岁就已经连续两次大获成功的马斯克瞬间成为了硅谷炙手可热的创业明星。

3. 特斯拉——改变交通出行未来

2003 年,马斯克创立了特斯拉公司,旨在推动电动汽车的普及和发展。特斯拉推出的首款电动跑车"Roadster"在市场上取得巨大成功,使得人们开始关注电动汽车这一新兴领域。随后,特斯拉不断推出更多车型,包括豪华轿车 ModelS、SUVModelX 以及电动卡车 Semi 等。除了电动汽车本身,特斯拉还在电池技术和充电设施方面进行创新。此外,特斯拉还构建了全球最大的电动汽车充电网络,为车主提供便捷的充电服务。

4. SpaceX——实现人类星际旅行梦想

2002 年 6 月,马斯克创立了太空探索技术公司(SpaceX),致力于降低太空探索成本,实现人类星际旅行梦想。SpaceX 研发的火箭回收技术使得太空船的发射成本大大降低,为人类开启太空时代奠定了基础。除了发射服务,SpaceX 还在开展火星移民计划。2018 年,SpaceX 成功发射了全球首个私人资助的"龙"号火星探测器,迈出了人类探索火星的重要一步。马斯克希望在未来几十年内,通过 SpaceX 的技术实现人类向火星移民。

5. SolarCity——推动清洁能源发展

2006 年,马斯克联合其他创始人创立了太阳城公司(SolarCity),专注于太阳能板和储能系统的研发与推广。太阳城为家庭和企业提供太阳能板租赁和购买服务,同时还开发大型太阳能项目以应对能源需求。除了太阳能板业务外,太阳城还在储能技术方面取得突破。该公司推出了 Powerwall 家用储能系统和 Megapack 工业储能系统,解决了可再生能源储存问题。这些储能系统可以与太阳能板配合使用,为家庭和企业提供可靠的清洁能源供应。

马斯克的创业历程也不总是一帆风顺的,在光鲜亮丽的巨大成就背后也隐藏着前所未有的困难和挑战。2006 年的 7 月,特斯拉的两款圆形电动跑车亮相于圣克拉拉,在车展上,这两款汽车大受欢迎,获得了大量订单。就在一切顺利之时,马斯克发现一个问题,特斯拉的变速系统存在着重大缺陷,有可能对车体造成灾难性损害,这就迫使特斯拉团队不得不从零开始组建开发变速系统的团队,投入大量资金进行研发。特斯拉一再延迟交车日期,也让马斯克受到了极大的信任危机,而在 2008 年上半年,马斯克的个人财务已经困难到要住在妻子贾斯丁父母家的地下室。好在马斯克在征得了 NASA 允许之后,从 SpaceX 拆借给了特斯拉一笔资金,之后,特斯拉又从美国能源部获得了一笔 4.65亿美元的政策性扶持贷款,使特斯拉渡过了危机。

　　无独有偶,SpaceX 在 2006 年到 2008 年的三次发射,全部以失败告终。第一次是因为引擎起火导致猎鹰一号在升空时爆炸,第二次是因为没有进入预定轨道,第三次是猎鹰一号的一二节火箭在分离时突然发生故障,导致彼此相撞,这一次次的失败对公司所有人以及马斯克的影响都是致命的。SpaceX 团队感受到了一种末日般的绝望和疲惫。马斯克自己也快要撑不住了,因为账上的资金仅仅只够马斯克和他的团队作最后一搏了。2008 年 9 月 28 日,马斯克赌上了全部希望,开始了第四次发射。而当猎鹰一号真正进入轨道的那一刻,马斯克知道他再一次做到了。在他的不懈努力下,一家只有 500 人的私人公司竟然真的完成了一项国家工程。甚至在几年后,当马斯克在采访中回忆起当时的情景时,都忍不住眼泛泪光。

　　时值当下,马斯克仍然在继续着他不断探索创新的传奇人生,他相继涉足了火箭互联网公司 OneWeb、超级高铁项目 Hyperloop 以及脑机接口公司 Neuralink 等领域。他的目标是通过这些项目实现人类可持续发展,包括解决全球能源危机、提高交通出行效率以及拓展人类生命延续方式等。无论最终结果如何,他的不断探索和创新精神必将激励更多创业者和年轻人追求梦想、改变世界。

　　思考题:(1) 你认为支撑马斯克不断创业的内在动因是什么?
　　　　　　(2) 从马斯克应对创业的困难和挑战中,你能学到些什么?

第一节　创业内涵

　　创业作为一种常见的横跨商业与管理,甚至是科学、工程、艺术的极富意义的人类活动,对人们的社会生产和生活的诸多方面均带来了巨大影响,为了全面而准确地认识创业,有必要从深入了解创业的内涵开始。

一、创业的定义

　　从现实商业活动的角度,可以从狭义和广义两个角度来界定创业。从狭义的角度,创业即创建新企业,即个人或团队自主创办企业的活动。从广义的角度,创业即开创新事业,无论是政府部门、获得风险投资的公司、非营利机构、由财务投资人主导的营利性组织,还是个人或团队,只要是在不确定情况下开发新产品或开展新业务,都可称为创业。

【一起来探究】

创业是什么?

　　创业是创新与实践——一种通过创新产品或服务,并将其转化为实际商业活动的行为。

创业是资源优化与整合——有效整合和优化资源以创造经济价值和社会价值的过程。

创业是机会识别与利用——识别和利用市场机会,通过创建新企业或项目来满足市场需求并获得经济回报的过程。

创业是个人成长与抱负实现——个人成长、实现自我价值和抱负的途径。

创业是社会变革与推动——推动社会变革和进步的力量。

创业是风险承担与不确定性——承担风险和面对不确定性的过程。

你认可上述观点吗?

本书中创业的概念主要采用狭义视角,可以定义为:创业就是在不确定环境中,不拘泥于当前的资源条件限制,通过组合不同资源,对创业机会进行识别和开发并创造价值的过程。以下四点分析有助于加深对创业含义的理解。第一,创业是一个复杂的创造过程,它创造出某种有价值的新事物。这种新事物必须是有价值的,不仅对创业者本身有价值,而且对社会也要有价值。价值属性是创业的重要社会性属性,同时也是创业活动的意义和价值。第二,创业必须要贡献必要的时间和大量的精力,付出极大的努力。要完成整个创业过程,要创造新的有价值的事物,就需要大量的时间,而要获得成功,没有极大的努力是不可能的,而且很多创业初期的创业活动是在非常艰苦的环境下实现的。第三,创业要承担必然的风险。创业的风险可能有各种不同的形式,取决于创业的领域和创业团队的资源。创业者应具备超人的胆识,甘冒风险,勇于承担多数人望而却步的风险事业。第四,创业将给创业者带来回报。作为一个创业者,最重要的回报可能是其从中获得的独立自主,以及随之而来的个人的物质财富的满足。对于追求利润的创业者,金钱的回报无疑是重要的,对其中的许多人来说,物质财富是衡量成功的一种尺度。

二、 创业的意义

创业,是一种勇敢追求梦想的行动,也是一种实现个人价值和社会价值的途径。无论是个人实现财务自由、追求事业成功,还是世界的改变和社会价值的创造,创业都扮演着重要的角色。在这个充满机遇和挑战的时代,创业不仅仅是一种选择,更是一种必然,因此无论是从个人角度,还是从社会角度,创业都有其重要意义。

(一) 社会意义

创业活动的社会意义在于,它推动了经济的发展和社会的进步。创业者是社会的创新者和推动者,他们通过创造新产品、新服务和新商业模式,带来了经济增长和就业机会。创业不仅仅是为了个人利益,更是为了社会的繁荣和进步。创业者的努力和创新,推动了科技的进步、社会的变革和文化的传承,为社会带来了新的希望和可能性。

1. 促进科技进步和市场繁荣

创新是创业的主要驱动力量,创业是新理论、新技术、新知识、新制度的孵化器,也是新理论、新技术、新知识、新制度形成现实生产力的转换器。创业,尤其是基于科技创新的创业将大大促进科技进步的进程。创业过程是增加社会财富的过程,创业企业在生产经营的过程中为社会创造了财富,增加了社会价值,并大大增加了国家的财政税收。创业企业的产品和服务拉动了国内市场需求,满足了人们生活的需要,丰富了市场,促进了社会经济繁荣。创业企业还改变了传统的产业格局,催生了很多崭新的行业,加速了经济结构的调整,在创业过程中,社会资源得到优化配置,市场体系不断得到完善,市场竞争活力得以保持。

2. 提供就业岗位和缓解就业压力

清华大学中国创业研究中心调查数据表明,每增加一个创业者,当年带动的就业数量平均为 2.77 人,未来 5 年带动的就业数量平均为 5.99 人。以创业带动就业具有明显的就业倍增效应,创业可以创造新的就业机会,为社区和社会提供更多的工作岗位,创业企业可以直接雇佣员工,并间接支持整个供应链和合作伙伴的就业。在美国,创业扮演着促进就业的至关重要的角色。作为一个人口大国,我国长期以来一直面临沉重的就业压力,而通过发展创业型经济来带动就业,是扩大就业、缓解就业压力、促进劳动力转移的一个有效途径。近年来,我国有很大比例的就业,是通过各种政策鼓励自主创业实现的。

案例

三只松鼠

2009 年,当时还是安徽一家企业营销负责人的章燎原在阿里巴巴十周年庆现场,看到了未来零售的数字化浪潮。当他发现坚果行业还是一个"小散乱"的线下格局后,便萌生了将其搬到线上的念头。2012 年,章燎原带着 5 个年轻人以及 100 万元资金在芜湖创立了三只松鼠股份有限公司(简称三只松鼠),主营坚果、肉铺、果干、膨化等休闲零食。从一开始,他便坚定走电商零售路线,在线上流量红利加持下,仅用 7 年时间,三只松鼠营收便突破 100亿元,并连续 5 年蝉联中国坚果销量第一名,创造了中国零售史上的速度奇迹。2017 年"双11",新华社刊发报道称三只松鼠是新时代的"改革名片",见证了中国电商发展的变迁。2018 年第二个"中国品牌日",《人民日报》评选产生最受公众欢迎的中国品牌榜,三只松鼠荣登最具潜力榜,被誉为"下一个国货领头羊"。2019 年"双11",三只松鼠以 10.49 亿元销售额刷新中国食品行业交易记录。2022 年三只松鼠入选中国品牌 500 强,开启战略转型,全面升级使命、愿景、价值观,聚焦坚果供应链建设,强化研发制造,向健康化、数字化、全球化迈进。三只松鼠从创立之初的 5 人团队发展为拥有超过 3 000 名员工的集团化公司,运营团队平均年龄 24.5 岁,是全国目前上规模电商企业中最年轻的团队。

3. 激发创新意识和创业精神

创新意识是指人们根据社会和个体生活发展的需要,引起创造前所未有的事物或观念的动机,并在创造活动中表现出的意向、愿望和设想。创业精神则是进行创业活动必须具备的具有开创性的意志、信心、勇气和个性等。创新意识和创业精神是创业活动必备的要素,贯穿于创业活动的始终。创业的本质是创造新的价值,即富有创业精神的创业者与机会结合并创造价值的活动。因此,创业要求创业者善于抓住新的商业机会,创新性整合各类资源,通过创办新的企业或者新的事业,以新产品、新工艺、新技术、新服务等为顾客创造新的更大的价值。可以说创业过程本身就是具有极强创新精神与创新能力,并产生巨大创造价值的一项经济活动。近年来,创新和创业已经成为我国社会经济改革发展的主旋律,如火如荼的创业大潮让无数人进入了经济和社会的主流,从而激发了全社会的创新意识和创业精神,这一氛围的形成对于我国构建经济发展新常态,发展新经济具有积极作用。

4. 推动社会进步和发展

创业者在创业的过程中不单单关注商业问题,也会关注社会问题,特别是社会创业者,他们试图通过自己所创企业的力量和影响力来解决这些问题。作为社会变革的推动者、改变者和激励者,他们关注环境保护、社会公正和公共利益等问题,并采取积极的行动来改善社会状况,这种关注和行动推动了社会的进步和发展。

案例

乡村银行创始人

穆罕默德·尤努斯是孟加拉国经济学家,孟加拉乡村银行(格莱珉银行)的创始人,有"穷人的银行家"之称。穆罕默德·尤努斯开创和发展了"微额贷款"的服务,专门提供给因贫穷而无法获得传统银行贷款的创业者。在1976至1979年间,尤努斯在孟加拉国农村开始试验,以自己为担保人向穷人们提供小额贷款,这个试验成功地改变了大约500位借款人的生活。他不断地去游说孟加拉中央银行和商业银行来采纳他的试验。1979年,孟加拉央行终于答应开展这个名为"格莱珉"的项目,一开始由7家国有银行支行在一个省份进行试运作,1981年则增加到5个省份。这个项目的每一次扩张都证实了小额贷款的有效性。到1983年为止,格莱珉银行86个支行使5.9万名客户摆脱了贫困。随后,尤努斯决定辞去学术工作,全身心投入这项对抗贫穷的事业中去。1983年,格莱珉银行成为独立法人机构,以更快的速度发展壮大。目前,格莱珉银行已成为孟加拉国最大的农村银行,这家银行有着650万的借款者,为7万多个村庄提供信贷服务。格莱珉银行的偿债率高达98%,足以让任何商业银行感到嫉妒。2006年,他与孟加拉乡村银行因"从社会底层推动经济和社会发展的卓越贡献",而共同获得国际社会荣誉和奖励。他曾获得过总计60多项荣誉,如1978年孟加拉总统奖、1985年孟加拉银行奖、1994年世界粮食奖、1998年悉尼和平奖,以及2004《经济学人》颁发的社会经济创新奖等。

(二) 个人意义

创业活动的个人意义在于,它是一种自我实现的方式。每个人都有自己的梦想和追求,而创业给予了我们实现这些梦想的机会。创业者不再只是被动地接受现有的工作和环境,而是能够主动塑造自己的命运,创造自己的机会。通过创业,人们可以追求自己的激情和兴趣,发挥自己的才能和创造力,实现自己的人生价值。

1. 帮助创业者实现财富自由

创业活动的主要驱动力之一是追求财富增长,实现财富梦想。创业为个体提供了赚取更多财富的机会,从而加快实现财务自由的步伐。通过创业,人们能够积累丰厚的资本,进而在生活中拥有更多的选择和自由度。根据统计资料,美国福布斯富人榜的前400名中有75%是第一代创业者,与普通工薪族相比,创业者在年轻时实现财富自由的机会多4倍。

2. 给予创业者决策和掌控事业的自主性和灵活性

作为创业者,可以自由地制定业务的方向、发展战略和运作方式,可以根据市场需求和自己的判断作出决策,无需受到外部机构或上级的限制。创业使创业者能够在创造性思考和决策方面发挥更大的自由度,创业者可以尝试新的理念、创新的方法,并寻找独特的解决方案。创业者通常可以更加灵活地安排自己的工作时间。虽然创业并非没有限制,但相比起传统工作,创业者可以选择适合自己的工作时间表,更好地平衡工作和生活。

3. 帮助创业者提升社会地位

创业一旦成功,无论是创业者个人对外展示的非凡能力与人格魅力,还是企业为顾客、社会乃至国家创造的价值,都足以让创业者获得巨大的社会尊重。与此同时,能力越强、创造价值越大,其个人荣誉就会越多,社会地位也会随之不断提升。例如,众多白手起家的成功创业者具有极大的社会影响力,也是大学生以及新的创业者崇拜的偶像、乐于模仿的对象,这也将促使更多的后来者选择创业。

4. 帮助创业者提升个人素质

创业过程中会面临各种挑战和困难,但这些挑战也将成为创业者成长、学习和发展新技能,提升个人素质的机会。

(1)掌握新技能。创业要求创业者在不同领域掌握各种技能,例如市场营销、财务管理、团队管理等,通过解决实际问题和应对挑战,创业者将能够不断学习和发展新的技能,提高自身的专业素养和能力。

(2)增强决策能力。创业者需要频繁地作出重要决策,面对风险和不确定性,这种经验可以帮助创业者提高决策能力,并学会权衡利益、分析风险以及迅速作出决策。

(3)培养创新思维。创业活动要求创业者思考解决现有问题的创新方法,通过创业过程中的挑战和困难,创业者将培养出创新思维和创造性解决问题的能力。

(4)发展领导能力。创业者需要具备有效的领导能力,能够激励团队、管理人际关系并解决冲突,通过创业过程中的挑战,创业者将有机会发展自己的领导能力,成为一个更好的领导者。

(5)增强适应能力。创业过程中经常面临变化和不确定性,创业者需要灵活适应并快速调整策略,这种适应能力是在不断挑战中培养起来的,使创业者能够更好地应对未来的变化和困难。

(6)提高自信心。通过克服挑战和应对困难,创业者将逐渐发展出自信心和坚定的态度,这种自信心将驱使创业者接受更大的挑战,并更有勇气去追求自己的目标。

案例

马斯克谈创业的意义

马斯克作为一位科技领袖,他的冒险精神不仅体现在他的创业历程中,更体现在他的人生哲学中。他坚信人生就是一场冒险,只有勇往直前,才能实现自己的梦想。马斯克的人生哲学源于他对创新的热爱。他认为,只有敢于冒险,才能打破常规,创造出前所未有的事物。在创业过程中,他始终保持冒险精神,不断探索新的领域和机会。正是因为这种冒险精神,他才能够成功地创立了特斯拉、SpaceX等颠覆性的科技公司。马斯克认为,冒险是成长的催化剂。只有通过冒险,才能不断挑战自己的极限,发现自己的潜力。在创业过程中,他不断尝试新的技术和商业模式,不断突破自己的舒适区。这种冒险精神让他在创业路上不断成长,成为了一位杰出的科技领袖。对于我们每个人来说,也应该学会勇敢地面对生活中的挑战和困难,敢于冒险、追求自己的梦想。只有这样才能够真正体验人生的意义和价值,成为一位杰出的领导者或者成功者。

第二节 创业类型

类型化是人类认识事物的一种基本方式,是理论化的一条基本路径,是获得科学知识的重要工具。类型化研究在管理学领域中并不鲜见,在创业学领域更是常见。为了加深对创业的理解,学者们按照不同的标准,对创业进行了不同分类。如按照创业主体划分,可以把创业分为个体创业和团队创业;按照创业的特定群体划分,可以把创业分为女性创业、用户创业、海归创业、大学生创业、农民创业等;按照不同类型组织划分,可以把创业分为公司创业、学术创业、家族企业创业等。遵从创业的基本内涵,本书主要从创业目的、创业形式和创业领域三个角度对创业进行分类。

一、按创业目的分类

根据创业目的或创业动机,创业可分为生存推动型创业(necessity-push entrepreneurship)和机会拉动型创业(opportunity-pull entrepreneurship),简称为生存型创业和机会型创业。

(一) 生存型创业

顾名思义,生存型创业是指创业者为了生存而不得不选择创业。在生存型创业中,创业者出于没有更好的选择而不得不参与创业,用以解决自身所面临的困难。生存型创业的核心在于,创业者参与创业活动是一种被动行为,而不是自愿行为。

生存型创业曾一度是我国创业活动的主导类型。根据《全球创业观察中国报告》,2002年,在18—64岁之间积极参与创业的中国人中,有60%属于生存型创业;到了2009年,这一比例下降到50%;到了2016—2017年,这一比例下降到29%。当今社会,生存型创业虽然比例不高,但仍是社会中普遍存在的创业活动。像我们日常所见的热心早点、快递驿站、美容美发、修理文印等给老百姓日常生活带来便利性的各种小生意,都是生存型创业的常见形式。生存型创业的价值是不容忽视的,具体表现为:

(1) 能够解决创业者的就业问题。生存型创业的一个重大价值是创业者自我雇佣,在解决自身生存问题的同时提升经济活力,并间接解决了很多社会问题。孟加拉国经济学家尤努斯开办的格莱珉银行为穷人提供小额信贷,将不少沿街乞讨的乞丐转化为自谋生路的创业者。

(2) 解决生计问题相对容易。生存型创业往往处在不确定性程度低、所需投资不多的领域,虽然大多缺乏创新,但却容易短期见效,甚至立竿见影。生存型创业收益虽低,但容易短期见效,可以通过生存型创业积累"半"桶金,包括资金积蓄、经验积累和人脉培育等,从而为创业者适时转向更好的成长机会打下基础。

（3）能够锻炼塑造人。因为是不得不创业,生存型创业反而有背水一战的特点,没有退路,反而可能更愿意坚持。演员岳云鹏接受采访时吐露心声说自己只会电影和相声,电影演不好可以回去说相声,但相声说不好就只能回家种地。多数人是把不得不干的工作干出了兴趣,干出了成绩。从这个角度看,生存型创业也很锻炼人,因为时刻想着为生存而努力。

案例

湾仔码头

2025 年五一档电影《水饺皇后》的播出让更多人了解到水饺品牌"湾仔码头"的创业故事。创始人臧健和从单亲妈妈到创建速冻食品帝国的历程堪称生存型创业的典范。1977年,32 岁的臧健和因家庭变故独自带着两个女儿从山东到香港谋生。她发现香港人喜爱点心却不熟悉北方水饺,于是购置了简易炉灶,在湾仔码头摆起路边摊档,现场手工制作北方水饺。为了迎合香港本地人的口味,她对饺子进行改良,将皮擀薄,减少肥肉比例,增加鱼虾等馅料,还发明了三边捏合的技法防止煮破。路边摊的价钱,酒楼的品质,这使得饺子摊生意日益兴隆。臧健和抓住两次契机,实现"湾仔码头"跨越式发展。一是在 80 年代与进驻香港的日本零售巨头大丸百货合作将小摊升级为小型工厂,这一合作不仅实现了工业化规模化生产,还让产品从现煮水饺转变为冷冻水饺,为后续市场扩张奠定了基础。二是在 90 年代开始与美国食品公司合作,获取了资金和冷链物流技术支持,获得先进的管理经验,实现企业全球化发展。此后,"湾仔码头"的产品品类不断丰富,不再局限于传统的水饺、馒头、叉烧包、汤圆等各类美食也被相继纳入产品线,满足了消费者多样化的需求,建立了其在速冻食品高端市场的领先地位。如今,"湾仔码头"年营收超 60 亿元,市场占有率稳居中国速冻市场前三名。

(二) 机会型创业

顾名思义,机会型创业是指创业者为了追求一定的商业机会而自动、自发地开展创业。商机可能带来的潜在利润的诱惑,以及抓住商机的强烈愿望,共同驱动了创业者承担风险、积极进取的创业行为。对于机会型创业者而言,创业是一种个体偏好,也是实现目标的手段。根据上面的数据,2002 年,在 18—64 岁的积极参与创业的中国人中,40％属于机会型创业,2009 年上升到 50％,2016—2017 年已上升到 70％。机会型创业的价值体现在:

（1）抢占市场先机。机会型创业注重对市场动态和消费者需求的敏锐洞察。创业者需要时刻保持对市场变化的敏感性,以便在第一时间发现并抓住那些潜在的商业机会。这种对机会的敏锐把握,往往能够帮助创业者抢占先机,快速占领市场份额。

（2）给创业者带来巨大成长空间。由于机会的稀缺性和独特性,抓住机会的创业者往往能够在较短的时间内实现跨越式发展。这种成长速度不仅能够带来丰厚的经济回报,还能够为创业者积累宝贵的经验和资源,为未来的发展奠定坚实的基础。

（3）激发创业者的创新精神。在面对市场机遇时,创业者需要不断探索和尝试新的商业模式、产品和服务。这种创新的过程不仅能够锻炼创业者的思维能力,还能够为市场带来新的价值和体验。因此,机会型创业不仅是一种商业行为,更是一种创新精神的体现。

(4) 较低的风险性。由于创业者是在充分市场调研和分析的基础上选择机会,因此能够相对准确地评估项目的可行性和风险大小。这种有针对性的创业方式,能够有效降低盲目投资和决策失误的风险,提高创业的成功率。

案例

美团网——王兴的机会型创业

王兴一直在关注互联网营销模式发展,第一阶段是门户网站,盈利模式是展示广告,目标客户是能够投放昂贵广告的大企业;第二阶段是搜索引擎,服务中小型企业,几万块钱就能买关键词做广告。两者之后,王兴发现还有一类商家被漏掉了:没有经济实力在门户网站、搜索引擎做广告,却一直有推广需求的本地中小企业。团购的互联网推广模式能够直接帮助他们带来交易,属于完全的按照效果付费。2010 年,美团网正式上线,一个全新的消费时代在中国拉开序幕。"美团网"是王兴的第三次创业,由于团购属于高频入口,互联网瞬间掀起了"千团大战"。据不完全统计,2010 年 3 月到 2011 年 8 月,仅一年半时间,中国就相继出现了超过 5 000 家团购网站。资本也非常看好团购风口,2010 年底,美团网获得来自红杉资本的 1 200 万美元。阿里在关键当口也领投了美团 B 轮 5 000 万美元,确定"不打广告,强线下运营"的战略方针,在商家端投放再多的广告都不如有执行力的线下队伍,这是阿里服务数百万商家的经验。王兴还请来了阿里地推铁军领导人干嘉伟,帮助美团打造了强悍的线下地推团队,设定"狂拜访、狂上单"的两狂策略,使得美团的市场份额后发超越竞争对手,笑到了最后。

二、 按创业形式分类

按照创业的形式,可以划分为复制型创业、模仿型创业、演进型创业和创新型创业。

(一) 复制型创业

复制型创业,又称为克隆型创业,是指创业者通过完全复制已经在市场上取得成功的商业模式、产品或服务来进行创业活动。复制型创业具有很多优势。第一,降低风险。由于复制的是已经成功的商业模式或产品,创业者通过学习成功者的经营策略和管理方法,可以快速适应市场,创业风险相对较低。第二,快速启动。复制型创业可以快速启动,因为创业者可以利用现有的市场验证过的商业模式和产品,节省了市场调研和产品开发的时间,并能够快速获得客户和市场份额。第三,成本效益。由于不需要进行大量的研发和创新,复制型创业的成本相对较低。尤其是对于一些技术门槛较高的产品或服务,复制型创业可以帮助创业者快速掌握相关技术,避免从零开始研发。第四,本地化优势。创业者可以根据自己的市场环境对复制的商业模式或产品进行本地化调整,以满足特定地区或消费者群体的需求。第五,品牌效应。如果复制的产品或服务在市场上已经建立了品牌,创业者可以利用这种品牌效应,吸引消费者。第六,灵活性。复制型创业允许创业者在复制的基础上进行创新,以适应不断变化的市场需求。

复制型创业也存在一些潜在的劣势和挑战:第一,创新性不足。过度依赖模仿可能会限制创业者的创新能力,导致产品或服务缺乏独特性。第二,法律风险。如果复制涉及侵犯他人的知识产权,可能会面临法律诉讼和罚款。第三,市场饱和。如果市场上已经存在大量的类似产品或服务,复制型创业可能会面临激烈的市场竞争。第四,难以形成差异化。在众多模仿者中,创业者可能难以形成自己的品牌和差异化优势。

总体来说,复制型创业是一种相对保守的创业方式,它可以帮助创业者快速进入市场并降低风险,但同时也需要考虑创新和差异化,以实现长期的可持续发展。

案例

当当——中国版亚马逊

1999 年,李国庆带着编纂图书的经验,身怀书店文艺梦,俞渝也从亚马逊的网上购书模式中找到了灵感,两人一拍即合,共同创办了当当网。当当网很快拿到了 IDG、软银等 680 万美元的首笔投资,随后又陆续拿到融资,合计金额达到 4 400 万美元,被称为"中国版亚马逊"。2004 年,亚马逊希望以 1.5 亿美元的高价收购当当 70%～90% 的股份。但在意公司控制权的李国庆和俞渝没有同意。2010 年,当当网在纽交所上市。首日股价较发行价暴涨86.94%,很快创下 36.40 美元/股的峰值,李国庆和俞渝身价超过 10 亿美元。2015 年,李国庆和俞渝将公司的管理权一分为二:俞渝管"老当当",即原来的当当网;李国庆管"新当当",即自出版、实体书店、电子书、百货自有品牌、文创等新业务。2016 年 9 月,当当网从纽交所退市。2020 年至今,当当网向综合性品类电商发展。

(二) 模仿型创业

模仿型创业指的是创业者看到他人创业成功后,采取模仿和学习而进行的创业活动。这些创业者跳出自己过去的经营范围,模仿国外或者其他企业、行业的模式进行创业,一开始往往技术创新的成分较低,仅是引入已经在其他地区获得成功的商业模式到自己的区域和行业运营。

模仿型创业一般具有以下优势:第一,低风险。模仿型创业由于是在已有成功模式的基础上进行,因此风险相对较小。第二,低成本。模仿型创业可以节省研发和市场开拓的成本,大约是创新成本的 60%。第三,高成功率。由于模仿的是已经成功的商业模式,因此成功率相对较高。第四,适应市场需求。模仿型创业者可以在已有成功商业模式的基础上,针对市场需求进行创新和优化。第五,快速进入市场。模仿型创业可以快速进入市场,尤其是当市场对某种产品或服务有明确需求时。

模仿型创业也具有一些劣势:第一,创新能力受限。模仿型创业可能缺乏创新能力,无法针对市场需求进行有效的创新。第二,竞争激烈。由于模仿型创业容易被其他企业模仿,因此竞争压力较大。第三,技术受制于人。在技术上可能受制于原创企业,尤其是在知识产权保护日益加强的环境下。第四,创新方向不明确。模仿型创业者可能在创新方向上缺乏明确性,难以形成独特的创新点。第五,资源投入集中于中间环节。模仿创新倾向于在创新链的中游环节集中资源,这可能导致在创新的早期和后期阶段投入不足。

总体而言,模仿型创业是一种相对稳妥的创业方式,尤其适合资源有限、创新能力有待提高的创业者或中小企业。然而,长期依赖模仿可能会限制企业的发展空间,因此,模仿型创业应与创新相结合,逐步向自主创新转型,以实现可持续发展。

案例 ▬▬

优步(Uber)与滴滴出行

Uber 是一家成立于 2009 年的美国创业公司,总部位于加利福尼亚州旧金山。它主要提供在线租车服务,通过移动应用程序将乘客和司机连接起来,实现租车、拼车等目的。Uber 的商业模式在全世界范围内掀起了一场革命,彻底改变了传统的出租车行业,滴滴正是其模仿者之一。在进入中国市场之前,Uber 创始人卡拉尼克曾信誓旦旦地表示要拿下中国市场,并为此准备了 10 亿美元的补贴预算。然而,在实际操作中,Uber 在中国市场的烧钱速度远超预期,到 2016 年中旬,Uber 已经亏损超过 20 亿美元。与此同时,滴滴也在积极进行融资和补贴活动。从 2014 年开始,滴滴通过各种形式的补贴政策吸引用户和司机,包括新老用户红包、起步价免费、订单折扣优惠等。这些补贴措施使得滴滴迅速抢占市场份额,并在 2015 年成功并购快的。滴滴与 Uber 的补贴战主要集中在 2014 年至 2016 年期间。在这段时间内,双方通过大量补贴进行市场竞争。滴滴在 2014 年初向乘客和司机提供补贴,从 10 元人民币提高到 20 元人民币,最终转而采用"红包"奖金的形式继续实施补贴。滴滴还推出了名为"花小猪"的网约车平台,并在全国 130 个城市推行"百亿补贴"。虽然补贴战带来了短暂的市场繁荣,但也伴随着巨大的财务压力和市场混乱。滴滴和 Uber 都面临着巨额亏损的问题。Uber 在十年间烧掉了 100 多亿美元的补贴,而滴滴也因高额补贴而长期处于亏损状态。最终,在国家监管机构的介入和市场竞争的推动下,滴滴通过并购 Uber 中国业务,结束了这场激烈的补贴战。这次合并不仅使滴滴成为国内网约车市场的霸主,也标志着中国网约车市场的格局基本定型。

(三) 演进型创业

演进型创业,通常指的是在现有专业特长、技术成果等核心竞争力的基础上,通过不断的创新迭代,逐步推进创业企业向更高层次发展的创业过程。这种创业模式强调的是在现有核心业务、专业特长、技术成果的成功经验的基础上,进行持续的创新和发展。

演进型创业一般具有如下优势:第一,稳定性。演进型创业通常基于已有的核心业务、专业特长、技术成果,相比从零开始的创业,具有更高的稳定性和更低的风险。第二,资源积累。企业在发展过程中积累的资源和经验可以为后续的创新提供支持,包括客户基础、技术积累和品牌影响力。第三,持续改进。这种模式鼓励企业不断进行产品和服务的改进,以适应市场的变化和客户需求的演进。第四,创新驱动。通过不断的技术创新和商业模式创新,企业能够持续提升竞争力,实现可持续发展。

演进型创业也存在以下劣势:第一,创新压力。在保持业务稳定的同时,企业需要不断创新以应对市场竞争,这可能会带来较大的压力和挑战。第二,转型风险。企业在演进过程中可能会遇到转型的困难,如市场接受度不足、技术更新换代的风险等。第三,资源分配约束。在资源有限的情况下,如何平衡现有业务和新业务的资源分配,是一个需要考虑的问题。第四,应对变化的压力。市场环境的快速变化可能会对企业的演进策略造成影响,企业需要快速适应这些变化以维持竞争力。

综上,演进型创业要求企业在保持现有业务稳定的同时,不断探索和创新,以实现长期的可持续发展。这种模式适合那些希望在现有基础上进一步发展的企业,但也需要企业有较强的创新能力和市场适应性。

案例

比亚迪成长记

比亚迪创始人王传福出生于安徽一个农村家庭,家境贫寒,由兄嫂照顾并供其读书。1983年,王传福考入中南矿冶学院冶金物理化学系,四年后又考入北京有色金属研究院读研,毕业后留院工作。有人说,王传福大学学的是电池,研究生学电池,工作做的还是电池,足以看出他的专注。1993年,研究院在深圳成立比格电池有限公司,王传福被任命为公司总经理,这也是他从技术专家转向企业家的重要拐点。在有了一定的企业经营和电池生产的实际经验后,王传福认为,国内电池产业必将随着移动电话的井喷而高速发展,他决定脱离比格电池有限公司单干。1995年,王传福借了250万元钱,注册成立比亚迪科技有限公司,领着20多个人在深圳的旧车间里开始了新的事业。一开始他把目光投向技术含量最高、利润最丰厚的充电电池核心部件电芯的生产,并迅速获取第一桶金。此后他又抓住机遇,先后涉足镍镉电池、镍氢电池的研发生产,并从1997年开始大批量生产镍氢电池。当时,东南亚金融危机导致全球电池价格暴跌,比亚迪凭借产品的物美价廉成功对日系产品进行了替代。当比亚迪在电池市场取得成功后,王传福又做出了出其不意的疯狂之举,他力排众议,决定向汽车业进军。2003年,比亚迪宣布,以2.7亿元的价格收购西安秦川汽车有限责任公司77%的股份,成为继吉利之后国内第二家民营轿车生产企业。2007年,王传福做出比亚迪历史上第三个重大决定,制造混合动力和纯电动力的新能源汽车。2024年,比亚迪全年新能源汽车销量达到427万辆,位列全球新能源汽车市场销量冠军。敢想敢干敢坚持,才让比亚迪走到了今天。王传福说:"敢的背后,是技术给了我们底气;而技术的背后,则是工程师给了我们创新的动力。"

(四) 创新型创业

创新型创业是一种以创新为核心,通过突破传统的经营理念和经营模式,创造性地开发和引导新市场的创业模式。它可以分为技术驱动型创业和创意驱动型创业两种形式。技术驱动型创业侧重于创业者利用自身的专业特长或技术成果作为核心竞争力进行创业活动,而创意驱动型创业则侧重于创业者根据全新的运营理念或创新构想探索新的经营模式。在具体实践中,创新型创业的机会遍布多个领域,包括移动互联网和云技术、人工智能、元宇宙、新空间科技等。这些领域的发展不仅需要技术创新,还需要与市场需求紧密结合,以实现创新价值的最大化。

创新型创业具有以下特征:第一,以满足和开辟顾客需求为首要任务,通过技术创新为顾客提供更高质量的产品;第二,强调不断创新,善于把握和利用机会,通过创新来提供附加值更高的产品或服务;第三,注重技术创新的同时,特别关注商业模式变迁,利用新的需求创造新的市场机会。

案例

分众传媒江南春——独特创意成就财富梦想

2005 年 7 月,一个由中国人江南春制造的财富传奇在纽约实现,这声清脆的响铃标志着他麾下的分众传媒(中国)控股有限公司在纳斯达克上市。分众上市当天的市值就达到 8 亿美元,作为其创始人,江南春的身价随即超过 20 亿元人民币。1994 年,江南春以代理 IT 广告而挖到第一桶金。1998 年,他的企业年收入超过 5 000 万元,占领了上海 95% 的 IT 广告代理市场。2002 年,江南春开始投资当时的市场空白点——楼宇广告,并在 2003 年创办了分众传媒。其后 2 年间分众总共获得了近 5 000 万美元的风险投资,并于 2005 年 7 月成功登陆纳斯达克。分众传媒 2004 年销售收入 2.4 亿元,拥有中国楼宇广告 77% 的市场份额。江南春的赚钱方式很简单:把液晶电视装在电梯口播放广告,然后收取广告费。在 2002 年,中国内地还没有这种广告运行方式,江南春称得上是开山鼻祖。现在,他的液晶广告遍布全国 75 个城市的中高档楼宇和卖场,每天滚动播出广告和各类信息。这个全新的广告投放模式使得分众传媒上市后的市值很快就翻了三番,年仅 38 岁的江南春身价已高达 5.2 亿美元。

三、 按创业领域分类

按照创业领域,可以把创业划分为独立型创业和内创型创业。

(一) 独立型创业

独立型创业,也称为独立创业,是指个人或团体自主创办新企业,并承担全部风险与责任的行为。这种创业方式中,创业者拥有企业的全部产权,并自由掌控企业的运营和决策。乔布斯的苹果公司、马斯克的特斯拉、周鸿祎的奇虎 360、马云的阿里巴巴、雷军的小米都是独立型创业的成功典范。独立型创业的特点是:首先,创业人员单一,由独立创业者出资并经营企业,企业风险和收益均由创业者承担。其次,权利义务统一,在独立创业中,责权利高度统一,创业者对自己的活动负完全责任,并享有企业的全部权利和利益。最后,经营决策独立,独立创业者在创业过程中能够保持最大限度的自主性,可以根据自己的判断独立作出决策。

独立型创业具有如下优势:第一,利益驱动力强。独立创业者独担风险,同时也能获得经营成功的全部收益,这种责任感和成就感给创业者以极大的创业冲动和精神鼓舞。第二,工作效率高。由于创业者管理所有业务,可以及时快速地抓住发展机遇,获得高效率。第三,营运成本低。独立创业者使用自己的资金,自然会比较节俭,避免不必要的开支,降低营运成本。第四,具有较大的灵活性。独创企业内部关系简单,创业者可以根据自己的判断和需要,灵活调整企业行为。

独立型创业也具有如下劣势:第一,资源有限。独立型创业者往往面临资金、技术、人才等资源有限的困境。他们需要从零开始筹集资金,建立团队,并寻找市场机会。由于资源有限,独立型创业者在市场竞争中可能处于劣势地位,难以与大型企业或已经建立稳定业务的企业相抗衡。第二,风险较高。独立型创业者需要独自承担全部风险,包括市场风险、经营风险、财务风险等。由于缺乏企业内部的支持和保障,独立型创业者在面临风险时可能更加脆弱,甚至可能导致创业失败。第三,竞争压力大。由于缺乏知名度和品牌效应,难以迅速吸引消费者和投资者的关注,市场进入和竞争压力大。此外,创业者需要负责企业的所有管理事务,这要求他们具备全面的管理能力和专业知识,否则可能导致企业管理不善,影响企业竞争力。

独立型创业适合具有强烈独立性、能够承受风险和愿意为创业理想奋斗的个人或团队。然而,这种创业方式也要求创业者具备相应的投资能力、管理能力和对市场的敏锐洞察力。

案例

于东来与胖东来超市

如果有一家超市把进货价写在售价旁,顾客看完电影觉得不好看,商家无条件退半价,水果切开后,顾客觉得不好吃,可以免费换,下雨时,商家还会给停车场的每辆车子都披上雨衣,以便顾客安心逛街,这听上去像白日梦,但在胖东来,这是真的。胖东来有太多令人疑惑的细节,它的员工工资超当地水平两倍以上,服务质量被称为超市界的海底捞,但一直不走出河南。这家全国大部分人都没去过的超市,却因其老板于东来频上热搜。1966 年,胖东来的创始人于东来出生在许昌农民之家,初中就辍学,在社会摸爬滚打讨生活的日子里,他曾卖过花生,卖过冰棍,当过临时工。1995 年春天,于东来向哥哥借了 1 万元钱,加上和 4 名下岗职工一起凑的 6 万元开了一家面积 40 多平方米,名为“望月楼胖子店”的杂货铺,这就是胖东来的前身。在经历了多次沉浮后,2002 年元旦,营业面积 23 000 平方米的胖东来生活广场开业,超市集购物、休闲、餐饮、娱乐于一体,成为当时许昌最大的大型综合超市,当年就创造了 5 亿元销售额。从这一年开始,在许昌,胖东来就成为商超里不可撼动的存在。并且之后的二十多年,于东来始终不忘初心,他的坚持和努力,不但使“胖东来”成了许昌和新乡两地人民的“购物天堂”,还让这样一个地方企业成了国内所有商超的标杆。

(二) 内创型创业

内创型创业,也称为企业内部创业,是指在企业的支持下,员工利用企业资源在企业内部进行的创业活动。谷歌地图、亚马逊云计算、微软 OFFICE 软件、腾讯微信、京东物流、美团外卖都是耳熟能详的企业内部创业的成功典范。内创型创业的特点是:第一,资源支持。企业提供资源,包括资金、设备、人才等,给员工创业使用,充分利用企业内部资源。第二,风险共担。企业变身为孵化平台,内部员工成为创客,双方通过股权、分红等方式成为合伙人,共享创业成果。第三,三环生态。内创型创业在创业团队和外部环境之间增加了企业这一环,形成了三环生态,需要处理的关系比外部个人创业更多。

内创型创业具备如下优势:第一,降低创业门槛。员工在创业时可以利用企业的品牌、资源和市场,降低创业门槛和风险。第二,激发创新活力。内创型创业可以激发员工的创新意识和创业冲动,提高企业的创新能力和竞争力。第三,留住人才。通过内部创业,企业可以满足优秀员工的成就感和自我实现需求,留住关键人才。内创型创业也面临一些挑战:第一,管理挑战。内创型创业增加了企业管理的复杂性,需要平衡创业团队与企业其他部门的关系。第二,资源分配。内创型创业可能需要企业在资源分配上进行权衡,可能会对企业的主营业务造成影响。第三,文化适应。内创型创业需要企业建立一种鼓励创新、容忍失败的文化,这对一些传统企业来说可能是个挑战。

内创型创业是企业管理和组织模式的一次深刻变革,为个人在组织内部实现梦想提供了一种可行的选择。企业需要制定相应的政策和激励机制,建立有效的内部创业体系,以实现个人价值与组织目标的双赢。

案例

腾讯微信

2014 年,腾讯对外公布将对公司组织架构进行调整,成立微信事业群,负责微信基础平台、微信开放平台,以及微信支付拓展、O2O(线上到线下)等微信延伸业务的发展。创始人张小龙出任该事业群总裁,继续兼任腾讯公司高级副总裁。与此同时,腾讯撤销了腾讯电商控股公司,把实物电商业务并入京东,把 O2O 业务并入微信事业群,这意味着腾讯对旗下电商业务的框架调整已初步完成。"过去的三年,是微信从无到有成长的三年。"张小龙说,"未来的三年,希望微信能成长为一个真正的具备开放能力的系统,并培育出健康的生态。"在一封内部邮件中,张小龙写到,希望在微信事业群成立、规模变大后,还能保持小团队心态,避免陷入官僚化和流程化之中。张小龙是 Foxmail 软件创办人,2005 年腾讯收购 Foxmail 时加盟腾讯,出任广州研发部总经理,全面负责 QQ 邮箱团队。2010 年,腾讯微信立项,由张小龙负责。随着微信的壮大,张小龙也有了"微信教父"之称。2011 年,张小龙升任腾讯公司高级副总裁。

第三节　创业要素

迄今为止,人们对创业要素的认知和分析中,最为公认的模型是蒂蒙斯模型。该模型提炼出创业的三大关键要素,即创业机会、创业者及其创业团队、创业资源。一般认为,这三个核心要素是创业活动中不可或缺的。如果没有创业机会,创业活动就成了盲动,难以创造真正的价值。创业机会是普遍存在的,关键要看创业者及其创业团队能否有效识别和开发创业机会,如果没有创业者及其创业团队的主观努力,创业活动是不可能发生的。创业者及其创业团队在把握住合适的创业机会后,还需要有相应的资金、设备等各种资源,如果没有必要的创业资源,创业机会也就难以被开发和实现。

一、　创业者及其创业团队

创业者是创业的主体要素,是创业概念的发起者、创业目标的制定者、创业过程的组织者、创业结果的承担者。创业团队则是指在创业初期(包括企业成立前和成立早期),由一群才能互补、责任共担、愿为共同的创业目标而奋斗的创业者所组成的特殊群体。通常,创业团队由四大要素组成。一是目标,目标是将人们的努力凝聚起来的重要因素,从本质上说创业团队的根本目标就在于创造新价值。二是人员,任何计划的实施最终还是要落实到人身上。作为知识的载体,人所拥有的知识对创业团队的贡献程度将决定企业在市场中的命运。三是角色,即明确各人在新创企业中担任的职务和承担的责任。四是计划,即制订成员在不同阶段分别要做哪些工作以及怎样做的指导计划。

创业团队的重要性主要体现在两个方面。首先,组建一个有能力、有经验的创业团队有助于克服新创弱性(liability of newness)。新企业具有高失败率,失败的很大原因在于学者所称的"新创弱性",表现为:企业创建者不能很快适应新角色;企业缺乏有关顾客或供应商的"记录";企业缺乏足够的资源和实力开展实质性营销活动。其次,由团队创建的新企业要比由个人创建的新企业更有优势,尤其是异质性的团队(heterogeneous team),他们在能力和经验方面彼此不同。团队不仅能为新创企业带来才能、创意和资源,还能为新创企业带来社会网络和专业网络。团队成员彼此的心理支持也是新创企业成功的重要因素。

创业团队不同于一般团队。创业团队是在企业初创时期建立的,目的在于成功创办新企业,而一般团队的组建只是为了解决某类或者某个特定问题,创业团队相对于其他类型的团队有自己的显著特性。第一,开创性。创业团体的目的是开创新的局面,而不是去完成已经被实现过的目标,这往往意味着开发新的技术、开拓新的市场、应用新的经营管理思想、创立新型的组织形式等。第二,组织的变动性。在创业过程中,创业团队的人员构成和组织架构都经常变动。组织的变动性从短期看会增加创业风险。但从长期看,组织变动不可避免,在变动过程中可能会形成结构更为合理、共同点更多的有力量的创业团队。第三,团队的平等性。创业团队往往都具有高度的平等性,但是这种平等并不意味着股权和各种权力的绝对平等,而是立足于公正基础上的平等,也就是在团队内部客观评定各个成员对于团队贡献程度基础上的平等性。第四,能力结构的全面性。创业团队面对的是不确定的市场环境,机遇和风险都可能在各个方面出现,这就要求创业者对机遇有较高的敏感性。因而创业者团队成员的能力应各有所长且能够互补。第五,紧密协作性和强烈的归属感。由于创业团队的风险和机遇可能来自任何方面、任何时间,这就要求创业团队不可能完全通过事先分工的方法来进行工作;同时也由于创业团队的个人能力的专擅性和团队成员总体能力的全面性,更要求创业团队的成员紧密协作以应对多种挑战。由于创业团队能够最大限度地实现个人价值的追求,一旦成功意义非凡,因此团队成员对团队事务尽心尽力并全方位投入。

上述特性是所有创业团队都应该具备的,它既是创业团队建设的目标,也是判断一个创业团队质量和潜力的标准。不仅初创事业的创业者组建创业团队要参考这些标准,即使在已经十分成功的大公司中组织开创新局面的创业团队也要遵循这些标准。

案例

俞敏洪谈成功创业者需要的八种基础能力

作为创业多年的创业老兵,新东方的创始人俞敏洪总结了创业者必备的八种能力:目标能力、专业能力、营销能力、转化能力、社交能力、用人能力、把控能力及革新能力。①目标能力。首先,你得问自己:为什么要创业? 你有什么样的目标? 想把它做成什么样的状态? ②专业能力。如果你对一个专业不懂就去创业,失败的可能性也很大。③营销能力。比如你的公司开了，产品也造出来了，如果产品造出来没人买的话，公司就白开了。有无数公司都是开起来最后却关门了，其根本原因之一就是他们不懂如何推销自己的产品，如何推销自己的公司品牌。④转化能力。第一种转化是把科学技术转化成生产力，这是我们常说的一句话。如果比尔·盖茨一辈子待在实验室，估计他就是个穷光蛋。他把自己的研究成果转化成了微软产品，推销到全世界，他就成了全世界的首富。第二种是转化个人的能力。一般情况下，知识分子创业都有一个前提条件，就是能把在大学里学的专业知识转化为社会能力、管理能力。比如自己从北大出来，完全不知道社会是什么样子，如果抱着书生意气，抱着在学校里的那种单纯思想和行为方式去干事情，难度会比较大，即使在西方社会也是这样，更不用说在中国这样一个复杂的综合体里。⑤社交能力。要创业，就要进入社会，首先你要理解社会，要理解别人为什么要这么做。⑥用人能力。仅仅一个人做事情不能叫创业，要想创业的话，就得找一帮人，你的合作伙伴、你的同事、你的下属。⑦把控能力。把控能力包括几个方面，首先是对企业的把控。企业的发展速度是什么？发展节奏是什么？什么时候该增加投入？什么时候应该对产品进行研发？其次是对人的把控。当一个人走进你的公司之后，他会根据自己的能力和贡献每天衡量自己到底应该得到什么，人与人之间永远会寻找一种平衡关系。⑧革新能力。所谓革新能力，就是 reform（改革）、renovation（革新）等能力，也就是需要你不断把旧的东西去掉，把新的东西引进来，进行体制上的革新、制度上的革新、技术上的革新以及思想上的革新。

二、创业机会

创业机会是创业核心要素，属于商业机会的一种，主要是指能够为创业者带来盈利，并占有一定时间先机的商业驱动性活动。根据美国纽约大学教授柯兹纳（Kirzner）给出的定义，创业机会是未明确市场需求或未充分使用的资源或能力，它不同于有利可图的商业机会，其特点是发现甚至创造新的手段-目的关系来实现创业收益，对于"产品、服务、原材料或组织方式"有极大的革新和效率的提高，且具有创造超额经济利润或者价值的潜力。

手段-目的理论是由心理学家米尔顿·罗克奇（Milton Rokeach）提出的，阐述了个人价值影响个人行为的方法。手段-目的理论认为，顾客在购买产品和服务时，其出发点是实现一定的价值，为了实现这一价值需要取得一定的利益，为了实现这一利益需要购买一定的产品和服务的属性。属性包括原材料、形态、制造过程等内部属性和服务、品牌、包装和价格等外部属性。利益包括功能利益、体验利益、财务利益和心理利益等内容。价值包括归属感、爱、自尊、成就感、社会认同、享受、安全、快乐等内容。进而言之，个人价值是人们所追求的最终目标，手段是人们实现目标的方法，在市场营销范畴中，手段则表现为产品属性及由此带来的产品利益。这就形成了一个手段-目的链（means-end chain）：产品属性—产品利益—个人价值。

与一般的商业机会相比，创业机会主要有以下三个特点：一是创业机会能经由重新组合资源来创造一种新的手段-目的关系，而商业机会的范畴更广，代表着所有优化现有手段-目的关系的潜力或可能性。二是创业机会完全是一种独特的商业机会，它往往会表现为超越现有手段-目的关系链的全盘变化甚至颠覆性变化，而商业机会只是蕴含于手段-

目的关系的局部或全盘变化之中。三是创业机会具有持续创造超额经济利润或者价值的潜力，而其他商业机会只可能改善现有利润水平，这也是创业机会与商业机会的根本区别所在。

需要注意的是，创业机会与商业机会之间并不存在截然的界限，这里对二者加以比较说明，目的只是强调创业机会独有的价值或者利润创造特征，并突出其创新性、变革性。因此，在创业过程中，无须刻意去区分创业机会与商业机会，也并非只有把握创业机会才能创业，如果能把握好有利可图的商业机会也同样可以创业，并给社会创造财富，况且很多创业机会往往源于某个或某些具有巨大价值创造潜力的商业机会。

三、创业资源

创业资源是企业创立及成长过程中所需要的各种生产要素和支撑条件，如技术、数据、人力、用户、资金、场地、环境资源等。简而言之，创业资源就是创业者创业所需要具备的创业条件。哈佛大学的霍华德·史蒂文森认为，创业者在企业成长的各个阶段都会努力争取用尽量少的资源来推进企业的发展，他们需要的不是拥有而是控制这些资源。

创业资源对创业者非常重要，创业者可以通过获取和利用各种资源，如资金、技术、人才、市场等，来解决创业过程中遇到的各种问题和挑战，提高企业的竞争力和市场地位，帮助创业者实现创业目标，推动企业的快速发展。创业资源可以为企业创造更多的商业机会，创业者可以通过利用资源在拓展市场、开发新产品或服务、提高产品质量等方面获得机会和收益，这些商业机会可以进一步提高企业的市场占有率和盈利能力。创业资源还可以提高企业的创新能力和核心竞争力，通过不断引进新的技术、人才和管理模式，企业可以获取和保持行业领先地位，提高客户对企业的认可和信任度。

第四节　创业过程

创业活动包括不可或缺的三个核心要素：创业者及其创业团队、创业机会和创业资源。围绕这三个要素，创业过程展开可分成四个阶段：识别与评估创业机会、准备并撰写商业计划、获取创业资源与组建创业团队、管理新创企业。

一、识别与评估创业机会

在识别与评估创业机会的过程中，创业者需要通过市场调研和分析，寻找具有商业潜力的创业机会。

(一) 创业机会识别

创业机会识别是创业过程中的关键步骤，它涉及对市场潜在需求的发现、评估和把握。识别创业机会包括以下要点：

（1）理解创业机会。创业机会是指能够满足市场需求或解决市场问题的商业概念。它通常来源于对市场趋势的洞察、技术变革、社会文化变迁或未被充分利用的资源。

（2）识别机会的来源。机会可能来自外部环境的变化，如技术进步、人口结构变化、政策法规调整等，也可能来自内部创新，如新产品和服务的开发等方面。

（3）保持敏感性。创业者需要保持对周围环境的敏感性，通过观察和分析来发现潜在的机会。这包括对行业动态、消费者行为、竞争对手策略的持续关注。

（4）利用社会网络。社会关系网络是获取信息和资源的重要渠道。通过与行业内的人士交流，可以获得关于市场机会的第一手信息。

(二) 创业机会评估

识别出潜在的创业机会后，需要对创业机会进行评估。创业机会评估是一个系统的过程，它涉及对潜在商业机会的多方面考量，以决定是否值得投入资源进行开发。主要包括：

（1）确定创业机会的评估维度。从市场、资源、商业模式、技术与运营可行性、法律和监管环境、风险、时机、团队和创始人、社会和环境影响等多个评估维度评估创业机会。

（2）制定创业机会的评估框架。使用 SWOT 分析、PEST 分析等工具进行定性评估，使用创业评价指标体系进行定量评估。

（3）对创业机会进行测试和验证。通过市场调研、原型测试或小规模推出来验证机会。通过反馈循环，根据市场和用户的反馈进行调整。

二、 准备并撰写商业计划

准备并撰写商业计划是创业过程中的一个关键步骤，它为创业企业提供了一个清晰的路线图，并帮助吸引投资者和合作伙伴。商业计划书的要点包括执行摘要、市场分析、产品服务、商业模式、管理团队、财务规划、风险控制等关键模块，需全面展示创业项目的市场潜力、竞争优势和盈利方式，具体将在第十章予以介绍。

三、 获取创业资源与组建创业团队

获取创业资源与组建创业团队是创业过程中至关重要的一步。创业者需要通过各种途径获取资金、人力、物资等资源，以支持新创企业的发展。同时，创业者还需要建立一个合适的团队，团队成员之间要有良好的沟通和协作，共同为实现创业目标努力。

(一) 获取创业资源

获取创业资源包括以下步骤：

（1）资源需求分析。确定创业项目在不同阶段所需的关键资源，包括资金、人力、技术、设备、市场渠道等。分析资源的需求量和紧迫性，制定资源需求的时间表。

（2）资源评估。评估现有资源与需求之间的差距，确定资源获取的优先级和可行性。

（3）确定资源获取途径。确定资源获取的渠道，如内部开发、市场购买、合作伙伴、政府资助、天使投资、风险投资等，考虑各种途径的成本、时间和潜在风险。

（4）制定获取策略。根据资源的重要性和紧迫性，制定获取策略。为关键资源制订备用计划，以应对可能的获取障碍。

（5）进行资源整合。规划如何整合不同来源的资源，以提高资源利用效率。确定资源配置的逻辑和顺序，确保资源的有效流动和优化配置。

（二）组建创业团队

组建创业团队是一个细致且关键的过程，它涉及多个步骤和考虑因素：

（1）明确创业愿景和目标，这是团队组建的基础。

（2）根据商业模式和市场策略确定关键角色和技能需求。

（3）选择有相同价值观和使命感，但是具有不同背景、技能和经验的团队成员。

（4）设计股权分配和激励机制，以吸引和留住关键人才。

（5）为每个团队成员定义明确的角色和职责，确保他们了解自己的工作范围和期望。

（6）建立清晰的沟通渠道和协作机制，确保团队成员能够有效地交流和合作。

（7）与团队成员签订合同，明确他们的角色、职责、股权分配、保密协议和非竞争条款等。

四、 管理新创企业

管理新创企业是指对创业企业日常运营和发展进行有效管理的过程，主要内容涉及：

（一）明确企业定位与战略规划

（1）明确定位。确定企业所处行业、市场规模、目标客户群和核心竞争力，从而明确企业的市场定位和发展方向。这是新创企业管理的首要任务，有助于企业在激烈的市场竞争中找准自己的位置。

（2）战略规划。基于明确的企业定位，分析市场、竞争对手、外部环境等因素，结合企业自身资源和能力，制定出适合企业发展的战略规划。战略规划应具有前瞻性和可操作性，能够指导企业的长期发展。

（二）人才引进与团队建设

（1）人才引进。新创企业需要招聘适合自己发展的人才，包括技术、市场、管理等方面的专业人才。在招聘过程中，应注重候选人的能力、文化背景、沟通能力等，确保团队成员能够协同工作，共同推动企业发展。

（2）团队建设。加强团队成员之间的沟通与协作，建立有效的信息共享机制，避免信息孤岛和重复劳动。同时，注重团队成员的培训和发展，提供持续学习和培训机会，提高团队的整体素质和战斗力。

（三）资金管理与财务管理

（1）资金管理。新创企业需要保证自身资金充足，合理安排资金使用计划，降低运营成本，提高资金使用效率。同时，积极寻求外部融资机会，为企业发展提供资金支持。

（2）财务管理。建立健全的财务管理体系,包括财务预算、成本控制、现金流管理等。做好财务风险的识别和评估工作,及时应对各种财务风险,确保企业的财务稳健。

(四) 创新技术应用与产品研发

（1）创新技术应用。新创企业需要紧跟时代发展步伐,注重技术创新和新技术应用。通过引入新技术、新工艺、新材料等,提升产品和服务质量,增强企业的市场竞争力。

（2）产品研发。根据市场需求和竞争态势,制订合理的产品研发计划。注重产品的创新性和实用性,提高产品的附加值和市场占有率。同时,加强知识产权保护工作,维护企业的合法权益。

(五) 市场营销与客户关系管理

（1）市场营销。制定合适的市场营销策略,包括品牌推广、广告宣传、促销活动等。通过多种渠道和手段,提高产品和服务的知名度、美誉度,吸引潜在客户并转化为实际购买者。

（2）客户关系管理。建立完善的客户关系管理体系,加强与客户的沟通和互动。及时了解客户的需求和反馈意见,不断改进产品和服务质量,提高客户满意度和忠诚度。

案例

戴尔电脑

1981 年,年仅 16 岁的迈克尔·戴尔,怀着对电子产品炽热的好奇心,用一把螺丝刀在自己的房间里开启了一场改变命运的拆解之旅。当他发现 IBM 电脑内部的众多零部件并非出自 IBM 之手,且电脑售价远高于零部件成本总和时,一颗创业的种子悄然种下。1984 年迈克尔·戴尔在大学宿舍成立了戴尔计算机公司(Dell Computer Corporation),并在接下来的几年里迅速崛起。戴尔的商业模式与当时的市场主流截然不同,他采取了"直销"模式,直接将产品销售给消费者,省去了中间商的环节。这一创新的商业模式使得戴尔能够以更具竞争力的价格提供高质量的产品。迈克尔·戴尔的领导风格可以用"以客户为中心"来概括。他开设了一个名为"戴尔直销"的平台,顾客可以根据自己的需求定制电脑。这种模式在当时可谓是独树一帜,直接把客户的需求放在了第一位。

(六) 风险管理与应对

（1）风险管理。新创企业面临着较高的风险和不确定性,包括市场风险、财务风险、法律风险等,需要建立健全的风险管理体系,对可能面临的风险进行全面的识别和评估工作。

（2）风险应对。制定相应的风险规避和化解策略,以应对各种可能发生的风险,同时建立应急预案和危机公关机制,确保在风险发生时能够迅速响应并妥善处理。

五、 蒂蒙斯模型

蒂蒙斯创业过程模型由美国创业教育之父杰弗里·蒂蒙斯于 1999 年在《新企业的创

建》书中提出。蒂蒙斯认为,创业过程是创业机会、创业团队和创业资源之间适当配置的高度动态平衡过程。创业机会、创业资源与创业团队都是创业过程的关键构成要素,其中,创业机会是创业过程的核心要素,创业过程实质上是识别与开发创业机会的过程;创业资源是创业过程的必要支持,是开发机会谋求收益的基础;创业团队是在创业过程中识别和开发机会、整合创业资源的主体,是新创企业的关键构成要素。

蒂蒙斯运用创业机会、创业资源与创业团队三要素来概括创业过程的复杂性,采用三要素的动态平衡过程来总结创业过程的动态性。蒂蒙斯认为,随着时空变迁、机会模糊性、市场不确定性、资本市场风险及外在环境等因素对创业活动的冲击,创业过程充满风险与不确定性,创业机会、创业团队和创业资源三要素也会因相对地位的变化而产生失衡现象,此时创业团队扮演着调整活动重心以获得创业机会与创业资源相对平衡的核心决策者角色。在创业初期,机会挖掘与选择是关键,创业团队的决策重心在于迅速整合创业资源以抓住创业机会。随着新企业的创立与成长,创业资源日渐丰富,企业面临更为复杂的竞争环境与市场环境,创业团队的决策重心转向合理配置资源以提高创业资源使用效率,构建规范管理体系以抵抗外部竞争与不确定性等,如图 5-1 所示。

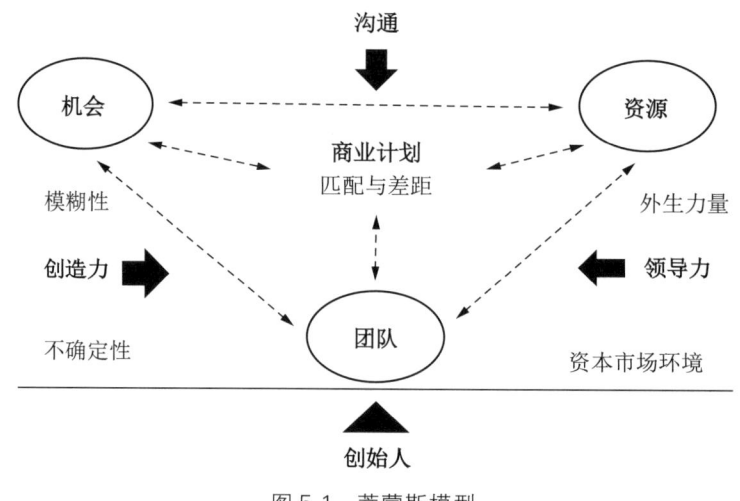

图 5-1　蒂蒙斯模型

案例

京东创业历程

刘强东是京东集团的创始人、董事局主席,自 1998 年开始创业,带领京东从一家小型代理销售公司成长为中国最大的自营式电商企业之一。1974 年,刘强东出生于江苏省宿迁市的一个贫困农村家庭,全家靠父亲打鱼为生。他从小就承担起照顾妹妹和家务的重担,这种生活经历激发了他对知识的渴望和改变命运的决心。1992 年,他以宿迁市状元的身份考入中国人民大学社会学专业,开启了他的大学生涯与创业之旅。1998 年,刘强东在北京市中关村租了一个小柜台,创办了京东公司,最初的业务是代理销售光磁产品。创业初期条件极为艰苦,他每天亲自进货、销售、送货,承担所有工作。2003 年,非典疫情对实体店生意造成巨大冲击,刘强东面临前所未有的困境。他敏锐地捕捉到电子商务这一商机,决定转型线上销售,于 2004 年创办了京东多媒体网(京东商城的前身),并出任 CEO,开始转型电商之路的探索。2007年,京东多媒体网更名为京东商城。在转型电商的过程中,刘强东面临技术、物流和资金的挑战。为了解决技术难题,他组建了自己的技术团队,不断优化网站功能和用户体验。在物流方面,他投入大量资金建设自己的物流体系,确保商品能够快速、准确地送达消费者手中。同时,他四处奔波筹集资金,最终获得多轮融资。2014年,刘强东带领京东在美国纳斯达克上市,上市当天市值达297亿美元。2020年,刘强东带领京东赴港完成二次上市。在刘强东的领导下,依托自营物流、采购能力构筑强供应链壁垒的京东集团,已连续多年位居中国零售及互联网行业第一、全球互联网行业第三,连续八年获得福布斯"全球最佳雇主榜单"的殊荣,成为全球零售行业唯一上榜的中国企业。

第五节 创业风险

一、 风险及创业风险

风险是指一个事件产生人们所不希望的后果的可能性,以及某一特定危险情况发生的可能性和后果的组合,其核心含义是未来结果的不确定性及损失。

(1) 不确定性。风险涉及对未来事件或结果的不可预知性。由于各种因素的影响,人们往往难以准确预测某一事件或行为将带来的具体后果。这种不确定性可能源于市场环境的变化、政策调整、技术革新、自然灾害等多种因素。

(2) 损失。风险与潜在的损失紧密相关。当不确定性导致的结果不利于主体(如个人、企业、国家等)时,就会产生损失。这种损失可能是经济上的、身体上的、心理上的或其他方面的。因此,风险管理的核心目标之一就是减少或避免潜在的损失。

创业风险是指在企业创业过程中存在的风险,是指由于创业环境的不确定性、创业机会与创业企业的复杂性,创业者、创业团队与创业投资者的能力与实力的有限性而导致创业活动偏离预期目标的可能性。如图5-2所示,由于各种不确定因素的存在,可能导致创业过程中风险事件发生,结果产生预期(计划)外的失败或损失,这就是创业风险发生的机理。

图 5-2 风险发生机理

二、 创业风险的类型

按照风险的来源,可以把创业风险划分为市场风险、技术风险、财务风险、运营风险、人才风险、法律风险、环境风险等风险类型。

(一) 市场风险

市场风险是指由于市场需求变化、竞争环境或产品定位不准确等原因,导致企业面临销售量减少、市场份额下降等风险。

(二) 技术风险

技术风险是指由于技术更新速度快、产品研发难度大或技术创新能力不足等原因,导致企业面临技术落后、产品性能不稳定等风险。

(三) 财务风险

财务风险是指由于企业财务管理不善、融资渠道不畅或投资决策失误等原因,导致企业面临资金链断裂、债务危机等风险。

(四) 运营风险

运营风险是指由于企业运营管理不善、内部流程混乱或成本控制不力等原因,导致企业面临生产效率低下、亏损等风险。

(五) 人才风险

人才风险是指由于人才流失、人才招聘难度大或人才培训不足等原因,导致企业面临人才短缺、团队不稳定等风险。

(六) 法律风险

法律风险是指由于企业违反法律法规、合同纠纷或知识产权侵权等原因,导致企业面临法律诉讼、罚款等风险。

(七) 环境风险

环境风险是指由于环境保护法规变化、自然灾害或社会环境不稳定等原因,导致企业面临环境破坏、生产中断等风险。

案例

柔宇科技的陨落

2024 年,深圳市中级人民法院正式裁定柔宇科技及其子公司进入破产程序,这家曾经被誉为全球柔性显示领域"独角兽"的公司,最终以负债累累的姿态告别市场。柔宇科技的倒下,是技术前瞻与商业策略失误碰撞的结果,也折射出中国高科技初创企业从风口走向风暴的复杂路径。2012 年,柔宇科技由斯坦福博士刘自鸿及其清华校友创立,致力于柔性显示和柔性电子技术。成立伊始,柔宇科技便站在行业前沿,凭借全球最薄柔性显示屏、可卷曲柔性手机等一系列突破性产品,迅速引起全球关注。2018 年,柔宇推出全球首款折叠屏手机 FlexPai 柔派,比三星和华为的折叠屏产品提前了整整一年,这一历史性产品让柔宇赢得了"折叠屏鼻祖"的美誉。资本也对柔宇青睐有加。成立后的几年里,柔宇科技完成多轮融资,估值一度达到 500 亿元人民币。然而,理想与现实的差距很快显现:尽管技术领先,但柔性屏及折叠屏手机的市场化进程却未能同步。高昂的生产成本、良率问题以及缺乏规模化应用的技术限制,让柔宇逐渐深陷经营困境。

从高光到泥潭:柔宇为何折戟? 第一,自建生产线的战略失误。柔宇的自建生产线战略被视为其走向失败的关键节点。柔宇科技高管曾表示,柔宇大部分融资资金都投入到了自建生产线中。然而,这一选择对一家初创公司而言过于激进。相比三星、京东方等在制造业领域积累深厚的企业,柔宇作为初创公司既没有成熟的产业链资源,也缺乏稳定的客户基础。生产线良率问题、供应链断裂风险以及持续的高昂投入最终耗尽了公司现金流,陷入资金链断裂的窘境。第二,技术与商业化脱节。柔宇的技术领先是毋庸置疑的,但从技术到商业的转化却困难重重。尽管柔性屏拥有广阔的市场应用前景,但当时的消费市场对折叠屏手机的接受度有限,缺乏标志性产品带来的稳定现金流。投资人普遍认为,柔宇高估了"技术卖点"对市场的吸引力,未能有效平衡创新与产品实用性之间的关系。第三,管理模式的短板。柔宇内部管理的低效也被多名员工和业内人士指出。创始人对决策的高度集中使公司缺乏灵活性,导致内部严重内耗。作为技术背景出身的科学家,创始人对细节的完美追求让企业错失商业机会。步子迈得太大,资源却不够支撑,是柔宇屡次失误的根源。第四,外部环境与融资困局。新冠疫情的冲击以及资本市场的不确定性进一步恶化了柔宇的生存环境。柔宇曾计划赴美上市,后因疫情主动撤回;此后科创板上市计划也因政策调整与企业内部结构问题搁浅。两次错失上市融资机会,让柔宇未能获得足够的资金支持。随着负债逐年攀升,拖欠员工工资、停工等负面新闻不断爆出,投资机构对其失去信心。

三、 创业风险管理

创业风险管理是指在创业过程中,对潜在的风险进行识别、评估、应对和监控的一系列管理活动。这些活动旨在减少不确定性、预防损失、保护资源,并确保创业项目能够持续稳定地发展。创业风险管理的基本流程包括风险识别、风险评估、风险应对和风险监控四大环节。

(一) 创业风险识别

创业风险识别是指创业者在风险事件发生之前,通过各种方法和手段系统性厘清潜在的风险因素的行为过程,它能帮助创业者更好地理解创业过程中可能遇到的各种不确定性和挑战,从而作出更加明智的决策。

(1)观察创业过程。风险识别首先要对创业过程进行系统性的观察,去系统性把握影响创业过程的可能隐藏风险事件的各个维度,例如上述分类中涉及的市场、财务、技术等维度。

(2)分解风险因素。对可能隐藏风险事件的各个维度的风险因素进行分解,表 5-1 给出了风险因素分解示例。

表 5-1　创业风险因素分解

创业风险类型	风险因素示例
市场风险	需求预测不准确、市场需求变动、价格波动、消费者偏好变化
技术风险	技术过时、研发失败、知识产权易受侵犯
财务风险	资金短缺、成本控制不当、收益不稳定
运营风险	供应链管理不善、生产效率低下、市场响应迟缓
人才风险	关键人才流失、招聘困难、团队凝聚力不足
法律风险	合规性问题、合同纠纷、知识产权侵权
环境风险	政策变动、自然灾害、社会不稳定

（3）梳理风险事件。创业者将各风险因素与自身的创业过程实际结合，系统性梳理创业过程中可能存在的风险事件。

(二) 创业风险评估

创业风险评估是指评价已经识别出的风险事件发生的可能性及其影响，确定它们的重要性和优先级。这一环节又包括：

（1）风险概率评估。确定风险事件发生的可能性，通常使用概率分布或历史数据来估计。

（2）风险影响评估。评估如果风险事件发生，对创业企业财务、运营、声誉等各方面的潜在影响。

（3）风险优先级排序。根据风险发生的概率和影响程度，对风险进行排序，以确定哪些风险需要优先管理。

(三) 创业风险应对

创业风险应对是指创业者在面对创业过程中可能遇到的风险时，采取的一系列策略和措施来减轻、转移、避免或接受这些风险。风险应对是创业风险管理的重要组成部分，旨在最大限度地减少风险对企业运营和成功的负面影响。

（1）明确风险应对策略。应对创业风险的策略可分为四类。一是风险规避，即通过改变项目计划或商业活动来完全避免特定风险的发生，适用于发生概率高、影响重大的风险。二是风险减轻，即通过采取措施来降低风险发生的概率或减小其影响。这通常是在风险无法完全避免时采用的一种策略。三是风险转移，指通过合同、保险等手段将风险的责任和影响转移给第三方，目的是将风险对项目的负面影响分担给其他组织或个人。四是风险接受，指在风险发生时，项目团队或企业选择接受其影响而不采取任何预防或转移措施，通常适用于那些发生概率低、影响较小或已采取其他风险应对策略后仍残留的风险。

（2）选择风险应对方法。针对不同的应对策略，应选取不同的应对方法，如表 5-2 所示。

需要注意的是，创业风险是动态变化的，在实施风险应对策略的过程中需要保持灵活性，根据风险的变化情况及时调整策略。另外，风险应对策略的实施需要项目团队或企业内部的紧密协作以及外部相关方的支持与配合。因此，加强沟通与协作是确保风险应对策略顺利实施的关键。

表 5-2　风险应对策略和方法

应对策略	应对方法
风险规避	✓ 创业初期制订详细的商业计划,减少盲目性 ✓ 健全财务管理体系,预防资金链断裂的风险 ✓ 组建专业团队,提高整体竞争力和抗风险能力
风险减轻	✓ 多元化经营降低对单一产品或市场的依赖,分散风险 ✓ 建立风险缓冲机制,如设立风险储备金、购买商业保险等 ✓ 根据市场反馈和客户需求持续优化产品与服务,提高客户满意度和忠诚度,降低市场风险
风险转移	✓ 采取合同约束,即通过合同条款明确各方责任和义务,将部分风险转移给供应商、客户或合作伙伴 ✓ 保险投保,即针对可能发生的风险事件购买商业保险,将风险转移给保险公司承担
风险接受	✓ 对企业的风险承受能力进行评估,确定可接受的风险范围 ✓ 针对可能发生的重大风险事件制订应急计划,包括风险预警、响应和恢复措施

(四) 创业风险监控

创业风险监控是指对创业过程中可能出现的风险进行持续的观察、评估和控制。有效的风险监控可以帮助创业者及时发现问题、采取应对措施,从而减少风险对企业的影响。例如,初创企业可以建立一个系统化的监控机制,使用工具如风险管理软件来跟踪风险的发展和变化,在潜在风险即将发生时及时发出警告,确保风险信息在企业内外部利益相关者之间得到有效沟通,促进企业根据风险监控的结果不断改进风险管理流程和策略。

📝 思考题

1. 创业有哪些常见类型,各有什么特点?
2. 创业活动的三大要素是什么? 谈一谈你对它们的理解。
3. 简述蒂蒙斯创业过程模型的基本内容。
4. 简述商业计划的要点。
5. 创业风险的类型包括哪些? 有哪些创业风险应对策略?

✖ 实践练习

活动名称: 调查泡泡玛特创业过程

活动内容: 针对泡泡玛特开展调查研究:第一,泡泡玛特的创始团队——王宁团队是如何发现成人潮玩市场机会的? 第二,王宁团队创业之初拥有哪些资源? 缺乏哪些资源? 第三,王宁团队是如何利用盲盒机制进行破局的? 第四,王宁团队、潮玩市场机会以及资源整合三者之间具有什么样的动态平衡关系? 借助蒂蒙斯模型分析上述调研结果。

第六章　创业机会

【学习目标】

☑ 了解创业机会的定义、分类及来源

☑ 理解创业机会识别的影响因素

☑ 掌握创业机会识别过程和方法

☑ 理解创业机会的评价方法

☑ 掌握蒂蒙斯创业机会评价框架

☑ 了解创业机会的评价过程

引导案例

字节跳动如何精准把握每个风口

非理性让社会存在各种商业机会，非理性让创业公司错过这些机会。

——张一鸣

字节跳动是一家成立于 2012 年的科技公司，总部位于中国北京。作为最早将人工智能应用于移动互联网场景的科技企业之一，字节跳动以其独特的技术优势和创新能力，在全球范围内迅速崛起。公司以建设"全球创作与交流平台"为愿景，通过旗下的多款产品，为全球用户提供了丰富多样的信息和服务。截止到 2023 年，公司庞大的产品矩阵可以划分为新闻资讯、短视频和社交、教育、游戏和电商四大类。新闻资讯类的今日头条作为一款新闻聚合平台，为用户提供个性化的新闻内容推荐，满足不同用户的信息需求。短视频和社交类以抖音（国内）和 TikTok（国际）为代表，这两款产品通过短视频和社交功能，吸引了全球数亿用户的关注和喜爱。字节跳动在教育领域也有所布局，推出了多款在线教育产品，如瓜瓜龙等。字节跳动还涉足了游戏和电商等领域，推出了多款相关产品。字节跳动 2023 年的全球营收达到了 1 200 亿美元，同比增长约 40%，其中，TikTok 在美国的营收达到约 160 亿美元，创下新高。字节跳动在 2023 年实现了 280 亿美元的净利润，这显示了公司在高速增长的同时，也实现了可观的盈利。在《2024 胡润全球富豪榜》中，字节跳动的创始人张一鸣以 2 450 亿元人民币的财富位列中国第四，全球第 40 位。

字节跳动的成功是多种原因造成的，如创新实力、技术实力、用户导向、全球化视野等，但是把握创业机会、精准踩对风口的能力也是字节跳动成功的重要因素。从成立至今，字节跳动至少抓住了三波重要的创业机会，第一波是抓住了移动互联网流量红利的机会，通过基于数据挖掘、个性化推荐的资讯 APP"今日头条"，占据先发优势，收获大批流量。第二波是把握了移动互联网时长红利，推出"抖音＋火山小视频＋西瓜视频"差异化的视频矩阵，全系产品占据国内移动互联网 APP 使用总时长的 10.1%。第三波则是抓住全球互联网红利转移的机会,凭借技术出海,打造了以 TikTok 为代表的海外产品矩阵,获得了巨大的成功。

1. 移动互联网流量红利机会——今日头条

今日头条的起步是迎着时代智能手机潮流而上的。2011 年中国开启了智能手机时代,智能手机出货量从 2011 年 1 月的 568 万部增长到 2013 年 3 月的 4 705 万部,到 2014 年 1 月智能手机的市场占有率已经接近于 90%。今日头条 APP 在 2012 年入局移动资讯时,移动互联网用户规模增速高达 31.0%,移动资讯占据移动端用户使用时间的 5.4%。今日头条将其软件预装在华为、360、金立、nubia、三星、联想等主流手机内,精准把握智能机首批"换机潮"。就这样,今日头条通过大规模预装占领了渠道,收割第一批用户,享受了移动互联网红利。

移动资讯所代表的内容行业逐渐过渡到了信息过载阶段,是今日头条遇见的又一次机会。自 2010 年以来,以腾讯新闻为代表的门户类网站陆续上线移动客户端。当移动互联网随着智能手机出货量加大而成为新趋势,用户碎片化阅读场景大幅增加,浅阅读成为主流。移动资讯所代表的内容行业,在这时过渡到了"信息过载阶段"。不同于以报纸、电视传媒为主要传播媒介的"信息匮乏阶段"和以门户网站、论坛、视频网站为主要媒介的"信息暴增阶段","信息过载阶段"中信息传播媒介进一步拓宽(如微信、微博、资讯 APP 等),内容生产商也由之前的专业机构转变为专业机构和个人各占一片天地。随着内容供给呈指数级增长,用户可以获得更多信息的同时,明显感到移动端内容繁多而找不到想看的内容,"信息过载"成为用户痛点。

今日头条 APP 针对用户信息过载这一痛点,实施 all in 大数据策略和 AI 推荐算法。在发展早期,今日头条 APP 定位于提供聚合类资讯服务,本身不产出内容,而是整合信息源,将资讯用算法分发给合适的人群。这种"算法分发模式"真正做到从传统的"用户找信息"到创新性的"信息找用户"。它不同于依靠专业的编辑团队和记者团队完成对内容生产的"编辑分发模式",也不同于依托入驻平台的自媒体并借助关系链完成对资讯信息传播的"社交分发模式"。"算法分发模式"通过个性化的推荐,提供用户更感兴趣的阅读内容,有效增加了用户的使用时长与频率,提升了用户黏性。

2. 移动互联网时长红利机会——抖音短视频

当时,与互联网用户规模增速减缓相反的是,用户对互联网的依赖性在增强,使用时长依旧增长迅猛。从数据上看,2018 年秋季,互联网用户月总使用时长环比增加 32.2%,单日使用时长环比增加 26.7%,平均每人每日使用手机的时间接近 5 个小时。这样,用户使用时长就成为企业争夺的重点资源。另外,随着 4G 的成熟,短视频、视频截取、直播等多元化的内容成为用户更感兴趣的获取信息的方式,也成为资讯平台增加用户黏性的重要手段。出于抢占互联网用户使用时长和提升其资讯形式多元性双重考虑,字节跳动开始布局短视频。早在 2016 年,字节跳动在第二届头条号创作者大会上就提出"all in 短视频"战略,并表示在未来 12 个月内,拿出至少 10 亿元人民币,补贴头条号中的短视频创作者。在之后的三年时间内,字节跳动在短视频领域打造了"抖音＋火山小视频＋西瓜视频"的产品矩阵,并通过与其他短视频竞争,成为短视频领域当之无愧的头部企业。其中火山小视频、西瓜视频内嵌于今日头条 APP 之中,也同时提供 APP 给用户独立下载使用。大数据及 AI 推荐系统赋能的抖音成为字节跳动高速增长的另一款现象级产品。抖音上线以来,用时 4 个月突破 4 000 万日活跃用户规模,用时两个月突破 1 亿日活跃用户规模。2018 年 6 月,抖音日活跃用户规模达到 1.03 亿,超越 2013 年成立的快手,成为短视频行业榜首。

3. 全球互联网红利转移机会——TikTok

随着中国移动互联网流量红利消失,全球互联网人口红利转向东南亚、南亚和南美。以东南亚为例,2016 年开始,东南亚市场的移动互联网渗透率保持着每年 20% 的增长,具备巨大的用户增长空间。"在边际成本降低很快的互联网行业,同样的投入,全球化市场是国内市场规模的 5 倍。"张一鸣认为,"互联网互联互通的特性决定了互联网企业未来面对的竞争一定是全球化的竞争。因此,只有通过海外扩张,在市场、组织、人力资源等方面实现全球化的规模效应,字节跳动才能更好地备战未来互联网企业的国际竞争。"字节跳动积极以"技术出海 + 本土化运营"战略收割南美、东南亚等地区蓝海移动流量,并以参股收购成熟产品和与巨头结盟等方式参与美国、日本等成熟市场。在产品设计方面,字节跳动推出全球统一产品,TopBuzz 为今日头条海外版,TopBuzz Video 对标西瓜视频,TikTok 与 Hypstar 分别为抖音和火山小视频的海外版,用相同的产品承载不同国家的内容。在相关海外产品中,发展势头最猛的是 2017 年 8 月正式上线的抖音海外版 TikTok。凭借良好的用户体验和强大的推荐算法技术,2018 年第一季度,据美国调查公司 SensorTower 数据显示,TikTok 是全球下载量最大的 iPhone 应用;同年 8 月,字节跳动将 musical.ly 合并至 TikTok,合并后的 Tiktok 在 2018 年整年下载量达 6.6 亿次,同比增长达四倍,位列苹果应用商店之首和谷歌 play 应用商店第四。截至 2024 年,TikTok 的全球月活跃用户数量达到了 15.82 亿,覆盖北美、欧洲、日本、印度等主要海外市场。

资料来源:根据中国工商管理国际案例库《以大数据与 AI 颠覆传统媒体》改编。

思考题:(1)字节跳动的三次创业机会的来源分别是什么?

(2)字节跳动是如何把握这三次创业机会的?

第一节 创业机会来源

一、创业机会的定义

创业机会是一种复杂的不断变化的情境或条件,在该情境中技术、经济、政治、社会和人口条件的变化产生了创造新事物的潜力,并且在它所产生的社会里被认为是值得追求的。因此,创业机会又被称为创业商机,是指有吸引力的、较为持久和及时的一种商务活动的空间,是一种能满足尚未满足的有效需求的可能性。它最终表现在能够为消费者或客户创造或增加价值的产品或服务之中。

【一起来探究】

创业机会是什么?

市场需求视角:市场中未被充分满足的客户需求或潜在需求。

技术创新视角:新技术、新工艺或新方法的出现所带来的商业潜力。

行业变化视角:行业内部或跨行业之间的交叉融合所带来的新机遇。

如何从多个视角捕捉创业机会呢?

二、 创业机会的分类

不同类型的创业机会存在于不同的领域和情境之中,对于创业者来说,了解不同类型的创业机会并灵活应对市场变化是成功的关键之一。按照不同的划分标准,创业机会类型可作如下划分:

(一) 现有市场机会和潜在市场机会

市场机会中那些明显未被满足的市场需求称为现有市场机会,那些隐藏在现有需求背后的、未被满足的市场需求称为潜在市场机会。现有市场机会表现明显,往往发现者多,进入者也多,竞争势必激烈。潜在市场机会则不易被发现,识别难度大,往往蕴藏着极大的商机。例如,金融机构提供的服务与产品大多是针对专业投资大户,占有市场大量资金的普通投资者则可能未受到应有的重视,此时为一般大众投资提供服务的产品市场就极具潜力。

案例

拼多多的诞生

2015 年,黄峥创立了拼多多。与以往的电商平台不同,拼多多通过"拼团"购物的形式,让用户能够以更低的价格购买商品,同时鼓励用户分享和邀请好友一起购物。这种创新的模式迅速吸引了大量用户,拼多多在短短几年内便迅速崛起,成为中国第三大电商平台。拼多多的成立,正值中国电商市场竞争激烈之际。面对阿里巴巴和京东的强大对手,黄峥没有选择与之正面交锋,而是另辟蹊径,开创了"社交电商"的新模式。他深知,传统电商的模式已经无法满足下沉市场用户的需求。他发现,很多消费者在追求价格的同时,也渴望与朋友分享购物的乐趣。因此,拼多多将社交元素与购物结合,成功地满足了这一需求。在拼多多的发展过程中,黄峥始终坚持创新。他不断推出新功能,例如"砍价""限时秒杀"等,吸引用户参与互动,提升用户黏性。此外,拼多多还积极拓展下沉市场,通过与地方商家合作,推动农村电商的发展,进一步扩大了用户基础。

(二) 行业市场机会与边缘市场机会

行业市场机会是指某一个行业内的市场机会,而在不同行业之间的交叉结合部分出现的市场机会被称为边缘市场机会。一般而言,人们对行业市场机会比较重视,因为发现、寻找和识别的难度系数较小,但往往竞争激烈,成功的概率也低。而在行业与行业之间出现"夹缝"的真空地带,往往无人涉足或难以发现,需要有丰富的想象力和大胆的开拓精神。这种跨行业机会一旦开发,成功的概率也较高。比如,人们对于饮食需求认知的改变,创造了健康食品等行业。再如,移动医疗就是互联网行业和医疗行业的交叉,不仅方便了医生和患者,也节省了成本。

案例

叮当快药

曾几何时,药品的零售模式单一到用户只能到店买药。半夜发烧、卧病在床、隐私药物,成了实实在在的用户痛点。叮当快药针对这些痛点,自建线下药房及专业药品配送团队,创立了"药厂直供、网订店送"的线上线下一体化运营的医药新零售模式,推出了 7×24 小时、28 分钟内送达的送药上门业务,同时配有专业药师指导,拓展了医药销售新模式。叮当快药于 2014 年迎着 O2O 风口成立,又在 O2O 寒潮下跑通线上线下业务结合的商业模式,成为该领域首个实现盈利的企业。其拥有近 200 家线下药房,为 3 200 多万在线用户提供送药到家等服务,复购率和留存率均超过 50%。通过自营线下连锁药房及专业药品配送团队,叮当快药根据订单峰谷值和密度,灵活调配配送员,每个配送员手机与叮当系统实时对应,大幅提高运营和人员效率;线下门店员工可以通过手机进行拣货,并可远程打印拣货明细单,提高作业效率。医药新零售是个特殊的领域,既要有互联网思维,又要懂药。凭借多年积累的医药行业资源,团队与中美史克等国内外 460 余家品牌药企建立"FSC 药企联盟",实现商品直供,建立了较强的供应链优势。未来,叮当快药将逐步把已经在北上广深跑通的模式复制到全国,推进与手机厂商、保险公司合作;将用户、药店、药企、互联网医院连接在一起,打通"医＋诊＋检＋药"全流程服务。

(三) 目前市场机会与未来市场机会

那些在目前环境变化中出现的市场机会称为目前市场机会,而通过市场研究和预测分析将在未来某一时期内实现的市场机会称为未来市场机会。如果创业者提前预测到某种机会出现,就可以在这种市场机会到来前早作准备,从而获得领先优势。未来市场机会可能来自新科技的应用和人们需求的多样化。新科技应用改变人们的工作和生活方式,出现新的市场机会,而需求的多样化使得机会的种类也多样化。"互联网＋"就曾给大学生带来很多新的创业机会。细数手机中的那些 APP,不难发现,很多互联网公司都是典型的大学生创业,比如豆瓣、美团、沪江、知乎等。

【一起来探究】

未来创业机会风口在哪里?

单身经济:2024 年我国单身人口已近 3 亿,这一群体的生活方式催生了一个庞大的新兴市场,包括宠物、单人旅游、一人餐饮、个人用品以及交友活动。

银发经济：2024 年我国 60 岁以上的老年人口首次突破 3 亿，并以每年约 2 000 万的速度增长。预计到 2026 年，银发经济市场规模将超过 12 万亿。特别是 60 后新老人群体，他们的消费增速达到 21％。

口红经济：在经济下行期，尽管人们的钱包紧缩，但对幸福感的追求并未减少，这就是所谓的"口红效应"。在美国大萧条时期，经济学家发现经济不景气时，口红等低价商品的消费量反而上升。

大健康行业：后疫情时代，人们对健康的关注日益增加，健康食品、健身、瑜伽等相关消费品和职业如健康管理师、药膳师等不断涌现。

减压经济：面对经济、环境和工作压力，以及养老和教育问题，年轻人的压力巨大，这也催生了减压经济。从心理咨询到情感疏导，从疗愈活动到骑行，再到解压文学和影视，这一市场规模巨大。

平替经济：在消费降级时代，简约、经济的产品和服务成为新趋势。日本第四消费时代孕育了优衣库等品牌，中国也出现了拼多多等低价生态的繁荣。

你觉得未来的创业市场机会还有哪些呢？

(四) 全面市场机会与局部市场机会

全面市场机会是指在大范围市场出现的未满足的需求，如国际市场或全国市场出现的市场机会，着重于拓展市场的宽度和广度。局部市场机会则是在一个局部范围或细分市场出现的未满足的需求。在市场中寻找、发掘局部或细分市场机会，见缝插针，拾遗补阙，创业者就可以集中优势资源投入目标市场，有利于增强主动性，减少盲目性，增加成功的可能。

案例

传音控股：深耕非洲市场，终成非洲之王

提到传音控股，想必不少国内消费者对这家中国企业感到陌生，但其旗下品牌 TECNO、itel 及 Infinix，在非洲的市场地位举足轻重，被称为"非洲之王"。2023 年，传音累计卖出 9 400 多万台智能手机，共计收入 623.92 亿元，同比增长 33.9％；营业利润同比增长 122.55％，达到了 67.48 亿元。凭借此销量，传音一举成为了全球第五大手机厂商。传音成立于 2006 年，创始人竺兆江曾经任职于波导手机。2008 年，传音定位非洲，开启品牌战略。选择非洲的原因也很简单，当地人口众多但是手机普及率低。根据水清木华研究中心所提供的《2006—2007 年非洲电信市场研究报告》，彼时当地的手机普及率仅为 9.4％左右。此后传音在非洲推出了名为 TECNO 的手机品牌，后来又推出了主打性价比的 itel 和主打年轻用户的 Infinix。到了 2015 年，根据 IDC 数据，传音手机的销量已经成为了非洲第二，仅次于三星。到了 2017 年，传音已成为非洲的"手机之王"，市占率高达 45.12％。2023 年传音在非洲地区出货量达到 3 450 万部，市场份额为 50％，同比增长 8％；而三星排名第二，出货量为 1 770 万部，市场份额为 26％，同比下滑 12％。可见传音在非洲市场已处于绝对领先地位。

三、 创业机会的来源

变化是创业机会的重要来源,社会、经济、技术、文化等各个领域的不断变化,都为创业者提供了大量的机会去创造新的价值、解决新的问题或满足新的需求。

(一) 技术变革

技术的不断进步和革新是推动创业机会产生的关键因素。新技术的出现往往能够颠覆传统行业,创造全新的商业模式和市场空间。例如,互联网的普及催生了电子商务、社交媒体、云计算等众多新兴产业;人工智能、区块链等前沿技术的发展也为创业者提供了无限的想象空间。育种业、机器人、网约车、快递也都是技术变革带来的创业机会的鲜活例证。

案例

OpenAI：人工智能技术安全和民主化发展的推动者

2015 年,一群科技界的重量级人物——包括埃隆·马斯克、萨姆·奥特曼、格雷格·布罗克曼、伊莲娜·穆斯克和约翰·舒尔曼等——联合创立了 OpenAI。他们共同的愿景是创建一个致力于推动人工智能技术安全和民主化发展的研究机构。在他们看来,AI 技术的快速发展必须伴随着对其潜在影响的深思熟虑,确保这一强大的工具能够造福全人类,而不是成为少数人的专利。2016 年,OpenAI 推出了其第一个重大项目——OpenAI Gym。这是一个旨在为机器学习研究者提供一个实验和比较算法性能的平台。OpenAI Gym 的开放性和灵活性迅速吸引了全球 AI 研究社区的广泛关注,成为推动机器学习特别是强化学习领域发展的关键工具。紧接着,OpenAI 在自然语言处理领域取得了一系列突破。2018 年发布的 GPT 模型,以其强大的语言理解和生成能力震撼了业界。随后,2019 年推出的 GPT-2 模型在规模和性能上进一步提升,但同时也引发了关于 AI 生成内容可能带来的社会和伦理问题的讨论。2020 年,OpenAI 以 GPT-3 模型再次引领了行业的新高潮。这个模型不仅在规模上达到了前所未有的水平,而且展示了惊人的多样性和适应性,能够在众多不同的任务中表现出色。GPT-3 的推出不仅证明了 OpenAI 在 AI 研究领域的领先地位,也为商业应用和普及 AI 技术打开了新的大门。除了 GPT 系列,OpenAI 还在图像生成领域作出了重大突破。2021 年,他们推出了 DALL-E,一个能够根据文本描述生成复杂图像的 AI 系统。DALL-E 的创新之处在于它对图像和语言之间关系的理解,再次展示了 OpenAI 在跨模态 AI 研究领域的强大实力。

(二) 政治和制度变革

政府政策的调整和优化也会为创业者带来新的机会。政府为了促进经济发展、解决社会问题或推动产业发展或产业升级,会出台一系列扶持政策,鼓励特定领域的创业活动。这些政策可能包括税收优惠、资金补贴、创业指导等方面,为创业者提供了有力的支持。房地产、环保、新能源、养老院为代表的养老等产业的发展就是政治和制度变革带来的创业机会的典型例子。

案例

受益政策红利的动力电池王者

宁德时代的崛起,可以说是集天时地利人和。中国政府扶持新能源汽车许久,逐步让这个行业形成一个独特逻辑,那就是补贴政策走向往往会决定市场使用的动力电池产品种类,也会影响哪款车型更加热销。比如,2011年,政府将使用外资动力电池的产品剔除出新能源汽车的补贴目录,很大程度上降低了松下、LG和ATL在内的一众外资动力电池公司的竞争优势。外资电池企业被政策挡在门外,某种程度上却为宁德时代创造了新机。2012年,宁德时代拿到来自宝马的订单,钻研了宝马提供的数百页德文生产标准文件,打通了动力电池研发、设计、开发、认证、测试的全流程。随后的政策机遇,则推动公司进入了发展快车道。2015年,工业和信息化部发布《汽车动力蓄电池行业规范条件》,宁德时代成为首批入选的企业之一。这一行业规范持续到2019年,宁德时代因此获得了长达四年的政策保护。在政策助力下,宁德时代迎来快速成长的几年。高工产业研究院(GGII)监测的数据显示,2017年宁德时代的国内车企客户共有74家,到2019年这一数字已经涨至120家。

(三) 社会和人口结构变革

社会和人口结构的变化也会为创业者带来各种机会。如老龄化社会的到来,催生了养老服务、健康管理等领域的创业机会。社会观念的变迁也会催生新的创业机会。随着人们价值观、生活方式和消费观念的变化,一些新兴领域,如共享经济、绿色经济、宠物经济等逐渐兴起,为创业者提供了广阔的发展空间。这些领域往往具有较大的市场潜力和增长空间,能够吸引大量创业者的关注和投入。

案例

乖宝宠物

2023年,乖宝宠物食品集团股份有限公司(股票简称:乖宝宠物,股票代码:301498)成功在A股上市,这是乖宝宠物发展历程中的重要里程碑,也是宠物食品行业的一次重要事件。上市当天,乖宝宠物的股价一路飙升,一度触发临停,表现非常抢眼。截至收盘,乖宝宠物的股价为78元/股,较发行价上涨95.05%,市值最高达312亿元,创下宠物经济行业公司的新纪录。乖宝宠物是一家专业从事宠物食品研发、生产和销售的企业,成立于2006年,其前身是为境外宠物食品代加工的依戈尔食品公司。公司以海外OEM/ODM业务为起点,逐渐发展成为沃尔玛、品谱等国际企业认定的供应商。2013年,乖宝宠物创立了自有品牌"麦富迪",致力于为消费者提供高品质、安全、健康的宠物食品。乖宝宠物本次在创业板上市,是其发展历程中的一次重要融资活动,也是其未来发展的新起点。乖宝宠物的快速发展反映出宠物经济所催生的巨大创业机会。2023年我国宠物犬数量为5 175万只,同比增长1.1%;宠物猫数量为6 980万只,同比增长6.8%。2024年城镇(犬猫)消费市场规模达到3 002亿元。宠物食品作为饲养宠物的刚性需求,贯穿宠物整个生命周期,具有复购性高、价格敏感性低、黏性强的特点。宠物食品市场是宠物行业最大的细分市场,也最先受益于宠物经济红利。

(四) 产业结构的变革

产业结构的变革会为创业者带来各种机会。一方面,新兴产业的崛起会带来各种创业机会。随着科技的不断发展,人工智能、大数据、物联网、生物科技、新能源等新兴产业迅速崛起,这些领域具有巨大的发展潜力和市场机会。创业者可以在这些领域中找到自己的定位,开发出具有竞争力的产品或服务,从而在市场中脱颖而出。随着人们对环境保护意识的增强,绿色产业成为新的增长点。清洁能源、碳排放管理、环保技术等领域的创业机会不断涌现,创业者可以关注这些领域,开发符合市场需求的环保产品和服务。另一方面,传统产业的转型升级也会带来各种创业机会。比如传统制造业正在向智能制造转型,通过引入智能化技术提升生产效率和质量,这为创业者提供了在智能设备研发、工业互联网平台搭建、智能制造解决方案提供等方面的创业机会。比如零售业等传统行业也在经历线上线下融合的发展过程,创业者可以利用电商平台、社交媒体、短视频等各种渠道拓展销售渠道,提升品牌影响力。

案例

摩尔线程

2024 年,摩尔线程智能科技(北京)股份有限公司(以下简称"摩尔线程")正式启动 A 股上市流程。摩尔线程是一家主要从事 AI 计算、3D 图形渲染、超高清视频编解码、物理仿真与科学计算等业务的芯片公司,其定位是"一家专注于全功能 GPU 芯片设计的高科技公司,致力于为全球提供加速计算的基础设施和一站式解决方案",特别是在人工智能计算方面,公司目标是成为具备国际竞争力的 GPU 领军企业。摩尔线程创始人张建中,毕业于南京理工大学计算机系,后又进入冶金部自动化研究院深造获得硕士学位,张建中拥有超过 20 年的行业经验,特别是在 GPU 领域有着深厚的技术积累和管理经验。他先后在惠普、戴尔担任计算机系统事业部总经理、政府及教育事业部总经理等职位,在创业前曾是英伟达创始人黄仁勋的重要"副手"。2005 年,张建中加入英伟达,2006 年成为英伟达全球副总裁和中国区总经理,除了不断开拓英伟达 GPU 的创新应用和加速计算场景,他还带领团队建立了英伟达 GPU 在中国的完整生态系统,并把中国区打造成英伟达在全球最重要的 GPU 市场。2020 年,奔着"打造中国最好的全功能 GPU"的目标,张建中与伙伴组建了一支拥有英伟达、微软、英特尔、AMD、ARM 等背景且涵盖 GPU 芯片 IP 研发、系统软硬件设计、生态建设、市场营销等多领域的人才队伍,在北京成立了摩尔线程。2021 年,在众多质疑声中,摩尔线程首颗全功能 GPU 研制成功。2022 年,摩尔线程发布全新 MUSA(一种通用并行计算架构)统一系统架构、第一颗全功能 GPU 芯片"苏堤",以及面向 PC 和工作站、数据中心的多款 MTT S 系列显卡、物理引擎 AlphaCore、DIGITALME 数字人解决方案等;当年推出全功能 GPU 芯片"春晓"。2023 年发布新一代全功能 GPU 芯片"曲院",基于"曲院"推出 AI 训推一体计算卡 MTT S4000 和夸娥(KUAE)千卡智算集群,并自研大语言模型 MusaChat。随着夸娥成功扩展至万卡规模,张建中团队的"摩尔速度"在业界引起一阵惊叹,而摩尔线程也被业内誉为"中国英伟达"。

第二节　创业机会识别

创业机会识别是指创业者或潜在创业者通过市场研究、分析和洞察,发现并评估那些可能转化为商业成功的新想法、需求、问题或市场缺口的过程。创业过程是围绕机会进行识别、开发、利用的一系列过程。对创业者来说,真正的创业过程开始于商业机会的发现。商业机会存在何处,如何从繁杂多变的市场环境中找到富有潜在价值的商业机会,进而开发并最终转化为新创企业,是创业者的关键任务。

一、创业机会识别的影响因素

创业机会识别的影响因素可以划分为外界环境因素和创业者个体因素两类,如图 6-1 所示。

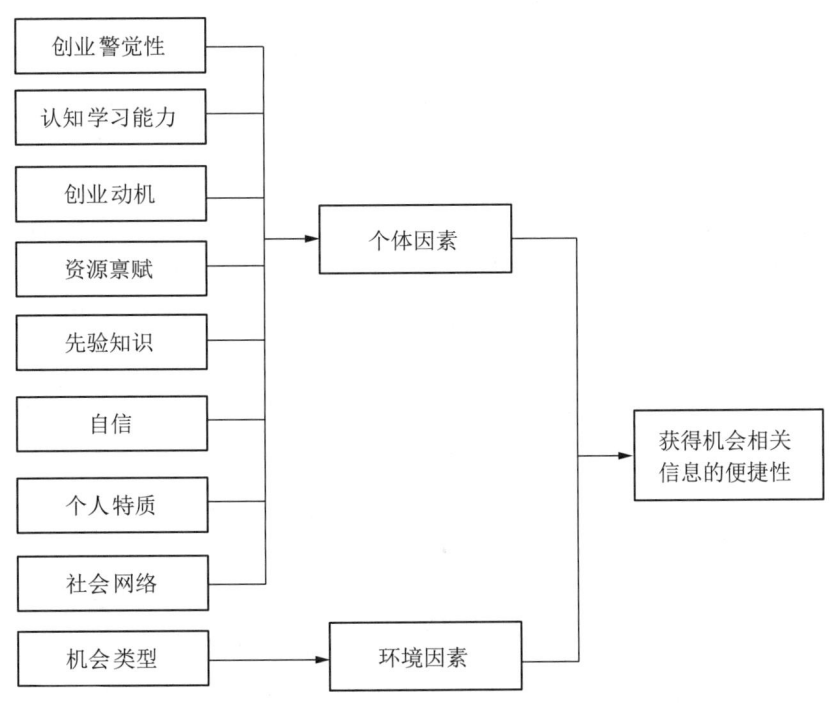

图 6-1　创业机会识别的影响因素

(一) 个体因素

影响创业机会识别的创业者个体因素包括创业警觉性、认知学习能力、创业动机、资源禀赋、先验知识、自信、个人特质与社会网络。

(1) 创业警觉性。创业警觉性(entrepreneurial alertness)是创业者或潜在创业者所具备的一种重要特质,它指的是个体对市场中新机会、新趋势、新信息的敏感度和识别能力。这种警觉性能够帮助创业者积极寻找新兴市场、跨界合作和技术创新等领域的机会,发现更多元化的创业机会；并帮助创业者更敏锐地感知到市场环境中的微小变化，包括技术革新、消费者需求变化、政策调整等，从而捕捉到潜在的创业机会。创业实证研究发现，创业者比一般的经理人更加渴望信息，更倾向于在信息搜索上花更多的时间，搜索方式也有所不同。

（2）认知学习能力。认知学习能力是指个体在获取信息、处理信息、运用信息解决问题等方面的综合能力。信息获取能力使得创业者能够通过各种渠道及时、准确地获取与创业相关的各类信息，包括市场信息、技术信息、政策信息等，有助于创业者全面了解行业动态和市场需求，为制定科学的创业决策提供依据。信息处理能力使得创业者在获取大量信息后，具备对信息进行筛选、整理、分析和归纳的能力，通过信息处理，创业者可以提炼出有价值的信息点，为创业实践提供有力支持。知识应用能力使得创业者能将所学的知识和获取的信息应用到实际创业过程中，通过不断试错和调整，找到最适合自己的创业路径。

（3）创业动机。创业动机是指个体或团队启动和维持创业活动的心理驱动力。它包括了一系列内在和外在的因素，这些因素激发和维持创业者追求商业机会、创建新企业或创新项目的愿望和行为。创业动机通常涉及对成就的需求、对独立性的追求、对财务回报的期望、对工作的满意度、对创新和创造性的渴望，以及其他个人价值和目标的追求。

（4）资源禀赋。创业者资源禀赋指的是创业者个人或团队在创业过程中所拥有和能够调用的各种资源条件和能力的总和。这些资源禀赋不仅包括了创业者自身的特质和能力，也涵盖了他们所处的外部环境和可以获取的外部资源。具体来说，创业者资源禀赋包含以下方面：一是人力资本，指创业者及其团队所具备的知识、技能、经验和能力，包括专业知识、行业经验、管理能力、创新能力以及解决问题的能力等。二是社会资本，指创业者在社会网络中所拥有的关系、信任和影响力等资源。社会资本有助于创业者获取市场信息、技术资源、资金支持和合作伙伴等。三是经济资本，指创业者所拥有的财务资源，包括自有资金、贷款、投资等。四是技术资本，指创业者所掌握或能够获取的技术资源和技术能力。拥有独特技术或专利的创业者更容易识别和开发具有潜力的创业机会。五是组织资本，指创业者所建立或能够利用的组织结构和组织能力，包括企业文化、团队协作、管理流程等。六是心理资本，指创业者所具备的心理素质和心态，包括乐观态度、坚韧不拔的精神等。

案例

褚橙的故事

他是中国昔日的"烟草大王"，他是身陷囹圄的阶下囚，他是老年丧女的父亲，他是儿孙满堂的家长。经历过人生低谷后的他，在74岁时的高龄重新出发，以耄耋之躯创立了个人品牌"褚橙"，实现了从"烟王"向"橙王"的转变。褚时健原本是一位成功的企业家，曾任玉溪卷烟厂厂长，将玉溪卷烟厂打造为亚洲第一、世界第四的卷烟厂，被誉为"烟王"。后因被指控贪污受贿而锒铛入狱。出狱后褚时健在哀牢山承包了900亩荒山，开始种植橙子。他亲自参与果园的规划和建设，从选种、施肥、修剪到病虫害防治等各个环节都严格把关。为了保证橙子的品质，褚时健在肥料上下功夫，调整磷和氮的比例，保证橙子是24∶1的黄金甜酸比。他还每周上山亲自尝果，直到果实成熟。为了提高生产效率，他引进了比利时进口的生产线，实现了果园生产的自动化和果品标准化。在橙子成熟后，褚时健开始寻找市场，他通过互联网销售橙子，迅速打开了市场。

（5）先验知识。先验知识是指创业者在创业前或创业过程中已经积累的知识和经验，这些知识和经验可能来源于个人学习、工作经历、社会交往等多个方面。先验知识一般包括行业知识、市场知识、技术知识和管理知识等。研究表明，创业者更加关注与他们已经拥有的信息知识相关的机会，并且创业者拥有的知识将在技术开发、机会识别、机会开发三个方面影响机会的发现。

（6）自信。自信是一个多维度的概念，它通常指的是一个人对自己能力、价值和判断的积极评价和信任。一般来说，自信的人具有如下特征：自我认知清晰，积极的心态，自我接纳，坚定的信念，勇于尝试和承担风险，良好的人际关系等。自信是创业者的内在驱动力和心理基础。创业研究显示，创业者的自信能够增强创业者对机会的感知。

（7）个人特质。个人特质是一个人相对稳定的思想、情绪和行为方式，它是个体内部和外部可以测量的特质。这些特质在不同情境下均会表现出来，成为描述和预测个体行为的重要依据。个人特质最初由美国著名人格心理学家高尔顿·奥尔波特提出，他认为个人特质是一个人所独有的神经心理结构，这种心理结构突出体现了人与人之间的心理差异。个人特质在创业机会识别中扮演着重要的角色。根据现有的研究，创业者的个人特质如外向性、神经质、宜人性、严谨性、经验开放性和风险承担等被认为是影响创业机会识别的关键因素。这些特质不仅影响创业者如何感知和处理信息，还影响他们如何与社会网络互动，以及如何评估和利用潜在的商业机会。

外向性的创业者更擅长社交和建立联系，有助于他们在广泛的网络中识别机会。神经质较高的创业者对风险和不确定性更为敏感，在评估机会时更加谨慎。宜人性的创业者更注重团队合作和客户关系，有助于在市场中发现未被满足的需求。严谨性高的创业者更有组织和计划性，这有助于他们在识别机会后有效地采取行动。经验开放性高的创业者更愿意尝试新事物和创新，有助于他们在变化中发现新的商业机会。愿意承担风险的创业者更倾向于追求那些具有较高不确定性但潜在回报也更高的商业机会。

(二) 环境因素

商业机会存在何处是创业机会识别要解决的首先问题。本质上，创业机会本身就是由特定时空条件造就的，即政策法律、经济态势、社会文化、技术环境等多元因素综合影响的结果。因此，来源于不同环境的不同机会类型也是影响创业机会识别的影响因素。根据不同的环境来源，可以把机会类型划分为四类，即来自政治法律环境变化带来的机会、经济环境变化带来的机会、社会文化环境变化带来的机会、技术环境变化带来的机会，来自不同环境的创业机会具有不同的特点，均会对创业机会识别造成影响。

案例

知 乎

知乎作为一个中文互联网高质量的问答社区和创作者聚集的原创内容平台，自2011年上线后，获得了创新工场、启明创投等多家融资，影响力迅速上升，年访问量已经超过30亿人次，2021年在美国上市。知乎为何能在创业之初精准的识别出创业机会呢？回顾其创业史，影响其创业机会识别的因素可以分为环境因素和创业者个人因素。环境因素主要体现在：2008—2013年，互联网迅速发展，大量瞬间形成的信息需要即时传播、实时互动和高度共享,如何高效地进行信息筛选和处理,获得专业性的交流和解答成为社会现实需求,这正是"知乎的切入点"。创业者个人因素体现在:①个人特质上,公司 CEO 周源是个不拘泥于现实的人,从程序员到科技记者再到创业者,不断自我修正和完善。②先验知识上,周源的软件工程专业背景以及科技记者、N3 网站和 Meta 搜索等知识和经验,成为"知乎"的创业基础。联合创始人李申申、黄继新等也有类似的经历。③认知学习能力上,创始人能够深刻把握互联网发展和创新创业的时代脉搏与趋势,具有通过不断学习拓宽视野的意识和不断改进的认知。

二、 创业机会识别过程

机会识别是创业者与外部环境(机会来源)互动的过程。如图 6-2 所示,在这个过程中,创业者利用各种渠道和各种方式掌握并获取到有关环境变化的信息,从而发现现实世界中在产品、服务、原材料和组织方式等方面存在的差距或缺陷,找出改进或创造的可能性,最终识别出可能带来新产品、新服务、新原料和新组织方式的创业机会。

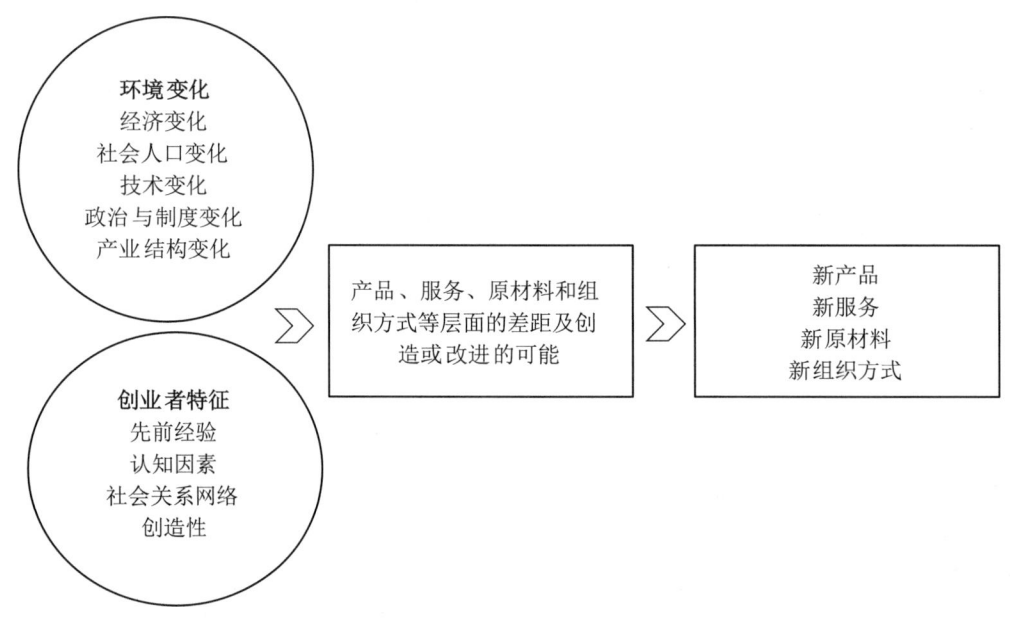

图 6-2　创业机会识别过程

(一) 环境变化

(1) 经济变化。经济变化包括经济发展、市场需求、就业状况、通货膨胀等方面。这些因素直接影响创业机会的产生和发展。例如,经济发展良好时,消费者信心增强,市场需求旺盛,有利于人们创业。

(2) 社会人口变化。一是人口结构的变化,例如,年龄、性别、教育水平、地区分布等都会影响创业机会的种类和数量。二是社会人口流动性的变化,例如,随着城市化进程的加速和区域经济发展的不平衡性加剧,越来越多的人口流动到城市或经济发达地区,为这些地区的创业提供了更多的机会。三是社会人口的需求变化也会影响创业机会的出现。

（3）技术变化。技术变化包括科技发展趋势、新技术应用等方面。科技发展趋势和新技术应用为创业者带来新的商业机会。

（4）政治与制度变化。政治与制度变化包括政府政策、法律法规等。

（5）产业结构变化。包括行业发展趋势、竞争格局、产业政策法规等，这些因素直接影响创业企业在行业内的竞争力和市场份额。

(二) 创业者特征

（1）先前经验。在特定产业中的先前经验有助于创业者识别机会。一旦有过创业经验，创业者就能很容易发现新的创业机会，这被称为"走廊原理"，形容创业者一旦创建企业，就开始了一段旅程，在这段旅程中，通向创业机会的"走廊"将变得清晰可见。这个原理提供的见解是，一个人一旦投身于某个产业创业，将比那些从产业外观察的人，更容易看到产业内的新机会。研究发现，创业者创业前所担任过的管理职位越多样化，行业经验相关性越强，创业绩效越好。而且，创新性较高的机会更多是被经验丰富多样的创业者所识别和开发。

（2）认知因素。有些人认为，创业者的"第六感"赋予了他们一种独特能力，使他们能够洞察到那些被众人忽视的机会。多数创业者也持有这种观点，认为自己比别人更警觉。警觉在很大程度上是一种习得性技能。那些在特定领域拥有更深厚知识的人，往往比其他人更容易察觉该领域潜藏的机会。研究揭示，发现机会者（创业者）与未能发现机会的人之间，最关键的区别在于他们对市场的相对评估能力。换句话说，创业者之所以成功，是因为他们比其他人更擅长估算市场规模，并从中推断出潜在的机遇。

（3）社会关系网络。个人社会关系网络的深度和广度影响着机会识别，建立了大量社会与专家联系网络的人，比那些拥有少量网络的人容易得到更多的机会和创意。按照关系的亲疏远近，社会网络关系可以划分为强关系与弱关系。强关系以频繁相互作用为特点，形成于亲戚、密友和配偶之间；弱关系以不频繁相互作用为特点，形成于同事、同学和一般朋友之间。研究显示，创业者通过弱关系比通过强关系更可能获得新的商业创意，因为强关系主要形成于具有相似意识的个人之间，从而倾向于强化个人已有的见识与观念。

案例

社会创业机会开发

孟加拉乡村银行（格莱珉银行）创办者默罕默德·尤努斯因其开创性的普惠金融实践和对解决贫困问题作出的突出贡献获得了国际社会的高度认可。他的创业机会识别与开发过程深受社会网络的影响。尤努斯的朋友、父母、同事、同乡、老师和教练等构成了情感性网络，他们激发了尤努斯的创业动机，提供了大量相关信息及充足的人力和物质资源。政府部门、福特基金会和国际农业发展基金会等非营利组织以及国际基金会组成了社会支持性网络，为格莱珉银行的发展提供了资金支持。几所国家控股商业银行、服务机构、员工和贷款客户是商业网络的主要成员，他们在提供资金的同时，降低了交易成本，解决了格莱珉银行在社会创业机会利用阶段遇到的很多问题。

（4）创造性。创造性是产生新奇或有用创意的过程。从某种程度上讲，机会识别是一个创造过程，是不断反复的创造性思维过程。当人们广泛接触各种奇闻轶事时，很容易发现创造性包含在许多产品、服务和业务的形成过程中。创造性思维很难找准定位，但有时它又非常具体，几乎每家创业企业都希望能尝试一些创新。在不同的现实背景下，那些具有前瞻性思维的创业者，不仅自身具有创造性思维习惯，而且早已把培养创造性思维的文化潜移默化地融入自己的企业之中。

案例

泡泡玛特

2024 年末，泡泡玛特营收超百亿元，净利润超三十亿元，拉布布等 IP 形象成为全球现象级顶流。泡泡玛特做对了什么？ 2010 年，33 岁的王宁和创始团队成立了这个专营潮流产品的新锐品牌，门店开在北京中关村，售卖玩具、小饰品和玩偶，营收和运营效率不是很理想。王宁想到了转型。2015 年前后，互联网行业追逐效率和实用，王宁却创造性地把目光投向情绪价值。他精准捕捉到当代年轻人的心理需求缺口：渴望陪伴，需要存在感，羞于直白表达。于是，泡泡玛特开发出带着哭腔的 Cry Baby、眼神疏离的 Skull Panda，这些玩偶成为年轻人情绪的镜像和出口。盲盒机制的创造性设计，则利用不确定性制造惊喜，用拆盒瞬间的期待感紧勾用户，直击年轻人对抗平淡生活的心理需求。

三、 创业机会识别方法

创业机会的识别不仅要求创业者具备敏锐的市场洞察力和创新思维，还需要具有系统的分析方法，以下是一些主要的创业机会识别方法。可以单独使用，也可以多种方法综合使用。

(一) 市场调研发现机会

通过一手资料或二手资料的市场调研，来发现创业机会。一手资料调研是指通过问卷调查、访谈、观察等方式，通过与顾客、供应商、代理商等沟通获取资料，直接收集目标市场的数据和信息，了解消费者的需求、偏好和行为习惯。二手资料调研是指利用行业报告、市场研究、统计数据等二手资料，分析市场的整体趋势、竞争格局和潜在机会。

(二) 系统分析发现机会

从企业的宏观环境与微观环境的变化分析中寻找新的顾客需求，发掘创业机会。例如，通过 PESTEL 模型（政治、经济、社会、技术、环境、法律）等工具，分析宏观环境对创业机会的影响。利用波特五力模型（供应商议价能力、购买者议价能力、潜在进入者威胁、替代品威胁、行业内竞争强度）等工具，分析微观环境中的竞争态势和潜在机会。

(三) 问题导向发现机会

源于一个组织或个人面临的某个问题或明确的需求，持续与顾客沟通。首先是识别痛点，即观察市场和消费者，发现他们面临的痛点或未满足的需求，这些痛点与未满足的需求往往隐藏着创业机会。然后，通过市场调研和数据分析，明确目标市场的具体需求，并思考如何通过创业来满足这些需求。

(四) 创新变革发现机会

用新技术、新方法、新知识、新模式实现新价值（高新技术产业和互联网行业）。例如，关注新技术、新材料、新工艺等的发展动态，思考如何将其应用于创业项目中，以创造新的市场机会。再如，探索新的商业模式以区别于传统企业，获得竞争优势。

(五) 借鉴成功案例与失败教训发现机会

研究成功企业的成长轨迹和经营模式，了解他们是如何识别并抓住创业机会的，有助于创业者从中汲取经验和灵感。分析失败案例的原因和教训，避免自己在创业过程中重蹈覆辙。同时，也要看到失败中的机遇和启示。

(六) 拓展人脉资源发现机会

建立人脉网络，与同行、专家、投资者等保持密切联系，获取更多创业信息和机会。通过参加行业会议、展览、论坛等活动，结识志同道合的人士，共同探讨创业话题，共享创业资源。

(七) 利用互联网工具发现机会

利用搜索引擎、社交媒体等在线工具进行市场调研，快速获取大量相关信息和数据。运用数据分析工具对收集到的数据进行处理和分析，以发现市场趋势和潜在机会。

案例

李大钊用什么方法发现马克思主义这一中国革命的机会?

作为中国革命的先行者，李大钊明确指出，马克思主义是"中国的救星"，他也成为20世纪初马克思主义在中国的最早传播者。马克思主义的到来，可以看作是中国革命的一个"机会"，而李大钊是怎么发现这样的机会呢? 从问题导向分析方法出发，以李大钊为代表的新文化运动者都看到了从思想层面去唤醒国人才能根本改变国家命运，把国家的问题定义在了"思想"层面，而不是从前认为的军备、技术、制度等。其次，李大钊留学得以最早接触马克思主义、社会主义的主张，他充分地学习研究，采用了实地调研、参加各种行业活动的调查方法，获取了大量最先进的信息和思想。李大钊运用马克思主义唯物史观系统分析方法，来考察中国历史的发展进程，探究近代中国国运变动的原因，得出两个重大发现：一是发现"中国今日扰乱之本原，全由于欧洲现代工业勃兴，形成帝国主义，而以其经济势力压迫吾产业落后之国家，用种种不平等条约束制吾法权、税权之独立与自主，而吾之国民经济，遂以江河日下之势而趋于破产"。二是发现要改变这种局面，中国除了用革命手段废除中外间的不平等条约以恢复中国在国际上的"自由平等之位置"外，还必须采用社会主义。可以说，先进的思想理论指导，让李大钊找到了中国存亡的"钥匙"和"机会"。最后，他还运用了用户建议、需求创造方法，他深入工人队伍、深入中国基层，了解最基层的百姓心声，识别他们的痛点和需求，为大家揭示了工人阶级的潜力，一步步唤醒工人阶级，开展工人运动，直至认可马克思主义适合中国。

第三节　创业机会评价

创业机会评价作为创业实践行动正式启动之前的必要步骤，通过创业机会的自我评价和系统分析，从创业者内部和服务对象外部双重视角审查，用以保证创业机会的价值性与可行性，降低创业失败的风险。

一、 创业机会的评价原则

(一) 阶段性评价原则

创业机会从模糊到具体呈现出动态的形式发展过程。因此，对创业机会的评价不可能一次性完成，需要贯穿从未精确定义的需求或未充分利用的资源、商业概念、具体项目、商业模式、商业计划等整个创业机会形式的发展过程，作出多次评价。也就是说，创业者对机会的评价是分阶段进行的，每个阶段都要通过预先设置的"门槛"。通过分阶段的评价步骤，一个最初的商业概念就会逐步完善起来，最终形成一个企业。创业者把机会发展成一个企业之后，甚至在初创企业经营过程中，都需要对创业机会作出进一步的评价。从这个意义上说，创业机会的识别和评价并不是两个截然独立的环节。

(二) 机会调整和放弃原则

创业本身是一种干中学(learning by doing)的高风险行为，创业者在反复多次的机会评价中，可能调整其最初的创业想法，甚至识别出其他更有价值的新机会。不能成功通过阶段性评价门槛的创业机会，将被修订甚至被放弃。因此，创业者在创业机会评价过程中的每一阶段都要放弃一些机会，创业者认识到的社会需求和未利用资源的数量要远超过成功形成的企业数量。当然，一次创业失败也可能奠定下一次创业成功的基础。

(三) 非正式评价和正式评价原则

创业者常常需要在对创业机会进行非正式评价和正式评价之间作出平衡。由于"机会之窗"可能迅速关闭，机会显露出来、存在的时间非常短，或者创业者受到资源和能力的限制，或者关于机会的信息非常有限，在实践中创业者对创业机会的评价常是非正式和不系统的。尤其是创业机会发展的最初阶段，创业者可能仅凭经验甚至凭直觉和心智捷径作出决策，或者仅仅通过一些非正式的市场调查以评价这个机会是否值得考虑开发。随着机会的开发，这种评价一般会逐渐变得正式和系统。

(四) 定性评价和定量评价相结合的原则

现实中，创业者常采用定性评价和定量评价相结合的综合性评价方法。通常创业者先根据经验和直觉对创业机会作出定性的评价，然后根据需要进一步作出更精确的计算来完成定量评价。

二、创业机会的评价方法

国内外业界和学界提出了各种创业机会的评价方法与体系,这些方法包括定性方法、定量方法、定性和定量相结合的方法。

(一) 定性评价方法

创业机会往往蕴含着极大的不确定性和复杂性,很难进行精确的定量计算,或者由于机会转瞬即逝,往往来不及开展详细的定量评价,机会窗口就已经关闭,或者是创业者的财力有限,没有足够的资金去完成详尽的调查。所以,创业者通常利用定性评价方法,依靠经验、直觉和商业敏感等能力对创业机会快速作出主观判断,然后采取行动。定性评价方法很多,例如贾斯汀·朗格内克的定性评价方法和雷家骕等提出的创业机会评价方法。

1. 贾斯汀·朗格内克的定性评价方法

美国贝勒大学教授贾斯汀·朗格内克(Justin G. Longenecker),在《小企业管理:创业之门》一书中提出了评价创业机会的五项基本标准:第一,对产品有明确界定的市场需求,推出的时机恰当;第二,创业项目必须能够维持持久的竞争优势,也就是说,对于可能遇到的竞争力量,至少要可以与之抗衡;第三,创业项目具有一定程度的高回报,允许适当投资失误;第四,创业者和机会之间必须互相匹配,也就是说,创业者能够获得利用机会所需的关键资源;第五,机会中不存在致命的缺陷。

案例

杉数科技

2016 年被称为人工智能元年,四位斯坦福大学博士在北京联合创立了杉数科技,他们的核心产品并非人脸识别、无人驾驶等人工智能技术,而是聚焦智能决策技术,将运筹学和机器学习深度融合。"决定创业其实是一个偶然的机会。"杉数科技联合创始人兼 CEO 罗小渠说:"2015 年底,另外两位联合创始人葛冬冬和王子卓接了京东一个与定价相关的咨询工作,取得良好效果并获得京东认可。"就在那时,三人在一起讨论是不是应该把帮助企业做决策、实现精细化运营以公司的形式提供更普惠的产品和服务。他们找来斯坦福同门好友王曦共同回国创业。当时,资本最热捧的人工智能企业解决的多是营销端问题,比如客户画像、流量分析、产品推荐等,但这在企业营销体系里投入的时间和精力大约只占 20%—30%,更多精力是在从生产到物流、到库存管理,再到前端销售运营的环节,这里的优化决策问题比营销端的问题更加复杂,涉及大量资源分配。因此,首先要有足够数量和质量的数据描绘要解决的问题,然后通过数学精准建模,进而计算求解。杉数的技术体系是将运筹学和机器学习深度融合,形成以"求解器 COPT 为核心计算引擎 + 决策中台 + 业务场景"的完整智能决策技术平台,通过对底层技术引擎的升级来驱动更为高效的智能化产品平台和服务。因为在建模和求解器方面都有较强的能力,杉数科技可以让模型与求解器更完美的匹配,帮助客户解决生产计划、供应链网络规划、运输、仓储、库存等核心业务节点上的问题,并成功获得像百威、好丽友、嘉士伯等国际巨头的订单,以及国内富士康、海尔、京东、顺丰、德邦、滴滴等头部企业的认可。

2. 雷家骕等提出的创业机会评价方法

国内雷家骕等学者提出从以下五个方面来选择创业机会：第一，机会的原始市场规模。市场越大越好，但大市场可能会吸引强大有力的竞争对手，因此小市场可能会更友善。第二，机会将存在的时间跨度。一切机会都只存在于一段有限的时间之内，这段时间的长短差别很大，由商业性质决定。第三，预期特定机会的市场规模将随时间增长的速度。一个机会可能带来的市场规模将随时间变化，风险和利润也会随时间变化。机会存在的某些时期，可能比其他时期更有商业潜力。第四，好机会具有明显的特点。这些特点包括：①前景市场可明确界定；②市场前5～7年销售额稳步且快速增长；③创业者能够获得利用机会所需的关键资源；④创业者不被锁定在刚性的技术路线上；⑤创业者可以用不同的方式创造额外的机会和利润。第五，特定机会对特定创业者的现实性。包括：①创业者是否拥有利用某个创业机会所需的资源；②是否能"架桥"跨越资源缺口；③对于可能遇到的竞争力量，至少要可以与之抗衡；④存在可以占有的前景市场份额，甚至自己可以创造市场。

(二) 定量评价方法

定量评价方法是在创业机会评价指标体系的基础上，给出各指标的权重，然后为待评价的创业机会的每个指标评分，最后计算出创业机会每个指标的加权得分及评价总分来评价创业机会的一种方法。定量评价方法很多，表6-1给出了一种较为简单的专家评分法。

表6-1 专家评分法

评价指标	指标权重	专家评分			平均分	加权平均分
		极好(3分)、好(2分)、一般(1分)				
		专家 A	专家 B	专家 C		
易操作性						
广告潜力						
市场接受度						
增加资本的能力						
投资回报						
专利权状况						
市场大小						
制造的简单性						
质量和易维护性						
成长潜力						
总得分						

首先选择对创业机会成功有重要影响的因素形成评价指标，这里使用了10个评价指标，包括易操作性、广告潜力、市场接受度、增加资本的能力、投资回报、专利权状况、市场大小、制造的简单性、质量和易维护性、成长潜力。接着，为每个指标赋予权重，权重的设计又可采用多种方法，例如德尔菲方法、层次分析法（AHP）等。然后，为每一个评价指标设计评分等级，这里简单设置为极好（3分）、好（2分）、一般（1分）三个等级。最后，通过专家小组

对创业机会进行打分,假定小组有三名专家,得到每个评价指标的平均分,最后求出各个创业机会在每个指标下的加权平均分和总得分,从而可以对不同的创业机会进行比较。

(三) 定性与定量相结合的综合评价方法

评价创业机会是一项既具有艺术性又具有科学性的复杂工程。创业者需要利用自己的商业敏感作出主观判断,同时也要利用一定的科学方法作出定量分析。识别创业机会应将主观判断和客观分析相结合,即采用定性和定量相结合的评价方法。一方面,利用定性的评价方法得到创业机会评价的维度及评价指标体系,另一方面利用定量的方法得到各评价指标的权重及在各指标上的得分。

三、 蒙蒂斯创业机会评价框架

从评价指标体系看,目前公认比较权威、科学的是蒂蒙斯 1999 年提出的机会评价框架。与其他理论不同,蒂蒙斯更多的是从一个机构投资者或一个旁观者的角度来分析,结合机会本身的特点和企业(或企业家)的特质来综合考虑。他概括的创业机会评价框架如表 6-2 所示,涉及八大类共 53 项指标。其中不少指标采用了量化的形式,例如市场规模、市场成长率、投资回报率、销售额、利润率等,更加有助于创业者进行精准的判断。

表 6-2 蒂蒙斯创业机会评价框架

评价内容	评价指标
一、行业与市场	1. 市场容易识别,可以带来持续收入
	2. 顾客可以接受产品或服务,愿意为此付费
	3. 产品的附加值高
	4. 产品对市场的影响力高
	5. 将要开发的产品生命长久
	6. 项目所在的行业是新兴行业,竞争不完善
	7. 市场规模大,销售潜力达到 1 000 万—10 亿元
	8. 市场成长率在 30%—50% 甚至更高
	9. 现有厂商的生产能力几乎完全饱和
	10. 在五年内能占据市场的领导地位,达到 20% 以上
	11. 拥有低成本的供应商,具有成本优势
二、经济因素	1. 达到盈亏平衡点所需要的时间在 1.5—2 年以下
	2. 盈亏平衡点不会逐渐提高
	3. 投资回报率在 25% 以上
	4. 项目对资金的要求不是很大,能够获得融资
	5. 销售额的年增长率高于 15%
	6. 有良好的现金流量,能占到销售额的 20%—30% 以上
	7. 能获得持久的毛利,毛利率要达到 40% 以上
	8. 能获得持久的税后利润,税后利润率要超过 10%

评价内容	评价指标
二、经济因素	9. 资产集中程度低
	10. 运营资金不多,需求量是逐渐增加的
	11. 研究开发工作对资金的要求不高
三、收获条件	1. 项目带来的附加价值具有较高的战略意义
	2. 存在现有的或可预料的退出方式
	3. 资本市场环境有利,可以实现资本的流动
四、竞争优势	1. 固定成本和可变成本低
	2. 对成本、价格和销售的控制较高
	3. 已经获得或可以获得对专利所有权的保护
	4. 竞争对手尚未觉醒,竞争较弱
	5. 拥有专利或具有某种独占性
	6. 拥有发展良好的网络关系,容易获得合同
	7. 拥有杰出的关键人员和管理团队
五、管理团队	1. 创业者团队是一个优秀管理者的组合
	2. 行业和技术经验达到了本行业的最高水平
	3. 管理团队的正直廉洁程度能达到最高水准
	4. 管理团队知道自己缺乏哪方面的知识
六、致命缺陷	是否存在任何致命缺陷
七、创业家的个人标准	1. 个人目标与创业活动相符合
	2. 创业家可以做到在有限的风险下实现成功
	3. 创业家能接受薪水减少等损失
	4. 创业家渴望进行创业这种生活方式,而不只是为了赚大钱
	5. 创业家可以承受适当的风险
	6. 创业家在压力下状态依然良好
八、理想与现实的战略性差异	1. 理想与现实情况相吻合
	2. 管理团队已经是最好的
	3. 在客户服务管理方面有很好的服务理念
	4. 所创办的事业顺应时代潮流
	5. 所采取的技术具有突破性,不存在许多替代品或竞争对手
	6. 具备灵活的适应能力,能快速地进行取舍
	7. 始终在寻找新的机会
	8. 定价与市场领先者几乎持平
	9. 能够获得销售渠道,或已经拥有现成的网络
	10. 能够允许失败

蒂蒙斯本人也承认,现实中有着成千上万适合创业者的特定机会,未必都能与这个评价框架相契合,但他的这个框架及其中的评价指标仍是目前来看构建较为完整的一个体系。这一评估体系主要适用于具有行业经验的投资人和资深创业者,对创业企业进行整体评估。由于该评估体系涉及的项目比较多,在实际运用中可作为参考选项库,结合使用对象、创业机会所属行业特征及机会自身属性等进行重新分类、梳理简化,提高使用效能。

四、 创业机会的评价过程

创业机会的评价过程包含创业机会的初始判断、创业机会的系统评价、创业机会测试三个阶段。

(一) 创业机会的初始判断

创业机会的初始判断是创业过程中的一个重要环节,它涉及对潜在商业机会的全面审视和初步评估。以下是创业机会初始判断的主要内容和步骤:

(1)市场需求验证。第一,评估目标市场的总体规模和增长潜力。第二,通过市场调研、用户访谈等方式,验证市场需求的真实性和紧迫性。第三,将市场细分为不同的子市场,确定目标客户群体的具体特征和需求。

(2)市场潜力与增长预测。第一,分析行业发展趋势和未来市场需求的变化趋势。第二,基于市场趋势和竞争态势,预测项目的市场增长潜力和盈利前景。

(3)竞争分析。第一,列出主要竞争对手,并分析他们的市场地位、产品特点、价格策略等。第二,评估创业项目相对于竞争对手的差异化优势,如技术创新、成本效益、品牌优势等。第三,分析进入目标市场可能遇到的壁垒,如技术壁垒、资金壁垒、法规限制等。

(4)商业模式评估。第一,明确项目的盈利模式和收入来源,评估其可行性和可持续性。第二,分析项目的成本构成,包括固定成本和变动成本,确保盈利空间。第三,评估项目如何有效地将价值传递给目标客户,并满足他们的需求。

(5)技术与资源评估。第一,评估项目所需技术的成熟度、可获得性和成本效益。第二,确定项目所需的关键资源,如资金、人才、设备、技术等,并评估获取这些资源的难易程度。第三,评估创业团队的专业能力、经验背景和互补性,确保团队能够胜任项目实施。

(6)风险评估与应对。第一,全面识别项目可能面临的各种风险,如市场风险、技术风险、财务风险等。第二,对识别出的风险进行量化评估,确定其发生的可能性和影响程度。第三,针对高风险因素制定相应的应对策略和预案,降低风险对项目的影响。

(二) 创业机会的系统评价

如果潜在的创业机会通过了初始的评价判断,则需要利用全面的创业机会评价体系或框架对其进行系统评价。例如,可以利用蒂蒙斯的创业机会评价指标体系从八个维度53项指标进行评价。其中一个重点也是难点就是选择合适的赋权法,不同评价因素的权重设置对最终评价结果具有重要影响。权重分配应基于充分的市场调研和专家咨询,并采用科学的方法。另外,随着市场环境的变化和创业机会的演进,各评价因素的权重可能需要进行动态调整,创业者应及时对权重进行修订。

(三) 创业机会测试

即使是再好的机会都应该经过客户的检验和认可，才能正式推向市场。所以好的创业者即使希望快速行动，也要小心谨慎，在行动之前，先对机会进行测试。机会测试包含概念测试、样品测试、产品商业测试三个阶段。

(1) 概念测试。概念测试是将新产品理念以与消费者相关的方式表达出来形成产品概念，并将其交给潜在目标消费者进行评价。概念测试的目的主要有以下几点：第一，从多个产品概念中选择出最适合的一个；第二，基于选择出的概念，初步思考这个概念能够带来的商业价值；第三，这个商业价值能否得到目标和潜在客户的认可；第四，企业如何来更好地实现这个概念以便商业价值能够得到体现。为了提高准确率，需要增加样本量，这样就比较适合采用市场调研的方式，可以设计一份问卷，然后在认为可能出现目标和潜在客户的区域进行调查，最终来得到这些客户对某个产品概念的态度。

(2) 样品测试。通过概念测试后，还应做出产品样品，再对样品进行测试，因为毕竟概念和实物会有所差距，概念是否能很好地转化为产品、产品是否能受到消费者的喜爱，这都需要通过样品测试来检验。样品测试主要分为以下三个阶段：第一，内部测试阶段，让员工参与使用新产品，找到比较明显的产品缺陷和不足，并进行修改。但是内部测试并不能保证员工是自己产品的目标客户，因此，他们只能发现一些显而易见的产品问题，而无法提供更有力、更深入的观点。第二，公开测试阶段，就是用户实验的阶段形式，方法基本一样，邀请部分客户进行测试，并针对设计好的问题让他们进行回答。第三，持续测试阶段，这个阶段就是提供给客户一部分样品，让他们持续使用。因为有些客户购买产品完全是为了尝鲜，并不是真正需要，而这种持续性测试，就能够看出客户是否真正需要产品，这决定了他们是否会持续购买产品或者服务。

(3) 产品商业测试：把通过了样品测试且得到改进的新产品放置在小范围、可信赖的潜在消费者群体中，以测试新产品的市场效应，也就是常说的产品试销。试销的主要目的有两个：一是进一步预测产品的销售前景和利润；二是试运行企业所制定的营销策略，并基于反馈进行修正，确保正式执行的时候无偏差。产品商业测试涉及六个重要决策：①确定试销方案，即说明为什么要进行试销，以及通过试销要得到什么数据和进行后期评估的各类标准；②确定试销地点，即在哪些区域开展试销，为什么要选择这些区域；③确定试销方法，即选择什么样的渠道，选择什么样的媒体；④确定试销周期，即大概需要多长时间来完成这个过程；⑤确定成本预算，即大概需要花费多少钱；⑥确定试销评估方案，即确定如何收集信息，如何传递信息，如何对收集到的信息进行评估等。

📖 思考题

1. 创业机会有哪些常见类型，各有什么特点？
2. 请联系实例说明创业机会的不同来源。
3. 影响创业机会识别的个体因素有哪些？
4. 简述创业机会识别过程模型。
5. 简述识别创业机会的常用方法。

6. 简述蒂蒙斯创业机会评价框架的八个维度。

7. 简述创业机会的评价过程和评价方法。

❈实践练习 ——————————————

活动名称:调查宠物食品行业的创业机会

活动内容:借助波特五力模型调查分析宠物食品行业的创业机会,覆盖五个维度:新进入者威胁、买方议价能力、卖方议价能力、替代品威胁、现有竞争者的竞争。开展如下调查研究:第一,宠物食品行业进入门槛及品牌壁垒是什么? 第二,宠物主人对宠物食品价格的敏感度和品牌的忠诚度如何? 第三,宠物食品原材料是什么? 其来源是否具有多样性? 第四,现有宠物食品存在哪些可替代品? 优劣势是什么? 第五,现有行业巨头的竞争优势是什么? 有没有市场空白? 基于以上分析,尝试从高端化、精细化、定制化等方面寻找创业机会。

第七章　创业团队

引导案例

小米创业团队

团队第一，产品第二。

——雷军

小米集团成立于 2010 年，2018 年在香港交易所主板挂牌上市（1810.HK），是一家以智能手机、智能硬件和 IoT 平台为核心的消费电子及智能制造公司。2009 年，雷军说"我 40 岁以前已经干了不少事，卓越卖了、金山上市了、天使投资也不错，但我迷茫了，18 岁的理想一直没有实现，觉得心里不踏实"，他觉得他已经快 40 岁了，想干点事情，犹豫了半年时间，雷军在武汉大学的操场上沿着 400 米的跑道走了好几个通宵，最终在 40 岁与合伙人创办了小米科技，雷军给公司起名"小米"原因有三：第一，在北京中关村银谷大厦 807 室，14 个人的团队一起喝了小米粥；第二，希望用小米加步枪干革命的精神来征服世界；第三，mi 代表 mission impossible，小米要完成不能完成的任务。2011 年，雷军带着小米 1 代登上发布会舞台，当他宣布带有 1.5 GHz 双核处理器的小米手机定价为1 999 元时，台下的观众和媒体爆发了持续半分钟的掌声和尖叫。小米 1 代用 37 个小时卖出了 40 万部手机，实现了 8 亿元销售额。成就小米 1 代的，是曾经一起喝小米粥的团队。小米的联合创始人有 7 位，分别是董事长兼 CEO 雷军，总裁林斌，副总裁黎万强、周光平、黄江吉、刘德以及洪峰，他们是来自 Google、微软、金山等公司的顶尖管理和技术人员。

构建团队，人是最关键的。雷军拿着写有潜在合伙人名单的小本子，第一个找了林斌。林斌是谷歌中国工程研究院副院长、工程总监、Google 全球技术总监，负责谷歌在中国的移动搜索与服务的团队组建与工程研发工作，是"李开复的左臂右膀"。雷军在餐巾纸上画出小米的商业模式：先从开源的安卓操作系统切入，做好用户体验，等操作系统被用户接受了，再做手机，然后通过电商模式卖产品，最终靠软件和互联网服务来赚钱。于是，林斌第一个登上雷军的小米战船，两人开始分头挖人。雷军找来在金山的老下属黎万强，黎万强毕业于西安工程大学设计专业，2000 年加入金山，从一个设计师成长为事业部的领导者，历任人机交互设计总监、设计中心总监和金山词霸事业部总经理。黎万强成为小米第三位联合创始人。林斌以同样的方式"俘获"了微软旧同事黄江吉，当时黄江吉还不到 30 岁就成为微软工程院的首席工程师。在北京一家饭店，雷军、林斌、黄江吉三人一起聊各种电子产品，一聊就是几个小时，雷军毫无保留地展示了自己作为一个超级产品发烧友的素质，黄江吉说："当时我以为我是 Kindle 的粉丝，但是没想到雷军比我更了解 Kindle，当时为了用 Kindle，我还写一些小工具去改进他，结果没想到雷军也是这样的疯狂，他甚至把一个 Kindle 拆开看里面的构造怎么样。"聊了四个半小时后，黄江吉虽然还不知道对面坐着的两人要做什么，但他临走前说："我先走了，反正你们要做的事情，算上我一份！"就这样，黄江吉成为第四个加盟雷军团队的人。

除了黄江吉之外，林斌还联系了自己在谷歌的下属——高级产品经理洪峰。说起洪峰，很多圈内人都觉得这个人怪，但是更多的人还是对他的技术赞赏有加。洪峰还在小学时就开始学习计算机，他最大的爱好就是编写程序来解决生活中遇到的实际问题。进入谷歌后，洪峰一度在 Google 的美国总部做高级工程师，也就是在那段时间，洪峰和其他技术人员一起开发了"谷歌街景"。和雷军第一次见面，洪峰就把技术宅男的特点表现得淋漓尽致。他在雷军对面坐着，始终保持着淡淡的微笑，不管雷军说得多么天花乱坠，他也绝不搭茬。等到雷军说得口干舌燥的时候，洪峰终于发话了："要做手机，你有自己的硬件团队吗？你对运营商了解多少？你能搞到屏吗？"洪峰这一问，还真把雷军问住了，因为洪峰说的这些他一样都没有。这次会面结束后，雷军就决定一定要把洪峰拉到团队中来。洪峰虽然对雷军的创业计划充满诸多疑问，但是他喜欢富有挑战的事情，最终也就答应了雷军的邀请，成为小米创业团队里最年轻的成员。

此时的 5 个人在雷军眼里已经是一个非常给力的组合了。可是洪峰却并不这么认为，他和雷军提到一个人——刘德，雷军听到这个名字后多少有些犹豫，他觉得自己根本请不动这样一尊大神。刘德是美国艺术中心设计学院的高才生，获得工业设计硕士学位。这所学校建校 80 多年来，只有 20 多位中国毕业生，刘德是其中之一，他还创办了北京科技大学工业设计系，并担任系主任。接到雷军邀请后，刘德面临一个非常艰难的抉择。他在美国过着优哉游哉的中产阶级生活，事业还在稳步地向前发展，根本不需要为小米冒险。可刘德最终答应了雷军，原因是好商品易做，好团队难寻，他不想错过这样一个优秀的团队。

做手机系统的人有了，做手机软件的人有了，连设计手机的人都有了，唯独缺一个能把手机做出来的人。为了尽快找到合适的人选，雷军在 2010 年夏天用 3 个月时间面试了 100 多名手机硬件方面的人才却最终无果。就在雷军感到绝望的时候，有人将周光平介绍给雷军。和当初听说刘德的反应一样，雷军认为不太现实。首先，周光平已经 55 岁了，这样年纪的人很少有愿意出来创业的；其次，从 1995 年开始，周光平就在摩托罗拉担任高级工程师职务，在摩托罗拉可以说是要风得风、要雨得雨，没有出来创业的必要。但是在林斌的建议下，他还是和周光平见了一面。两人从中午 12 点一直聊到晚上 12 点，连吃饭都顾不得,午饭和晚饭竟然是叫的外卖。没几天,雷军就在出差的路上接到了林斌打来的电话:"周博士同意了!"那一天雷军感慨万千,想想自己过去一年所做的一切,他觉得挺值的。

　　思考题:(1)如何理解雷军所说的"团队第一,产品第二"?
　　　　　　(2)你认为成功的创业团队应该具有哪些特征?

第一节　创业团队构成

　　创业团队是指由两个或两个以上具有共同的创业理念、价值观和创业愿景的创业者,为了达到共同的创业目标,相互信任、团结合作,共同承担创建新企业责任而组建的工作团队。这个团队的成员具有创业心态、创业能力并决心在未来相当长一段时间(3—5 年)全身心地投入公司工作中。创业团队的构成是指团队成员的组成和配置,可以分为角色构成和成员构成。

图 7-1　创业团队的角色构成

一、创业团队的角色构成

　　创业团队的角色构成是指创业个体在创业活动中担负的不同角色并由此决定创业团队所呈现的结构形式。创业团队的能力不仅仅体现在每一个创业团队成员身上,更体现为团队成员在每一个能力方向上的集合。创业团队的能力发挥需要基于角色、身份与工作定位,成员只有定位于某一角色上,具备某种能力,才能胜任工作任务。优秀的创业团队一般具备九种角色,如图 7-1所示。

(一) 实干者

　　在创业团队中,实干者角色是那些将团队的战略和愿景转化为具体行动,通过不懈的努力和高效的执行力推动项目进展的人。他们不仅是团队中的行动派,更是实现团队目标的重要支柱。实干者具有的核心特征包括:高效执行、坚韧不拔、注重结果、善于协作。

(二) 创新者

　　创新者角色是团队创意与变革的源泉,他们以其独特的思维方式和视角,为团队带来新颖的想法和解决方案,推动团队不断向前发展。创新者的核心特征有:创造力与想象力、敏锐的洞察力、风险承受能力和跨学科能力。

(三) 技术专家

技术专家负责团队的技术研发工作,包括产品设计、算法优化、系统开发等。他们通常是团队中的技术领军人物,能够根据创业项目需求,选择合适的技术架构,能够带领团队克服技术难关,并负责培训和指导团队成员,提升团队整体的技术水平和能力。

(四) 完美者

完美者角色通常指的是那些对细节极为关注,追求高质量和高标准的团队成员。他们不仅注重产品的功能和性能,还非常关注用户体验和产品的整体美感。完美者的核心特征包括:细节导向、高标准严要求、批判性思维和持续改进。

(五) 监督者

在创业团队中,监督者角色负责确保团队按照既定的计划和标准运作,同时维护团队的纪律和秩序。监督者需要定期检查和评估团队的进展情况,通过收集和分析数据,向团队领导或其他相关方提供准确、及时的报告,并向团队成员提供具体的反馈和建议。

(六) 推动者

创业团队中的推动者角色是引领团队前进、激发创意、协调资源、确保创业项目按时推进并克服挑战的关键性人物。推动者的核心特征包括:积极主动、目标明确、决策果断、敢于挑战传统等。

(七) 协调者

协调者角色负责确保团队成员之间的有效沟通和协作,解决团队内部的矛盾和冲突,增强团队的凝聚力和向心力。协调者一般具有成熟稳重的特征,办事有条理,自信并信任他人,具备宽广的视野和不带偏见的兼容心态。

(八) 信息者

信息者角色负责收集来自各种渠道的信息,例如公司内外部的数据、报告、市场趋势、行业动态等,对这些信息进行筛选、整理和分析,通过会议、报告、邮件、在线平台等方式传递给其他成员,帮助团队成员理解信息的含义和潜在影响,为创业决策提供策略建议。

(九) 凝聚者

凝聚者角色是团队稳定性和团结性的关键所在,通常具有善于交际、温和友善、关心他人的特质。凝聚者通过其关心和支持团队成员的行为,让团队成员感受到被重视和认可,能够提升团队的士气,激发团队成员的积极性和创造力。

创业团队的每个成员都至少承担了一种角色。一方面,有的创业团队成员甚至扮演着好几种角色,这与他们在团队中的能力和工作定位有关。另一方面,团队当中的一个角色往往是由几个成员担当,只是有些人在该角色上表现出更强的能力。

案例

唐僧取经团队

西游记中的唐僧取经团队一直被认为是优秀创业团队的典范,大家一起来看看在这样一个模范团队中的角色分工是怎样的。唐僧扮演了推动者、凝聚者和完美者的角色,将孙悟空、猪八戒、沙和尚和白龙马凝聚在一起,到西天去取经,尽管路途遥远、历尽磨难,但他始终坚持、不放弃,并且在过程中不断的鼓励、推动、鞭策大家;孙悟空承担了实干者、创新者和技术专家的角色,他最聪明、点子最多,而且法力高强,降妖除怪总是冲在第一线;猪八戒充当了协调者、监督者和信息者的角色,尽管能力有限,但却是不可或缺的成员,经常要去协调师徒之间、师兄弟之间的关系,而且要去探探路、找点吃的,还喜欢发表点自己的意见,偶尔逗逗大家开心;沙和尚和白龙马都是典型的实干者,只管埋头干活。这个取经团队历经九九八十一难,最终取到了真经,实现了团队的终极目标,而团队的每个成员也修成正果,得偿所愿。

二、 创业团队的人员构成

初创企业既可能是一个仅仅为创始人提供一种替代就业方式、为几个家人和几个外人提供就业机会的公司,也可能是一个具有较高发展潜力的公司,前者和后者的主要不同之处在于是否拥有一支高质量的创业团队。从人员构成来看,创业团队的概念有广义和狭义之分。狭义创业团队特指初创企业中的初始合伙人团队,这是创业过程中最为核心和基础的团队构成。这些合伙人通常是在创业初期,基于共同的创业理念和愿景,通过协商和合作,共同组建起创业团队。他们不仅投入资金、时间和精力,更承载着对未来的无限憧憬和期待。广义创业团队涵盖了更广泛的成员范围,包括员工、顾问、投资人等。

(一) 初始合伙人团队

初始合伙人团队是由在创业初期就投资并参与创业行动的多个个体组成,初始团队的知识、技术和经验往往是企业所具有的最有价值的资源。初始合伙人团队包括:

（1）创始人。创始人是核心领导者,负责整个企业的战略规划、决策制定和团队管理,具备出色的领导力、沟通能力和战略眼光。

（2）联合创始人或合伙人。联合创始人或合伙人与创始人共同承担企业的创建和运营责任,通常在技术、市场、运营等方面具备专业背景和经验。

(二) 董事会成员

有条件的创业团队在创业过程中可以设立董事会。董事会是由董事组成的,对内掌管公司事务、对外代表公司的经营决策和业务执行机构。如果创业者计划创建一家公司制企业,就需要按照规定成立董事会,董事一般由内部董事和外部董事组成。董事会是企业利用外部资源弥补企业能力和资源短板的重要方式。初始合伙人团队可能由于自身能力的原因,在解决创业企业遇到的某些问题时表现得苍白无力,此时初始合伙人可以合理利用董事会,将其作为创业团队的重要组成部分,以弥补自身不足。

(三) 专业顾问

在很多情况下,初创者还需要依靠一些专家顾问,通过与他们的互动交流获取重要的建议和意见。这些专家顾问通常会成为创业团队的重要组成部分,在外围发挥重要的作用。专业顾问委员会通过凝聚各个顾问的智慧,更好地指导初创企业。专业顾问既可以是贷款方和投资方,可以是税收咨询师、专利咨询师,也可以是律师,综合提供法律咨询、合同审核和知识产权保护等相关服务,确保企业在法律框架内合规运营。

三、 创业团队的特质

创业团队的特质,是创业团队在形成和运作过程中,所拥有的知识、技能、经验、资源,以及所展现出的独特行为方式和精神风貌。人们经常通过评估创业团队尤其是初始合伙人的特征来预期企业未来发展的前景。

(一) 受教育程度、知识、技能和经验

虽然受教育程度不是创业成功的必要条件,但它在某些方面仍然具有一定的作用。更高的受教育程度往往意味着更广泛的知识储备和更深入的专业学习,有助于创业者在某个领域形成专业优势。一份对北京、上海、深圳、杭州、武汉、西安 6 个大城市的创业调查报告显示,88.5％的创业者接受过大专以上教育,其中 59.6％的创业者最高学历为大学本科,6.1％的创业者接受过研究生以上教育。另外,创业者需要多元化的知识结构,涵盖商业与管理、行业、法律等多个方面。创业者需要的技能是多样且全面的,例如领导力、沟通与交往、谈判与协商等。根据相应的创业领域,创业者还需要具备相关的技术或行业特定技能。例如,在科技创业中,创业者需要了解编程、数据分析或产品设计等技能;在零售业中,需要了解供应链管理、库存管理等技能。经验方面,一个理想的创业者具备三方面经验:相关专业领域的工作经验、前期的创业经验以及相关产业的经验。

(二) 拥有的资源

创业团队在启动和发展过程中,需要多种资源来支持其目标的实现,包括人力资源、财务资源、技术与知识资源、渠道与客户资源、物理资源(办公场地、生产设备、仓储与物流设施等)、信息资源、法律与政策资源、社会网络与人脉资源等。

(三) 价值观

创业团队的价值观是团队文化和精神的基石,它定义了团队成员共同信仰、行为准则和追求目标的原则。一个清晰、积极且共享的价值观体系能够增强团队的凝聚力、激发成员的创新力,并在面对挑战时提供方向指引。在某种意义上,共享的价值观是一个创业团队的灵魂。构建这些价值观时,创业团队应通过集体讨论、共识达成和正式确认等方式,确保每个成员都深刻理解并认同这些价值观。同时,还需要将这些价值观融入到团队的日常管理和决策过程中,通过实际行动来践行和传承这些价值观。

案例

阿里巴巴价值观之六脉神剑

阿里巴巴的价值观是其企业文化的核心,长期以来,这些价值观指引着阿里巴巴的发展方向,塑造了企业的独特气质。阿里巴巴的价值观经历了多次迭代和完善,但"客户第一"始终是其中的核心原则。2004 年,公司在成立五周年之际正式形成了旧版的"六脉神剑":①客户第一;②团队合作;③拥抱变化;④诚信;⑤激情;⑥敬业。2019 年,在阿里巴巴成立20 周年之际,又正式公布了新版的"六脉神剑"价值观,这是对公司使命、愿景、价值观的全面升级。包括:①客户第一,员工第二,股东第三;②因为信任,所以简单;③唯一不变的是变化;④今天最好的表现是明天最低的要求;⑤此时此刻,非我莫属;⑥认真生活,快乐工作。这些价值观不仅体现了阿里巴巴对客户、员工、股东和社会的承诺,也反映了公司在快速发展中保持初心、持续创新的精神风貌。

第二节　创业团队组建

创业团队的组建是一个复杂过程,不同类型的企业所需要的创业团队也不一样。本节介绍组建创业团队遵循的原则和一般性程序,以及创业团队的管理要素。

一、 组建创业团队遵循的原则

组建创业团队所遵循的三个基本原则是:共同志向原则、利益一致原则和异质性原则。

(一) 共同志向原则

创业团队成员的经营理念与方式不一致往往导致创业团队解散,引发企业经营的巨大风险,例如联想公司的柳传志和倪光南。柳传志是一位有科技背景的企业管理者,而倪光南是一名科学家,他们的分歧是经营管理理念的不一致造成的,柳传志是市场导向,而倪光南是技术导向。这一根本的分歧导致了曾被誉为"中关村最佳拍档"的联想创业组合的分裂,给联想集团带了巨大的损失。再如,乔布斯曾邀请百事可乐 CEO 约翰·斯库莱加盟苹果公司,并担任总裁兼首席执行官。他当时对斯库莱说的一句话成为经典名言:"你究竟是想一辈子卖饮料,还是想抓住改变整个世界的机会?"这句话正是基于共同志向原则。

(二) 利益一致原则

利益一致原则是指团队利益高于其他。这一原则强调的是团队成员在追求创业目标的过程中,个人目标与团队目标、企业利益应保持一致。这要求团队成员不仅要有共同的创业愿景和奋斗方向,还要在利益分配、风险承担等方面达成共识,确保每个人的努力都能转化为团队和企业的共同利益。

(三) 异质性原则

创业团队成员的异质性和互补性,对于创业团队和新创企业取得高绩效具有十分重要的意义。互补性的创业团队成员可以贡献差异化的知识、技能、能力、资金以及关系等各类创业资源,这些资源能够帮助新创企业更好地克服创新的风险和资源的约束。企业能否快速成长不仅取决于 CEO 个人的个性、行为和背景,也取决于全体高层执行团队成员的个性、行为和经验,以及他们合作共事所发挥的优势。因此,在创业团队成员的选择上,必须充分注意人员的知识结构,合理配备技术、管理、市场、销售等人员,充分发挥个人的知识和经验优势。此外,企业在不同阶段对社会资源有不同的要求。对于种子期的项目,团队往往以技术人员为主;对于发展扩张期的项目,需要技术人员和市场开拓人员并重;对于成熟期、规模较大的项目,必须加大管理人才的权重。

案例

携程四君子

在美国接受教育并且工作多年的沈南鹏、梁建章,与接触国外文化的民营企业家季琦、国营企业管理者范敏,构成了一个奇妙的组合。他们创立的携程和如家虽然经历了多次高层人事变更,却从来没有发生过震荡,为中国企业树立了一个高效团队的榜样。1999 年春节后的一天,上海交通大学校友聚会上几个年轻人就互联网经济、美国的网络公司、纳斯达克和 IPO 等话题热烈地讨论了一夜,结论是一起在中国做一个向大众提供旅游服务的电子商务网站。当年 5 月,他们共同创建了携程旅行网。4 个人按照各自的专长分工:梁建章任首席执行官,沈南鹏任首席财务官,季琦任总裁,范敏任执行副总裁。这 4 个交大校友一开始就以契约精神明确各自的股份,根据各自经历大体定下了人事架构。看起来这是个"绝配"组合:做民企出身的季琦有激情、锐意开拓;来自华尔街的沈南鹏擅长融资;搞 IT 咨询的梁建章偏理性,善于把握系统,眼光长远;国企出身的范敏则善于经营,方方面面的关系都平衡得好。创业之初,季琦一直承担着重任,直到第二轮 450 万美元融资到位前,另外 3 位都还没真正"下海",他的确是早期创业主角的最佳人选。半年后,携程找到了"订酒店、订机票"的赢利模式。通过订飞机票、订房和订购旅游线路这三个主导产品实现了收入。2003年,携程在纳斯达克上市。

二、 组建创业团队的一般性程序

不同创业情境下,组建的创业团队不同,组建的具体过程也不同,图 7-2 给出了组建创业团队的一般性程序。

(一) 明确创业目标

创业团队的总目标就是要通过完成创业阶段的技术、市场、规划、组织、管理等各项工作来实现企业的从无到有、从起步到成熟。总目标确定之后,为了推动团队最终实现创业目标,还要再将总目标加以分解,设定若干可行的、阶段性的子目标。作为组建团队的第一步,

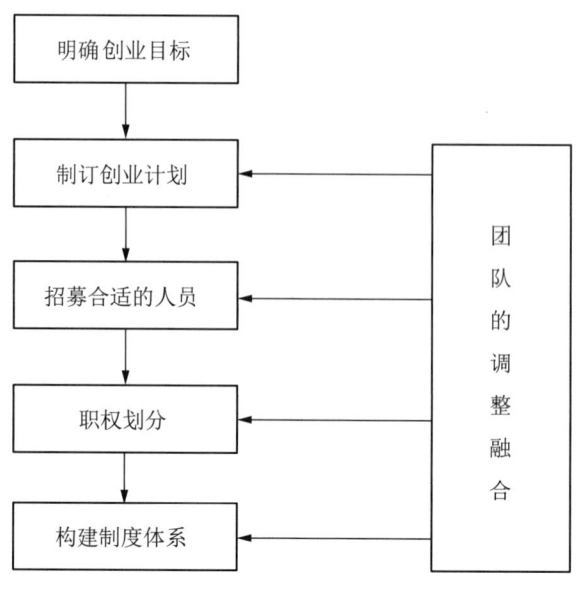

图 7-2　创业团队组建的程序

创业者需要清晰地确定自己的创业目标，包括长期目标和短期目标，这些目标应该具体、可衡量，并且与团队成员的个人职业规划和发展方向相契合。明确的目标能够激发团队成员的积极性和创造力，并引导他们在创业过程中保持正确的方向。

(二) 制订创业计划

创业计划是在对创业目标进行具体分解的基础上，以团队为整体来考虑的计划。创业计划确定了在不同的创业阶段需要完成的阶段性任务，通过逐步实现这些阶段性目标来最终实现创业总目标。创业者需要制订一份详细的创业计划。这份计划应该包括市场分析、竞争对手分析、产品定位、营销策略、财务预测等多个方面。创业计划是团队行动的蓝图，它能够帮助团队成员更好地理解公司的战略方向，并为他们提供明确的工作指导。

(三) 招募合适的人员

创业者需要根据创业计划中的企业战略和人才战略，招募合适的团队成员。一要考虑互补性，即考虑其能否与其他成员在能力或技术上形成互补。二要考虑适度的团队规模。三要考虑团队成员的价值观是否与团队一致，以及他们是否具备团队合作和创新能力。四要考虑团队成员的个性和性格是否适合团队文化，以确保团队内部的和谐与稳定。

(四) 职权划分

职权划分就是根据执行创业计划的需要，确定每个团队成员具体所要担负的职责以及相应享有的权限，包括确定职责、权力、工作范围和汇报关系等。明确的职权划分能够避免工作重叠和冲突，提高团队效率。同时，它还能够增强团队成员的责任感和归属感，使他们更加积极地投入工作。

(五) 构建制度体系

创业团队制度体系体现了创业团队对成员的控制和激励能力,主要包括了团队的各种约束制度和激励机制,涉及工作流程、考勤制度、保密协议、奖惩制度等多个方面。制度体系的制定和执行能够规范团队成员的行为,确保他们遵守公司的价值观和道德规范。同时,它还能够为团队成员提供一个公平、公正的工作环境。

(六) 团队的调整融合

完美组合的创业团队并非一开始就建立起来的,很多时候是在企业创立一段时间后随着企业的发展逐步形成的。随着团队的持续运作,团队组建时在人员匹配、制度设计、职权划分等方面的不合理之处会逐渐暴露出来,这时就需要对团队进行调整融合。由于问题的暴露需要一个过程,因此,团队调整融合也应是一个动态持续的过程。

案例

DeepSeek 团队

DeepSeek,全称杭州深度求索人工智能基础技术研究有限公司,成立于 2023 年,专注于开发先进的大语言模型(LLM)和相关技术。2025 年 1 月,苹果 APP Store 中国区免费榜显示,DeepSeek 超越 ChatGPT 成为中国区第一。这家中国 AI 公司在中国、美国的科技圈已受到广泛关注,被认为是大模型行业的最大"黑马",在外网,DeepSeek 被不少人称为"神秘的东方力量"。DeepSeek 团队最大的特点就是年轻,核心技术岗位基本以应届和毕业一两年的人为主。他们中的一些人,一边在 DeepSeek 搞研究,另一边新鲜热乎的博士学位论文刚出来。创始人梁文锋在访谈中提到了这支团队的运作结构:不做前置的岗位分工,而是自然分工;每个人对于卡和人的调动是不设上限的,每个人可以随时调用训练集群,只要几个人都有兴趣就可以开始一个项目;当一个 idea 显示出潜力,也会自上而下地去调配资源。这难免让人想起 OpenAI,同样的用人不看经验,本科生、辍学生只要有能力照样招进来;同样的重用新人,应届生与 00 后可以调动资源从无到有研究 Sora;同样的面对潜力方向,整个公司从顶层开始设计布局和资源推动。

三、 创业团队的管理要素

创业团队组建后,管理的重点是在维持团队稳定的前提下发挥团队多样性优势。创业团队的管理涉及五大核心要素:目标、人员、定位、职权和计划。一是明确各阶段团队建设和发展目标,制订详细可行的计划,确保团队始终朝着既定方向前进。二是精心挑选并培养关键人才,构建高效协作的团队,注重人员成长与团队稳定性。三是明确团队在市场中的定位,建立具有互补性的人才结构,提升团队整体作战能力。四是合理划分团队内部职权,建立有效的制约机制,根据经营情况灵活调整权责分配。五是团队管理要有计划性,计划涵盖人员管理、业务发展、策略调整等方面,确保团队高效有序运作。

随着创业过程的推进,创业团队形成和发展也会呈现出阶段性特征,一般分为创业团队形成、规范、震荡和成熟四个阶段。在不同阶段,对创业团队五大要素的管理有不同的侧重点,如表 7-1 所示。

表 7-1 创业团队管理的五大要素

| 管理要素 | 创业团队形成和发展阶段 | | | |
	形成	规范	震荡	成熟
目标	快速揽定企业经营关键人才,为快速起步做好准备	提高绩效,提升团队作战能力	应对可能出现的各种大问题	为企业新发展做好准备
人员	核心团队,人员不多	确定长期合作者,做好沟通	稳定现有成员,通过各种渠道寻求新成员	建立创业团队层次与大团队建设
定位	根据项目类型,寻找必需的创业核心成员,一般是管理、技术、产品、销售、财务方面互补性人才;优先考虑熟悉的人脉	磨合后的各种规范的建立,形成稳定的制约机制	经营一段时间后,应对公司和个别成员出现问题	为企业新阶段的发展储备人才
职权	根据特长与职能初步划分,在磨合中微调	划分清晰,形成组织架构	根据团队问题进行权责调整	制定新组织架构,建立新发展格局
计划	根据人脉情况圈定目标后,做出计划时间表	根据经营情况制订管理计划	制订人员调整计划	制定人员长期发展规划

第三节 股权分配

股权分配是创业团队管理的核心问题,股权分配机制不仅决定了创业团队成员间利益分配的方式,更在很大程度上决定了创业企业的资源配置。公平、有效的股权分配机制有助于提高创业团队的稳定性和凝聚力,激发成员能动性,避免或减少团队冲突。

一、股权相关概念

股权,又称为股东权,是股东基于其股东资格而享有的从公司或经济组织中获取经济利益并参与其经营管理的权利。与之相关联的概念包括股权结构、股权结构设计、股权分配和股权激励等。股权结构指股权构成,即企业中各不同股东持有的股份所占的比例及其相互关系。股权结构设计是指通过一系列安排,如股东类型划分、股权比例设计、表决权安排、控制权分配等,来构建一个合理、高效、稳定的公司治理结构。其涵盖股东类型的划分(如创始股东、资金股东、技术股东等)、股权比例的设定、表决权的分配、控制权的保护措施(如一致行动人协议、持股平台等)、以及股权激励计划的制订等。股权结构设计的目的是平衡不同股东的利益,合理的股权结构设计能将创始人、合伙人、投资人、经理人及核心员工的利益绑定在一起,确保企业稳定运营和长期发展。

股权分配是指公司根据股东的出资比例、贡献大小、在公司中的地位和角色等因素,将公司的所有权(即股权)分配给不同的股东。内容包括确定股东的出资额、持股比例、分红权、表决权等。创业企业的股权分配不仅影响团队成员的人际关系和合作方式,也影响创业团队的合作绩效,因此,股权分配是创业企业的重要治理机制。股权激励是通过附条件给予员工部分股东权益,使其具有主人翁意识,与企业形成利益共同体。股权激励有利于凝聚创业团队的人心,尤其是吸引和保留稀缺人才。

案例

复星国际控股

2004年,为实现复星海外整体上市,当时的复星四剑客郭广昌、梁信军、汪群斌及范伟在英属维尔京群岛成立复星国际控股,四位创始人分别认购复星国际控股一定份额的股权,认购比例为:郭广昌占58%,梁信军占22%,汪群斌占10%,范伟占10%。第一,四人股权占比差异较大,郭广昌占比最多,这说明其一定是四剑客中的核心人物(也就是头);而且郭广昌的股权占比超50%但未超60%,也就是说郭广昌对整个复星国际控股有相对控制权,但又不是一股独大。这意味着即使这四人出现意见不统一的情况,郭广昌对公司除合并、分立、解散、变更章程等重大事项外的其他一般事项拥有决策权。第二,四位创始人中汪群斌和范伟股权占比最少,但也达到10%,这意味着即使股权占比最小的股东对公司的经营决策也有相应的控制权。按照《公司法》规定,拥有10%表决权以上的股东提议时,可以召开临时股东会议。此外,当公司经营管理发生严重困难,继续存续会造成股东利益严重损害时,可以申请解散公司。这就提高了小股权的话语权。第三,郭广昌的股权加上其他三位创始人中任何一人的股权,他们的股权占比都将超过67%。也就是说,只要郭广昌和其他三位创始人中的任何一位达成攻守同盟约定,他们对复星国际控股就有了绝对控制权,进而对公司的重大事项就有了决策权。相信对于郭广昌来说,正常情况下,争取其他三人中的一位支持其决定难度应该比较低。第四,只要除郭广昌以外的其他三位创始人形成统一战线,他们共同的股权占比将超过34%,也就是对复星国际控股的重大事项拥有了否决权,也就可以制衡郭广昌的一些重大决策,防止出现大股东的独断专行。但是,这种制衡仅限于三个人达成一致意见,如果其中有任何一位创始人不支持或保持中立,这种制衡将不复存在,这也增加和提高了否决权可能被使用的条件,有利于公司高效决策。

上述案例中,复星国际控股股权结构设计极其巧妙,既能够突出核心,提高效率,又能相互制衡,避免风险。由此也可以得到初创公司在设计股权结构时的一般参考原则:一是控制股东数量,股权结构清晰;二是不平均分配,要确立核心大股东地位;三是提前规划设计股权结构,将其与未来的融资计划、股权激励计划和上市安排等统筹考虑,避免未来股权稀释的过程导致公司控制权危机。

二、股权分配模式

一般来说,初创企业的股权分配主要有以下三种模式:密集型股权分配模式、均衡型股权分配模式和松散型股权分配模式。

(1)密集型股权分配模式。其典型特征是创始人一股独大。该模式下创始人通常持有公司2/3以上的股权,公司用于分发的股权数量相对较少,一般不超过1/3。该种模式适用于创始人创业资源相对比较富足,创始人有较强的凝聚力和团队管理能力的初创公司,对创业资源呈外向型需求的初创公司并不适用该模式。

（2）均衡型股权分配模式。此模式的典型特征是股权逐级分发,持股人数随着股权分发层级的下移呈金字塔型分布。该模式下创始人持有整个企业约50％的股份,创始人以下的每一层平均分配剩余的企业股份。该模式在保持创始人相对控股的前提下逐级分发公司股权,适用于企业发展前景明朗、公司人员相对稳定的初创公司。该模式下,全体员工均有机会获得公司股权,且员工层级越高获得的股权数量将越多,体现了全员持股、关注重点人员等现代股权分配的理念。

（3）松散型股权分配模式。创始人持有少量股份,一般不超过企业总股份的1/3,管理层在内的员工持有公司绝大部分股份。该模式下创始人虽然只持有少量股份,但并不意味着创始人失去对公司的管控权,创始人往往通过代持协议、AB股方案等保持对企业具有决定性优势的投票权。该股权分配模式灵活性强,实施自由度高,创始人可根据企业所处发展阶段和员工业绩等指标将股份分批逐渐分配给员工,通过股份的分发落实公司的发展意图。

三、 股权分配的评估依据

创业团队成员的股权份额一般按照实际贡献来定,而创业团队成员的贡献在性质、程度和时机上因人而异。在制订股权分配方案时,通常考虑以下贡献评估依据,如表7-2所示。

表7-2　创业团队股权分配贡献评估依据

主要贡献	考量细节
创业思路	作为思路提出者的贡献,尤其是提供了对原型极为重要的商业机密或特定技术,或对产品或市场进行了调研等
商业计划准备	花费很多资金和时间制订出能让人接受的商业计划
敬业精神和风险	将个人净资产投资企业,付出大量时间和精力,拿自己的声誉冒险并接受较低的回报
技能、经验、业绩记录或社会关系	能够为企业带来技能、经验、良好的工作记录或是在营销、财务和技术等方面的社会关系
成员职责	基于创业团队成员角色的贡献

值得注意的是,思路提出者或花费大量时间和金钱准备商业计划的人,他们的价值往往被高估,通常他们所持的企业股份不应该超过15％～20％。相较而言,敬业精神、风险承担、工作技能、经验以及责任感对于企业的成功所作的贡献要大得多。在公平衡量每位创业团队成员贡献大小时,可以综合考虑上面各项因素。创业团队成员要自己协商,达成一致意见,并且还要保持一定灵活性,以适应今后的变化。

案例

腾讯团队

这是一个难得的兄弟创业故事,其理性堪称标本。1998年,马化腾与他的同学张志东合资注册了深圳腾讯计算机系统有限公司。之后又吸纳了三位股东:曾李青、许晨晔、陈一丹。这5个创始人的QQ号,据说是从10001到10005。为避免彼此争夺权力,马化腾在创立腾讯之初就和四个伙伴约定清楚:各展所长、各管一摊。马化腾是CEO(首席执行官),张志东是CTO(首席技术官),曾李青是COO(首席运营官),许晨晔是CIO(首席信息官),

陈一丹是 CAO(首席行政官)。从股份构成上来看,5 个人一共凑了 50 万元,其中马化腾出了 23.75 万元,占了 47.5％的股份;张志东出了 10 万元,占 20％;曾李青出了 6.25 万元,占 12.5％;其他两人各出 5 万元,各占 10％。虽然主要资金都由马所出,他却自愿把所占的股份降到一半以下,47.5％。"要他们的总和比我多一点点,不要形成一种垄断、独裁的局面。"而同时,他自己又一定要出主要的资金,占大股。"如果没有一个主心骨,股份大家平分,到时候也肯定会出问题,同样完蛋"。保持稳定的另一个关键因素,就在于搭档之间的"合理组合"。马化腾聪明但很固执,长处是能把很多事情简单化。张志东脑袋活跃,对技术很沉迷,能把事情做得完美化。许晨晔是一位有自己的观点但不轻易表达的"好好先生"。陈一丹是一个严谨而又非常张扬的人,能在不同状态下激起大家的激情。曾李青是 5 人中最好玩、最开放、最具激情和感召力的一个,其大开大合的性格,也比马化腾更具备攻击性,更像拿主意的人。不过或许正是这一点,也导致他最早脱离了团队,单独创业。在中国的民营企业中,能够像马化腾这样,既包容又拉拢,选择性格不同、各有特长的人组成一个创业团队,并在成功开局后还能让团队成员依旧保持长期默契合作,是很少见的。其成功之处,就在于从一开始就很好地设计了创业团队的责、权、利。

从广义创业团队的角度来说,创业型公司在设计股权分配方案时,应重点考虑不同合伙人的诉求。如表 7-3 列出了一些典型诉求。

表 7-3　合伙人对股权分配的诉求

合伙人类型	诉求与持股比例
创始人	本质诉求是控制权,一般建议是合伙人平均持股比例 2～4 倍
联合创始人	诉求是有一定的参与权和话语权,早期做股权结构设计时拿出 8％～15％股权来均分
核心员工	诉求是分红权,早期把这部分股权预留出来,通常建议初次分配完之后同比例稀释预留 10％～25％
投资人	追求高净值回报,对于优质项目的诉求是快速进入和快速退出,会要求优先清算权和优先认购权

四、 创业团队的股权激励

股权激励对于创业团队长期发展有着重要的作用。股权授予的附加限制有利于约束员工、避免人才流失、降低人力成本。同时,通过股权适当降低现金奖励也可以缓解创业团队的经济压力。团队股权激励的实施对象除了团队创始人外,还应该包括公司的 CTO(首席技术官)、CFO(首席财务官)、COO(首席运营官)等业务核心骨干。由于创业公司初期价值不明显,一般在天使轮或 A 轮完成之后,股权激励才可以让员工真实感受到价值,此时实施股权激励才能起到较好的效果。

股权激励有多种具体形式,常见的有:

(1)股票期权。股票期权是一种选择权,允许激励对象在未来条件成熟时购买本公司一定数量的股票。公司事先设定了行权条件,如公司要达到的预定业绩、等待期(一般为 2～3 年)以及激励对象自身方面的条件(如通过考核、无违法违规事件等)。行权条件成熟后,激励对象有选择行权或不行权的自由,其获得的收益体现在授予股票期权时确定的行权价和行权之后股票市场价之间的差额。

(2) 虚拟股票。公司授予激励对象一种股票的收益权,而非真实的股票。激励对象没有所有权、表决权,不能出售股票,离开公司自动失效。

(3) 分红权。公司股东将部分利润的分配权利分发给特定的被激励对象,类似于虚拟股票。被激励对象并不实际持有公司的股票,而是享有按照一定比例分享公司盈利的权利,不享有股东的其他权利,如投票权、决策权等。

(4) 股份增值权。公司授予被激励对象在行权期内享有按照公司股票市场价格与规定价格(行权价)的差额取得股票升值收益的权利。被激励对象在获得股份增值权后,如果公司股票价格上升或公司业绩提升,其可以通过行权获得相应数量的股价升值收益。这种收益通常是以现金形式支付的。

第四节　冲突管理

创业团队冲突是创业活动中常见的现象,创业团队成员之间必然会发生这样或那样的交往和互动关系,在这些错综复杂的交往与互动中,人们会因为各种各样的原因产生意见分歧、争论、竞争,甚至对抗,从而使彼此之间的关系出现不同程度、不同表现形式的紧张状态。这种状态被交往和互动双方所意识到时,就会发生"冲突"现象。冲突管理得不好,轻则影响整个创业团队的工作绩效,重则导致创业者反目成仇,造成分崩离析的严重后果。

一、冲突的类型

创业团队冲突是指当创业团队中的一方感觉另一方对自己关心的事情产生或将要产生不利影响时,随之所产生的一个过程。冲突的类型可分为:

(一) 认知冲突

认知冲突也称为功能性冲突或任务冲突,是指创业团队成员在某些行为、做法、认知、观念或与企业生产经营管理相关的问题等方面存在的不一致性。这种冲突通常聚焦于任务本身,是"论事不论人"的。它有助于改善团队决策质量,提高组织绩效,并促进决策在团队成员中的接受程度。认知冲突如果得到妥善处理,可以促进成员之间的学习和成长,对创业团队的发展具有正面影响,但是如果处理不好有可能上升为情感冲突。

(二) 情感冲突

情感冲突也称为关系冲突、人际冲突,是指创业团队成员之间由于人际关系不合或价值观不一致而产生的冲突。这种冲突通常表现为相互猜疑、不合作、相互敌视等,会给团队成员带来较差的情绪,相互之间积累不满。情感冲突会阻碍团队的有效沟通和协作,降低团队绩效,甚至破坏团队的凝聚力。如果不及时处理,情感冲突还可能导致团队成员之间的恶性竞争和团队瓦解。

(三) 能力冲突

能力冲突是指创业团队成员之间由于认知、经验、技能等方面的差异而产生的冲突。这种冲突通常表现为团队成员在工作协调、意见表达等方面存在的不一致或矛盾。能力冲突如果得不到妥善处理,会导致团队成员之间的合作障碍和效率降低,影响团队的整体绩效和创新能力。

(四) 目标冲突

目标冲突是指创业团队成员对团队的发展目标、战略方向等方面存在的不一致性。这种冲突通常源于团队成员对外部环境变化的认识差异或对团队未来发展方向的看法不同。目标冲突如果得不到有效解决,会导致团队在决策和执行过程中出现分歧和延误,影响团队的竞争力和市场响应速度。

(五) 利益冲突

利益冲突在创业团队中主要表现为团队成员在收益分配、工作机会等方面存在的不公平心理或分歧。这种冲突通常与团队成员的个人利益密切相关,涉及资源的分配和权益的保障。利益冲突如果得不到妥善处理,会导致团队成员之间的不满和抱怨,影响团队的稳定性和协作效率。

案例

俞敏洪的两次分手

新东方老板俞敏洪的创业历程中有过两次刻骨铭心的"分道扬镳"。第一次发生在千禧年后,俞敏洪、徐小平、王强组成的新东方"三驾马车"决裂。曾经睡一个床铺的北大三兄弟,一度关系紧张。三人经营理念不合,俞敏洪主张稳健发展,重视品牌与教学质量,而王强与徐小平则更倾向创新与扩张。另外,三人在股权分配上也产生了利益冲突。后来,外柔内刚的老俞顶着压力、误解与骂名,带领新东方成功实现现代化转型,进入一段长达十多年的发展快车道,三驾马车也重归于好。这段经历被拍成了电影《中国合伙人》。二十多年后,老俞又一次顶着内外压力,选择与董宇辉和平、体面分手。老俞曾亲手将东方甄选孵化出的新顶流董宇辉,一步步扶上"新山头"的宝座,最终因为愿景相左、薪酬不合等分歧而分家。

二、 冲突产生的原因

引发创业团队冲突的原因可划分为沟通、结构和个体三大因素。

(一) 沟通因素

沟通会成为一种冲突源。这些因素来自误解、语义理解上的困难以及沟通渠道中的"噪声",再加上行话、信息交流的不充分等,共同构成了沟通障碍,可能成为冲突的诱因。无论是沟通过少还是过多,都会提高发生冲突的潜在可能性。在某个特定范围内,沟通的增加会产生积极效果;但是如果超过这个范围,就可能导致过度沟通,增加发生冲突的可能性。

(二) 结构因素

结构因素包含团队规模、成员任务的专业化程度、管辖范围的清晰度、成员与目标之间的匹配性、薪酬体系以及不同成员间的依赖程度等。

(1) 团队规模。团队规模导致冲突发生的原因有:第一,沟通障碍。团队规模越大,直接沟通越困难,成员间的沟通频率和质量可能下降。信息传递的路径增多,可能导致信息失真、误解或延误。第二,角色和责任不明确。团队规模大容易导致成员的角色和责任复杂模糊。当任务分配不明确或责任归属不清时,成员可能相互推诿,甚至导致权力斗争和地位争夺。第三,价值观和利益差异。规模大的团队包含更多不同背景、文化和价值观的成员,这些差异可能导致成员在决策、执行和评估过程中产生分歧和冲突,还可能影响成员间的信任和合作意愿。第四,决策过程复杂。大规模团队中的决策过程可能更加复杂和耗时。第五,团队凝聚力下降。团队规模大可能导致成员间联系减少,成员对团队的认同感和归属感减弱。

(2) 成员任务的专业化程度。成员任务的专业化程度导致冲突的原因有:第一,专业壁垒与沟通障碍。团队成员在各自的专业领域内拥有深厚的知识和技能,但在跨领域合作时可能会产生误解和隔阂。第二,目标差异与优先级冲突。不同专业的成员可能追求不同的目标和绩效指标,在分配时间和资源时可能产生优先级冲突。例如,技术成员可能希望投入更多资源用于研发新产品,而销售成员可能希望加强市场推广以扩大市场份额。第三,合作难度与信任问题。高度的专业化使得成员在合作时需要更多的协调和沟通,更难以建立信任关系。

(3) 管辖范围的清晰度。管辖范围的清晰度导致冲突的原因有:第一,责任归属不明确。当管辖范围不清晰时,团队成员可能不清楚自己的具体职责和任务边界,在出现问题时无法确定谁应该为问题负责。第二,工作重叠与资源浪费。模糊的管辖范围可能导致不同成员或团队之间的工作出现重叠。这种重叠不仅会造成资源的浪费,还可能引发成员间的竞争和摩擦。因为每个成员都希望自己的工作得到认可和重视,而工作重叠可能会让他们觉得自己的贡献被低估或忽视。第三,决策与行动迟缓。在管辖范围不清晰的情况下,团队成员可能难以就某项任务或决策达成共识。因为每个人对自己的职责和权限有不同的理解,这会导致决策过程的延长和行动的迟缓,让团队成员感到沮丧和不满。第四,信任与协作受损。当成员不确定自己的职责范围时,会担心自己的工作被他人干涉或抢占,对其他成员产生戒备心理。

(4) 成员与目标之间的匹配性。成员与目标之间的匹配性对团队和谐与效率具有重要影响,当两者之间存在不匹配时,往往会导致团队冲突,其原因有:第一,目标认知差异。当成员对目标的理解与团队整体的理解不一致时,他们可能会采取与团队目标不符的行动,有的成员可能因为个人目标而牺牲团队目标,从而引发冲突。第二,能力匹配问题。如果成员缺乏完成团队目标所需的技能或能力,或被分配了超出其能力范围的任务时,他们会感到力不从心,从而产生挫败感和焦虑。这种情绪可能转化为对团队目标的抵触或不满,进而引发冲突。第三,激励与期望不匹配。如果成员认为他们的努力没有得到应有的回报或认可(如薪酬、晋升机会、表彰等),会感到失望和不满,并对团队目标失去动力。

(5)薪酬体系。薪酬体系是导致团队冲突的一个重要因素,其原因有:第一,薪酬分配不公平。当成员认为自己的薪酬与其他成员相比不公平,或者同外部市场水平相比偏低,他们会感到自己的价值被低估。第二,薪酬与绩效不匹配。绩效评估是薪酬分配的重要依据,如果评估过程存在主观性、不公正或缺乏透明度,成员可能会对评估结果产生质疑。第三,薪酬体系缺乏灵活性和透明度。如果薪酬体系过于僵化,无法适应企业发展和市场变化,或者成员对分配标准和调整机制存在疑虑,都可能导致不满和冲突。第四,薪酬与职业发展不匹配。如果成员认为他们的薪酬增长无法反映他们的职业发展和能力提升,会产生质疑和冲突。

(6)不同成员间的依赖程度。成员间依赖程度不均衡或不对称,往往会因权力失衡导致团队冲突。当一个成员更依赖于另一个成员时,依赖程度低的一方往往拥有更大的权力,可以对依赖程度高的一方施加影响。依赖程度高的一方可能会感到被控制或剥削,从而产生不满和反抗。此外,依赖程度高的一方可能需要更多的资源来支持其运作,当无法获得足够的资源时也会引发矛盾。

(三) 个体因素

引发团队冲突的个体因素包括人格、情绪和价值观等。

(1)人格。人格是导致团队冲突的一个重要因素,表现在:第一,外向与内向。外向型性格的人倾向于主动参与团队交流,善于表达自己的想法和需求,而内向型性格的人则可能较为沉默,不善于主动表达。这种性格差异可能导致外向型成员在团队中占据更多话语权,而内向型成员则可能感到被忽视或边缘化。第二,乐观与悲观。乐观型性格的人往往看到问题的积极面,而悲观型性格的人则可能更关注问题的消极面。这种差异在团队决策和问题解决过程中可能导致意见分歧,进而引发冲突。第三,固执与妥协。固执型性格的人往往对自己的观点持坚定态度,不易接受他人的意见。而妥协型性格的人则更善于在冲突中寻找共识和解决方案。当固执型成员与妥协型成员在团队中相遇时,可能因观点不一致而引发冲突。

(2)情绪。团队成员的情绪状态、情绪表达方式以及情绪管理能力都会直接影响到团队的和谐与协作。第一,情绪状态。当团队成员面临工作压力、个人困扰或人际关系紧张时,负面情绪容易积累,会产生冲动决策、言语攻击等。第二,情绪表达方式。有些团队成员可能习惯于压抑自己的情绪,长期压抑可能导致情绪爆发,一旦爆发,往往带有更强的破坏性。相反,有些团队成员可能过于直接地表达自己的情绪,如大声争吵、摔门而去等,这种过度的情绪表达容易激怒他人。情绪的表达和接收往往存在误解。团队成员可能因对他人情绪的错误解读而产生不必要的猜疑和冲突。第三,情绪管理能力。一些团队成员可能对自己的情绪缺乏清晰的认知,无法准确识别、评估和管理自己的情绪,缺乏有效的情绪调节策略。如果过度依赖逃避、否认等消极策略,可能导致冲突升级。

(3)价值观。价值观的影响体现在:第一,决策。不同价值观的成员在面对同一问题时,可能产生截然不同的决策偏好。例如,有的成员可能更注重创新和冒险,倾向于采取激进的策略;而有的成员则可能更注重稳定和保守,倾向于采取稳健的策略。第二,团队协作。存在价值观差异的成员在协作过程中容易产生摩擦和误解。例如,有的成员可能认为团队合作重要,有的成员可能更注重个人成就和竞争。这种差异可能导致团队成员缺乏默契和信任。第三,团队凝聚力。团队价值观冲突会使得成员间产生隔阂和敌意,导致团队内部关系紧张,甚至可能出现分裂和瓦解的情况。

案例

真功夫的四年内斗

真功夫的前身是由潘宇海于 1990 年在东莞创立的 168 甜品屋。1994 年,蔡达标、潘敏峰(潘宇海的姐姐、蔡达标前妻)出资 4 万元加入,潘宇海占股 50%,蔡达标夫妇各占股 25%。由此可见,真功夫是一家典型的中国式家族企业。在此后的发展中,蔡潘两家的成员陆陆续续加入真功夫。经过多年的打拼,原本不起眼的小店发展成大型快餐连锁企业——真功夫。2006 年,蔡达标夫妇感情破裂,双方协议离婚。潘敏峰将自己在真功夫 25% 的股权让渡给了蔡达标。自此,蔡达标获得了与潘宇海对等的股权比例。2007 年开始,蔡达标在企业内部实施"去家族化"改革,推行标准化管理,并从肯德基、麦当劳等引进一批高管,这使得一些真功夫早期的创业元老先后离去,并且进一步削弱了潘宇海在公司内部的势力。同年,真功夫引进两家风投"今日资本"和"中山联动",蔡达标和潘宇海的股权同时被稀释到了 47%。2009 年,潘宇海以大股东身份委派哥哥潘国良出任真功夫副总经理,却被蔡达标拒之门外,双方爆发冲突。此后,潘宇海要求清查真功夫财务账目也被拒,潘宇海随即起诉真功夫。2010 年,法院判决真功夫拒绝大股东查账违法,要求其将相关账务信息交会计师事务所审计。2011 年,真功夫蔡达标及部分高管因涉嫌经济犯罪,被警方带走协助调查。2013 年,法院认定蔡达标职务侵占和挪用资金两项罪名成立,判其有期徒刑 14 年,没收个人财产 100 万元。自此,潘宇海实际上拿到了公司的绝对控制权。2015 年,蔡达标 14% 股权拍卖,这长达 4 年的蔡潘之争终于告一段落。蔡达标持有的 14% 真功夫公司股权以 2.17 亿元底价在广州产权交易所拍卖,但最后因无竞买人应价导致流拍。长达 4 年的内斗对真功夫的发展产生了一系列负面影响,包括 IPO 上市受阻延迟、管理层流失、公司经营业绩下滑、估值下跌等。

三、 冲突管理策略

不同类型的冲突,给团队带来的影响是不一样的。例如,认知冲突能够促进成员的学习和提高,对团队发展具有正面影响,而情感冲突往往会给团队成员带来较差的情绪,影响团队的健康发展。针对不同类型的团队冲突,应当采取不同的管理策略,这些策略的宗旨是积极引导良性冲突的发生,防止或消减不良冲突。从团队成员角度,一般采取以下方式应对冲突。

(1)竞争策略。竞争策略是指为满足自身利益而忽略他人的利益和意愿,双方都会坚持自己的观点,并试图通过施加压力,迫使另一方放弃。

(2)回避策略。回避策略是指既不满足自身利益,也不满足对方利益,试图置身于冲突之外,保持中立。

(3)折中策略。折中策略又称谈判策略,指适度满足自己的关心点和他人的关心点,通过一系列的谈判、让步、讨价还价来部分满足双方要求和利益。

(4) 迁就策略。迁就策略是指当事人主要考虑对方的利益或屈从于对方意愿，压制或牺牲自己的利益及意愿。

(5) 合作策略。合作策略是指尽可能满足双方利益，采取合作、协商，寻求新的资源和机会，扩大合作范围以达成冲突双方的需求。

第五节　社会责任与创业伦理

尽管创业者（创业团队）在创业过程中的核心目标是追求盈利，但他们同样应当承担相应的社会责任，还必须严格遵守道德准则。

一、 企业社会责任

企业社会责任是指企业在创造利润对股东利益负责的同时还要承担起对企业利益相关者的责任，保护其权益，以获得在经济、社会、环境等多个领域的可持续发展能力。利益相关者是指企业的员工、消费者、供应商、社区和政府等。企业的社会责任一般包括下面四种类型：

(一) 自行裁定的责任

自行裁定的责任是一种完全自愿履行的责任，社会期望、法律规范甚至伦理规范并没有对企业提出任何明确的要求，企业通过自主判断和选择来决定是否要履行这些社会活动。这种责任往往超越了法律和经济的基本要求，体现了企业对社会、环境和利益相关者的自愿承诺和贡献。慈善捐款与公益活动、社区参与与共建、环境保护与可持续发展、员工福利与职业发展均属此类。

(二) 伦理责任

伦理责任是指公众社会期待企业遵循的那些尚未成为法律的社会公众的伦理规范。尊重员工的权益、诚信经营、遵守商业道德和行业规范、维护市场秩序和公平竞争、保护消费者权益等均属此类。

(三) 法律责任

法律责任指企业实现经济价值必须遵守的法律法规，以及因违反这些法律法规而需要承担的法律后果。例如，企业必须按照劳动法的规定，支付员工合理的工资、提供安全的工作环境、保障员工的休息休假权利等。企业必须遵守环境保护法等相关法律法规，采取有效措施减少污染排放、保护生态环境。企业必须遵守消费者权益保护法等法律法规，确保提供的产品和服务安全、可靠、符合标准。企业必须遵守知识产权方面的法律法规，尊重他人的知识产权，如专利、商标、著作权等。

(四) 经济责任

经济责任是指企业在经营活动中应承担的创造经济价值的责任。这是企业作为经济实体存在的首要职责，也是企业持续发展和回报社会的基础。经济责任包括创造利润与股东回报、促进就业与经济增长、税收贡献与合法纳税、为员工提供合理的劳动报酬、进行技术创新、扩大销售等。

案例

美团乡村儿童关怀计划

2024 年底，美团启动国家乡村振兴重点帮扶县专项行动——美团乡村儿童关怀计划，将正在实施的"乡村儿童操场公益行动"和"袋鼠宝贝公益行动"对 160 个国家乡村振兴重点帮扶县全覆盖。美团乡村儿童操场公益行动由美团联合壹基金等发起，旨在为欠发达地区的乡村儿童铺设多功能操场，助力乡村儿童快乐奔跑、健康成长。截至 2024 年 11 月底，美团乡村儿童操场在 131.1 万家公益商家、94.8 万名爱心网友的共同支持下，已累计建成 2 517 座，覆盖了 29 个省（自治区）的 1 823 个乡镇，35.2 万名乡村儿童直接受益。袋鼠宝贝公益行动面向包括骑手在内的新就业形态劳动者家庭，为其未成年子女提供大病帮扶和教育支持，助力家庭韧性提升，共建社会支持网络。截至 2024 年 10 月，累计帮扶 11 个即时配送平台的骑手子女 921 名，累计在全国建立 21 个"袋鼠宝贝之家"，提供 12.3 万余人次的社区教育支持。

二、 创业伦理与伦理困境

伦理道德是人们在长期的社会生活中形成和发展起来的，对于人与人、人与社会和人与自然之间关系的一种应然状态的规范和准则。它涵盖了道德意识、道德关系和道德活动的总和，是调整人们之间以及个人与社会之间关系的行为规范的总和。在企业经营领域，伦理道德体现为企业伦理（也称为商业伦理），即企业经营过程中所应遵的道德规范和行为准则。创业伦理来源于企业伦理，是指创业行为所应遵守的道德规范和准则。跟企业伦理相比，创业伦理更加强调创业者的身份特征以及其面临的创业情境的特殊性。

任何需要考虑道德因素的决策都可能出现伦理问题，而创业活动和新创企业在此情境下面对瞬息万变的商业市场环境更可能遇到独特的伦理问题，从而引发伦理选择困境出现。伦理困境是指在某种情境下，人们需要在两个或者多个不同或相对立的事情之间作出艰难的选择，强调选择的困难性。创业情境中，伦理困境会以一系列不道德行为的形式表现出来。创业活动中的不道德行为是多种多样的，这些行为不仅违反了商业道德，还可能对客户、合作伙伴乃至整个社会造成负面影响。一些常见的创业活动中的不道德行为有：

（1）欺诈行为。一是虚假宣传，通过夸大产品性能、效果或服务质量，误导消费者做出购买决策。二是误导性广告，发布含有虚假信息或引人误解的广告内容，欺骗消费者。三是欺诈性销售，在销售过程中使用欺骗手段，如隐瞒产品缺陷、伪造交易记录等，以获取不正当利益。

（2）操纵市场。一是利用内幕消息，通过非法手段获取并利用未公开的市场信息，进行股票买卖或其他金融交易，以获取不正当利益。二是操纵舆论，通过发布虚假信息、雇佣水军等方式，故意引导公众舆论，以影响市场走势或企业声誉。三是散布虚假信息，为了打击竞争对手或提升自身品牌形象，故意散布虚假信息或谣言，损害他人利益。

（3）侵犯知识产权。一是盗用创意，未经授权使用他人的创意、设计、专利等知识产权成果，进行商业开发或销售。二是盗版行为，非法复制、发行、销售他人的软件、图书、音像制品等作品，侵犯版权人的合法权益。

（4）偷税漏税。一是虚报收入，故意隐瞒或虚报企业实际收入，以减少应纳税额。二是隐瞒收入，将部分收入通过非法渠道转移或藏匿，以逃避税收监管。三是虚假发票，开具或接受虚假发票，以掩盖真实的交易情况或骗取税收优惠。

（5）违法经营。一是无证经营，在未取得合法经营资格的情况下擅自开展业务活动。二是违反法律法规，在经营过程中违反国家法律法规的规定，如非法集资、传销、非法金融活动等。

（6）其他不道德行为。例如恶意竞争，通过不正当手段打压竞争对手，如诋毁对手声誉、窃取商业秘密等。再如损害消费者权益，提供劣质产品或服务，侵犯消费者权益；或在售后服务中设置障碍，故意刁难消费者。又如忽视社会责任，在追求经济效益的同时，忽视对环境、社会和员工的责任，如污染环境、侵犯劳工权益等。

一份对中国企业家的调查结果显示，创业期发生的不道德行为主要集中在商业贿赂、借助官员权力谋取不正当利益、拖欠职工工资、损害竞争对手商业信誉、商标侵权、专利技术侵权等。创业伦理困境产生的原因往往是多方面的，这些方面相互交织，共同作用于创业者的决策过程中，导致其在道德和经济效益之间面临艰难选择，并导致其可能发生上述不道德行为。造成创业伦理困境产生的主要因素有：

（1）竞争、生存与发展的压力。初创企业往往面临资金短缺、市场竞争激烈等生存压力，以及股东与投资者的高额回报期待。为了生存和发展，创业者可能不得不采取一些具有争议性的策略，以追求短期经济效益。例如很多创业者为推广品牌而不择手段，进行商业炒作、粉饰业绩、数据注水等；有的创业者为了获取资源、获得融资而贿赂官员等。

（2）法律空白或监管缺失。随着创业活动的不断创新和发展，新的商业模式和业态层出不穷，但相关法律法规的更新往往滞后于实践的发展，导致在某些领域存在法律空白或模糊地带，给创业者带来伦理困境。即使存在明确的法律法规，但由于执法力度不足或监管缺失等原因，也可能导致不道德行为得不到有效遏制，进而加剧创业伦理困境。

（3）内部管理制度的不完善。与成熟企业相比，新创企业的内部管理制度往往不够健全，可能难以全面覆盖到企业运营的各个环节。这种不健全的制度框架，使得新创企业在面对道德挑战和伦理困境时，缺乏有效的应对机制和规范指导，从而增加了企业在这些复杂问题上的处理难度和风险。

（4）创业伦理本身的复杂性。有些时候，创业伦理本身的复杂性也会导致创业伦理困境的产生，典型的例子如创业活动中技术的发展和复杂性所带来的伦理困境。一是新技术的双刃剑效应，如化工污染、网络犯罪、核战争；二是新技术的影响无法预测，例如转基因技术、AI 技术。

ofo创始人再创业受质疑

据蓝鲸财经,ofo创始人戴威在美国成立一家名为About Time Coffee的咖啡品牌,项目以4000万美元的估值筹集了1000多万美元资金,投资方包括IDG、真格基金和北京唯猎资本(ofo早期投资者)。该品牌的店铺于2022年在纽约市的格拉梅西公园开业,随后在曼哈顿市中心的黄金地段又开了四家连锁店。2023年底,他的五家咖啡馆中,四家显示"已永久关停",创业项目接近停营边缘。消息一出,网友纷纷喊话戴威退钱:"押金先退了吧""退钱""他们真的很懂,怎样花别人的钱"……从2018年底用户晒出的线上排名看,有超过1600万人在等候ofo为其退款,押金有99/199元两档,即使按照每人押金99元计算,ofo方面未偿还的押金也高达约15.8亿元。2014年,戴威与北大校友共同创立ofo。随后,公司在共享经济的风口下高歌猛进,从2016年到2017年的十个月里,ofo曾先后进行四轮融资,总额度超过88.9亿元人民币。2018年底开始,ofo陷入资金链危机,并持续因无法退还押金饱受诟病。截至2023年底,戴威已收到40多条消费限制令。

三、 创业伦理选择

创业者(创业团队)在进行伦理选择时要遵循一些基本的认知。第一,不能为了片面追求商业的成功,而牺牲道德价值观;第二,要符合社会大众的道德评判标准;第三,要明白即使法律再健全,都无法覆盖所有的社会行为;有悖于伦理道德的商业行为,从长远来看是不利于创业活动的。因此,创业者在进行伦理选择时应做到:

(一) 诚信守法

创业者应坚守诚信原则,确保在商业活动中言行一致、信守承诺,包括不夸大产品效果、不虚假宣传、不欺骗消费者等。创业者必须严格遵守国家法律法规,不进行违法违规的商业活动,这样才能维护市场秩序,保护消费者权益,同时降低企业的法律风险。

(二) 尊重知识产权

创业者应重视自身的知识产权保护,包括专利、商标、著作权等,通过合法手段维护自身权益,防止知识产权被侵犯。在创业过程中,创业者应尊重他人的知识产权,不侵犯他人的专利、商标、著作权等,营造公平、健康的竞争环境。

(三) 关注社会责任

创业者应重视环境保护问题,采取有效措施减少生产过程中的污染排放,并积极开发环保产品或服务。创业者应关注员工福利,为员工提供合理的薪酬待遇、营造优良的工作环境以及广阔的职业发展机会。创业者还应积极参与公益事业,通过捐赠资金、投身志愿服务等多种方式回馈社会。

(四) 公平竞争

创业者应遵守市场竞争规则,维护市场秩序和公平竞争环境,不采取如诋毁竞争对手、窃取商业机密等不正当竞争行为。创业者应主动寻求与合作伙伴、竞争对手通过资源共享、优势互补等方式建立合作共赢的关系。

(五) 评估与应对伦理风险

创业者应对创业项目进行全面的伦理风险评估,这包括对商业模式、产品或服务、营销策略等方面进行深入分析,确保项目在运营过程中不会涉及不道德的行为。针对可能出现的伦理问题,创业者应提前制定应对措施,在问题发生时迅速反应并妥善处理。

📝 思考题

1. 简述创业团队的角色构成和人员构成。
2. 人们为什么喜欢通过评估创业团队特征来预期企业未来发展前景?
3. 组建创业团队应遵循哪些原则?
4. 创业团队管理涉及哪些核心要素?
5. 什么是股权结构?股权分配的评估依据有哪些?
6. 创业团队可能发生哪些类型的冲突?有哪些冲突管理策略?
7. 创业企业应承担哪些社会责任?
8. 创业企业可能面临的伦理困境有哪些?如何进行伦理选择?

✖ 实践练习

活动名称: 构建你的高绩效创业团队

活动内容: 构思一个创业愿景,在此愿景下尝试构建一个高绩效的创业团队,可以从以下方面着手:共享的愿景和价值观;优化的角色定位;团队成员与角色的良好匹配;良好的沟通与协作;有效的奖励与认可制度;合理的股权设计。

第八章　创业资源

【学习目标】

☑ 理解创业资源构成框架

☑ 掌握创业资源的获取方式与途径

☑ 理解创业资源整合、资源拼凑、资源编排

☑ 掌握创业融资渠道

☑ 理解股权融资和债权融资

☑ 了解新兴的创业融资方式

引导案例

迪士尼的创业资源整合之路

全世界最珍贵的资源存在于孩子的心智当中。

——沃尔特·迪士尼

创业历程是资源不断投入的过程。初始创业者,无显赫业绩,自身资源匮乏,吸引外部资源能力弱,资源获取成为最大的挑战。沃尔特·迪士尼从小对画画就有着浓厚兴趣。1919 年,从美国救护队退役后,沃尔特回到了故乡。经人介绍,他在一家名叫普雷斯曼鲁宾的广告公司做画师。其间,他和同事伊沃克斯成了好朋友。事实证明,伊沃克斯是这个世界上最有才能的卡通画家,同时也是沃尔特日后取得成功的关键人物。1920 年初,沃尔特和伊沃克斯都失业了,两人决定开一家属于他们自己的工作室,名叫伊沃克斯-迪士尼商业美术公司,不过成立不到一个月就停业了。随后,两人加入一家电影广告公司,在该公司学到了拍摄电影和动画的基本技术。沃尔特敏锐意识到动画中蕴含的商机,他又拉上老搭档艾沃克成立了欢笑动画公司。他们制作的新颖有趣的动画短片虽然在堪萨斯城慢慢小有名气,但是当地市场毕竟较小,业务没法拓展做大,而且缺乏制作动画的可持续投入资金,发行渠道资源更是缺乏,为此,沃尔特决定去电影发行公司集中的纽约发展。

到纽约后,沃尔特拜访了著名的电影发行人温克勒小姐,介绍了自己关于《爱丽丝漫游奇境记》系列影片的设想。温克勒小姐对其创意非常欣赏,并表示愿意支付一半订金为其样片制作提供资金支持。这本是一个双赢的结果,但与此同时另一位发行人也十分欣赏沃尔特的才华,为其 6 部短片开出了 11 000 美元的高价。沃尔特禁不住诱惑,在预付款到位很少的情况下就大肆招兵买马,紧锣密鼓地开始了短片的制作。不料 3 个月后,这家发行公司倒闭,合同款无法兑现,导致欢笑动画公司现金流断裂,公司很快宣布破产,这时,时间已经来到了 1923 年。

面对再次的创业失败,沃尔特决定远赴好莱坞追寻梦想。那里有他的一位堂叔和三哥路易。路易帮沃尔特进行了复盘,他认为在收入不确定的情况下盲目铺摊子,后续资源一旦供应不上必将导致失败,而发行渠道作为重要资源,必须谨慎考察发行公司的实力和可靠性。不久,沃尔特收到温克勒小姐的来信,询问《爱丽丝漫游奇境记》的进展,沃尔特回复温克勒小姐,准备将这部动画短片制作成美国第一部真人动画。沃尔特的创意再次吸引了温克勒小姐,她不仅回信鼓励,还寄来部分定金。沃尔特东山再起,与三哥路易共同成立迪士尼公司,启动资金一部分来自路易的退伍费,一部分来自堂叔,一小部分来自向亲朋好友的募集。解决了初始资本的问题,沃尔特着手搭建团队。他找来老搭档伊沃克斯与他一起负责创作,三哥路易是运营高手,负责公司运营管理。公司第一份订单就是温克勒小姐的《爱丽丝漫游奇境记》,一经上映便获得了极大轰动,迪士尼公司因此声名鹊起。真正让沃尔特事业迈上新台阶的是以米老鼠为主题创作的系列短片。在第3集《威利号汽船》中,沃尔特史无前例在动画中加入了声音,成为全球第一部公映的有声动画片。影片中仅几句对白,绝大多数声音来自音乐,而音乐与影片的珠联璧合是通过一家音响供应商提供的技术实现的。通过这家供应商老板的社会关系,沃尔特联系到环球影业公司发行影片。一部好片匹配好的发行渠道,米老鼠一炮而红。米老鼠的形象使得迪士尼公司的业界名声越来越大,某一天,联艺电影公司慕名而来,迪士尼彻底解决了发行渠道问题。

迪士尼公司在业界的地位越来越高,它从外部获取资源的能力也越来越强。迪士尼公司在制作全球第一部完整动画电影《白雪公主和七个小矮人》时,公司现金流不足以支撑高昂的制作成本,沃尔特找到了当时美国最大的银行美洲银行寻求贷款。为说服银行行长,沃尔特邀请他到工作室观看尚未成形的影片并亲自配音,让行长确信这将会是一部伟大的作品,精彩的影片最终使沃尔特拿到了贷款。

沃尔特事业发展越来越快,资源又成为发展瓶颈,迪士尼决定上市募集资金。二战后,迪士尼开始策划建立一个以动画人物为主题的乐园,这个奇思妙想被保守的董事会成员坚决否定。沃尔特无法通过公司获取资金来构建心中的童话王国,他不甘心,开始四处寻求可能的资源来实现他的梦想。最后,沃尔特通过和电视台谈判,授权电视台播放米老鼠等动画片"借鸡生蛋",获得资金支持,以实现建设迪士尼乐园的梦想。

沃尔特·迪士尼18岁开始创业,直至建立迪士尼王国。在这个过程中,不仅仅是才华和梦想支撑着他成长,更重要的是,他的每一步发展都伴随着资源的匮乏,他总能创新地找到吸引和利用资源的方法。当然,如果沃尔特没有卓越的动画创作才华,让一件件成功的作品提升自己的声誉,也不会获得资源的青睐。与此同时,温克勒小姐这样的贵人、伊沃克斯这样可靠的合作伙伴也是不可或缺的。任何一段创业旅程,资源都极其重要,对于创业者的梦想或者雄心而言,资源永远不够。整合资源并突破资源的约束,借力实现自己的目标是每一位创业者必须面对的终身课题。

资料来源:朱恒源,余佳.创业八讲[M].北京:机械工业出版社,2016.

思考题:(1)迪士尼在创业过程中获取和整合了哪些类型的创业资源?

(2)迪士尼是通过哪些途径获取这些创业资源的?

第一节 创业资源框架

创业资源是企业创立及成长过程中所需要的各种生产要素和支撑条件,是新创企业在创造价值的过程中需要的特定的资产,包括有形与无形的资产,它是新创企业创立和运营的必要条件。根据资源基础理论(resource-based theory,RBT),资源的异质性(企业有不同资源)和资源的固定性(其他企业难以仿效)是形成企业持续竞争优势源泉。创业者在创业过程中形成的有特色的创意、创业精神、愿景目标、创业情境等都属于这类异质性和固定性资源。本节从一般性视角出发,全面系统地分析创业过程可能覆盖的所有资源需求。

根据创业资源在创业活动中的不同地位和作用,可将创业资源分为核心资源和非核心资源。核心资源包括技术资源、数据资源、人力资源、用户资源、资金资源等,非核心资源包括场地资源、环境资源等,如图8-1所示。

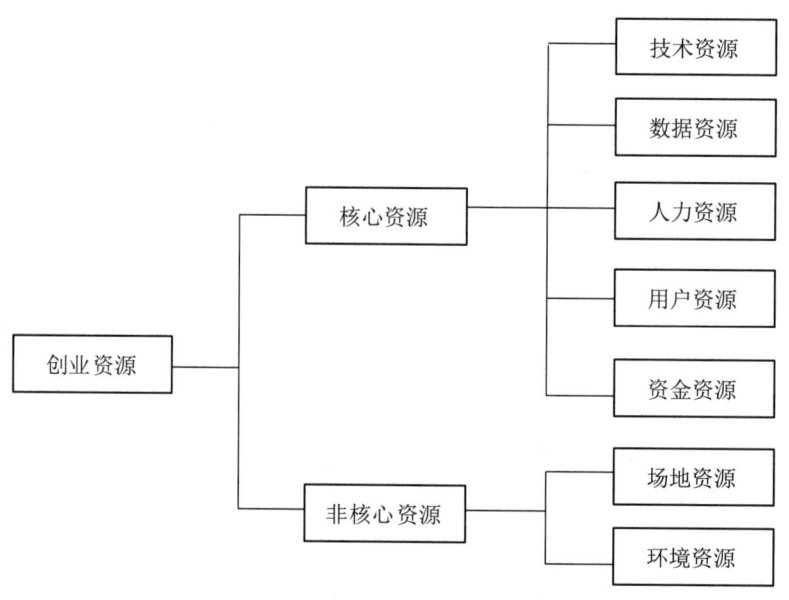

图 8-1 创业资源框架

一、技术资源

技术资源包括企业所拥有的关键技术、制造流程、作业系统、专用生产设备以及与生产相关的专利技术、技术秘密等。技术资源的作用体现在:

(1)提升产品竞争力。独特的技术资源可以使企业的产品在市场上具有差异化竞争优势,从而提高产品的市场份额和盈利能力。

(2)降低生产成本。先进的技术资源可以优化生产流程,提高生产效率,从而降低生产成本,增强企业的盈利能力。

(3)促进创新。技术资源是企业进行创新的重要基础。拥有丰富技术资源的企业可以更容易地进行技术研发和创新,推动企业的技术进步和产业升级。

二、 数据资源

数据资源是以电子化形式记录和保存的,具备原始性、可机器读取、可供社会化再利用的数据集合。在创业过程中,数据资源可以分为多种类型,如市场数据、用户数据、财务数据、运营数据等。这些数据资源来源于不同的渠道,如政府部门、行业协会、专业机构、学术研究以及企业自身等。数据资源的作用体现:

(1) 决策支持。通过对数据资源的分析和挖掘,企业可以了解市场动态、用户需求、竞争态势等信息,从而作出更加明智的决策。

(2) 运营优化。数据资源可以帮助企业优化运营流程,提高运营效率。通过对运营数据监控和分析,企业可以发现运营过程中的瓶颈和问题,及时进行调整和优化。

(3) 驱动创新。通过对数据资源深入分析和挖掘,企业可以发现新的市场机会、新的业务模式等,从而推动企业创新发展。

三、 人力资源

人力资源包括创业者与创业团队的知识、训练、经验,也包括组织及其成员的专业智慧、判断力、视野。创业者是新创企业中最重要的人力资源,人力资源也涉及由于人际和社会关系网络而形成的关系资源。人力资源的作用体现在:

(1) 创新与创造力。创业团队中的成员,特别是那些具备专业技能和独特见解的个体,能够为公司带来新的想法、解决方案和产品。人力资源的多样性和背景差异有助于激发创新思维,促进团队从不同角度思考问题,从而推动创业公司的持续创新。

(2) 技能与专业知识。人力资源为创业公司提供了必要的技能和专业知识。这些技能包括市场营销、产品开发、财务管理、客户服务等。团队成员的专业知识有助于识别市场机会、解决技术难题,以及优化业务流程,从而提高公司的运营效率和市场竞争力。

(3) 企业文化与价值观。人力资源在塑造和传播企业文化和价值观方面发挥着重要作用。积极、健康的企业文化能够激发员工的归属感和忠诚度,提高员工的工作满意度和绩效。

四、 用户资源

用户资源也称客户资源,是指创业者需要锁定和开拓的目标客户,创业者需要通过建立专业、细分、通畅的沟通和交易渠道,更好地获得客户需求,把握市场变化。可以从三个方面来把握客户资源的内涵:

(1) 目标客户。客户资源指的是那些有潜在购买需求或已经购买过企业产品或服务的客户。这些客户是企业的目标客户群体,也是企业销售和市场推广的重点对象。

(2) 客户需求。企业需要通过各种方式收集和分析客户信息,以便更好地理解客户需求和偏好,从而调整产品或服务策略,提高客户满意度和忠诚度。

(3) 客户关系。企业需要通过优质的客户服务、及时的沟通反馈以及个性化的关怀来维护与客户的关系,提高客户的满意度和忠诚度。

五、 资金资源

资金资源主要是指创业者所能获得的各种渠道的货币资源,这些资源用于发现并实施创业想法。资金资源不仅可从创业者自身获取,也可依赖权益投资者及债务人,如创业者和创业团队的投入、风险投资,或是亲友、银行的借款,也包括企业自身的积累都属于资金资源的特定形式。资金资源的作用体现在:

(1)支撑创业活动。资金是创业的血液,是支撑创业活动持续进行的重要保障。无论是初创企业还是成长型企业,都需要稳定的资金来源以支持其日常运营和扩张。

(2)推动业务发展。新创企业需要足够的资金来推动各项业务周转,如市场调研、产品开发、营销推广等。资金的获得与使用效用在一定程度上反映出企业可持续发展水平。

(3)降低创业风险。拥有充足的资金资源可以在一定程度上降低创业过程中的风险,如市场风险、技术风险等。当企业面临困境时,资金资源可以作为缓冲,帮助企业度过难关。

六、 场地资源

场地资源是指企业在创业和运营过程中所需的生产和经营的场所。场地资源是企业存在的重要条件之一,它涵盖了企业用于研发、生产、经营、仓储、物流等各种活动的场所。这些场所可以是租赁的,也可以是自有的,它们为企业提供了必要的物理空间,以支持企业的各项运营活动。优良的场地资源能发挥如下作用:

(1)降低运营成本。良好的场地资源能够为企业大幅度降低运营成本。例如,通过选择地理位置优越、交通便利的场地,可以减少企业的运输成本和时间成本。同时,科学的设施布局能够提高生产效率,降低生产成本。

(2)提供便利环境。场地资源能为企业提供便利的生产经营环境。例如,为科技人员提供舒适的研发环境和软硬件条件,可以激发他们的创新能力。为市场人员提供便捷的商务中心和配套设施,有助于他们更好地开展市场推广和销售活动。

(3)吸引顾客和供应商。地理位置优越、环境优美的场地更容易吸引顾客和供应商的关注,从而有助于企业建立稳定的客户关系和供应链体系。

七、 环境资源

环境资源是指所处的自然环境中蕴藏的丰富资源,包括但不限于土地资源、水资源、生物资源等。这些资源为创业者提供了进行生产、加工和服务的物质基础。例如,农业创业者利用土地资源进行种植和养殖,林业创业者依托森林资源进行木材加工和林产品开发等。环境资源的作用体现在:

(1)影响创业项目的可行性。环境资源的丰富程度和质量直接影响创业项目的选择和可行性。在某些地区,特定的自然资源或生态环境可能使得某些类型的创业项目更具优势。例如,水资源丰富的地区可能适合发展水产业或水利工程项目,而矿产资源丰富的地区则可能适合开展矿业或相关产业。

（2）影响创业成本。合理利用环境资源可以显著降低创业成本。例如，利用太阳能、风能等可再生能源进行发电，可以降低企业的能源成本；利用当地的农业废弃物进行生物质能源开发，不仅可以减少废弃物处理成本，还可以为企业带来额外的收入来源。

（3）促进可持续发展。环境资源的可持续利用是创业项目长期发展的基础。创业者需要关注环境资源的保护和恢复，确保在利用资源的同时不破坏生态环境。通过采用环保技术、实施循环经济等措施，可以实现环境资源的可持续利用。许多国家和地区为了鼓励环保创业和可持续发展，会提供一系列的政策支持和优惠措施。

【一起来探究】

创业资源是什么？

创业资源观：企业为了开展创业活动而必须获取、整合和利用的各种内外部要素。

创业能力观：不仅包括企业所拥有的各种要素，还包括企业将这些要素转化为实际竞争力的能力。

创业过程观：新创企业在创业过程中为实现创业目标而必须获取和利用的各种资源。

生态系统观：创业生态系统中各种主体（如创业者、投资者、政府、高校、科研机构等）为了支持创业活动而提供的各种资源。

你认同这些观点吗？

第二节 创业资源获取

创业机会具有转瞬即逝的特征，这就需要创业者发现机会后迅速采取行动获取创业资源。对新创企业来说，一般都不具有资源优势，需要通过各种努力获取必要资源。本节主要介绍影响创业资源获取的因素、创业资源获取的方式和途径。

一、影响创业资源获取的因素

影响创业资源获取的因素主要有创业者的态度、意愿与管理能力，创意的商业价值，创业资源的配置方式及创业者的社会网络等方面。

(一) 创业者的态度、意愿与管理能力

有强烈创业意愿的创业者会时刻关注创业机会的识别，并力争创造条件将创业计划付诸实践。创业团队强有力的组织建构能力、沟通能力、激励能力、协调能力等有助于获取创业资源。

(二) 创意的商业价值

创业的关键在于创业具有商业价值,不同行业、岗位和工作模式所具有的价值是不同的。有些行业、领域和创意本身不易获取资源,因此,创业者需要想办法让资源所有者认同自己的创业理念,才有可能获取资源。雅虎是世界上最早的网络搜索引擎服务企业,当年,创始人杨致远就是凭借网络搜索引擎的构想,赢得了 400 万美元的投资。

(三) 创业资源的配置方式

由于原有知识经验不同,人们对同样的资源往往具有不同的期望,有些是可以按照市场原则获取的,有些则是难以依靠市场交换得到满足。只有更好地满足资源所有者的期望,创业者才有可能从资源所有者手中获得资源的使用权。例如,华为公司利用内部股票的方式获取优质人才资源。

(四) 创业者的社会网络

不同的社会网络为人们之间的沟通协作提供了不同渠道。创业者需要利用自己的社会网络,有选择地了解不同资源所有者的效用需求,有针对性地向不同对象传递商业创意的不同方面,有目的地获取不同资源所有者的理解和信任,最终成功获取创业所需的资源。

二、 创业资源的获取方式

创业资源按其来源可分为内部资源和外部资源,这表示两种截然不同的创业资源获取方式。

(一) 内部资源获取

内部资源是指创业者自身拥有的资源。在创业之初充分运用自身资源,有利于加强创业者对所创事业的控制,减少对外部资源的依赖。由于刚开始创业时内部资源比较有限,创业者通常采取少量多次的方式,分多个阶段投入资源并且在每个阶段或决策点投入最少的资源。学术界用"bootstrapping"(步步为营)来描述创业者这种利用资源的方法。例如,在创业资金有限的情况下,创业者会想方设法降低各类成本。一是降低企业内部的运营成本,创业者可以在生产和物流环节采取外包策略,有效减少固定成本支出。二是降低管理费用,创业者可以选择创业服务中心,借助廉价的办公场所或共享型办公设施,通过雇临时工、招收实习生、租赁员工等方式,最大限度地减少人员费用。

(二) 外部资源获取

外部资源包括创业者的亲朋好友、同学同事、商务伙伴或其他投资者的社会关系及创业者能够借用的人、财、物、空间、设备或其他原材料等。外部资源获取策略又区分为交易换取与合作换取。交易换取是指通过交易形式,以企业自身所拥有的资金或实物来换取企业所需资源的方式。合作换取是通过合作方式,利用双方或多方的共同投入来换取未来利益的方式。创业者应加强与资源拥有者之间的接触,建立与其家庭、朋友、同学等的人际网络。

有些创业者即使自己有足够的资金,也会请其他人作为股东加入,因为这些股东拥有丰富的经验和强大的资源网络。

案例

蒙牛创业传奇

蒙牛创始初期,牛根生面对的是没有工厂、没有品牌、没有奶源的状态,而这每一项都是致命的。没有工厂怎么办?牛根生找到一家因生产的乳制品有质量问题且没有营销渠道而滞销的工厂,对老板说:"你来帮我们生产,我们这边都是伊利技术高层,帮忙技术把关,牛奶的销售、铺货我们也承包了。"这位老板马上答应了。没有品牌怎么办?在乳制品这个行业,没有品牌很难销售,因为品牌代表着安全可靠。蒙牛打出口号"蒙牛甘居第二,向老大哥伊利学习!"口号一出,一个不知名的品牌马上挤入全国前列。牛根生不只是盯着伊利,而是把自己和内蒙古的几个知名品牌联系起来,说:"伊利、鄂尔多斯、宁城老窖、蒙牛为内蒙古喝彩!"因为前三个都是内蒙古驰名商标,蒙牛放在最后,给人感觉就是内蒙古的第四品牌。牛根生让蒙牛没有花一分钱,就迅速成为知名的品牌。没有奶源怎么办?如果自己买牛去养,牛很贵,也没有那么多人员去照顾,于是蒙牛整合了农户、农村信用社、奶站三方的资源。让信用社借钱给奶农,蒙牛担保,而且蒙牛承诺包销路。奶牛生产出来的奶由奶站接收,蒙牛找到奶站收购奶。蒙牛定时把信用社的钱还了,把利润又给了奶农。牛根生寻求创业资源的故事可以说是一个传奇,他通过创新地运用各种途径,四两拨千斤,调动了大量的外部资源,使其为我所用,实现了蒙牛的快速发展与成功。

三、 创业资源的获取途径

创业资源框架列出了七类处于不同地位和作用的资源,下面将分别探讨获取这七类资源的主要途径。

(一) 技术资源

技术资源的获取途径主要有:

(1)自主研发。企业可以组建专业的研发团队,进行技术研发和创新,形成独特的技术资源。这需要企业投入大量的研发资金、人力资源和时间,但能够带来长期的竞争优势。

(2)技术引进。企业可以通过购买、合作等方式引进外部先进技术资源。例如,吸引技术持有者加入创业团队;购买他人的成熟技术;购买他人的前景型技术,再通过后续的完善开发,使之达到商业化要求等。技术引进可以迅速提升企业技术水平,缩短技术研发周期,但需要注意技术的适用性和兼容性。

(3)产学研合作。企业可以与高校、科研机构等建立合作关系,共同进行技术研发和创新。这种合作方式可以充分利用外部资源,提高企业的技术创新能力。

创业者应经常关注各高校和研究机构的研究成果,定期去国家专利局查阅各种申请专利,养成及时关注科技信息并从中发现具有商机的技术资源的习惯。可以根据实际情况,从政府机构、同行创业者、同行企业、专业信息机构、图书馆、大学研究机构、新闻媒体、会议及互联网等获取信息的渠道,选择一种或多种方式,尽可能有效获取创业技术资源的信息。

(二) 数据资源

数据资源的获取途径主要有:

(1) 政府部门。政府部门会发布各种统计数据和市场信息,这些数据对于了解宏观经济环境、行业发展趋势等具有重要意义。

(2) 行业协会与专业机构。行业协会和专业机构会发布行业报告、市场预测等信息,这些数据对于了解行业动态、竞争态势等具有参考价值。

(3) 学术研究。学术界对创业领域的研究十分丰富,可以通过学术搜索引擎、期刊杂志等途径查找相关的学术论文和研究报告,了解最新的理论和实践成果。

(4) 创业企业自身。企业自身在运营过程中会产生大量的数据资源,如用户数据、销售数据、财务数据等,需要加以充分利用。

(三) 人力资源

人力资源的获取途径主要有:

(1) 网络招聘平台。利用互联网招聘平台发布招聘信息,吸引并筛选合适的人才。

(2) 校园招聘。与高校建立合作关系,参加校园招聘会,吸引优秀的毕业生加入创业团队。

(3) 专业社交圈。积极参与行业内的交流活动和社群,通过人脉拓展和专业圈子的互动,找到合适的人才。

(4) 个人社交朋友圈。创业者不要将自己关闭在一个小圈子里,要扩大交际圈,多参加一些社会团体、联谊活动等。譬如对于大学生创业者,班级里的同学,老乡会、社团里的队友都是大学生认识新员工和新合作人的最佳途径。

(四) 用户资源

用户资源的获取途径主要有:

(1) 市场调研。在创业初期,通过市场调研了解目标客户的需求和痛点,为产品或服务定位提供有力依据。

(2) 精准营销。根据客户的特征和需求,制定精准的营销策略,提高转化率,实现客户资源的最大化利用。

(3) 合作伙伴关系。与其他企业或机构建立合作关系,通过合作伙伴的推荐和介绍,获取新的客户资源。

(4) 社交媒体。利用社交媒体平台,如微博、微信等,扩大人脉圈,获取潜在客户。

(5) 客户推荐。通过提供优质的服务和产品,赢得客户的信任和满意,进而促使客户推荐新客户。

(五) 资金资源

资金资源的获取途径主要有:

(1) 自有资金。创业者可以利用自己的资金进行前期投资。

（2）向亲朋好友借款。这是一种最为原始、简单实用的借贷方式,由于带有友情赞助的成分,借款条件一般比较宽松,借款利率也不高,借款时间也较长。但是借款资金量一般不大,需要注意约定支付相应的利息。

（3）政策性资金。根据国家或地方的政策而得到无偿或优惠的扶持创业的资金,如创新基金、创业贷款等。

（4）债权融资、股权融资、银行贷款、天使投资等传统融资方式。本章第四节将具体介绍这些融资渠道。

（5）众筹、P2P 网贷等新型融资方式。众筹是一种通过互联网平台向大众筹集资金的方式。这种方式允许项目发起人、创业者或创意者通过平台展示自己的创意或项目,并设定需要筹集的目标金额和期限。大众在平台上浏览这些项目,并选择自己认为有潜力的项目进行投资。

案例

亚朵——火爆的众筹酒店

亚朵酒店是酒店众筹案例里的佳话。2015 年,亚朵酒店在淘宝众筹平台发起回报众筹,获得 5 387 人支持并筹得资金超过 660 万元,超出预期金额 330%。此后推出的西安大雁塔亚朵酒店收益权众筹,仅 2 天时间就达成 1 000 万元众筹目标,3 天内融资更是达到 2 109 万元,刷新了国内酒店众筹的记录。为什么能取得如此惊人的成绩?亚朵 CEO 王海军做了精炼的概括,"亚朵众筹的目的不是融资,而是让用户参与到酒店建设与投资中来,形成投消者社群。"在亚朵的六次众筹中,有 5 000 多名会员参与,这些会员的平均住宿次数超过 10 次,属于黏性非常强的群体。他们是亚朵产品的体验者、消费者,现在经由众筹升格为投资者,形成了促成亚朵品牌扩张的"投消者"模式。亚朵众筹的筹资主要用于门店租金、改造款、运营成本以及未来的迭代装修款等。一般情况下,普通人想参与酒店行业投资基本上是不可能的。可是通过众筹,原本体量大、门槛高的酒店投资变成了大众可以深度参与的行为,投资人不用参与复杂的酒店管理,即可享受酒店未来的经营分红。亚朵每一个房间的综合造价在 12 万元左右,RevPAR(每间可供租出客房产生的平均实际营业收入)是 350 到 500 元,GOP(营业毛利)是 65%,4 年内可以收回投资。亚朵众筹提供 8% 年化固定收益(到期还本)以及可观的浮动收益,这种稳定的收益估值是以酒店未来的利润为依据的,自然备受投资者青睐。

(六) 场地资源

场地资源的获取途径有:

（1）租赁。租赁是企业获取场地资源的一种常见方式。通过租赁,企业可以在不承担过高成本的情况下获得所需的场地资源,并根据自身的经营需求进行灵活的调整和扩展。

（2）购买。对于长期稳定的经营需求,企业也可以选择购买场地资源。购买场地资源可以为企业提供更稳定的使用权和更高的自主性,但同时也需要承担更高的成本和风险。

（3）共建共享。在某些情况下,企业还可以通过与其他企业或机构共建共享场地资源来降低成本和提高效率。例如,多个企业可以共同投资建设一个产业园区或孵化器,并共享其中的场地和设施资源。

(七) 环境资源

环境资源的获取途径有：

（1）直接利用自然资源。创业者可以直接利用土地资源进行有机种植、生态农业等项目的开发；直接利用水资源进行水产养殖，如养鱼、养虾等，在适合的地区，还可以开发水资源，如建设水电站、水厂等，提供清洁能源和供水服务；直接利用生物资源进行生物制药的研发和生产，如提取植物中的有效成分用于治疗疾病；直接利用风、光资源，设立风力发电站和光伏电站，提供清洁能源等。

（2）通过合作获取自然资源。第一，与地方政府合作，共同开发自然资源，政府通常会提供政策支持和资金扶持。第二，与科研机构合作，共同开展自然资源的研究和开发工作，提高资源利用效率。第三，与当地社区合作，共同利用和保护自然资源。

第三节　创业资源整合

创业资源整合是指创业者在创业过程中，对各种内外部资源进行识别、选择、配置和融合，以形成独特的资源组合和能力体系的过程。它能够帮助创业者优化资源配置，降低创业成本，提高资源利用效率。商业实践中，资源拼凑、资源挖掘、资源共享、资源拓展等都属于资源整合的常见形式，本节介绍资源拼凑和资源编排两种资源整合策略，前者用来解决创业资源贫乏的问题，后者用来提升资源利用效率。

一、 资源拼凑

贫乏的资源禀赋使许多创业者无法筹集到创建新企业所需的资源，这对企业成长提出了巨大挑战。因此，创业者不得不依靠自有资源，通过对手头有限资源的创造性整合和利用，因陋就简、自力更生进行创业，这种模式即被称为创业拼凑。创业拼凑实质是利用创业者现有资源以解决新的创业问题和开发新的创业机会。创业拼凑理论的提出为解释资源束缚情境下的新企业创业过程做出了理论诠释。创业拼凑的过程中，创业者需要动态的管理和整合现有资源，他们不但需要累积、分类、发展和利用现有资源，而且要求能够通过创新从现有资源中生成新的资源。

(一) 资源拼凑的特点

bricolage（译为拼凑）是一个法语词汇，意思是使用手头现有的材料或工具进行创造、修补或构建活动。1967 年，法国学者 Lévi-Strauss 在人类学研究中提出拼凑概念，揭示了人类利用手头资源进行创造性活动的一种普遍现象，后来渗透到心理学、哲学、社会学等学科。Baker 和 Nelson（2005）首次将"拼凑"概念引入创业研究领域，提出资源拼凑理论。Baker 和 Nelson 在对 29 家创业企业进行案例研究的基础上，将资源拼凑定义为"整合手头资源并即刻行动来解决新的问题或开发新的机会"。他们提出资源拼凑具有三个特点：手头资源

(resource at hand)、立即行动(make doing)以及为新目的整合资源(combination of resources for new purposes)。

（1）手头资源。手头资源是指新创企业或现有市场已经存在但被认为是没有使用价值或者潜在价值未被发掘的资源、低成本或无成本获得的资源以及创业者思维层面的独特策略思维和知识能力等。这一定义对现有资源的使用价值赋予了非同寻常的意义，意味着创业者可从现有资源出发，通过资源拼凑实现创业的"无中生有"。例如，滴滴对社会现有闲置车辆的利用，爱彼迎(Airbnb)对现有空置房产的利用，都是通过创造性利用手头资源发掘出巨大的商业价值。他们对资源使用而不占有，成为各自领域的独角兽企业。

（2）立即行动。这一特点反映创业者面临资源短缺和新机会时，打破原有"先计划再执行"的模式，主观上采取"即兴而作"的积极行动，主动抓住潜在机会。其内涵包括两层，一是创业者有意识地不断试错以发现拼凑行动的约束边界；二是创业者以合适作为评判标准，而不是质疑和犹豫是否产生有益结果。例如，小米科技通过建设"小米之家"粉丝交流互动社区，将客户的价值观和需求反馈到产品设计中，尽管这些非专业、非标准化的资源对突破性技术创新价值有限，却创造巨大的粉丝经济。

（3）为新目的整合资源。指创业者根据新市场需求重新识别出资源的非标准化用途，通过重新组合资源以实现对新市场机遇的捕捉。从建构主义视角来看，这一"新目的"也许并不是具体的某项意图，创业者在面临资源短缺、环境变化以及创业企业新生弱性的背景下，需要运用创造性的逻辑看待资源与目的之间的关系。例如，微信诞生之初仅有即时通讯和分享照片等简单功能，但随着电商、社交的发展，设计者快速感知环境变化，丰富并完善其功能，使微信成为以社交为核心的开放通讯平台的佼佼者。

案例

汉庭酒店

季琦是华住集团的创始人，他在 2005 年创办汉庭之前已经成功创办了携程和如家两家上市公司。季琦创办汉庭的历程就是一个典型的利用资源拼凑方式进行资源整合的过程。他没有像很多同行那样，自己掏钱一家一家开店，然后再跟同行厮杀。他发现传统酒店的管理水平、服务质量都很差，也没有品牌，又缺流量，就算老板累死累活也赚不到什么钱。于是季琦决定整合同行资源，帮助同行把门店的生意做得更好。早年创办如家时，季琦就打造了一个强大的赋能系统，大到房间的陈设，小到烟灰缸怎么摆放，形成了一套标准化的体系。于是他找到一些有资源有房子的老板，打算一起合伙干，也就是联营的模式。他跟这些有资源的老板讲，你们的房子不用租了，一起合作，保证给你分红，而且分红比你的房租还要多，并且这个分红以后每年都能分。汉庭承诺那些合作者，如果自己赔钱了，合作者房租一分不少给予兜底。同时汉庭还能帮你做赋能，以前线上积攒的几百万的会员数据，都可以导流到酒店，所以完全可以解决流量难题。然后再给你导入一套管理赋能系统，基本上你啥也不用干，总部专门派人去做管理，没有风险，你每个月坐等分红就好了。通过提供品牌、升级改造硬件设施、管理系统培训、线上营销和会员系统等方式与这些小酒店合作的轻资产模式使得汉庭的扩张速度异常迅速，五年内就开设了 3 027 家酒店，并将每家酒店都打造成具有汉庭特色的统一品牌形象，实现了共赢。2010 年，汉庭在美国纳斯达克上市。

(二) 资源拼凑的类型

根据拼凑对象不同,资源拼凑的类型可划分为实物拼凑、人力拼凑、网络拼凑、技能拼凑、市场拼凑以及制度拼凑等。企业在不同发展阶段所拥有的资源存量以及资源诉求不同,还会导致其资源拼凑行为呈现出动态演变特征。

(1) 实物拼凑。实物拼凑是指创业者用新的眼光看待原本被忽视的、废旧的或是单一用途的资源,释放其潜在价值,由此创造出新的资源投入。实物拼凑可划分为闲置资源拼凑、废弃资源拼凑以及假定单一用途物料拼凑。实物拼凑在创造新价值的同时降低资源获取成本,并且在特殊时期遵循"物尽其用"的原则,为企业的创建与生存奠定基础。

(2) 人力拼凑。人力拼凑是指将顾客、供应商等利益相关者组合纳入项目以增加劳动力投入。例如,利用顾客做免费宣传,或是让顾客提供暂时的免费人力,与供应商合作利用其渠道等资源优势。再如,出于工作职责在创业阶段较为模糊的原因,创业者会给员工安排额外的任务而不另付费用。

(3) 网络拼凑。网络拼凑主要指创业者通过挖掘自己所能接触到的所有关系(先前存在的或建立的人际网络关系)以低成本搜寻和利用资源。创业者个体因血缘、业缘、学缘、地缘、友谊等原因形成以情感、信誉和信任为纽带的社会网络关系,为企业尝试多种资源的组合提供了可能,节约了新创企业获取资源的交易成本,帮助新创企业获取商业信息和创业建议,为企业提供所需提供资金、场地等经营性资源。

(4) 技能拼凑。技能拼凑指创业者利用业余或专业技能以创造有用的服务。技能拼凑行为不仅包括自身业余技能或专业技能的组合使用,还包括对他人业余或专业技能的拼凑。创业者通常是一个企业的灵魂人物,其先前经验和个人技能对创业过程有重要的影响,并且通过学习新获得的技能可以解决创业过程中的难题。

(5) 市场拼凑。市场拼凑是指为消费者提供别人无法提供的产品或服务,从而创造顾客和市场。市场拼凑主要强调对潜在市场的拼凑,调节客户的需求并为他们提供低价格、非标准的产品或服务,使他们成为新产品和新市场的消费群体。这有助于创业者在资源限制的情况下应对竞争和市场不确定性的压力,帮助创业者找到合适的市场定位。

(6) 制度拼凑。制度拼凑是打破标准和常规的限制,在各个规则并不明确或是并未受到限制的领域积极尝试,发现问题的解决方案或机会。制度拼凑包括规范拼凑和认知拼凑,前者是对行业规范的打破和创新性利用,后者则是对社会认知的突破和引导,这两种制度拼凑行为都有利于创业者在资源匮乏的情境中获取资源和发现机会。

(三) 资源拼凑的实现

资源拼凑的实现包涵两个层面的内容:一是思维层面的拼凑,二是行动层面的拼凑。

1. 思维层面的拼凑

这一层面的拼凑是通过资源探索过程在企业战略目标和现实资源之间建立匹配关系。拼凑思维分为即兴而作和战略匹配两类,即兴而作体现出创业者的主观感知,是一种即时应变的思考方式。战略匹配则强调新创企业在制定战略方向时,需综合考虑现有资源与长远目标之间的契合度与适应性。无论是何种拼凑思维,都取决于创业者对现有资源的主观认知能力以及企业当前阶段的战略定位。

2. 行动层面的拼凑

行动层面的拼凑是创业过程中的关键实践,它意味着创业企业不仅要有巧妙的思维布局,更要通过一系列具体的拼凑行动来重塑资源结构,开辟新的资源通道。行动层面拼凑的关键成功因素包括:一是快速决策与执行力,以确保在资源有限的情况下迅速响应市场变化;二是创新思维,不断探索新的资源组合方式;三是强大的团队协作能力,确保所有成员都能积极参与到拼凑过程中,共同追求既定的创业目标。

资源匮乏的初创企业可通过资源拼凑思维和行动两个层面的递进转化,实现企业阶段式成长,在企业绩效、企业创新和竞争优势等方面发挥积极作用。当然,创业者通过创业拼凑活动来创造价值需要考虑不同情境。随着新企业不断发展,资源拼凑的促进作用可能会削弱甚至阻碍企业增长。这是因为手头资源可能是不符合惯例或行业标准的非标准资源,很难预测拼凑是否可以得到理想结果,或者这些资源是否需要频繁维护才能保持正常的运行。

二、 资源编排

在创业过程中创业者不但要突破资源约束,还需要积累不可替代、难以模仿、稀缺的异质性资源,以获得和维持竞争优势。在资源基础理论的基础上,Sirmon 等学者于 2007 年首次提出资源编排理论。该理论强调,企业如何利用资源与拥有何种资源同样重要,企业竞争力除了受自身资源异质性影响以外,更大程度是取决于企业资源管理过程。其核心观点是:

(1) 资源编排是一个企业进行资源组合、资源捆绑以及资源利用的完整过程。这意味着企业需要通过合理的资源配置和利用,实现资源价值的最大化。

(2) 企业可以通过对资源的合理配置和编排组合实现竞争优势的创造或转化。这强调了资源管理在提升企业竞争力方面的重要作用。

资源编排理论阐明了企业有效利用资源的三个过程:构建资源组合(structuring the resource portfolio)、资源归拢整合 (bundling resources to build capabilities)和资源转化利用(leveraging),依次解决资源来源、转化和利用问题,勾勒从资源投入产出的完整路径。具体为:

(一) 构建资源组合

构建资源组合又称资源结构化,是企业外部获取资源、内部积累资源和剥离无效资源的过程。这一过程的重心在构建最合适企业的资源禀赋,从而为企业进行能力构建提供资源基础。构建资源组合的过程包括获取(acquiring)、积累(accumulating)和剥离(divesting)三个子流程。获取是指从外部市场购买资源,包括有形资源如土地、厂房、生产设备、原材料等,和无形资源如人力资本、知识产权。积累是通过企业内部发展资源,适用于无法通过外部市场获得的资源,如知识、文化、关系等。剥离是指企业舍弃非生产性资源。

(二) 资源归拢整合

资源归拢整合又称资源捆绑,是指在构建资源组合基础上利用特定资源组合采取特定行动的行为,形成能够为顾客创造价值的能力,如研发、新产品开发。捆绑资源形成能力有三个子流程:稳定(stabilizing)、丰富(enriching)和开拓(pioneering)。稳定指在利用既有资源的过程中对现有能力进行轻微的改进;丰富指在利用新资源与既有资源中扩展、提升当前的能力;开拓指在利用既有资源的过程中创造新的能力。新企业通过整合不同资源组合,构建独特的能力是新创企业实现快速成长的关键。

(三) 资源转化利用

资源转化利用包括动员(mobilizing)、协调(coordinating)和部署(deploying)三个子流程。动员子流程旨在制定计划并形成所需能力的愿景;协调子流程负责集成并配置这些能力;部署子流程是利用资源优势、市场机会或企业战略,来开发由协调阶段所形成的能力配置。动员主要聚焦于战略设计,而协调和部署则更多地涉及战略的执行层面。资源转化利用是价值创造的关键,企业需依据前阶段构建的资源组合特征及其整合手段,运用协调产生的能力组合来支撑既定的战略目标,同时充分发挥企业的各项能力,以更好地服务于客户,提升客户的购买意愿,推动企业实现快速成长。

案例

从"草根"到"手机玻璃女王"

周群飞是穷苦家庭出身。1986年,为了生计,年仅14岁的周群飞到深圳打工。她先是学习切割玻璃,后来凭着一本借来的《丝网印刷》,仅用半年就掌握了一整套特种玻璃加工技术,短短两年,周群飞就成了多面手,不仅丝网印刷工艺门清,而且对工厂的运作体系、人员调配得心应手。但是,周群飞出色的表现却受到管理层的排挤,她一气之下辞了职。1993年,周群飞带着哥嫂等7人,租下一套三居室,成立了恒生玻璃,就此走向创业之路。由于人品好,很多之前的老客户纷纷将新订单转给她做,并不断介绍港台甚至欧美的客户。1997年亚洲金融危机,一些玻璃厂家付不起加工费,就把一些旧设备折价给周群飞。这些二手切割设备,经过精心检修,再配套研磨机、仿形机,很快就形成一条完整的手表玻璃生产线。金融危机过后,周群飞从玻璃丝网印刷商升级为手表玻璃供应商。1999年,恒生玻璃的业务扩展到北京、上海、哈尔滨等二十多个城市两百多个客户,销售收入超过500万元,流动资金达到1 000多万元。此时,手机玻璃市场开始爆发。2001年,周群飞将手表玻璃工艺运用到手机面板生产上,也就是用玻璃屏取代当时流行的有机玻璃屏,为TCL3188做出了玻璃屏。周群飞及其恒生玻璃为此名声大噪。2003年,周群飞成立了蓝思科技,从事手机玻璃的研发、生产和销售。摩托罗拉一位副总裁找到周群飞,要求采购玻璃屏。她带着同事蹲在六七十摄氏度的车间,反复调试温度、时间等相关参数,经过3天3夜不间断试验,最终成功突破了玻璃韧性的技术难关。此后,三星、诺基亚、夏普、索尼、LG等客户接踵而至。2008年,周群飞成为苹果的供应商。苹果之前的供应商满足不了乔布斯"一米之内跌落,百分之百不能碎"的要求,而蓝思科技可以做到。2015年,蓝思科技在深交所上市,周群飞也以500亿元身价成为内地女首富。

第四节　创业融资

创业融资是指新创企业或创业者在企业发展的不同时期,为了获得企业设立、运营和发展所需要的资金,通过各种途径和方式吸引外部投资者提供资金支持的行为和过程。由于创业活动本身固有的风险,加上创业企业缺少可以抵押的资产,没有可以参考的经营记录,融资规模也相对较小,因此很难获得外部资金的支持。创业融资是创业过程中最大的难题之一。本节主要介绍融资轮次、创业融资渠道和具体融资方式。

一、 融资轮次

在企业创立和发展的不同阶段,对资金有不同需求。融资轮次是针对企业在不同发展阶段所进行的融资活动的阶段划分。这些阶段反映了企业的发展状况、资金需求以及市场对企业的认可度。一般来说,融资轮次分为种子轮、天使轮、A 轮、B 轮、C 轮、D 轮及 E 轮等。

(一) 种子轮

种子轮是创业项目的萌芽阶段,此时创业者可能只有一个创意或概念,资金主要用于原型开发和市场测试等。资金来源多为创始人自己的积蓄、亲朋好友的投资,或者天使投资人、孵化器和种子基金。融资金额相对较小,一般在数十万元到数百万元不等,例如 50～200 万元。创业者在融资过程中应能清晰阐述商业理念,让投资者理解项目的核心价值和潜在市场。

(二) 天使轮

创业者已经有了初步的产品或服务,积累了一些核心用户,商业模式处于待验证阶段,且有初步的商业规划。融资目标是进一步开发产品或服务,扩大用户基础。融资渠道一般为天使投资者和天使基金。融资金额通常在 300 万元到 500 万元左右。创业者在融资过程中应充分展示产品潜力,向投资人证明产品或服务具有市场增长潜力,同时应清晰阐述商业模式,包括如何盈利、如何获取用户以及市场推广策略等。

(三) A轮

产品或服务已经上市,在完整细致的商业模式,在业内有一定的市场份额和地位,但公司可能还没有盈利,此时融资主要用于市场推广、扩大生产等。融资渠道多为风险投资机构,资金规模相对较大,一般在 500 万元到 2 000 万元之间。此阶段企业应建立健全公司治理结构,包括财务制度、内部控制等,以满足专业投资者的要求。另外,应明确企业未来的发展方向、市场拓展计划以及竞争策略等,让投资者看到企业的成长空间。

(四) B轮

创业项目取得较大发展,商业模式得到较好验证,已经有一定的市场占有率和盈利能力,此时融资主要用于进一步扩张、研发新产品或服务等。融资方式为风险投资基金、成长型私募股权投资基金等,投资规模进一步增大,一般在 2 000 万元到 1 亿元之间。创业者在融资过程中应清晰展示企业与竞争对手的差异和自身的优势,如技术壁垒、品牌影响力、用户黏性等;提供详细、真实的财务报表和财务预测,让投资者了解企业的盈利状况和资金使用计划。

（五）C 轮及以后

此时企业已经达到较大的规模,正准备上市或已具备上市条件,融资主要用于战略扩张、并购等。融资目标是进一步扩大市场份额,准备上市。融资方式多为公募基金、大型私募股权投资基金等。资金规模更大,一般在 1 亿元以上,C 轮、D 轮等通常都是数亿元人民币。

案例

字节跳动的创业融资简史

字节跳动成立于 2012 年,十多年中,它从一个 30 人的小公司发展成为拥有超过 11 万全球员工、办公地点覆盖 200 多个城市的大型科技公司。字节跳动创业史就是一部创业融资史,包含几次重大的融资里程碑事件。2012 年 3 月,获得 200 万元人民币的天使轮投资,由海纳亚洲王琼、源码资本曹毅等投资者参与。同年 7 月,获得 SIG 海纳亚洲创投基金 100万美元的 A 轮融资。2013 年 9 月,获得 DSTGlobal 和奇虎 360 的 1 000 万美元 B 轮融资。2014 年 6 月,获得红杉资本中国、新浪微博基金、顺为资本 1 亿美元的 C 轮融资,公司估值达到 5 亿美元。2016 年 12 月,获得红杉资本中国、建银国际 10 亿美元的 D 轮融资,公司估值达到 110 亿美元。2017 年 8 月,获得泛大西洋投资 20 亿美元的 E 轮融资,公司估值达到222.22 亿美元。2018 年 10 月,获得软银愿景基金、KKR、春华资本云锋基金、泛大西洋投资等 40 亿美元的 Pre-IPO 融资,公司估值达到 750 亿美元。

二、 创业融资渠道

对创业者而言,所有能够获得资金的途径都可以成为创业资金的来源,需要广开门路,利用各种渠道去进行创业融资。创业融资的渠道按融资对象分可分为私人资本融资、机构融资、政府背景融资。近年来,随着互联网与金融业的结合,互联网金融业开始成为一种新的融资渠道,如 P2P 融资、众筹等。

（一）私人资本融资

私人资本融资是指创业者向个人融资,也就是个人以私募形式进行资金筹备,包括:创业者自筹资金、向亲朋好友融资、个人投资资金(即天使资金)等。这是一种通过非公开市场途径筹集资金的方式,具有灵活性和直接性的特点,创业者可以直接与投资者协商条款,且大多数情况下无需向公众披露交易细节。对于初创企业来说,私人资本融资一种较为常见的资金来源。

1. 自我融资和向亲朋好友融资

这两种渠道构成了初创企业资金的主要来源。美国曾作过一项关于 500 强企业创业资金来源的调查,数据显示:个人储蓄、个人信用卡和亲戚朋友三类来源之和占比 74%。我国也曾对北京、成都、顺德、温州四个地区的私营企业作了一项调查,数据显示私营中小企业在初始创业阶段几乎完全依靠自筹资金;90% 以上的初始资金都是由主要的业主、创业团队成员及家庭提供的。在向亲朋好友等传统的社会网络关系融资时,也应采用现代市场经济的游戏规则、契约原则和法律形式规范融资行为,保障各方利益,减少不必要的纠纷。

2. 天使投资

天使投资(angel investment)是自由投资者或非正式投资机构对有创意的创业项目或小型初创企业进行的一次性前期投资,是一种非组织化的创业投资形式。天使投资人是用自有资金,以债权或股权的形式,向非朋友和家人的创业者或新创企业提供资本的个体。他们一般包括两类个体:一是创业成功者;二是企业高管或高校科研机构的专业人员。他们有富余的资金,也具有专业的知识和丰富的管理经验。他们进行投资往往不仅仅是为了获得资金回报,还希望帮助那些有创业精神和创业能力的志同道合者,以延续或完成他们的创业梦想。柳传志和雷军就曾在《创业家》杂志评选活动中当选为"最受尊敬的创业天使",在我国温州地区更是活跃着大批这样的天使投资人。随着市场机制的不断完善,天使投资在我国创业活动中发挥着越来越重要的作用。这对许多有志于创业的大学生来说,是值得期待的融资渠道。

案例

那些中国创投史上传奇的天使投资

1986 年,龚虹嘉从华中科技大学毕业,海康威视的创始人陈宗年、胡扬忠与他是计算机系的同学。2001 年,出于对同学创业激情和理想的支持,仗义的龚虹嘉出资 245 万元,一同创立了海康威视。没想到,当年这笔善意的出资,日后缔造了一家科技制造业隐形冠军。

1994 年,来自湖北襄阳的夏佐全第一次见到王传福。彼时,不到 30 岁的王传福刚刚开始创业,但由于资金匮乏正深陷困境。王传福身上散发出来的激情、抱负、坚定和自信等特质深深感染了夏佐全。当时夏佐全并不懂电池,但第一次见面两人就聊了"几乎三天两夜,每天凌晨四点睡觉"。1995 年,夏佐全出资几十万元投资比亚迪,同时也成为公司三大创始人之一。

1998 年,李学凌从中国人民大学毕业来到《中国青年报》实习,其间写了一篇关于金山的负面新闻,文笔非常犀利,在业内引起不小的轰动。所谓不打不相识,雷军与李学凌成为了朋友。2005 年,李学凌开始独自创业,常常与雷军碰面讨教经验。经过反复磋商,李学凌最终确定做基于游戏资讯的多玩游戏网,也就是后来欢聚时代的雏形,雷军当即以天使投资人身份投了 100 万美元。

2020 年,85 后河南人王宁带着泡泡玛特登上了 IPO 舞台,缔造了"潮玩第一股"。而王宁能走到今天,离不开那位在关键时刻给予帮助的天使投资人——麦刚。2011 年底,王宁正陷入一段异常艰难的时期,因外界看不懂泡泡玛特的生意,在找融资的路上四处碰壁,不见曙光的他几乎就要放弃,为了生存甚至做起了针对小夫妻店的淘货网。机缘巧合下,王宁遇到了麦刚,对方告诉他,对淘货网不感兴趣,但对泡泡玛特感兴趣,还给了 200 万元作为种子轮投资。

(二) 机构融资

机构融资是指创业企业向相关机构融资,包括:银行贷款;创业投资资金(即风险投资基金);通过发行股票公开上市融资;中小企业间的互助机构贷款等。

1. 商业银行贷款

从贷款方式来看,银行贷款又可以分为信用贷款、担保贷款、贴现贷款三种方式。信用贷款是指以借款人的信誉发放的贷款,借款人不需要提供担保。担保贷款是指借款人或第三方向银行提供一定的财产或信用作为还款保证,从而取得贷款。担保可以是人的担保或物的担保。贴现贷款是指银行以购买借款人未到期商业票据的方式发放的贷款,是银行典当业务的一种。出于资金安全考虑,银行往往在贷款评估时非常严格,要求创业者必须提供抵押或担保,贷款发放额度也要根据具体担保方式确定。同时,出于对资金安全的考虑,银行往往会监督资金的使用,不允许企业将资金投入到高风险的项目中,因此,总体看银行贷款对创业者来说门槛较高,即使成功贷款的企业在资金使用上也常感到掣肘。近年来,为了缓解中小企业融资困难,我国的金融机构也推出了不少新的业务类型,例如个人创业贷款、个人助业贷款、个人小型设备贷款、个人周转性流动资金贷款等类型。表 8-1 列出了一些可提供创业融资的银行贷款业务。

表 8-1　银行贷款业务

贷款类型	贷款方式	贷款银行
信用贷	面向资信好的中小微企业发放的小额贷款产品	各银行
抵押贷	要求借款方提供一定的抵押品作为担保的贷款产品	各银行
质押贷	贷款人按《担保法》规定的质押方式以借款人或第三人的动产或权利为质押物发放的贷款。质押物除债券、存单外,对科技型企业而言,还可以是专利权、软件著作权、商标权等	南京银行等
科创贷	面向科技型中小微企业融资需求的金融产品	工行、农行、建行、浦发、中信、平安、江苏银行等
人才贷	面向各类人才创办的企业和人才个人的金融产品	中行下属部分分行、山东农商银行、江苏银行等
创意贷	面向不同行业文化创意企业的特色金融组合产品	北京银行、南京银行等

2. 风险投资基金

风险投资(venture capital,简称 VC),也称创业投资,是由专业机构提供的,投资于极具增长潜力的创业企业,并参与其管理的权益资本。风险投资基金以一定的方式吸收机构和个人的资金,以股权投资的方式,投向那些不具备上市资格但发展迅速、具有巨大竞争潜力的中小企业和新兴企业,尤其是高新技术企业。其目的就是为了帮助所投资的企业尽快成熟,取得上市资格,从而使资本增值。一旦公司股票上市后,风险投资基金就可以通过证券市场转让股权而收回资金,继续投向其他风险企业。风险投资基金无需风险企业的资产抵押担保,手续相对简单。

风险投资基金一般具有如下特点:第一,高风险、高回报。据统计,美国每 10 个风险企业中,大约只有 2 到 3 个可获得成功;风险投资的回报率能达到 30％至 50％,甚至更高。第二,风险投资的对象主要是高科技中小企业。风险企业与一般企业不同,都是先有科研成果,然后再建立企业以实现技术的商品化。第三,风险投资基金一般难以通过正规的金融机构以及股票、债权市场获得,一般是由个人和各种专门基金会提供。第四,风险投资是一种长期的、流动性低的权益资本。投资是为了高增值和高收益,因而风险投资公司在向高技术风险企业投资的同时,也参与企业或项目的经营管理,它与风险企业结成了一种风险共担、利益共享的共同体。第五,风险投资家是具有高素质、多专业知识的职业金融专家,他们为风险企业提供的不仅仅是资金,更主要的是专业特长和管理经验。

前面提到的天使投资也是广义的创业投资的一种,但是与一般的风险投资基金存在较大差别。天使投资是一种非组织化的创业投资形式,其资金来源大多是民间资本,而非专业的风险投资商。天使投资的门槛较低,有时即便是一个创业构思,只要有发展潜力,就能获得资金,而风险投资一般对这些尚未诞生或嗷嗷待哺的"婴儿"兴趣不大。另外,风险投资的目的是通过资本退出方式获取高额回报,这就要求创业企业给出资本退出的预期方式,为投资者带来丰厚的利润。目前,资本退出方式主要包括四种,如表8-2所示。

表8-2　资本退出方式

资本退出方式	定义和特点
首次公开上市(IPO)	创业公司通过挂牌上市方式让风险资本退出。这种退出方式不仅可以保持创业公司的独立性,还可以获得在证券市场持续融资的渠道
并购退出	创业公司通过被其他公司兼并或收购,从而使风险资本退出。风险投资者可能会采用股权转让的方式退出投资,虽然收益不及首次公开上市,但是风险资金能很快退出,并快速进入下一轮投资循环
管理层回购退出(MBO)	创业公司的管理层通过购回风险投资者手中的股份使资本退出,属于并购的一种,优点是创业公司能被熟悉公司的人完整保存下来,有利于可持续经营和决策,因此,回购对创业公司更为有利
清算退出	清算退出是针对风险投资失败项目的一种退出方式。尽管采用清算退出的损失不可避免,但还是可以收回一部分投资,以便用于下一个投资循环

案例

京东创业史上的著名融资

2006年,中国电商公司京东的创始人刘强东寻求200万美元的资金支持。为此,他向中国私募资本公司Capital Today寻求帮助。结果,Capital Today决定投资1 000万美元。这笔增值5倍的投资最终证明了是一个明智的选择。当京东在2014年上市的时候,Capital Today的股权价值24亿美元。在Capital Today投资之后的这些年里,中国电商行业迎来了发展高峰,许多其他公司都开始注意到京东。2011年,沃尔玛参与了京东15亿美元的融资轮。之后,这家零售巨头将其在中国的整体电商运营业务都交给京东负责。到2017年,沃尔玛在京东的股份已经达到12%。Ontario Teacher's Pension Plan Board也参与了2012年4亿美元的私募融资轮。在京东上市之后,所持股份价值增至6.3亿美元。

3. 上市融资

上市融资通常针对已经初具发展规模、成长速度稳定的企业,而并非针对刚创立的企业。对于我国新创企业来说,可以考虑的上市融资方式通常包括主板上市,创业板、科创板、北交所上市,买壳上市和境外上市等。主板市场是指传统意义上的证券市场,是一个国家或地区证券发行、上市及交易的主要场所。主板上市是指公司通过一系列的程序和审核,最终在国家主板市场上发行股票并上市交易。在我国,主板上市主要指公司在上海证券交易所(上交所)或深圳证券交易所(深交所)上市交易。由于上市标准高、锁定期长,新创企业通过上市融资的难度较大。与主板相比,创业板、科创板和北交所的推出,在一定程度上降低了上市融资的难度。

创业板市场，又称为二板市场，是指专门协助高成长的新兴创新公司，特别是高科技公司进行筹资并进行资本运作的市场。从全球范围看，创业板市场已经覆盖了主要经济实体和产业集中地区。其中，美国纳斯达克、英国 AIM、日本佳斯达克、韩国科斯达克等创业板市场的发展最为成功。2009 年，我国创业板在深交所开板。创业板门槛低、风险大、监管严格，是孵化中小型企业的摇篮。科创板是独立于主板市场的新设板块，服务于符合国家战略、突破关键核心技术的科技创新企业，重点支持高新技术产业和战略性新兴产业。科创板设置多元包容的上市条件，允许符合定位、尚未盈利或存在累计未弥补亏损的企业上市，为新创企业融资和快速发展提供了新的渠道。

买壳上市，是指非上市公司购买一家上市公司一定比例的股权来取得上市的地位，然后注入自己有关业务及资产，实现间接上市的目的。从实际情况看，买壳上市的成本在逐年上升，同时，买壳上市的成功率并不高，如果买壳上市失败，企业的前期投入就会付诸流水。境外上市是指国内股份有限公司向境外投资者发行股票，并在境外证券交易所公开上市的行为。境外上市主要集中在我国香港地区、美国和新加坡等地。境外上市有助于企业建立良好的形象，同时，境外金融市场的政策法规能够督促企业建立完善的治理结构，有利于企业的长期发展。知名公司境外上市情况，如表 8-3 所示。

表 8-3　知名公司境外上市情况

公司名称	上市时间	上市地点
阿里巴巴	2014 年	美国纽约证券交易所
腾　讯	2004 年	香港交易所主板
百　度	2005 年（首次） 2021 年（二次）	美国纳斯达克交易所 香港交易所主板
京　东	2014 年（首次） 2020 年（二次）	美国纳斯达克证券交易所 香港联合交易所主板
携程网	2003 年（首次） 2021 年（二次）	美国纳斯达克交易所 香港联合交易所主板
拼多多	2018 年	美国纳斯达克交易所
蔚来汽车	2018 年（首次） 2022 年 3 月（二次） 2022 年 5 月（三次）	美国纳斯达克交易所 香港交易所主板 新加坡证券交易所主板

4. 中小企业间的互助机构贷款

中小企业间的互助机构货款是指中小企业在向银行融通资金的过程中，根据合同约定，由依法设立的担保机构以保证的方式为债务人提供担保，在债务人不能依约履行债务时，由担保机构承担合同约定的偿还责任，从而保障银行债券实现的一种金融支持制度。从实践来看，信用担保可以为中小企业创业和经营融资提供便利，分散金融机构信贷风险，推进银企合作，是解决中小企业融资难的突破口之一。

互助机构或信用担保机构可分为两类：第一类是政府参与的互助性担保机构。这种模式由基层政府出资发起，中小企业自愿认购基金单位。政策性担保机构不以营利为目的，并接受政府的监管和指导。美国的小企业管理局属于此类机构。第二类是商会等民间机构牵头的互助性担保机构。这种模式由商会、协会等民间组织牵头,中小企业自愿入会、自筹资金、自我管理。这种模式没有政府的干预,属于民间自律性、互助性、非营利性的担保组织。我国各地成立了众多中小民营企业信用担保商会,属于此类机构。

案例

他山之石:美国小企业管理局

1953年,艾森豪威尔总统助推成立了美国小企业管理局(small business administration, SBA),其作为联邦政府的机构,专门致力于扶持小型企业的发展。SBA为小企业提供的资金支持主要通过信用担保的形式进行。在小企业向商业银行申请贷款并获得批准后,若在逾期还款时仍不能归还贷款,SBA会承诺支付不低于90%的未偿还部分。当然,担保总额不会超过75万美元,而担保部分的额度也不会超过贷款总额的90%。SBA从1958年开始推出小企业投资公司项目。该项目作为联系风险投资家和小企业的纽带,已成为全球范围内公共—私人合作关系的典范,像苹果、康柏、英特尔、美国在线这些著名公司都是在该项目扶持下成长起来的。

(三) 政府背景融资

政府背景融资指政府推出的针对创业企业的各种扶持资金及政策,主要包括政府专项基金、税收优惠、财政补贴、贷款援助等融资渠道。

1. 科技型中小企业技术创新基金

1999年,国务院批准设立政府专项基金——科技型中小企业技术创新基金(以下简称创新基金),由科技部科技型中小企业技术创新基金管理中心负责实施,并受到科技部和财政部的共同监管。创新基金重点支持产业化初期(种子期和初创期)、技术含量高、市场前景好、风险较大、商业性资金进入尚不具备条件、最需要由政府支持的科技型中小企业项目,旨在促进科技成果转化,加快高新技术产业化进程,培育一批具有中国特色的科技型中小企业。

创新基金的支持方式主要有两种:贷款贴息和无偿资助。贷款贴息是指通过补贴贷款利息的方式,降低贷款申请人的经济负担。贷款贴息主要用于支持那些产品具有一定创新性、需要中试或扩大规模以形成批量生产、且银行已经给予贷款或有意向给予贷款的项目。其中项目计划新增投资额一般在3 000万元以下,资金来源基本确定且投资结构合理,项目执行期为一年以上三年以内。贴息总额可按贷款有效期内发生的实际利息计算,一般不超过100万元,个别重大项目则不超过200万元。无偿资助主要用于技术创新产品在研究、开发及中试阶段的必要补助,要求企业注册资本最低30万元,目前尚未有销售或仅有少量销售。无偿资助支持的项目执行期为两年,创新基金资助数额一般不超过100万元(个别重大项目不超过200万元),企业应拥有申请项目的知识产权。

2. 地方性优惠政策

地方性优惠政策是地方政府为促进本地创业企业发展而制定的一系列扶持措施,主要包括税收优惠、财政补贴和贷款援助等。税收优惠方面,地方政府可通过减免企业所得税、增值税等税种,降低企业税负,促进企业将更多资金投入研发与市场拓展。企业所得税是企业根据其年度利润缴纳的税收,地方政府可以通过降低企业所得税税率或直接减免一定额度的企业所得税来减轻企业的财务负担,增加企业的可支配收入。增值税是一种流转税,它对企业销售商品或提供服务时产生的增值额进行征税。地方政府可以通过降低增值税税率、设定增值税起征点或提供增值税即征即退等优惠政策来支持创业企业,降低企业运营成本。除了企业所得税和增值税,地方政府还可以针对特定行业或特定类型的创业企业提供其他税收优惠措施。例如,对于高新技术企业,可以提供研发费用加计扣除、技术转让所得税减免等优惠政策;对于小型微利企业,可以提供减半征收企业所得税等支持措施。

财政补贴直接为企业提供研发补贴、创新奖励等资金支持,帮助企业度过初创期的资金难关。例如,我国不少地区对科技型企业按研发实际投入比例提供一定额度的补贴,再如不少地方政府对企业获批国家级、省级创新技术平台都会给予现金奖励。贷款援助方面,政府通过与金融机构合作,提供低息贷款、贷款担保等融资服务,不仅解决企业资金问题,还帮助企业建立良好信用记录,为未来融资拓展路径。

3. 政府创业投资基金

政府创业投资基金是由政府财政出资设立,通过投资于种子基金、风险投资基金等,引导社会资金进入早期创业投资领域的政策性基金。政府创业投资基金本身一般不直接从事股权投资业务,而是通过设立母基金、参股基金或直投等方式,间接支持创业企业发展。同时,它遵循市场化原则进行运作,注重投资效益和风险控制,从基金设立、资金募集、投资方向、投资方式、风险管理等方面建立规范的运行机制。在我国,政府创业投资基金在促进创业投资发展、推动产业升级、带动社会资本投入和优化资源配置等方面已经发挥了重要作用。

案例

深创投——中国国资创投的先行者

1999 年,深圳市政府出资并引导社会资本出资设立深圳市创新投资集团有限公司(简称"深创投集团"),注册资本 100 亿元,管理各类资金总规模约 4 811 亿元。深创投以发现并成就伟大企业为使命,致力于做创新价值的发掘者和培育者,围绕创投主业,不断拓展投资渠道,形成了覆盖天使、VC、PE、并购、母基金、S 基金、不动产基金、公募基金等的基金群体系。目前其管理基金包括:186 只私募股权基金、16 只母基金、22 只不动产基金,同时,集团下设国内首家创投系公募基金管理公司——红土创新基金管理有限公司。公开资料显示,深创投已助推了复旦微电、华大基因、腾讯音乐、中芯国际、怡合达、西部超导、宁德时代、瑞芯微、奇安信、恒玄科技、潍柴动力、信维通信、睿创微纳、澜起科技、康方生物、荣昌生物、迈瑞医疗、稳健医疗等众多明星企业成长。2024 年,深创投获评"2024 中国最佳早期投资机构 Top10""2024 中国最佳创业投资机构综合榜 Top1""2024 中国最佳创业投资机构活跃榜Top1"等多项大奖。

三、 创业融资方式

按照融资时获得资金的不同权益性质,创业融资方式可分为股权融资和债权融资两类。

(一) 股权融资

股权融资是一种企业股东让出部分企业所有权,通过企业增资的方式引进新股东的融资方式。股权融资所获得的资金,企业无须还本付息,但新股东将与老股东同样分享企业的赢利与增长。股权融资所获资金的用途广泛,既可以充实企业的营运资金,也可以用于企业的投资活动。其不利之处主要体现在控制权方面。由于股份稀释,创业者或者原有创业团队可能在一定程度上失去企业控制权。前面提到的天使投资、风险投资、上市融资等都属于股权融资方式。如果通过上市方式进行股权融资,还会产生其他不利因素,例如,上市之后对企业各种信息披露的要求可能会暴露商业秘密。

(二) 债权融资

债权融资是指企业通过向债权人借款来获得资金的一种融资方式。比如前面提到银行贷款、亲朋好友借款,以及供应链融资中的应收账款质押融资、应收账款保理等都属于债权融资方式。债权融资所获资金的用途是解决企业营运资金短缺的问题,而不是用于资本项下的开支。这种融资方式下,债权人一般不参与企业的经营决策,对资金的运用也没有决策权。创业者可以保持对企业的有效控制权,并且独享未来可能的高额回报率。但是,债权融资构成负债,企业要按期偿还约定的本息。此外,债权融资会提高企业的负债率,可能会影响企业的再筹资和经营能力。表 8-4 列出了两种融资方式的主要区别。

表 8-4 融资方式比较

比较项目	股权融资	债权融资
本金	不能抽回,可以向第三方转让	到期从企业收回
报酬	根据企业经营情况变化	事先约定固定金额的利息
投资者风险	高风险	低风险
投资者对企业的控制权	按比例享有	无

四、 新兴融资方式

创业者本身就是创新者,他们发现了别人没有发现的机会,在融资方面也会发现和使用一些创新性的融资渠道和方式。下面简要介绍一些新兴融资方式,如知识产权质押融资、设备融资租赁、保理融资、孵化器融资等。

(一) 知识产权质押融资

知识产权质押融资是指企业或个人以其合法拥有的知识产权中的财产权作为质押标的物出质,经过专业的评估机构评估作价后,向银行等融资机构获取资金,并需按期偿还资金本息的一种融资方式。知识产权质押融资的质押物主要是无形的知识产权,包括专利权(如发明专利、实用新型专利、外观设计专利等)、商标权、著作权(尤其是其中的财产权部分)等。知识产权质押融资打破了以往抵押贷款的方式,以无形的知识产权作为质押物,为中小企业提供了新的融资途径。尤其对于科技型中小企业而言,由于缺少不动产等传统担保物,知识产权质押融资成为解决其融资难问题的重要途径。知识产权质押能够提升企业的形象和价值,表明企业拥有核心竞争力,并得到银行的价值认可。通过知识产权质押,企业能够更加重视和保护自身的知识产权,提升知识产权的利用效率和价值。

案例

本源量子的发明专利质押融资

2003年,中国第一个量子计算研究小组在中国科学技术大学一间教室里成立。2017年,中国科学院量子信息重点实验室副主任、中国科学技术大学教授郭国平萌生了一个想法——将量子计算的理论研究转化为一台真正的量子计算机。为此,由郭国平组织的一支从实验室而来的研发团队成立了本源量子。中科大以5件专利作价3 000多万元入股,为本源量子奠定了深厚的技术基础。2023年,本源量子以10余件发明专利质押获得千万元融资,入选国家知识产权局发布的专利产业化十大典型案例。本源量子知识产权与商务中心总监赵勇杰坦言,这笔融资款最主要的作用就是推动研发。在全球竞争加剧的背景下,量子技术发展不进则退,需要不断对量子芯片、控制系统、环境系统等方面的技术开展研发,推进技术迭代,而这些工作需要大量资金支持。赵勇杰表示,公司曾经考虑通过专利运营获得发展资金。但是,鉴于目前量子技术领域还处于早期发展阶段,难以找到适合进行专利转让、许可等转化落地的行业企业。相较而言,知识产权质押融资更易于操作,而且获得融资成本较低,能够让专利快速实现价值。

(二) 设备融资租赁

设备融资租赁是一种集信贷、贸易、租赁于一体,以租赁物件的所有权与使用权相分离为特征的新型融资方式。出租人根据承租人选定的租赁设备和供应厂商,以对承租人提供资金融通为目的而购买该设备,承租人通过与出租人签订金融租赁合同,以支付租金为代价,而获得该设备的长期使用权。融资租赁的信用审查手续简便,使企业能在最短的时间内获得设备使用权,进行生产经营,迅速抓住市场机会,这对于一些处于市场上升期的创业者来说意义尤为重要。由于企业只需支付较低的租金就可以实现融资目的,可减轻承租用户在项目采购时的流动资金压力。同时融资租赁不体现在企业资产负债表的负债项目中,因此,通过这种表外融资方式,可以解放流动资金,扩大资金来源,突破当前预算规模的限制。

案例

设备融资租赁破解科创企业融资难题

合肥普力先进材料科技有限公司(以下简称普力材料)成立于2017年,是一家专注于二氧化碳利用技术的新材料企业,起步于余杭良渚大学科技园。普力材料刚成立时,国内对于二氧化碳高价值利用和负碳新材料产业化的关注度并不高。当时浙江东方金融控股集团旗下的浙江国金融资租赁股份有限公司(以下简称国金租赁)一直在密切关注我国绿色产业,也在不断探索更好服务科创企业的新模式,它一眼看中了普力材料在新材料赛道上的潜力,将其列入重点关注名单。2023年,普力材料全资子公司安徽普碳新材料科技有限公司计划在安徽淮南建造一条年产5万吨的生产线。由于设备采购需求多,所需资金量大,仅靠自身无法解决。传统金融贷款对企业资产要求高,审核严格,初创企业授信成功率较低。这家科创企业陷入了"融资难"困境。国金租赁业务团队第一时间介入,在详细调查了项目发展规划、基地建设进展、财务融资状况、产品研发进度、设备采购需求等情况后,一周就完成了首笔 3 104 万元设备直租项目的授信,成功破解企业的"首贷难题"。

(三) 保理融资

保理融资是供应链融资的一种。保理业务起源于国际贸易,它指的是卖方(供应商或出口商)与保理商之间建立的一种契约关系。根据这一契约,卖方将其现在或将来的、基于与买方(债务人)签订的货物销售或服务合同所产生的应收账款,转让给保理商。保理商则向卖方提供包括但不限于贸易融资、销售分户账管理、应收账款催收、信用风险控制以及坏账担保等服务中的至少两项。保理融资能够为创业企业提供便捷的融资渠道,缓解其资金周转压力。它不但能为卖方企业提供及时的资金支持,还因为保理商承担应收账款管理和催收工作,能够降低卖方企业的运营成本和坏账风险。

案例

和信保理:供应链金融绿色资产证券化

和信(天津)国际商业保理有限公司作为原始权益人和资产服务机构,成功备案发行京能国际供应链金融绿色资产支持专项计划。专项计划基础资产为风力发电、光伏发电、储能、天然气热冷电联产项目,绿色评估机构认为其符合绿色项目界定标准。专项计划募集资金穿透后用于购买上述应收账款债权,为绿色项目上游的中小企业提供便利化融资。

(四) 孵化器融资

孵化器原本是指人工孵化禽蛋的专门设备。后来,这一概念被引入经济领域,特指一些促进科技成果转化、培养高新技术企业的科技创业服务机构。孵化器一般以科技型中小企业为服务对象,为入孵企业提供研发、中试生产、经营场地和办公方面的共享设施,提供政策、管理、法律、财务、融资、市场推广和培训等方面的服务,以降低企业的创业风险和创业成本,提高企业的成活率。孵化器融资是指创业者通过与孵化器机构合作,获得资金支持和帮助实现创业项目的融资过程。在这个过程中,创业者向孵化器提交商业计划书,以赢得孵化器机构的关注和支持,从而取得资金投入。孵化器融资不仅仅是获得资金的手段,更是获得导师指导、资源对接和商业机会的重要途径。

案例

创新工场

2009 年,李开复博士创办了创新工场,致力于打造集创业平台、资金支持、投后服务等的全方位生态投资服务平台,孵化出旷视科技、知乎、美图、至善生物等一大批知名的科创类企业。创新工场共管理五支美元基金和五支人民币基金,总规模约 200 亿元人民币,这些基金来自全球投资者。创新工场专注投资早中期的高成长型科技企业,主要投资阶段为种子轮、天使轮和 A 轮,B 轮会有选择地进行跟投。投资领域涵盖人工智能、硬科技、机器人与自动化、企业服务软件、医疗科技和可持续科技等多个前沿科技行业。创新工场不仅提供资金支持,还为创业者提供包括商业、技术、产品、市场、人力、法务、财务等一揽子创业服务,帮助早期阶段的创业公司解决各种难题。同时,创新工场与众多高校、科研机构、企业等建立了合作关系,能够为创业者提供技术支持、人才培养、市场渠道等多方面的资源。

思考题

1. 创业过程中需要哪些资源? 各起到什么作用?
2. 影响创业资源获取的因素是什么?
3. 创业资源获取的途径有哪些?
4. 简析资源拼凑理论和资源编排理论。
5. 创业融资的渠道有哪些?
6. 股权融资和债权融资有什么不同?
7. 你知道哪些新兴融资方式? 各属于股权融资还是债权融资?

实践练习

活动名称:尝试对接可以进行融资的渠道

活动内容:也许你有一个创业构想,但是身无分文,尝试对接以下渠道,看看有没有融资的可能。第一,向亲朋好友借款。第二,获取政策性资金支持。根据国家或地方的政策得到无偿或优惠的一类扶持创业的资金,如创新基金、创业贷款等。第三,债权融资、股权融资、银行贷款、天使投资等传统融资方式。第四,通过互联网平台展示自己的创意或项目,设定需要筹集的目标金额和期限,向大众筹集资金。

第九章　商业模式

【学习目标】

☑ 理解商业模式的概念

☑ 理解商业模型的构成与逻辑

☑ 掌握商业画布工具

☑ 了解商业模式的设计步骤

引导案例

美团进军社区电商

创业的问题归根到底，就是想明白帮什么人解决什么问题。

——王兴

2010年，31岁的王兴已经历过两次创业失败，他决定进军团购市场，创立了美团。此时，团购鼻祖Groupon刚刚成立一年多。与篱笆网、51团购等国内早期团购网站相比，美团网专注的不是产品，而是针对本地白领阶层的生活消费服务，比如美食、电影、酒店、KTV，短短几个月就发展成为中国团购行业第一名。王兴最初的定位仅为团购网站，但是他说："美团的未来，绝不仅仅是外卖。"在看似简单的团购模式中，王兴敏锐地洞察市场需求的变化，及时调整业务方向，成为中国最大的生活服务平台之一，并在2018年成功上市。

2020年，美团成立优选事业部，正式进军社区电商领域。这一时期，传统电商的流量红利逐渐消退，获客成本不断攀升，而社区团购则以其独特的"预售＋自提"模式，恰到好处地满足了消费者的需求，又降低了履约成本，成为电商行业的新宠。社区团购是真实居住社区内居民团体的一种购物消费行为，是依托真实社区的一种区域化、小众化、本地化的团购形式。此时，社区团购赛道上已有兴盛优选、十荟团等多家创业公司抢占先机，在部分区域市场形成了垄断优势。美团优选意识到，要在这样的局面下赢得市场竞争，必须不断创新商业模式，提升核心竞争力。因此，美团优选在借鉴先驱经验的基础上，充分挖掘自身的独特优势，开始了探索社区电商商业模式之路。

首先是对1.0模式的探索。美团优选在成立之初，采取了快速扩张和抢占市场的1.0模式。为了迅速在市场上占据一席之地，美团优选通过调岗面试、高薪挖角等方式，成功组建了一支庞大的地推团队。这支团队像是先锋部队，在全国范围内迅速铺开，短短几个月内就实现了对全国大部分省份和县市的覆盖。这一市场策略显著加速了美团优选的业务布局，使其在短时间内占据了较为广泛的市场份额。在1.0模式下，美团优选主要采用"直送团"的配送方式，即商品从供应商送至中心仓库，经过分拣后直接配送到团点。这种模式虽然能够在初期阶段简化流程,快速响应市场需求,但在配送效率和成本控制方面仍存在诸多不足。

紧接着美团优选进行了2.0模式的探索。在经历了一段时间的快速扩张后,美团优选逐渐意识到,要想实现可持续发展,必须转向高质量发展。因此,美团优选在2021年初提出了"降本增效"的目标,并在半年度会议上宣布了长期目标——高质量发展。为了实现这一目标,美团优选对原有的商业模式进行了全面升级,正式推出了以"降本增效,高质量发展"为核心战略的2.0模式。在2.0模式下,美团优选率先建立起了三级仓配体系,将B2B分拣模式应用于B2C领域。这一体系包括自营核心的中心仓、加盟制的网格站和自提点与团点分佣的社会化协作方式。通过这一体系,美团优选实现了从供给侧到需求侧的全面降本增效。在供给侧,美团优选通过优化采购流程、采用拍卖制选择单品供应商、建立共享仓等方式,降低了采购成本,提高了分拣效率。在需求侧,美团优选通过精细化运营团长体系、优化品类结构、提升用户体验等方式,提高了用户粘性和复购率。

此外,在市场策略方面,美团优选精准定位家庭消费领域,在品类结构上进行了优化调整,将生鲜品占GMV的比重下降至30%左右,占SKU的比重下降至40%左右。在这一比例下,生鲜既能够起到引流作用,又不至于带来过大的亏损压力。同时,美团优选还逐步向家庭消费领域渗透,增加了日用品、家居用品等品类,满足了消费者多元化的需求。在市场运营方面,美团优选始终坚持以用户为中心的理念,不断提升用户体验。一方面,美团优选通过精细化运营团长体系、优化配送流程等方式,提高了配送效率和用户满意度。另一方面,美团优选还通过定期举办促销活动、提供优惠券等方式,增强了用户的购物体验和忠诚度。

最后,美团优选能够在社区电商赛道中脱颖而出,还离不开其在技术创新和供应链管理方面的持续投入和突破。美团优选通过技术手段,推动了智能化仓储管理系统和物流配送系统的应用,使得商品从供应商到消费者手中的配送时间大幅缩短。此外,通过大数据分析和人工智能技术,平台能够较为准确地预测消费者需求,提前做好库存管理和商品配送等准备工作。智能化的技术手段不仅使得美团优选能够应对大规模订单的处理需求,还为消费者提供了更加个性化的购物体验。

从初期的快速扩张到后期的降本增效,再到深耕家庭消费市场和引领技术创新,美团优选的探索之路无疑是一个充满挑战与突破的过程。通过不断适应市场变化、洞察消费者需求,美团优选不仅实现了从1.0到2.0的成功蜕变,也使得其成为行业内的标杆,推动了整个社区电商行业的快速发展。

资料来源:根据中国管理案例共享中心案例《洪水猛兽还是脱胎换骨——美团优选的新型社区电商探索之路》改编。

思考题:(1)美团优选的社区电商商业模式为消费者解决了哪些问题?

(2)美团优选的核心资源和能力有哪些?

(3)社区电商的成本和收益分别包括什么?

第一节　商业模式的概念

在创业实践过程中,商业模式设计是一项至关重要的决策,它不仅是企业战略规划的核心组成部分,更直接影响到创业企业的市场定位、资源配置及竞争优势的构建。一个好的商业模式能够助力创业企业在激烈的市场竞争中脱颖而出,实现可持续发展。例如,Uber采用共享经济模式,促成闲置车辆与乘客需求对接,成为全球领先的出行服务平台;小米公司通过"互联网+硬件"的直销商业模式迅速崛起。那么,什么是商业模式呢?

商业模式是一个"年轻"的概念,但不是一个全新的概念。商业模式的存在可以追溯到社会出现以物易物的交易形式的年代,在人类的贸易与经济行为发展史中存在已久。可以说,商业模式是普遍存在的,一个企业一旦创建就会采用某种包含价值创造、价值传递和价值获取机制的商业模式。然而,这一概念直到20世纪90年代末才引起学术界广泛关注。1998年,学者Timmers首次对其做了理论界定,认为商业模式是关于产品、服务和信息流的构架。出于不同视角,商业模式的定义存在多种观点和解释,表9-1给出了几个示例。

表9-1　商业模式的定义

视角	定义描述	代表作
财务观	企业如何获利并持续获取收益的方式	Stewart和Zhao(2000)
交易观	构造交易内容、交易结构与交易治理的交易系统	Amit和Zott(2001)
组织观	组织企业使其以有效的方式服务顾客的方式	Mitchell和Coles(2003)
价值观	描述企业创造价值、传递价值并捕获价值的框架	Osterwalder(2004)
资源观	企业资源和能力、组织结构和价值主张互动的系统	Demil和Lecocq(2010)

早期,学者主要关注商业模式的盈利性,研究其获取利润的逻辑。例如,Stewart和Zhao(2000)认为,商业模式是一种逻辑,它能使企业持续获取收益。之后,人们开始从关注盈利性转向关注价值,从关注利润结构转向关注价值网络,并且突破了企业个体,关注价值链(网)上所有利益相关者。例如,Mitchell和Coles(2003)提出商业模式就是组织企业使其以有效的方式服务顾客的方式,包括如下七个关键要素(5W2H):

Who,即企业服务或影响的各利益相关者;

What,即各利益相关者的付出或收益以及其受到的各种影响;

When,即提供产品或服务的时机;

Where,即在何地传递其利益诉求;

Why,即企业与各利益相关者之间的互动逻辑;

How,即解释企业提供产品或服务的方式以及企业如何从中获益;

How much,即客户要支付的价格和成本。

从价值观的视角,Osterwalder(2004)提出商业模式是一个描述企业如何创造、传递并捕获价值的框架,如图 9-1 所示。在这个框架中,商业模式由创造价值、传递价值、捕获价值三部分构成,三者密不可分,共同构成了一个完整的闭环。创造价值基于客户需求,通过提供解决方案满足市场期望;传递价值依托资源配置和活动安排,将产品或服务交付到客户手中;捕获价值则通过设定盈利模式,确保企业能够持续获取利润。

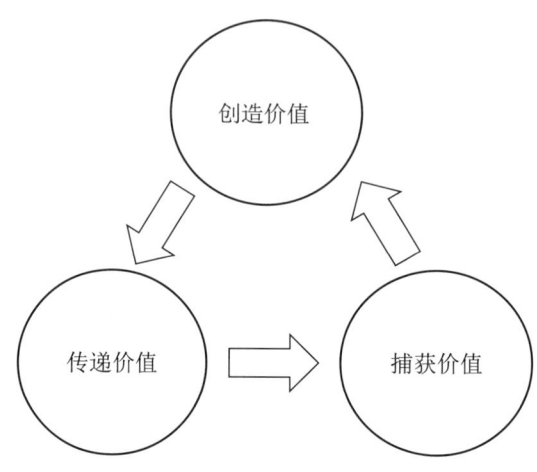

图 9-1　基于价值观的商业模式定义

对各类观点进行整合,商业模式是一个企业或组织在经营活动中所采用的策略、结构、流程、盈利方式以及与其他利益相关者的关系等方面所构成的整体框架。简而言之,商业模式描述了一个企业如何创造价值、传递价值并获取利润的方式。

第二节　商业模型与商业模式创新

商业模式是企业创造价值的基本机制,在创业和商业实践中,仅从概念层面分析商业模式是没有意义的,它终将形成操作性框架,通过具体流程和技术手段予以落地。然而,由于这一概念的抽象性和复杂性,有必要借助基础性理论模型深入认知其内涵,以有效指导商业模式分析、设计与创新实践。基础模型(称为商业模型)至少应当回答两个基本问题:①商业模式包括哪些基本要素? ②这些要素具有哪些基本关系?

一、 商业模型

管理学家克里斯坦森(Clayton Christensen)曾提出一个被广为接受的商业模型,如图 9-2 所示,他提出商业模型由四个密切相关的要素组成,这四个要素通过共同作用来创造和实现价值。

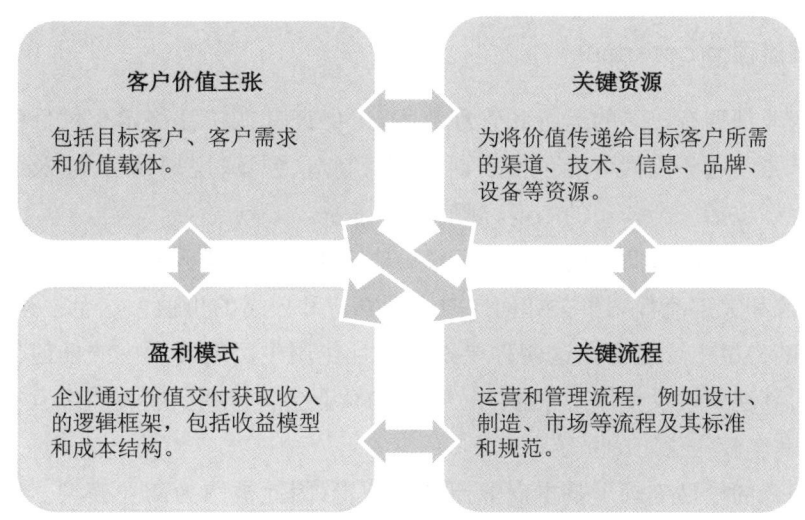

图 9-2　克里斯坦森商业模型

(一) 客户价值主张(value proposition)

成功的企业总是能够找到一种为客户创造价值的方法。也就是说,它们能够帮助客户完成一项重要的任务。一旦理解了这项任务和它的所有维度(包括如何完成任务的全部流程),就可以设计解决方案。客户的任务越重要,客户对现有可选项的满意度越低,企业的客户价值主张就越突出。克里斯坦森指出,当客户认为其他产品和服务不能适应现实任务,而你恰好能为这一任务且仅为这一任务提供完美解决方案时,正是提出客户价值主张的最佳时机。因此,商业模式的起点和基础就在于企业能够给客户带来什么价值,即企业为什么样的客户创造了价值和解决了什么"痛点"问题。

(二) 盈利模式(profit formula)

盈利模式指的是公司在为客户提供价值的同时,如何为自身创造价值的具体方法。包括收入模型、成本结构、利润模型和资源流转速度。收入模型表达为:价格×销量。成本结构包括直接成本、间接成本和规模经济。成本结构主要取决于商业模式所需关键资源的成本。利润模型是指在给定预期的销量和成本结构下,每笔交易所需实现的预期利润。资源流转速度是指为实现预期的销量和利润,需要多快的库存、固定资产以及其他资产的流转速度。人们经常将"盈利模式"和"商业模式"混为一谈。实际上,如何获取利润仅仅是商业模式的一部分。克里斯坦森提出一种设计盈利模式的有效方法:首先,设定实现客户价值主张所需的产品价格;然后,据此确定可变成本以及毛利率;最后,确定实现预期利润所需要的规模和资源流转速度。

(三) 关键资源(resources)

关键资源是指向目标客户传递价值主张所需的人员、技术、产品、设施、设备、渠道和品牌等资产。每家企业都会拥有一些无法创造竞争优势的通用性资源,应重点关注为客户和企业创造价值的关键要素以及这些要素的相互作用方式。

(四) 关键流程(processes)

成功的企业都拥有成熟的运营和管理流程,以保证其在持续稳定交付价值的同时不断实现规模的扩张。这些流程可能包括培训、研发、制造、预算、规划、销售以及服务等日常任务。关键流程还包括一个公司的制度、规范和指标等。

以上四个要素是所有商业的基石。客户价值主张和盈利模式分别定义了客户和公司的价值,关键资源和关键流程则事关如何同时实现客户和公司的价值。这个框架看起来简单,但实际上,它的力量主要蕴含在这四种要素的相互作用中。四要素中的任何一个要素的重大变化都会对其他要素及整体产生影响。成功的企业会将这些要素以持续互补的方式连为一体,构建起一个较为稳定的系统。

克里斯坦森的模型刻画了基本商业原理和逻辑,因此被称为商业模型。这一模型完整描述了商业模式的构成要素及相互关联,也是对商业模式的定义和刻画,以上四个要素又被称为商业模式的四个构成要素。

【一起来探究】

什么是商业模型?

Osterwalder 提出商业模型(business model)是一个描述企业如何创造、传递并捕获价值的框架。Christensen 提出由客户价值主张、盈利模式、关键资源、关键流程这四要素构成的商业模型(business model)。

你认为两者之间的关联和区别是什么?

二、 商业模式创新

企业要想获得成长,不仅要敢于进军未知的市场领域,也要敢于尝试新的商业模式。那么,什么时候是创新商业模式的最好时机? 简单地说,就是当商业模型的四个构成要素都必须重大改变的时候。对此,克里斯坦森提出五种战略情境:第一,出现了通过颠覆性创新满足大规模潜在客户需求的机会。第二,出现了把新技术商业化或者在全新市场充分利用现有技术的机会,前者如苹果 MP3 播放器,后者如军用科技转为商用。第三,企业有机会聚焦于此前未获得重视的任务。例如,联邦快递进入包裹运输市场时,采用任务聚焦型商业模式,以远超以往的速度和可靠度来递送包裹。第四,当对低端市场颠覆者的防御变成一种必需。第五,当竞争基础发生转变,企业必须做出回应时,例如竞争重点从成本变为质量。

根据图 9-2 所示的商业模型,进行商业模式创新可遵循如下路径,如图 9-3 所示:

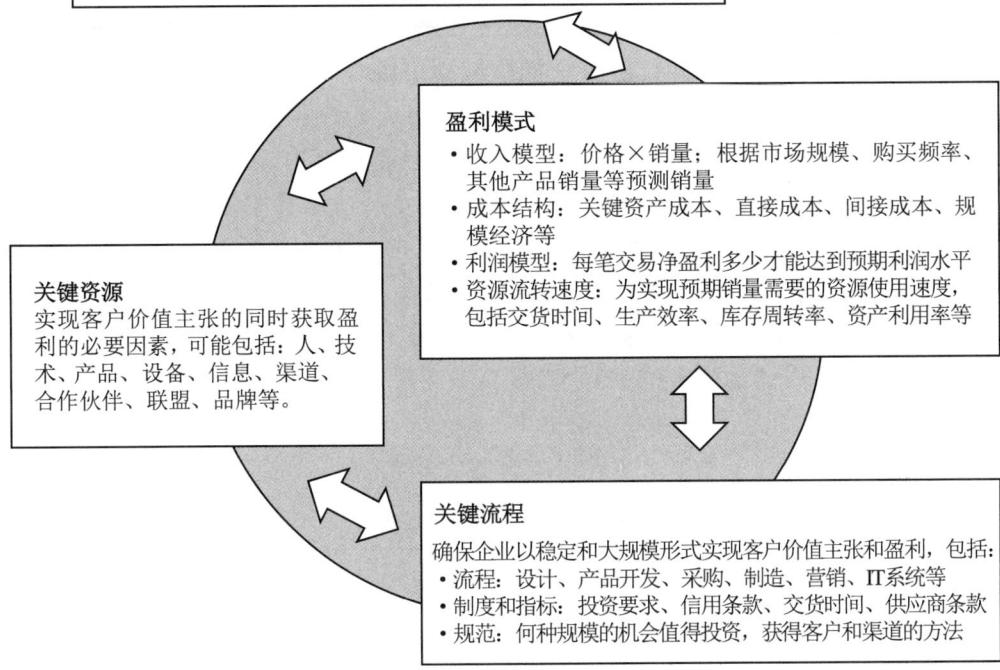

客户价值主张
- 目标客户
- 待完成任务：解决目标客户的一个重要问题或满足重要需求
- 提供方案，用以解决问题或满足客户需求，取决于销售何种产品及销售方式

盈利模式
- 收入模型：价格×销量；根据市场规模、购买频率、其他产品销量等预测销量
- 成本结构：关键资产成本、直接成本、间接成本、规模经济等
- 利润模型：每笔交易净盈利多少才能达到预期利润水平
- 资源流转速度：为实现预期销量需要的资源使用速度，包括交货时间、生产效率、库存周转率、资产利用率等

关键资源
实现客户价值主张的同时获取盈利的必要因素，可能包括：人、技术、产品、设备、信息、渠道、合作伙伴、联盟、品牌等。

关键流程
确保企业以稳定和大规模形式实现客户价值主张和盈利，包括：
- 流程：设计、产品开发、采购、制造、营销、IT系统等
- 制度和指标：投资要求、信用条款、交货时间、供应商条款
- 规范：何种规模的机会值得投资，获得客户和渠道的方法

图 9-3　商业模式创新的路径

(一) 创建客户价值主张

要想塑造新的商业模式，首先要有一个明确的客户价值主张。客户价值主张最重要的属性是精确度，也就是能够精确满足客户需求。然而，许多企业追求新商业模式时忽视了专注，试图广泛尝试，结果成效不佳。为确保价值主张的精确性，企业应识别并关注影响任务完成的制约条件：资金限制、途径缺失、技能不足、时间稀缺。

(二) 设计盈利模式

盈利模式是商业模式的一部分，但不等同于商业模式。企业需要设计如何通过产品或服务获取利润，包括直接销售产品、提供订阅服务、收取广告费用或通过其他方式等。企业应确保盈利模式与商业模式相匹配，并能够实现可持续盈利。

(三) 确认关键资源和流程

明确企业与客户的价值主张后，企业需审视实现这些价值所需的关键资源与流程。关键在于两者间的有效整合，而非单一资源或流程本身。企业需以独特方式融合其资源与流程，以向特定消费者提供优质服务，从而构建持久的竞争优势。此整合过程的前提，是企业首先明确客户价值主张与盈利模式。

道康宁(Dow Corning)公司的案例遵循了图 9-3 所示的商业模式创新步骤。这一案例描述了如何从无到有建立一个具有新盈利模式的新业务部门,对初创公司具有重要的借鉴意义。另外,在该案例中商业模式创新针对的是产品降级过程,展现了一个新颖的商业视角。

案例

道康宁拥抱低端市场

美国道康宁公司是一家生产和销售有机硅材料的世界领先企业,主要向客户提供高价格的创新产品和服务组合。然而,公司发现一部分产品的销售陷入停滞,原因在于该行业不少低端产品已同质化,许多客户不再需要技术服务而是低价格的基础性产品。危机中蕴含着机遇,道康宁公司专门组建了一个团队负责低端客户市场的大众化业务。该团队首先确立了客户价值主张,那就是为价格敏感型客户提供基础产品,他们决定将价格下调15%。确立了新的客户价值主张之后,团队意识到,要想把价格降低到预期水平,只削减服务是不够的。价格大幅下调意味着盈利模式的调整,尤其是需要大幅降低成本。为了能以更快的速度卖出更多的产品,公司需要研发一套新的 IT 系统,利用互联网实现流程自动化,并尽力降低各项开支。道康宁进行了如表 9-2 所示商业模式变革。

表 9-2　道康宁商业模式变革

步　骤	现有业务	新业务
客户价值主张	定制化解决方案,谈判签订合同	无额外服务,批量价格,网上销售
盈利模式	高利润、高成本的增值服务	现货定价,低利润率,低成本,高产能
关键资源和流程	研发、销售和服务导向	IT 系统,低成本流程,最大限度自动化

传统上道康宁只关注高利润市场,但它通过建立一个独立的业务部门,对低端市场与高端市场进行严格区分,在保住传统业务的同时获取了低端市场的赢利商机。

资料来源:克里斯坦森. 颠覆性创新[M]. 崔传刚,译. 北京:中信出版社,2019.

第三节　商业模式画布

一、商业画布的提出

商业模式画布(business model canvas)是一种应用广泛的商业模式分析和设计工具,由亚历山大·奥斯特瓦德(Alexander Osterwalder)在 2004 年提出,简称为商业画布。作为一种战略工具,商业模式画布能够帮助企业家明确核心价值主张、目标客户、资源配置和收入来源等关键要素,从宏观层面和全局视野审视和布局业务。奥斯特瓦德提出商业模式由九大要素构成,并绘制了如图 9-4 所示的商业画布作为可视化工具。

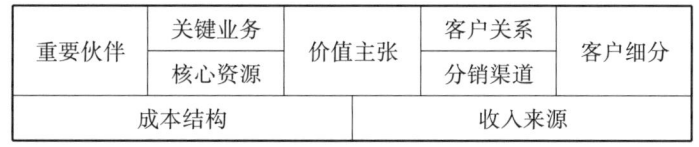

图 9-4　商业模式画布

商业画布以价值主张为中心分成左右两侧，左侧关注效率，右侧关注价值。商业逻辑起点从右侧开始，首先是通过客户细分确定目标客户，然后明确价值主张，以及价值主张通过何种渠道传递给客户，并与客户建立怎样的关系，再确定与客户建立的关系能够带来什么形式的收入。在左侧，需要明确企业的关键资源是什么，这些资源能为客户提供什么样的业务活动，以及这些业务需要哪些关键合作伙伴，最终确定完成关键业务发生哪些成本。

二、九大要素

(一) 客户细分

商业画布的第一个要素是客户细分，它描述企业需要接触和服务的不同人群或组织。企业应当明确：为谁创造价值？他们需要什么？他们为什么要购买企业的产品或服务？客户细分的基础在于深入剖析客户的共同需求、行为模式及多维属性，诸如年龄、性别、职业背景、兴趣爱好等。企业依据这些特征将客户群体划分为若干细分市场，明确目标客户群体，随后通过详尽的特性分析，以实现对服务内容的精准优化。客户细分策略包括但不限于：

（1）大众市场。针对具有普遍吸引力的产品或服务，其目标受众广泛，覆盖各类消费者，如智能手机和日常消费品等。

（2）利基市场：又称小众市场，是指高度专门化的市场，专注于满足特定客户群体的需求。例如，专注于为素食主义者提供多样化、高品质植物基食品的细分市场。

（3）区隔化市场：即市场区隔（market segmentation），是指将个人或机构客户按照一个或几个特点进行分类，使每类客户具有相似的产品服务需求。例如，将旅游市场区分为休闲度假旅游市场、商务旅游市场和探险旅游市场等。

（4）多元化市场：是指企业在不同的市场领域进行经营，提供多样化的产品或服务，以满足不同消费者群体的需求。例如，小米公司的业务范围涵盖智能手机、智能家居、穿戴设备及互联网服务等多个领域。

（5）多边平台/多边市场：通过连接相互依存的不同客户群体实现价值创造，例如，信用卡业务同时服务于消费者与商家。

案例

苹果公司的细分市场

苹果公司为三类客户提供不同的产品：

（1）消费者：普通消费者通常购买苹果的核心消费产品，例如 iPhone、iPad 和 MacBook，用于日常使用、娱乐和学习。

（2）企业：这类客户主要采购苹果的硬件设备（如 Mac 和 iPad）用于工作场景，同时还可能购买苹果的企业管理软件和服务,例如设备管理工具 Apple Business Manager。

（3）开发者:这类客户通过苹果的开发者平台（Apple Developer）设计应用,为 iOS、iPadOS 和 macOS 生态系统服务,他们的主要消费对象是开发者工具和对用户的分发渠道（App Store）。

(二) 价值主张

商业画布的第二个要素是价值主张,它指的是企业为满足客户需求而提供的价值,包括产品或服务的功能、特性、优点等,体现了企业向客户传递的核心利益。价值主张是商业模式的核心要素,决定了企业或产品在市场上的竞争力。一个清晰、独特的价值主张能够帮助企业区分自身与竞争对手,并吸引目标客户。企业应当明确:正在帮助客户解决哪一类难题? 正在满足客户的哪些需求? 正在提供给客户细分群体哪些系列产品或服务? 是什么让客户转向企业,而不是企业的竞争对手? 要向客户传递什么样的价值?

价值主张描述了企业为特定客户群体创造价值的系列产品或服务,旨在解决客户问题并满足需求,是客户能够从企业产品或服务中获得的一系列利益的集合。价值主张可能是全新的、颠覆性的创新,也可能是通过细微差异化提供额外功能或特性的改进。价值主张可以是定量的(如价格或服务速度),也可以是定性的(如设计或客户体验)。为客户创造价值的要素包括但不限于:

（1）新颖:给客户从未体验过的全新感受。

（2）性能:对产品进行改善,使其在性能上更具优势。

（3）定制化:让客户参与产品设计,针对客户需求对产品进行个性化定制。

（4）品牌和身份地位:让客户变得与众不同,帮助客户显示出不同的身份地位。

（5）价格:以更低的价格提供同质化的价值主张,或者向用户提供完全免费的价值主张。

（6）成本:帮助客户缩减成本。

（7）风险抑制:帮助客户抵御风险,或为客户可能遇到的风险做担保。

（8）可达性:把产品或服务提供给以前接触不到的客户。

（9）便利性:为客户提供便捷、快速的购买和使用体验的能力。

(三) 分销渠道

在完成市场细分和价值主张之后,接下来就是建立渠道通路,向每个细分市场传递价值主张。企业需要明确:通过哪些渠道可以接触到客户细分群体? 当前的客户接触方式是否有效? 不同渠道的效率和成本表现如何? 渠道能否通过整合变得更为通畅?

分销渠道要素用来描绘公司如何与客户细分群体进行沟通、接触并传递其价值主张。这些渠道是沟通、分销和销售的集合,是客户接触企业的界面。一个完善的渠道通路应帮助企业在客户中建立价值认知,辅助客户评估企业的产品或服务,协助客户完成购买,并为客户提供价值主张的实际交付和后续支持。

企业可以选择自有渠道(如官网、电商平台、线下门店)或合作伙伴渠道(如代理商、分销商)来开展销售活动。例如,苹果公司的分销渠道包括线上和线下两种形式,线上通过苹果官网、电子商务平台和应用商店向客户直接提供产品和服务,线下依托苹果零售店、经销商和广泛的分销网络来覆盖目标市场。不同渠道的目标可能各不相同,有些注重提升品牌认知,有些注重促成交易,有些关注售后服务。企业需要清晰定义每个渠道的目标,灵活组合多种渠道,以便最大化地触达客户以提高收益。

(四) 客户关系

明确目标客户群体后,企业需要进一步设计与这些客户建立、维持和深化关系的策略。关键问题是要考虑客户细分群体的期望:他们希望与企业保持何种关系? 企业目前已经建立了哪些类型的关系? 这些关系的成本效益如何? 如何将这些关系与商业模式的其他部分有机整合,以实现价值最大化并提升客户体验?

客户关系要素展示了企业与特定客户细分群体之间建立的关系类型。企业需明确希望与客户构建何种关系,并根据以下动机制定策略:一是吸引新客户,二是维系现有客户,三是通过二次购买或追加销售推动销售增长。这些关系是企业经营的核心内容之一,需要与整体商业模式紧密衔接。客户关系类型有很多种,这些关系类型可以共存于企业和特定客户细分群体之间。常见的客户关系类型有以下几种:

(1) 私人服务:客户与客户代表直接互动,或通过呼叫中心、客服邮件等个人助理手段来进行互动。

(2) 专用私人服务:为客户提供专属的客户代表,这是最为亲密的客户关系类型之一。

(3) 自助服务:企业不直接与客户发生关系,而是通过自助服务满足客户需要。

(4) 自动化服务:基于客户特征和差异化,提供更加精细的自助服务。

(5) 客户社区:通过线下社区、在线社区等为客户提供平台,并促进客户和潜在客户互动,解决客户的相关疑问。

(6) 共同创作:鼓励客户参与价值主张的创作,如亚马逊的书评服务、视频平台邀请用户创作并发布视频等。

仍然以苹果公司为例,该公司通过多种形式与客户建立和维持关系,包括 AppleCare 服务提供的全球广泛支持,以及借助广告投放、饥饿营销、事件营销、教育优惠、新品发布会等策略,提升客户黏性与品牌忠诚度。

(五) 收入来源

在确定收入来源时,企业需要明确以下问题:什么样的价值主张能吸引客户细分群体真正愿意付费? 客户目前为哪些产品或服务付费? 通过何种方式支付? 更倾向于哪些支付方式? 产品和服务销售收入多少? 各种收入来源所占的比例如何? 这些问题的解答将帮助企业明确客户的支付意愿与行为,从而优化收入结构,提升盈利能力。

在一个商业模式中,可以包含多种收入来源,常见的收入方式有:

(1) 资产销售:销售实体产品。

(2) 使用收费:通过提供特定的服务来收费,比如电信运营商、旅馆、快递等。

(3) 订阅收费:销售可重复使用的服务,比如视频应用按月付费,健身房按年付费等。

(4) 租赁收费:比如租房服务、租车服务等,消费者无须购买房产或汽车。

(5) 授权收费:比如把受保护的知识产权授权给客户使用并收取费用。

（6）经纪收费：为双方或多方之间的利益提供中介服务而收取佣金，如信用卡服务、股票经纪人等。

（7）广告收费：为特定的产品、服务或品牌提供广告宣传服务，如媒体行业、会展行业、网络广告等。

收入来源不同，定价机制也会有所不同。定价机制主要包括固定价格和动态定价两种形式，前者是指预设价格并保持不变，后者是指根据市场变化动态调整价格。

（六）核心资源

核心资源是企业实现价值主张和交付最终产品的关键支柱。企业需要根据具体需求分析：实现价值主张需要哪些独特资源？支持渠道运营需要哪些资源？维系客户关系需要哪些资源？此外，获取收入来源也依赖于特定的核心资源，如专有技术、品牌声誉、专业团队或物流能力。这些资源的整合与运用是商业模式成功的关键。

每个商业模式都需要核心资源，这些资源使得企业能够创造并提供价值主张、接触市场、与客户细分群体建立关系并赚取收入。核心资源可以是自有的，也可以从重要伙伴那里获取。不同商业模式所需的核心资源也不尽相同，比如制造业需要生产设施，芯片设计商需要技术人才等。核心资源的形式包括但不限于：

（1）实体资源：如生产设施、不动产、汽车、机器、系统、销售网点、分销网络等。

（2）知识资源：如品牌、专有知识、专利、版权、合作关系、客户数据库等。知识资产的开发很难，一旦建成将带来巨大的价值。

（3）人力资源：任何一家公司都需要人力资源，但对某些商业模式来讲，人力资源格外重要。比如知识密集产业、创意产业、制药企业等。

（4）金融资源：有些商业模式必须以金融财务作为担保，这种情况下金融资产就是它的核心资源。

再以苹果公司为例，其核心资源可分为两类：实体资源和虚拟资源。实体资源包括苹果的连锁实体商店，这是其重要的物质资产，同时还包括其专业的人力资源，这些资源支持了苹果的创新能力和高质量客户服务。虚拟资源涵盖知识产权（如专利、技术和品牌），体现苹果的智力资产。此外，苹果的金融资源强大，为其持续研发和市场拓展提供了资金支持。

（七）关键业务

关键业务是连接企业价值主张与客户需求的桥梁，包括创造和提供价值主张、接触市场、维护客户关系以及获得收入等。企业需要明确，为实现其价值主张，需要开展哪些核心业务？为确保渠道顺畅运营，需要哪些关键活动？为维持与客户的良好关系，需要哪些支持性操作？为实现收入来源的稳定增长，需要哪些战略性业务？这些关键业务的明确与优化，将直接影响企业商业模式的运作效率和长期成功。

每种商业模式都有其独特的关键业务，不同的企业根据自身目标和需求会执行不同的关键活动。关键业务主要分为三类：第一类是生产制造产品，包括产品的设计、生产、制造和分销等；第二类是问题解决，这类业务主要为客户提供专业的解决方案，比如咨询公司或医院等服务性机构；第三类是平台或网络，这种商业模式依赖于平台或网络作为核心资源，其关键业务活动围绕着平台的管理和扩展展开。

以苹果公司为例,其关键业务涉及多个领域,包括软件研发、产品质量控制、平台运营,以及全球采购和物流管理等。苹果通过持续创新,在产品设计和生产上投入大量资源,并且密切关注技术平台的运营与维护。此外,苹果还建立了强大的回收系统和能源管理体系,以支持其全球运营和可持续发展目标。这些业务活动是支撑苹果成功商业模式的核心,确保其能持续为客户提供高品质的产品和服务。

(八) 重要伙伴

在构建商业模式时,企业需要与各种伙伴建立合作关系。企业需要明确的问题包括:谁是核心合作伙伴和供应商?从合作伙伴那里获取哪些关键资源?合作伙伴承担了哪些重要业务活动?通过与合作伙伴合作,企业能够优化商业模式,降低运营风险,并获取所需的资源。这种合作不仅能增强企业的核心竞争力,还能帮助企业更高效地执行关键业务。常见的合作关系包括:

(1) 在非竞争关系下的战略联盟。

(2) 在竞争关系下的战略合作。

(3) 为开发新业务而构建的合作关系。

(4) 确保可靠供应的上下游关系。

建立和发展重要合作关系并非一件简单的事,这不仅需要大量谈判,更需要建立信任,背后往往有明确的动机,例如商业模式的优化和规模经济的运用、降低风险和不确定性、获取特定资源和业务等。以苹果公司为例,其重要合作伙伴网络覆盖全球,包括生产制造、元件供应和内容整合等多个领域。其供应链遍布 50 多个国家和地区,前 200 名供应商中,有 96 家位于中国。苹果与诸如富士康、东芝和英特尔等全球领先企业密切合作,在制造、芯片供应等关键环节提供保障。同时,苹果整合多领域内容供应商,如索尼、华纳音乐、皮克斯影业等,为其平台提供优质内容支持。这样的合作伙伴关系不仅提升了苹果的产品竞争力,还优化了全球供应链布局。

(九) 成本结构

成本结构主要指商业模式中的核心成本构成,即企业运营所需的固定成本、核心资源与关键业务的花费。关键问题包括:商业模式中最为重要的固定成本?哪些核心资源花费最高?哪些关键业务活动消耗最多?

成本结构有两种截然不同的驱动方式:第一种是成本驱动,在每个业务环节都尽可能地降低成本,以创造并维护最经济的成本结构;第二种是价值驱动,有些商业模式不太注意成本细节,而更重视价值的创造。第一种方式常见于制造业,第二种方式常见于服务业,大多数商业模式的成本结构介于这两种极端类型之间。成本结构分析通常包含:

(1) 固定成本:无论价值主张的产出量是多少都保持不变的成本,如租金、机器设备等。

(2) 可变成本:随着价值主张的产出量增加而不断增加的成本。

(3) 规模经济:通过扩大规模(如增加产量)而取得成本优势。

(4) 范围经济:通过扩大经营范围(如增加产品种类)而取得成本优势。

三、 商业画布示例

上述分析九大要素的过程使用了苹果公司的例子,将这些构成要素进行整合,就可以形成完整的商业画布,如图 9-5 所示。

重要伙伴	关键业务	价值主张	客户关系	客户细分
· 富士康 · 东芝 · 英特尔 · 索尼 · 华纳音乐 · 皮克斯影业等	软件研发 · 产品质量控制 · 平台运营 · 全球采购 · 物流管理 · 能源管理等	· 卓越的设计与用户体验 · 品牌与身份象征 · 产品生态系统整合 · 创新性能与技术领先 · 安全性与隐私保护	AppleCare 全球服务支持、广告投放、饥饿营销、事件营销、教育优惠、新品发布会等	· 消费者 · 企业 · 开发者
	核心资源 · 实体资产(连锁商店、人力资源) · 虚拟资产(知识产权、金融资产等)		**分销渠道** · 线上平台(在线商店、电商旗舰店) · 线下门店(零售店等)	
成本结构 · 线上/线下平台维系、修护 · 硬件采购 · 软件研发 · 人力成本			**收入来源** · 各类产品销售 · 投资回报 · 广告发放收费 · 软件订阅费(服务和应用程序)	

图 9-5　苹果公司商业画布

上例呈现了苹果公司成熟且广为人知的商业模式,图 9-6 则给出了一个新兴业态(哔哩哔哩文化社区)的商业模式示例。哔哩哔哩凭借对亚文化需求的深刻理解、精准的用户定位以及高度互动的社区生态,不仅在商业模式上展现出创新力,更成为年轻一代文化消费的风向标,打造出一个独特的商业画布。

重要伙伴	关键业务	价值主张	客户关系	客户细分
· B 站员工 · UP 主 · 动漫供应商 · 游戏供应商 · 纪录片供应商 · 品牌方 · 广告商 · 展会主办方 · IT 技术服务商 · 腾讯持股 12.4% · TB 持股 6.7%	· 社区运营 · 动漫代理 · 游戏代理 · 直播代理 · 广告发放 · 周边销售	· 面向年轻群体的综合性文化社区和高质量原创视频自媒体分享平台 · 提供音频、广告、直播漫画、演出和周边商品内容及游戏 · 以二次元为基调的亚文化娱乐社区	· 注重社区建设 · 打造目标客户 · 精准定位二次元 · 会员福利机制 · 用户筛选机制 · 反应机制	· 自媒体创作者 · 二次元爱好者 · 游戏爱好者 · 广告主
	核心资源 · 生产优质原创内容的 UP 主 · 社区互动和创作环境		**分销渠道** · 线下见面会、漫展、大型活动 · 线上以 WEB 网页端平台和移动应用APP 为主体	
成本结构 · 影视动漫等作品版权费 · UP 主的创作激励支出 · 游戏代理、直播代理的代理费 · 公司运营支出 · 网站技术维护开发支出			**收入来源** · 代理游戏收入 · UP 主作品收益抽成 · 直播收益抽成 · 广告发放收费 · 大会员会员费充值 · 商城周边售卖 · 线下活动举办收益	

图 9-6　哔哩哔哩商业画布

案例

二次元世界的商业奇迹

哔哩哔哩(Bilibili)自2009年成立以来,凭借其独特的亚文化特色和强大的社区互动,迅速成为覆盖中国乃至全球年轻用户的综合性文化平台。哔哩哔哩的价值主张是为年轻用户提供以二次元文化为核心的多元化娱乐体验,包括高质量原创视频、游戏、动漫、直播等内容。关键业务围绕社区运营、内容代理和广告发放展开。核心资源涵盖大批创意丰富的UP主和高黏性用户群体,重要伙伴包括动漫、游戏、影视供应商以及广告商等。通过多元分销渠道如网站、APP和线下活动,哔哩哔哩与目标客户(如二次元爱好者、游戏玩家、自媒体创作者)保持紧密联系。收入来源涵盖游戏代理、直播分成、会员订阅、广告收入和衍生品销售,形成以内容为中心的可持续盈利模式。哔哩哔哩的商业模式充分体现了其在内容、社区和商业化三方面的独特优势。在精准捕捉年轻用户兴趣的基础上,平台通过整合多方资源,形成了以用户参与为核心的强大生态圈,收入模式多元化但又紧密协同,展示了卓越的商业创新能力。

资料来源:1. 王娜.基于互联网的平台型企业商业模式创新研究[M].北京:中国社会科学出版社,2021.

2. 李瑶.价值共创视角下哔哩哔哩商业模式及其用户评价研究[D].成都:西南财经大学,2022.

第四节 商业模式设计

商业模式设计在创业过程中至关重要,它明确了企业的价值主张、目标客户、收入来源、核心资源及成本结构等,为创业者提供了清晰的方向。通过商业模式,企业能够识别并构建所需的技术、人才、品牌等关键资源,同时优化成本,确保高效运营。此外,它指导企业建立与供应商、分销商等的合作伙伴关系,扩大市场覆盖,降低风险。一个清晰、有吸引力的商业模式还能吸引投资者和合作伙伴,为企业带来资金支持和合作机遇。商业画布为商业模式提供了一个清晰直观的框架,可作为核心工具用来辅助设计和优化商业模式。

商业模式设计的主要步骤包括:

一、 商业创意

首先是制定清晰、具体的创业目标,确保团队成员对创业项目有共同的理解和期望。商业画布的价值主张要素有助于明确项目的核心价值和目标客户群体。而后,通过市场调研、竞品分析等方式,验证商业创意的可行性,评估项目的潜在市场价值和风险。然后是引进或组建具备专业知识和经验的团队,为项目提供技术支持和决策支持。

二、 客户洞察

对目标市场进行深入调研,以获取全面的市场信息和用户洞察。一是通过市场调研了解目标市场的规模、增长趋势、竞争格局等,为项目定位提供依据。二是进行用户需求分析,通过问卷调查、用户访谈等方式,深入了解目标用户的需求和痛点,为产品设计提供方向。三是进行竞品分析,研究竞争对手的商业模式、产品特点、市场策略等,为项目提供借鉴和启示。这一阶段重点关注商业画布的客户细分、分销渠道和客户关系要素。

三、 创新设计

根据洞察阶段获取的信息,进行商业模式的设计和创新。通过头脑风暴等方式,构建市场模型、业务模型和财务模型,验证其可行性。在此基础上,设计新的盈利模式、服务模式、营销策略等。核算成本,评估市场需求,确保商业模式能够满足目标用户的需求和期望。

四、 实施优化

将设计好的商业模式付诸实践,进行创业项目的落地执行。执行过程中,收集市场反馈,监控财务状况,不断调整和优化各要素;构建管理制度框架确保商业模式运营的合规性和稳定性;持续关注用户需求变化,不断创新商业模式,以保持竞争优势。

🗒 思考题

1. 从价值观视角如何定义商业模式?
2. 商业模型的四要素是什么? 要素之间如何关联?
3. 商业模式创新的路径是什么?
4. 分析商业画布的构成要素和逻辑顺序。
5. 如何以商业画布为工具设计商业模式?

⚒ 实践练习

活动名称:制作一份商业画布

活动内容:为你的创业构想制作一份商业画布,或者为亲朋好友的公司,或者是耳熟能详的大公司做一个商业模式的创新设计,调查相关信息和数据,绘制九官格画布。

第十章 创业计划与实施

【学习目标】

☑ 了解创业计划的功能与制定流程

☑ 掌握创业路演准备要点

☑ 理解商业原理和方法

☑ 掌握商业计划书的构成和写法

☑ 了解新企业创办的主要事项

引导案例

Airbnb 的商业计划书

你只需要在自己的生活中找到解决问题的方法,放手去做即可。

——Airbnb 联合创始人兼首席执行官布莱恩·切斯基

2008 年,Airbnb 在美国加州旧金山成立。作为全球领先的旅行房屋租赁平台,Airbnb 在 220 多个国家和地区的 8.1 万个城市为用户提供数以百万计的房屋选择,包括公寓、别墅、城堡甚至是树屋。用户通过网站或者手机应用程序,选择即将要前往度假的地区,发布或搜索房屋租赁信息并预订,就可以在 Airbnb 上找到满意的住处。Airbnb 从创立到壮大,最重要的是资金资源,虽然前期创业团队无法获得风险投资,负债累累的他们甚至通过销售麦片来为 Airbnb 筹集资金,但在加入创业孵化器 Y Combinator 后,Airbnb 开始进入融资的快车道。Airbnb 成功的秘诀不仅在于其远低于标准化酒店的价格、充足的房间,最关键的就是资本的推动和激励。在 2011 年 B 轮融资后的第 3 天,Airbnb 估值就超过 10 亿美元,进入"独角兽"俱乐部。强大而逐利的资本精确地从 Airbnb 嗅到了利润的气息,找到了共享经济风口。成立后的 10 年间,Airbnb 经历了不少于 10 轮融资,共计 44 亿美元。经历数次濒临破产的 Airbnb,估值已经超过了 300 亿美元。

Airbnb 在成立初期,能够从创业孵化器 Y Combinator 那里获得种子轮融资,从而扭转创业困境,走上顺畅的发展轨道,他们的商业计划书在其中发挥了重要作用。Airbnb 的商业计划书第 1 页 PPT,欢迎:除了酒店,你还可以在 Airbnb 预订房间和早餐。第 2 页 PPT,解决的问题:价格,消费者在线预订房间时最关注的;酒店,让你脱离了旅行所在的城市和文化;最简便的方式,让用户预订房间或者成为房东。第 3 页 PPT,解决的方案:运用网络平台,让用户可以把多余的房间租给旅客,房客省钱,房东省钱,体验文化。第 4 页 PPT,市场的验证:Coushsufing.com 有 66 万用户;Craigslist.com 有 5 万用户。第 5 页 PPT,市场规模:总体市场,引用美国旅游协会世界旅游组织的数据,全球旅游预订房间市场达 20 亿美元;网络渠道,在线订房市场 5.6 亿美元,互联网渗透率达

28%；产品市场，假设 Airbnb 能够占据线上 15% 的份额，Airbnb 的市场规模就是 8 400 万美元。第 6 页 PPT，产品：搜索城市、查找房间列表、订房。第 7 页 PPT，商业模式：我们从每笔交易中收取 10% 的佣金；Airbnb 的市场规模，8 400 万美元；平均每晚收费，25 万美元；2011 年预计收入，210 亿美元。第 8 页 PPT，推广方案：事件营销，德国十月啤酒节、德国汉诺威展览会、欧洲杯；通过合作伙伴，在 Craigslist 同步发布房源。第 9 页 PPT，竞争对手分析。第 10 页 PPT，竞争优势：首次基于房屋位置、房东积极参与、每间房屋房东只用发布一次、操作方便、3 次点击即可查看、设计和品牌。第 11 页 PPT，团队：Joe Gebbia，负责用户体验和公关；Brian Chesky，负责商务；Nathan Blecharcyk，负责开发。第 12 页 PPT，媒体报道。第 13 页 PPT，用户反馈："Airbnb 太赞了"；"Airbnb 让我找到了住得起的房，让我有机会参加研讨会"；"Airbnb 超级好用，让我轻轻松松就能用自己的房子赚钱"；"Airbnb 让你能和本地人面对面交流思想，酒店房间里可没有这些"。第 14 页 PPT，融资条件：我们希望融资金额能让我们撑 12 个月，把交易量做到 8 万笔；天使轮融资 50 万美元，交易量做到 8 万笔，营收做到 12 个月累计 200 万美元。

　　Airbnb 商业计划书简单明了，只有 14 页 PPT，但却清晰地阐明了商业模型和能够解决的问题，在尽可能短的时间里把事情描述清楚。第 1 页 PPT 简单描述 Airbnb 是干什么的。第一页纸的"项目简介"在商业计划书中是最重要的，应在 15 秒钟内引起观众的兴趣，投资人如果觉得没意思，后面的内容就不太想继续看下去了。"项目简介"像是商业计划书的"迷你版"，完美地解释了其产品提供的服务（预订当地居民的房间）、受众（需要定酒店的顾客）和商业模式，没有花哨的修饰。第 2 页 PPT 简要但准确地描述了当前市场和用户的痛点。第 3 页 PPT 给出了解决方案，通常情况下，解决方案和存在问题是对应的，它说明的是客户购买产品的主要原因，凸显了 Airbnb 的产品优势或者解决办法，明确表述为什么 Airbnb 这样一个创新模式能够及时解决用户的问题，填补市场的空缺。第 4 页 PPT 给出竞争对手网站数据，使用具体的数字来描述巨大的市场规模和潜在的远景，验证 Airbnb 共享模式市场的可行性。第 5 页 PPT 中，Airbnb 引用了权威可靠的第三方数据来源，向投资人展示未来行业的预期大小，具有较强的说服力。不仅说明了总体市场，还展示了在线订房市场的大小。第 6 页 PPT 简单介绍 Airbnb 已上线的产品，描写产品的核心功能，更能抓住投资人的眼球。第 7 页 PPT，Airbnb 将商业模式放在一行，以简单的图标的形式，简洁有逻辑，同时向投资人展示了 Airbnb 现有的市场规模以及团队在 3 年内的目标。在可靠的数据支持下，200 亿美元的收入对于投资人来说是有吸引力的。第 8 页 PPT 描述了 Airbnb 为扩大影响力和知名度已经做出的推广和宣传，目前已有不少人知晓这个项目的存在。第 9 页 PPT 介绍当前对于 Airbnb 来说主要的竞争对手，任何公司都不可能没有竞争对手，知己知彼，才能百战不殆。第 10 页 PPT 概括了自己的竞争优势，Airbnb 的优势在于市场上没有相似的产品，所以他们是第一个吃螃蟹的人，其次，产品方便易用，点击三下即可完成房间预订。第 11 页 PPT 简要介绍了 Airbnb 这个项目的核心团队，强调工作经验而非学术背景，且团队成员有相关领域的创业经验，辅以数据支撑，分工明确，职能互补。第 12 页 PPT 通过有公信力的媒体做背书，给投资人更多信心。第 13 页 PPT 选取四个用户，分别讲了 Airbnb 不同方面的优势：体验很好、性价比高、便捷、与当地人互动交流。最后一页 PPT 清晰说明了 Airbnb 的融资条件和财务目标，只有具有盈利能力的公司，才是一个真正有价值的公司。

　　整体来看，这份商业计划书语言简洁，逻辑清晰，文中的数据向投资人展示出了潜在市场，具有吸引力，而解决方案可行，产品优势凸显，因此被称为"教科书级别"的商业计划书。融资没有多少套路，把商业的本质用最简洁的形式呈现出来，就是投资人最想看到的。

资料来源：根据中国管理案例共享中心案例《Airbnb：一个最烂创业想法的逆袭之路》改编。

思考题：（1）你认为商业计划书的作用是什么，应包括哪些内容？

　　　　　（2）如果你是投资人，这份商业计划书哪一点最能打动你？

第一节　创业计划

　　创业计划是创业者为了实现未来增长战略所制订的详细计划，内容包括商业模式、市场定位、运营策略、财务预测等要素，主要用于向投资方说明公司未来发展战略与实施计划，展示自己实现战略和为投资者带来回报的能力，从而获得投资方支持。实践中，人们更常用的概念是商业计划（business plan），创业计划是企业初创阶段制订的商业计划，以书面形式呈现的创业计划被称为商业计划书。

一、创业计划的功能

　　创业计划具有三大功能：一是获取投资；二是为创业过程提供行动计划指南；三是在后续创业绩效评估和控制中发挥作用。

（一）获取投资

　　创业计划是创业者获取投资的敲门砖。创业计划展示了创业者的创意、商业模式和盈利能力，不仅能够帮助投资人初步判断项目的可行性、市场前景及潜在回报，还能让投资人清晰了解市场需求、行业趋势及竞争态势，从而捕捉到项目独特性和潜力。同时，创业计划也体现了创业者的专业素养和诚信品质，包括行业洞察力、市场分析能力和项目管理能力等，以及对项目风险的评估和应对策略，这些都直接关系到项目的成功率和投资回报。此外，创业计划还是创业者与投资人建立信任关系的桥梁，通过详细阐述和沟通交流，创业者可以展示自己的决心、能力和信心，赢得投资人的信任和支持。

（二）创业过程的行动计划和指南

　　创业计划的重要功能是明确创业目标和路径。创业计划将创业者的想法具体化，确立企业的愿景、使命、核心价值观及长短期业务目标，为创业者及其团队提供了目标方向。创业计划规划了产品服务、市场分析、营销策略、财务预测和管理团队等关键要素,能指导创业团队保持清晰思路并按计划执行任务,可作为企业创立和经营的行动路径指南。创业计划还涉及外部资源获取和合作伙伴开发规划,向利益相关者展示企业潜力,增强其合作意愿。

(三) 为绩效评估和管理控制提供标准

创业计划在后续的绩效评估和管理控制活动中发挥重要作用。创业计划为创业者设定了产品、市场、运营、财务等方面的明确绩效目标,作为衡量创业成效的基准。通过实时监控项目进展,并与绩效目标相比较,创业者能迅速掌握销售额、市场份额及客户满意度等关键指标的变化,及时发现并应对潜在问题。当实际绩效偏离计划目标时,一方面,创业者可调整策略和资源分配,确保项目按既定方向推进;另一方面,创业者可识别创业项目的不足与改进空间,持续优化项目。

【一起来探究】

创业计划是什么?

战略规划视角: 创业企业战略规划的核心组成部分,明确了企业的愿景、使命、目标以及实现这些目标所需的策略和路径。

融资工具视角: 吸引投资者和贷款机构的重要文件。

运营管理视角: 企业内部运营管理的指南。

风险管理视角: 创业企业对潜在风险的全面分析和应对策略。

创新与成长视角: 不仅关注企业当前状况,更关注未来的创新和成长。

如何从不同视角理解创业计划的功能?

二、 创业计划制订流程

创业计划的制订是一个全面系统的过程,该过程由识别创业机会、确定创业项目、设计商业模式、获取数据资料、制作商业计划书、准备创业路演几个环节构成,如图 10-1 所示。

(一) 识别创业机会

第六章已经全面介绍了创业机会识别方法。这里将从产品、市场、竞争、团队和融资等方面提出一系列问题,用以审视创业机会。

(1) 产品问题:①你准备提供什么产品或服务?②该产品或服务具有什么样的功能,有何特点?③该产品或服务与市场上的竞品相比,其技术先进性如何?④该产品或服务能帮助客户解决什么问题或痛点?

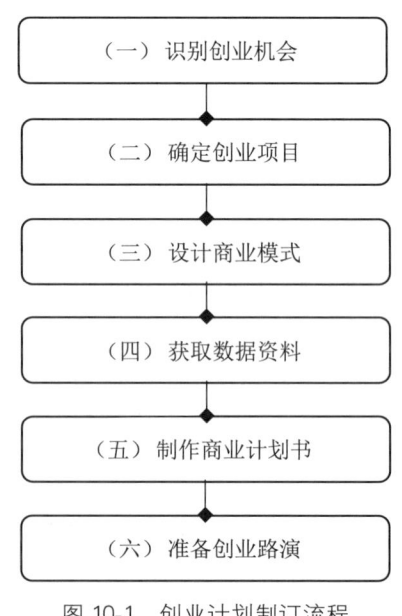

图 10-1　创业计划制订流程

（2）市场问题：①产品或服务的目标客户是谁，目标市场在哪？②产品或服务的市场容量有多大？③市场现在的渗透率如何，是否饱和，未来还有多大的成长空间？

（3）竞争问题：①竞争对手主要有哪些？这些竞争对手市场地位如何，市场占有率是多少？这些竞争对手的布局主要是在国内还是国外？②跟竞争对手相比，竞争优势主要体现在哪些方面？竞争短板体现在哪些方面？③为了在竞争中胜出，应该选择什么样的竞争战略？是成本领先战略、差异化战略，或是目标集聚战略？

（4）团队问题：①创业核心团队有那几位成员构成？这些成员是否持股，持股比例有多大？在创业项目中地位如何？②创业团队成员在团队中扮演什么角色？各自具有什么样的知识背景和实践经验？他们的知识背景和实践经验与项目的匹配度如何？③是否有来自财务、审计税务、法律、学界或产业界等领域的外部专家团队？这些外部专家能否给创业团队带来实质性的帮助？

（5）融资问题：①按照创业项目的投资计划和资金需求，需要吸引多少风险投资资金？②整个创业项目的估值大概是多少？吸引的风险投资大致让出多少比例的股份？③融资后得到的资金主要用在哪些方面？④创业项目未来的发展预期大致如何？预计能给风险投资者带来多少回报？⑤风险投资如何退出？

（二）确定创业项目

创业项目的来源可以是创业团队成员参与的发明创造、专利技术或创意想法，也可以是经专家或企业授权的发明创造与专利技术，或者是专门机构推荐的产学研融合成果项目、孵化器项目等。在确定创业项目时，需要考虑市场需求、竞争对手、资源要求等重要因素，还要考虑政策与环境限制。政策限制主要涉及政府对特定行业或领域的法规、规定及扶持政策，创业者需确保项目合法合规，同时积极争取和利用政府提供的优惠政策，以降低创业风险和成本。环境限制则包括自然环境和社会环境两个方面。自然环境如地理位置、气候条件可能对项目运营有直接影响。社会环境则涉及文化习俗、社会稳定性等，开放合作的商业氛围有利于项目拓展和市场对接，风险投资活跃度直接关系到项目融资难易，这些都是创业者不可忽视的重要因素。

案例

梁文锋进军通用人工智能领域

梁文锋，1985 年出生于广东省湛江市，17 岁时以优异的成绩考入了浙江大学电子信息工程专业，2010 年获得硕士学位。2013 年，他与浙大同学徐进共同创立了杭州雅克比投资管理有限公司，涉足量化投资领域。两年后，他们成立杭州幻方科技有限公司，致力于通过数学和人工智能进行量化投资。2023 年，当许多人还在质疑中国能否在 AI 领域取得突破时，梁文锋决定进军通用人工智能（AGI）领域。"过去很多年，中国公司习惯了别人做技术创新，我们拿过来做应用变现，但这并非是一种理所当然。这一波浪潮里，我们的出发点，就不是趁机赚一笔，而是走到技术的前沿，去推动整个生态发展。"这是梁文锋内心深处的声音。带着这样的信念，他在 2023 年成立了杭州深度求索人工智能基础技术研究有限公司（DeepSeek），并迅速推出了几款开源模型，不仅在全球范围内引起了轰动，更是对美国科技巨头造成了前所未有的冲击。

(三) 设计商业模式

商业模式是一种包含了一系列要素及其关系的概念性工具,用以阐明创业企业的商业逻辑,第九章已对相关原理和工具作了详细介绍,可用"三点七问"(三个维度、七个问题)简要概括。第一点是客户价值:①目标客户是谁? ②客户的"痛点"是什么? ③为客户提供什么产品和服务? 第二点是企业能力:④关键资源是什么? ⑤关键流程是什么? 第三点是盈利模式:⑥盈利点在哪里? ⑦如何实现可持续盈利? 表 10-1 给出了一些常见的盈利模式。

表 10-1　盈利模式

类型	模式	描述
基于产品或服务	商品销售模式	通过销售商品或货物赚取差价
	服务收费模式	提供专业服务并收取费用
	订阅收费模式	提供定期或按需的内容或服务,用户需按月或按次付费
	租赁收费模式	将自己的资产(如房屋、设备等)出租,并收取租金
	维修收费模式	提供设备或物品维修服务,并收取维修费用
基于平台	平台佣金模式	通过搭建交易平台,为买卖双方提供交易中介服务,并收取佣金
	广告收入模式	通过放置广告获得收入,包括线上和线下广告
	流量变现模式	将网站或应用上的流量转化为收入
基于知识产权	授权收费模式	将自己的品牌、知识产权、形象等授权给他人使用,并收取授权费用
	知识产权转让模式	直接出售自己的知识产权,如专利、商标等
基于创新	免费 + 增值服务模式	提供基础服务免费,但高级功能或服务需要付费
	共享经济模式	通过共享资源(如车辆、房屋等)来创造收入
	按需服务模式	根据客户需求提供即时服务,如按需打车、按需家政等

(四) 获取数据资料

获取数据资料的目的是为了深入掌握行业、市场和竞争对手情况。

1. 行业调查

行业分析是了解一个特定行业或市场的过程,目的是把握产品与服务在行业与市场中所处的位置。通过行业调查应掌握以下情况:一是行业概况。要清晰定义行业的边界和范围,明确行业的主要参与者;描述行业的发展历程、当前状态和主要趋势;概括行业的主要产品或服务类型。二是市场规模与增长。评估当前市场的总体规模,包括总产值、销售额、用户数量等;分析市场规模的历史增长情况,预测未来的增长潜力和趋势;识别驱动市场增长的关键因素,如技术进步、消费者需求变化、政策推动等。三是市场结构与竞争分析。分析市场的集中度,判断是寡头市场、自由竞争市场还是其他类型;识别主要竞争对手,研究竞争态势,包括价格竞争、技术创新竞争、品牌竞争等方面。四是供应链与价值链。分析行业的供应链结构,包括原材料供应、生产加工、分销渠道等;研究价值链上的关键环节和利润分布;评估供应链的稳定性和可持续性。

2. 市场调查

市场调查的主要目的是与现有和潜在客户建立联系。针对 C(consumer,消费者)端客户调查的内容通常围绕目标用户的需求、偏好、行为及其对产品或服务的看法和体验。B (business,企业)端客户调查的内容相较于 C 端客户更为复杂和深入,更侧重于业务场景、组织架构、流程优化以及产品对业务效率的提升作用等方面。表 10-2 给出了针对 C 端客户和 B 端客户的调查内容。

表 10-2 市场调查内容

客户类型	调查范围	具体内容
C 端客户	用户基本信息	①用户属性,包括姓名(通常匿名)、性别、年龄、职业、收入水平、教育程度等;②兴趣爱好和口味偏好等。
	用户需求与偏好	①功能需求;②个性化需求;③情感与社交需求。
	用户行为与体验	①使用习惯,如使用频率、使用时间、使用场景等;②满意度评价;③痛点与问题。
	用户竞品使用情况	①竞品使用情况,了解用户是否使用过竞品,及对竞品的评价和看法;②选择偏好,影响购买决策过程的因素如价格、功能、品牌、口碑等。
	市场预期与潜在需求	①市场预期,通过用户调查了解市场趋势和变化;②潜在需求,如未来可能购买的产品、希望增加的功能等。
B 端客户	业务背景与组织架构	①业务背景,包括业务场景、目标客户、客户/业务方的痛点、项目定义等。②组织架构和部门职责等。
	业务流程与需求	①业务流程;②客户的具体需求,包括功能需求、性能需求、安全需求等。
	产品使用与体验	①产品使用情况,如满意度;②用户体验,如操作便捷性、界面友好性等,以及遇到的问题和困难。
	竞品使用与市场预期	①竞品使用情况,分析客户使用竞品与自身产品的差异和优势;②客户对未来产品或服务的期望和需求。
	合作意愿与期望	①合作意愿。是否愿意合作以及意愿程度,影响客户选择合作伙伴的因素等。②客户对合作关系的期望和目标,如降低成本、提高核心竞争力等。

3. 竞争对手调查

竞争对手调查旨在全面了解竞争性企业的实力、策略和发展动向。内容包括:一是竞争对手的总体情况,包括企业基本信息(法人代表、注册资本等)及行业影响力、市场份额等;二是竞争对手的实力,包括企业规模、资金实力、技术水平、研发能力和生产能力等;三是竞争对手的产品与服务,包括产品特点、服务质量等,识别其竞争优势和劣势;四是营销策略与渠道,价格策略与市场定位等。

(五) 制作商业计划书

商业计划书的相关内容将在第三节详细阐述,这里仅简要给出其框架。一个完整且吸引人的商业计划书通常包含以下要点:第一,封面与目录。第二,执行摘要。第三,公司介绍。第四,行业与市场分析。第五,产品或服务。第六,营销策略。第七,运营计划。第八,财务预测。第九,资金需求与使用计划。第十,风险评估与应对措施以及资本退出方式。第十一,附录。

(六) 准备创业路演

创业路演是指创业企业为了向投资人、合作伙伴、媒体和公众等目标受众展示其商业构想、产品、团队以及未来发展潜力而进行的一系列现场演示和宣讲活动,包括口头演讲、PPT 展示、产品演示、现场互动等环节。创业路演的核心目的是向外界传达企业的核心价值和愿景,同时展示其市场潜力、竞争优势和盈利能力,从而向投资人争取资金支持,与潜在合作伙伴建立联系,并提升品牌知名度。创业路演的形式多样,可以是线下的面对面活动,如创业大赛、投资人见面会、行业论坛等;也可以是线上的直播、视频演示或社交媒体推广等,创业者可根据自身需求和目标受众的特点选择合适的路演方式。

在进行创业路演前,创业者需要进行充分的准备,包括制定详细的演示内容、设计吸引人的PPT、准备产品演示材料、培训演讲团队等。同时,还需要注意演讲技巧、时间管理、现场互动等细节。以下是三个需要注意的要点:

1. 路演PPT

第一,页数控制。PPT的页数建议控制在20页左右,包括导航页和内容页。确保每一页的内容都言简意赅、重点突出。第二,设计简洁。PPT的设计应简洁明了,避免过多的特效和复杂的颜色搭配。字体大小建议控制在30号左右,关键字/词可以加粗换颜色以突出显示。第三,内容精炼。PPT的内容应紧密围绕答辩稿展开,确保每一页都能传达出关键信息。可以使用图表、图片等辅助说明,避免大段文字的堆砌。第四,逻辑清晰。PPT的布局和顺序应体现出项目的逻辑结构,让评委能够清晰理解项目的商业模式、核心优势、未来规划等关键内容。第五,数据可视化。在PPT中,应尽可能使用图表和数据来展示项目的成效和趋势。

2. 强调创业公司获取成功的关键因素

第一,明确并突出核心竞争力。要展现独特卖点,即产品或服务相较于竞争对手的独特之处;突出技术壁垒,强调专利、研发能力、技术团队实力以及技术如何转化为市场优势;构建一个引人入胜的品牌故事,展示企业文化、价值观和使命,以及如何获得客户认同。第二,明晰商业模式与盈利路径。说明收入来源、成本结构和利润率,以及如何实现盈利;展示商业模式如何随着业务增长而扩展;介绍关键合作伙伴、分销渠道和营销策略,以及这些如何帮助加速市场渗透。第三,展示团队与执行能力。强调团队成员的专业背景、经验和互补性;介绍创始人或CEO的愿景、领导风格和过往成就,以及他们如何引领团队克服挑战;概述创业团队的短期和长期目标,以及实现这些目标的步骤和时间表。

3. 易理解的讲解逻辑

在创业路演中,讲解的逻辑清晰度至关重要,它直接关系到听众能否快速理解并产生兴趣。第一,构建清晰的框架。设计一个结构化的演讲框架,通常遵循"问题—解决方案—市场潜力—团队优势—财务预测"的逻辑顺序。每个部分都要有明确的开头、中间和结尾,确保内容连贯、有条理。第二,简化语言。避免使用过于专业或复杂的术语,尽量用通俗易懂的语言来解释概念。如果必须使用专业术语,确保在第一次使用时给出清晰的解释。第三,注重故事性。通过引人入胜的故事来讲解商业理念,有助于听众更好地理解和记住企业,另外还可以通过讲述客户故事、创业历程或市场洞察来增强创业路演的故事性。

案例

真格基金徐小平谈融资路演

以下是真格基金徐小平关于融资路演打动投资人的演讲精粹:

大家好!很高兴有这个机会和大家来比较轻松愉快地聊一聊怎么做一个拿到钱的融资路演,怎么做一个说服投资人的融资路演。首先大家要意识到,你不是在跟投资人对话,本质上你是在跟客户对话、和用户对话以及和市场对话。作为创业者,向投资人介绍产品时,要了解投资人在听你介绍时考虑的是他身后的用户会不会用你这个产品。认识到这一点之后,接下来就是谈怎么打动用户和市场。在这个信息爆炸的时代,创业者很多,你凭什么能够赢得市场? 市场的注意力其实非常有限,就像营销,你说半天,没打动顾客,顾客就不买你的东西了。同样,一个新产品发布,有时候会轰动,但是更多的时候,好的、有价值的产品并不能引起市场的注意力,这就是你融资路演的失败。所以你的路演必须迅速简短地一下子抓住听众,抓住用户、市场、投资人。有一个中国创业者普遍存在的问题,大家不太会做融资路演。这背后是什么呢? 我们的文化不鼓励人们展现自己。我当年在新东方,当大家走出国门面对奖学金的时候,就是展现自己,给我不给他。现在我看到很多创业者有很好的计划、很好的项目、很好的产品,但是不会展现自己。

万丈高楼平地起,你首先要把这个融资路演做好。我认为好的路演里面有两个要素:第一,你项目的名字。比如说,有一天来了三个人,往那一坐,"老师,我们要做的是找钢网,我们要为用钢的人找钢,我们要为炼钢的人找钢,找钢网.com",一个伟大的企业就诞生了,产品的名字就把所有问题说清楚了。最好的融资路演首先来自一个最好的名字,如果你连这个名字都说不清楚,那你就失败了一半。第二,你得有一句话说清楚你是做什么的。比如,有一个创业公司从去年6月份接受投资,到现在已经两三千人了,月销售上亿元,公司做得很好,它叫美菜网。他用一句话说清楚了"美菜,让天下做菜的不再买菜",他就是做餐饮供应链的,当然他的成功有很多因素。你要记住,投资人不要听你讲什么行业分析,讲消费趋势,讲竞争对手。你通过精髓的提炼,就已经把整个生意的核心竞争力、核心价值展现出来了。我们最痛苦的一点,许多创业者说不清楚他到底在做什么。我真遇到过一个人,行政级别太高了,是副部级的人物,就是在大的国企里面,带三四个人过来跟我们讲,结果在我家花了两三个小时还是说不清楚,其实他不是融资路演的问题,他对这个事是真的没有想清楚。你一定要找到痛点,名字要展现出你产品的特点,一句话要说出你的核心价值,之后,投资人就会来问你其他的东西了,团队、经历、融资金额等等。真格基金一个典型的路演是一个小时,但是投资决定往往在头十分钟就决定了。

我最后讲一句向乔布斯致敬的话,乔布斯在推出 Macbook Air 的时候,他就说了一句话"世界上最薄的 Macbook",没有说多少厘米,也没有说多少克,从后台拿了一个信封过来,掏出 Macbook Air,世界上最伟大的路演完成了。

第二节 商业原理与方法

创业计划的制订和商业计划书的撰写是一项复杂任务,除了需要清晰的商业构想、充足的创业资源和详实的调查数据,还需要大量商业知识和理论方法作为支撑。限于篇幅,本节将从产品与服务、行业与市场、营销与销售、生产运作、财务计划五个方面,简要介绍几个经典理论和通用方法。如有不足,读者可另外查阅经济管理类专业书籍。

一、产品与服务

产品是指能够提供给市场,被人们使用和消费,并能满足人们某种需求的任何东西,包括有形的物品、无形的服务、组织、观念或它们的组合。从这个定义可以看出,广义的产品概念是包含服务的。狭义的产品通常具有特定的物理形态或外观,可以触摸、看到或感知到。它们通过生产、加工或制造过程产生,并经过销售或分配渠道到达最终用户手中,例如手机、汽车、书籍等。服务是指一方为另一方提供的无形的、不涉及所有权转移的活动或利益,其本质在于满足客户的某种需求或解决客户的问题。服务通常与特定的行为、过程或结果相关,而不是与物理产品相关。它们可以是个人对个人、组织对个人或组织对组织的提供。例如,医疗咨询、旅游服务、软件开发等都是服务。商业计划书中需要清晰描述企业产品与服务,可以借助产品层次理论来作全面深入剖析。

(一) 产品层次理论

20 世纪 60 年代,随着市场经济的发展和消费者需求的多样化,传统的单一维度产品观念已经无法满足市场营销的需求。菲利普·科特勒在深入研究市场行为和消费者心理的基础上,提出了产品层次理论,将产品概念从单一维度扩展到多层次、多维度。产品层次理论的核心内容是将产品分为三个层次:核心产品、实体产品和扩展产品。每一个层次都会增加顾客价值,三个层次共同构成了产品的整体价值和竞争力,如图 10-2 所示。

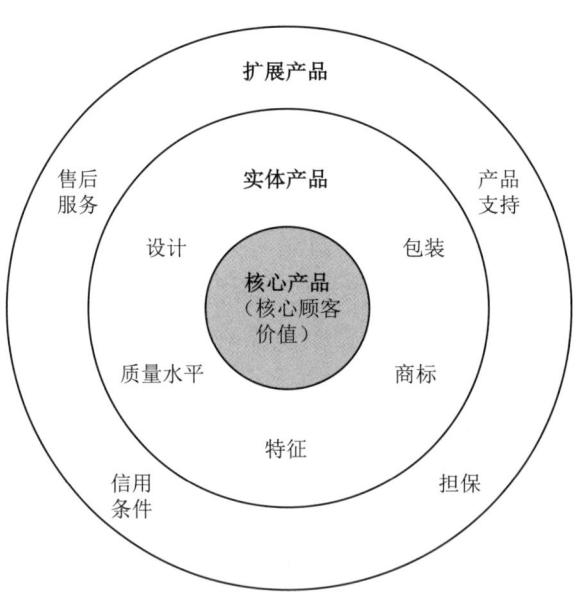

图 10-2 产品层次理论

第一层是核心产品,向顾客提供产品的基本效用或利益,即核心顾客价值(core customer value)。这是消费者购买产品的根本原因,也是企业设计和生产产品的出发点。例如,对于一台洗衣机,其核心产品就是清洗衣物,保持衣物的洁净和质感。对于一款智能手机而言,其核心产品层就是提供通信、上网、娱乐等基本功能,以满足用户的信息交流和娱乐需求。

第二层是实体产品(actual product),是核心产品的具体表现形式,是一种看得见摸得着的产品层次,是消费者视角的产品。产品实体包含五个特征:设计、质量水平、特征、商标和包装。这些特征共同构成了产品的物理形态,使消费者能够直观感受到产品价值和魅力。例如,手机产品的五个特征表现在:设计即外观、材质等;质量水平即各项性能指标;特征如制式,存储容量等;商标如华为、小米、vivo等;包装如包装盒、说明书等。

第三层是扩展产品(augmented product),是围绕核心利益和实体产品构造的附加产品,为客户提供一些额外服务和利益,例如免费安装、检修服务等。这一层次能够给予消费者完整的满足感,是影响其购买决策的重要因素,可以帮助提高消费者满意度及再购率,并带来传播效应。

依据上述产品层次理论,在商业计划书中撰写产品与服务部分内容时,可以遵循一个由内向外延伸的表达逻辑,分五个步骤进行解释说明。第一步解释产品的核心顾客价值;第二步说明产品的原理、技术特点、功能、种类和附加服务等;第三步介绍研发情况并进行技术水平比较,研发情况包括研发团队构成、认证报告、鉴定报告、专利、研发费用等,还要与竞争对手产品的性能、价格和竞争力作比较;第四步介绍产品影响力,包括获奖情况、新闻报道、订单、已有客户评价和体验等外部评价证据;第五步,展望产品未来研发战略。

(二) 产品服务系统

现代经济中,产品和服务出现了不断融合的趋势,由此出现了产品服务系统(product-service system, PSS)的概念。产品服务系统是指将产品和服务结合起来,形成一个整体的解决方案,以满足客户的特定需求。在PSS中,产品和服务是相互关联的,共同为客户提供价值。很多情况下,产品是系统的核心组成部分,而服务则提供额外的支持、维护、升级或其他附加价值。例如,汽车制造商提供包括车辆销售、维护、保险和回收在内的综合产品服务系统。还有一些情况下,产品是基础部分,服务创造了更重要的价值。例如,云计算提供商提供包括软件即服务(SaaS)、平台即服务(PaaS)和基础设施即服务(IaaS)在内的多种产品服务组合。创业者在进行创业构思时,不应拘泥于产品和服务相割裂的思维。一个销售硬件产品的企业,加上软件智能升级、数据分析等服务,就可以升级成为客户提供个性化解决方案的产品服务系统,从而创造更大的客户价值。

案例

罗尔斯-罗伊斯公司

罗尔斯-罗伊斯公司成立于1906年,是全球最大的飞机引擎和汽油涡轮机制造商,主要产品为飞机发动机,用于近70种军用和民用飞机。它不仅提供质量可靠的产品,还提供高价值的三种服务:一是公务机用户的"corporate care"服务产品,包括整机大修、修理、检查以及发动机数据采集和分析;用户根据发动机实际工作时数每月支付酬金;二是航空公司的"total care"服务产品,包括发动机动态在线监控、故障诊断、维修支持、配件管理等。三是国防发动机客户的"mission ready management solutions"。公司前任CEO Jone Rose认为:"每销售一台飞机发动机,就有重大的服务机会,用服务来保障收入,服务将给我们客户增加价值,同时也将增加我们未来可以预见的收入。"

二、行业与市场

行业与市场是创业企业生存的外部环境。行业是指生产并向特定市场销售同类产品与服务的一个企业群，这个概念既可以界定公司的同类企业，也可以界定竞争对手。市场是销售企业产品与服务的地方，用来确定企业的机会和客户。在商业计划书中，行业分析主要介绍创业企业所归属产业领域的基本情况，以及公司在整个产业中的地位；市场分析主要介绍公司产品与服务的市场情况，包括目标市场、市场竞争中的位置、竞争对手的情况、未来市场的发展趋势等。此处简要介绍 PEST 分析方法、波特五力模型、竞争战略理论、SWOT 分析方法等理论和方法。

(一) PEST 分析方法

PEST 是对行业宏观环境分析的常用方法。宏观环境是指影响所有行业和企业的各种宏观因素。不同行业各具特点，分析的内容也会有所差异，但一般都应对政治（political）因素、经济（economical）因素、社会（social）因素和技术（technological）因素进行分析，旨在解释外部环境对企业绩效可能产生的影响，具体内容如图 10-3 所示。这一方法称为 PEST 分析方法，它为创业者把握企业经营环境和变化趋势提供了一个全面清晰的分析框架。

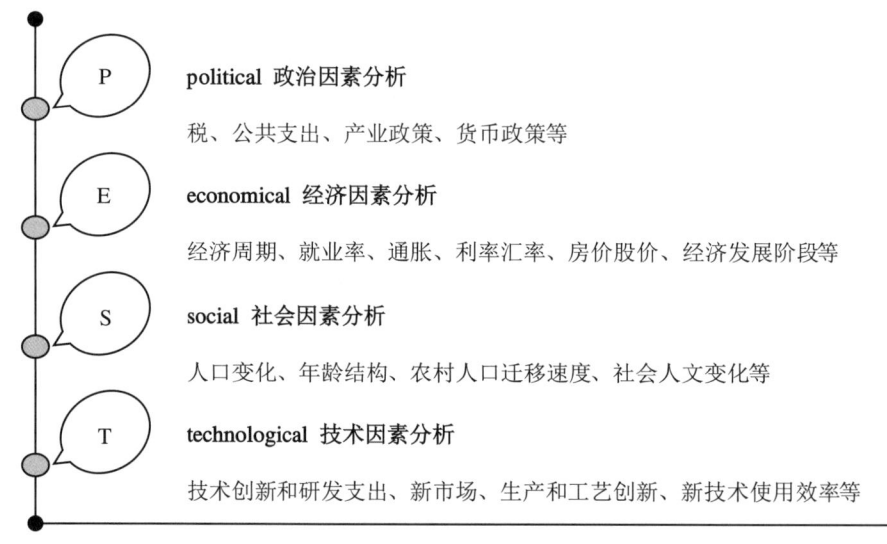

图 10-3　PEST 分析方法

(二) 波特五力模型

波特五力模型（five forces model）是被誉为"竞争战略之父"的美国学者迈克尔·波特于 20 世纪 80 年代初提出的一个战略管理理论，用于分析一个行业的基本竞争态势。这个模型提出，一个行业中存在着决定竞争规模和程度的五种力量，这五种力量综合起来影响着产业的吸引力以及现有企业的竞争战略决策，如图 10-4 所示。

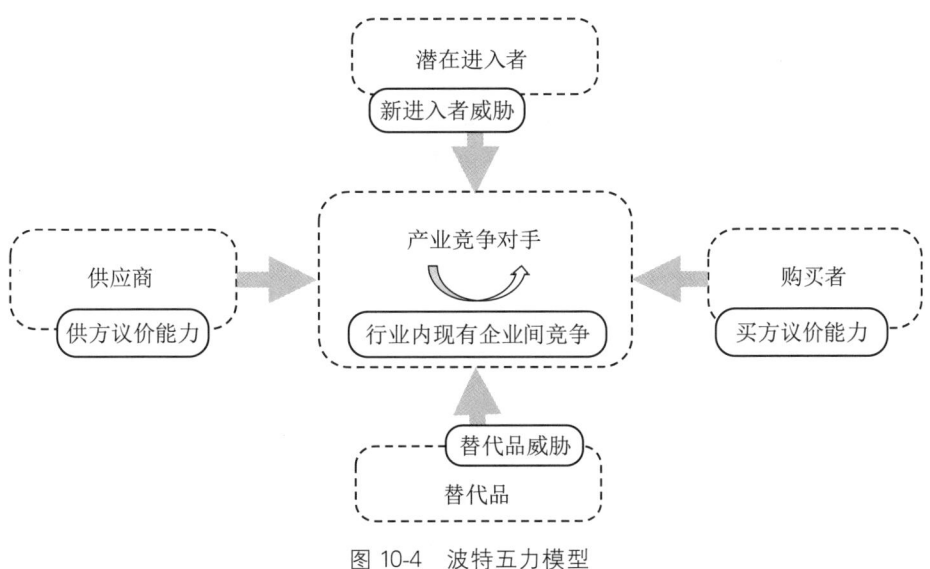

图 10-4　波特五力模型

（1）供方议价能力。如果供应商提供的投入要素对买主产品生产过程非常重要，或者严重影响买主产品的质量，或者供应商（集团）实力强大，则供应商的议价能力会相对较强。供应商可能通过提高价格或降低产品或服务的质量来施加压力，从而影响行业中现有企业的盈利能力与产品竞争力。

（2）买方议价能力。购买者主要通过其压价与要求提供较高的产品或服务质量的能力，来影响行业中现有企业的盈利能力。当购买者总数较少但每个购买者的购买量较大，或购买者所购买的基本上是一种标准化产品，或购买者转换成本很低时，购买者的议价能力会相对较强。

（3）新进入者威胁。新进入者在给行业带来新生产能力、新资源的同时，也希望在已被现有企业瓜分完毕的市场中赢得一席之地，这就有可能会与现有企业发生原材料与市场份额的竞争，最终导致行业中现有企业盈利水平降低，严重的话还有可能危及企业生存。新进入者的威胁程度取决于市场进入障碍的大小，如规模经济、资本要求、销售渠道开拓、政府行为与政策等。

（4）替代品威胁。两个处于同行业或不同行业中的企业，可能会由于所生产的产品互为替代，从而在它们之间产生相互竞争行为，这种源自替代品的竞争会以各种形式影响行业中现有企业的竞争战略。替代品价格越低、质量越好、用户转换成本越低，其所能产生的竞争压力就越大。

（5）行业内现有企业间竞争。这是五力模型中最重要的一种力量，它决定了行业的竞争激烈程度。行业内现有竞争者的竞争强度取决于许多因素，如市场集中度、市场成熟度、产品差异性与用户的转换成本等。

波特五力模型是对产业内部竞争状况分析的最有力工具，很多创业者在撰写商业计划书时都会使用该方法。通过五力模型分析，创业企业可以明确自己在行业中的竞争地位，从而制定出有效的竞争战略。

（三）竞争战略理论

竞争战略的概念由"竞争战略之父"迈克尔·波特于 1980 年在其出版的《竞争战略》

（*Competitive Strategy*）一书中提出，是指企业在同一使用价值的市场上，为获得竞争优势而采取的一系列进攻或防守行为的总和。竞争战略属于企业战略的一种，一般来讲企业战略可分为公司层战略（如多元化、国际化等）、业务层战略和职能层战略（如营销、生产、财务等）。竞争战略可归为业务层战略，也称为事业部级战略，是针对某一经营事业或业务领域所制定的长远性谋划和方略。竞争战略理论可用来指导创业企业通过选取特定的竞争战略来获取竞争优势。

波特指出，企业的竞争优势主要来源于两个方面：一是成本领先，二是差异化。将这两种基本的优势类型与企业相应的活动相结合，就可导出能够让企业获得较好竞争位置的三种一般性战略，即总成本领先战略、差异化战略及专一化战略，如图 10-5 所示。

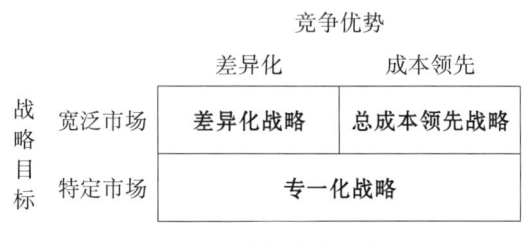

图 10-5　竞争战略理论

（1）总成本领先战略（overall cost leadership）。总成本领先战略是指一个企业力争使其总成本降到行业最低水平，以战胜竞争对手的一种战略。这种战略要求企业努力获取规模经济，在生产、管理、营销等方面积累经验形成效率优势，最大限度地降低产品成本，在市场上以低于竞争对手的价格销售产品，从而获得竞争优势。典型例子如沃尔玛就是通过总成本领先战略，实现低成本采购和高效物流，形成每日低价策略并在全球市场占据巨大份额。

（2）差异化战略（differentiation）。这一战略通过提供独特的产品或服务，以满足客户的特殊需求，从而在市场上获得竞争优势。在这一战略下，企业通过不断创新，如研发新产品、改进服务等，使得提供的产品或服务在质量、功能、设计、品牌等方面具有独特性。实施差异化战略虽然导致成本上升，但通过提供独特的产品或服务，企业能够形成差异化优势，进而吸引消费者并产生溢价效应，从而弥补成本增加并获得高额的利润回报。

（3）专一化战略（focus）。这一战略也称为集中化战略、目标集聚战略，是指主攻某一特殊的客户群或某一产品线的细分区段、某一地区市场，从而取得某种对特定顾客有价值的专一性服务。专一化战略的实施有两种方式：一是成本集中化，即在细分市场中寻求成本优势，为特定目标客户提供低成本的产品或服务；二是差异集中化，即在细分市场中寻求差异化优势，满足特定目标客户的独特需求。

案例

宜家家居

宜家（IKEA）是世界上最大的家居装饰公司，旗下各业务部门总共雇用了约 225 000 名员工，年收入超过 410 亿欧元。1943 年，英格瓦白手起家创立了宜家贸易公司，开始是销售钢笔，五年后改为销售家具。当时，几把安乐椅和几张桌子被展示给想要并且能够为自己家购买家具的人群，英格瓦直接从纺织厂购买家具布料，并将它们全部存放在家中，当收到安乐椅的订单时,英格瓦本人及其家人会将合适尺寸的布料裁剪并送往家具厂,这种方式极大地降低了成本。直到 2018 年 91 岁去世之前,英格瓦一直在全球各地参观新的宜家门店。尽管极其富有,但他却很节俭。他驾驶一辆沃尔沃汽车二十多年(这辆车最初价值约 22 000 美元);从跳蚤市场购买衣服;乘坐经济舱;在国外剪头发,只因国外便宜。宜家一直深受英格瓦价值观的影响,保持着"有价值的低价格"优势。

(四) SWOT 分析

SWOT 分析方法是一种综合性的战略规划工具,它通过全面审视企业的内部条件与外部环境,系统地识别出对象的优势(strengths)、劣势(weaknesses)、机会(opportunities)和威胁(threats),为制定有效的战略和策略提供关键信息。

(1) 内部优势(S)。内部优势指企业自身所具备的、有利于其实现目标或提升竞争力的各种积极因素,如独特的核心技术、优势的市场渠道、高效的运营管理等。

(2) 内部劣势(W)。内部劣势是企业内部存在的、可能阻碍其目标达成或削弱其竞争力的不利条件,如技术落后、管理不善、资金短缺、人才流失等。

(3) 外部机会(O)。外部机会是指外部环境中的有利变化或趋势,如市场需求增长、政策扶持、新技术应用等,这些变化能为企业带来发展的新机遇。

(4) 外部威胁(W)。外部威胁是指外部环境中的不利因素,如市场竞争加剧、法律政策变动、自然灾害等,这些因素可能对企业构成挑战或风险。

SWOT 方法提供了一种系统思维框架,可以把对问题的"诊断"和"开处方"结合在一起,如图 10-6 所示。使用这种方法时,首先列举内部优势、内部劣势、外部机会、外部威胁,并按重要程度排列各种因素,构造 SWOT 矩阵;然后应用系统分析思维,把各种因素匹配和组合起来,形成企业的四种战略定位,以及选择各战略定位下的支撑策略。SWOT 分析法是商业计划书常用分析工具,能帮助企业进行战略和策略两个层面的决策。

内部条件 外部因素	内部优势 S (列举条件)	内部劣势 W (列举条件)
外部机会 O (列举因素)	**SO 战略** (列举策略,利用优势抓住机会)	**WO 战略** (列举策略,借助机会改变不足)
外部威胁 T (列举因素)	**ST 战略** (列举策略,利用优势化解危机)	**WT 战略** (列举策略,在危机中规避不足)

图 10-6　SWOT 分析方法

创业者可将上面介绍的四种理论方法组合使用。使用 PEST 分析方法分析行业和企业的外部宏观环境;使用波特五力竞争模型分析产业内部的竞争状况;然后基于竞争战略理论制定企业竞争战略;SWOT 分析方法则将企业内部(资源)分析与外部(环境)分析进行组合与匹配,作为连接战略定位和策略选择的工具。这些较为宏观的分析完成后,创业者就可以进行市场分析与目标市场定位,包括市场容量预测、市场细分和目标市场选择等,具体的方法工具此处不予赘述。

三、营销与销售

营销和销售是两个在商业活动中经常出现的概念,虽然它们密切相关,但各自有着不同的侧重点和定义。营销是一个更为宽泛和战略性的概念,主要关注的是了解、创造和传递价值给顾客,同时管理顾客关系,以便让企业及其相关方受益的一系列过程,包括市场研究、产品开发、定价、促销、分销和客户服务等多个环节。营销的核心在于深入洞察市场和消费者需求,通过品牌定位、产品策略、价格策略、促销策略等手段,来创造、沟通和传递价值给目标客户群,并建立和维护品牌与消费者之间的长期关系。销售则更侧重于具体的交易和业绩实现。它是指通过一系列的活动,如产品介绍、谈判、签约等,将产品或服务出售给消费者的过程。销售的目标是完成交易,实现销售收入和利润。

(一) 4P 营销理论

1960 年,美国密歇根州立大学的杰罗姆·麦卡锡教授在其《基础营销》一书中提出了四个基本营销策略,即产品(product)、价格(price)、渠道(place)、促销(promotion)。1967 年,菲利普·科特勒在其畅销书《营销管理:分析、规划与控制》中进一步确认了以 4Ps 为核心的营销组合方法。

(1) 产品策略。产品策略是指企业向目标市场提供各种适合消费者需求的有形和无形产品,以实现其营销目标的方式。这包括对产品品种、规格、式样、质量、包装、特色、商标、品牌以及各种服务措施等可控因素的组合和运用。

(2) 价格策略。价格策略是指企业根据市场需求、成本、竞争状况等因素,为产品或服务设定合适的价格,以实现营销目标和利润最大化。这一定义蕴含了三种基本的定价方法:基于成本的定价、基于需求的定价、基于竞争的定价。企业还可灵活采用各种价格策略,如数量折扣、撇脂定价、渗透定价、心理定价等,吸引更多消费者。

(3) 渠道策略。渠道策略关注的是产品从生产者到消费者手中的流通路径,包括直销、分销、零售等多种方式,企业需要选择适合自身产品的销售渠道,确保产品顺畅地到达目标消费者手中。企业还需关注存货管理和物流配送等环节,以优化整个渠道流程,提升渠道效率。

(4) 促销策略。促销策略是企业为了激发消费者的购买欲望,促进产品销售而采取的一系列活动和措施,包括广告、公关、个人推销、营业推广等多种手段。促销策略旨在传递产品信息,提升品牌形象,刺激消费者需求,从而增加销售额。

在商业计划书中,营销策略是营销计划中最复杂和最重要的一部分内容,4P 营销理论为创业者提供了一个全面系统的营销策略框架。图 10-7 列出了一些常用策略,创业者可根据具体情境进行合理选择和创新设计。

(二) 7P 营销理论

与有形产品的营销一样,在确定了合适的目标市场后,服务营销工作的重点同样应采用正确的营销组合策略。但是,服务及服务市场具有若干特殊性,从而决定了服务营销组合策略的特殊性。在制定服务营销组合策略的过程中,学者们又根据外部营销环境的变化在传

产品策略 （product）	价格策略 （price）	渠道策略 （place）	促销策略 （promotion）
·属性 ·品牌 ·包装 ·服务 ·产品线 ·产品组合	·成本定价法 ·需求定价法 ·竞争定价法 ·撇脂定价策略 ·渗透定价策略	·分销渠道 ·储存设施 ·运输设施 ·存货控制 ·覆盖区域	·广告 ·人员推销 ·社交媒体营销 ·公共关系 ·直接营销

图 10-7　4P 营销理论

统的 4P 基础上又增加了 3P。它们分别是人员（participant）、有形展示（physical evidence）和过程管理（process management）。

（1）人员。人员指的是与顾客直接接触的员工，包括销售人员、客户服务人员、收银员等。他们是企业与顾客之间的桥梁，直接影响着顾客的体验和满意度。人员策略要求企业重视员工的选拔、培训和管理，通过有效的激励措施，使他们能够积极主动地与消费者互动，建立良好的关系，传递品牌价值，提供个性化的服务体验。

（2）有形展示。有形展示是指企业通过环境设计、产品陈列、包装等多种方式向消费者直观展示其品牌形象和服务质量。有形展示不限于实体产品本身，还包括店面环境、设施布局、员工着装等一切能够让消费者感知到的元素。这些展示元素共同构成了消费者对品牌的整体印象。

（3）过程管理。过程管理指的是企业为确保服务传递的高效性和一致性，对营销活动和服务流程进行精心设计和优化管理的过程，这涉及从消费者接触品牌到完成购买的每一个环节，包括售前咨询、购买流程、售后服务等。例如，通过制定标准化的服务流程和操作规范，确保消费者在每一次与品牌的互动中都能获得一致且高质量的服务体验。

同 4P 理论相比，7P 理论增加了三个关注服务的要素。4P 侧重于实物营销，关注产品本身，而 7P 更注重营销细节，是服务营销的基础。从立场来看，4P 主要是站在企业角度，而7P 更倾向于消费者立场。从营销对象看，4P 侧重推销产品，采取推的策略，7P 则侧重说服顾客，采取拉的策略。因此，7P 理论不但能为服务型企业提供营销策略框架，而且可用于提供有形产品的创业企业。

四、生产运作

生产运作是企业创造产品和提供服务的行为，是企业将输入（如原料）转化为输出（如产品）的过程。生产（production）一般指制造型企业对有形产品的生产过程，运作（operations）一般指服务过程，生产和运作统称为"运营"。运营职能涉及领域广泛，包括企业选址、设施布置、流程设计、库存管理、生产计划、质量管理、设备维修等，但往往初创企业无法将主要资源投入运营职能，很多企业选择生产外包，此处仅介绍选址和产能规划。

(一) 企业选址

选址是决定企业长期运营效率的战略性决策。一旦厂址选定，许多成本会沉淀为固定成本,难以削减也难以改变。影响企业选址的因素包括经济因素、政治因素、社会因素和自然因素。经济因素方面又要考虑运输条件与费用、劳动力可获性与费用、能源可获性与费用以及扩展条件等。初创企业在进行选址时,首先应全面考虑各类定性因素,另外还可以采取一些定量方法辅助决策。

1. 评分法

评分法是根据各影响因素的重要程度对每一备选方案进行打分,并依据各方案的综合得分来确定选址的一种评估方法。表 10-3 给出了一种评分法,可称为分级加权法。首先是列出选址的影响因素,为其规定权数;然后规定评价标尺并为各因素定级;最后计算和汇总得分,并作选择。

表 10-3　分级加权法

影响因素	权数	选址方案			
		A	B	C	D
劳动力条件	7	2 / 14	3 / 21	4 / 28	1 / 7
地理条件	5	4 / 20	2 / 10	2 / 10	1 / 5
气候条件	6	3 / 18	4 / 24	3 / 18	2 / 12
资源供应条件	4	4 / 16	4 / 16	2 / 8	4 / 16
基础设施条件	3	1 / 3	1 / 3	3 / 9	4 / 12
产品销售条件	2	4 / 8	2 / 4	3 / 6	4 / 8
生活条件	6	1 / 6	1 / 6	2 / 12	4 / 24
环境保护条件	5	2 / 10	3 / 15	4 / 20	1 / 5
政治文化条件	3	3 / 9	3 / 9	3 / 9	3 / 9
扩展的余地	1	4 / 4	4 / 4	2 / 2	1 / 1
总　计		108	112	122	99

2. 量本利分析法

量本利分析法是一种通过分析生产成本、销售利润和产品数量这三者之间的关系,以确定最优选址方案的方法。企业的利润公式可写为:利润＝销售收入－变动成本－固定成本,或者是:利润＝销售量×(单价－单位变动成本)－固定成本。从上述公式可以看出:当销售量增加时,销售收入成正比增加,固定成本保持不变,而变动成本随销售量的增加而增加。当不同选址方案的销售量、单价、单位变动成本、固定成本有所不同时,企业利润也不同。通过计算和比较利润与成本情况,可为企业选址提供依据。

(二) 生产能力规划

生产能力又称产能,是指在一定时期(年、季、月)内,在先进合理的技术组织条件下所能生产一定种类产品的最大数量。在服务型行业,服务能力是指一个服务系统或服务企业在一定时间内所能提供的服务的最大量。这两个定义是通过产出来衡量产能或服务能力,现实中也可以通过投入来衡量,如表 10-4 所示。

表 10-4　生产和服务能力度量

企业类型	投入度量	产出度量
汽车制造业	人工时间,机器时间	辆(台)/班
钢铁公司	高炉的尺寸	吨/周
石油化工	炼油厂的规模	加仑/天
农　业	耕地面积	吨/年
餐　馆	桌子数	进餐人数/天
剧　院	座位数	上演场数/周
零　售	营业面积、收款台	营业额/天

在创业初期,企业生产能力很难保持在一个合理或稳定状态。由于品牌、营销、资金等多种原因,销售量增长过慢,企业生产可能需要维持在一个较低水平。市场的不确定性也可能带来销售量的大幅波动。这些对于企业合理规划产能是非常困难的。生产能力的投入需要大量人、财、物资源,而创业初期这些资源非常稀缺。因此,制造型企业在创业初期往往选择外包策略,自身提供核心部件和监督生产。这样,企业就可以把充足的资源投入到产品研发和市场营销中去,等到销售量和利润达到一定程度,再考虑建厂生产。

案例

从委托加工到自建工厂

北京石头科技有限公司的创始人昌敬毕业于华南理工大学计算机专业,在校期间曾获得"微软创新杯"全国赛区优胜奖,毕业后在几家知名科技公司从事过技术工作。2014 年,32 岁的昌敬创立石头科技,他选中扫地机器人这个当时在国内尚属小众的市场,开始了智能硬件领域的创业。2024 年,石头科技首次超越 iRobot 成为扫地机器人全球销量冠军。自成立以来,石头科技一直采用委托加工方式生产扫地机器人,无自建生产基地,这种轻资产运营模式帮助它用较低的人力资本投入,实现最大化的产出。但是,2022 年起石头科技决定自建工厂。虽然代工作为一种运营模式拥有轻资产、灵活等特点,但硬币的背面则是复杂的供应链管理与可能引起的交付风险。2023 年,位于广东省惠州市的石头智造工厂正式投入运营。

五、 财务计划

在商业计划书中,财务计划是指对相关资金使用、经营收支及财务成果等信息整合的书面文件,反映创业企业预期的财务业绩。财务计划最核心的是三大报表的制作和分析,即资产负债表、利润表和现金流量表。在制作报表之前,要进行一系列的预测和假设,包括:产品生产信息、产品销售信息、市场物资供应情况、员工工资支出信息、生产设备支出信息和企业预期发展计划。其中最为重要的数据要素是预期销售量、售货成本和毛利润假设,这些应在商业计划书市场部分和运营部分予以分析并给出数据。

(一) 资产负债表

资产负债表是反映企业某一特定日期(月末、季末、年末)财务状况的基本报表。它是一张静态的报表,主要构成部分是资产、负债和所有者权益。资产是指由过去的交易或者事项形成的企业拥有或者控制的资源,该资源预期会给企业带来经济效益。负债就是企业承担的、能够以货币计量的、需要以资产或者劳务偿付的现实义务。简单地说,负债就是企业所欠的钱。所有者权益是指所有者在企业资产中享有的经济利益。三者关系满足会计恒等式"资产 = 负债 + 所有者权益"。资产负债表的内容和构成如表 10-5 所示。

表 10-5　资产负债表

编制单位:×× 　　　　　　　　　　　×年×月×日 　　　　　　　　　　　单位:元

资　产	期末余额	负债及其所有者权益	期末余额
流动资产		流动负债	
货币资金	9 177 880.00	短期借款	0
交易性金融资产	0	应付票据	17 932 100.00
应收票据	4 461 040.00	应付账款	12 339 300.00
应收账款	12 108 200.00	应交税费	1 524 260.00
预付款项	7 167 500.00	应付工资	3 068 460.00
其他应收款	1 109 730.00	长期借款	146 739.00
存货	12 253 500.00	长期负债	0
流动资产合计	46 277 850.00	(略)	
(略)		所有者权益	
长期资产		实收资本	5 198 920.00
固定资产	11 101 600.00	资本公积	4 332 860.00
无形资产	2 206 920.00	盈余公积	4 047 900.00
其他非流动资产	461 743.00	未分配利润	11 242 800.00
(略)		(略)	
资产总计	67 970 400.00	负债和所有者权益总计	67 970 400.00

资料来源:邓立治. 商业计划书原理、演示与案例[M]. 北京:机械工业出版社,2018.

观察资产负债表,可知:

(1) 资产负债表由表头和表体构成。表体将资产、负债和所有者权益的各种要素按流动性分别列示,满足"资产总额 = 负债总额 + 所有者权益总额"。

(2) 资产项目排列严格区分为流动性项目(即企业在一年内或者超过一年的一个正常营业周期内可以变现或者耗用的资产)与非流动性项目(企业持有的预计在一年以上或超过一个正常营业周期才变现、出售或耗用的资产)。内部按各项资产流动性的大小或变现能力的强弱来排列。流动性越大、变现能力越强的资产项目越往前排。

(3) 权益项目包括负债和所有者权益两项,它们是按照权益的顺序排列的。因为企业的资产首先是用来偿还债务,所以负债是第一顺序的利益,列于所有者权益之前。而所有者权益属于剩余权益,列于负债之后。

总体来说,资产负债表是显示企业偿债能力的资料。传统观念中,人们往往把负债作为不好的事情,这实际是一种误解。负债是一种融资方式,和股权融资一样,有利于企业发展。

(二)利润表

利润表也叫损益表,是反映企业在一定时期内经营成果的财务报表。利润表是根据"利润 = 收入 − 费用"这一恒等式编制的,它的内容和构成如表 10-6 所示。

表 10-6 利润表

编制单位:××   ×年×月×日   单位:元

项 目	本年金额	上年金额
一、营业收入	134 785 000.00	87 817 300.00
减:营业成本	111 424 000.00	72 593 500.00
营业税金及附加	422 891.00	389 164.00
销售费用	7 207 760.00	4 704 150.00
管理费用	5 234 270.00	3 581 510.00
财务费用	166 989.00	85 209.80
资产减值损失	403 794.00	396 167.00
加:公允价值变动收益	− 51 168.90	50 963.1
投资收益	171 823.00	315 187.00
其中:对联营企业和合营企业的投资收益	0	− 13 283.70
二、营业利润	10 045 600.00	6 433 730.00
加:营业外收入	258 672.00	166 835.00
减:营业外支出	566 408.00	62 811.50
其中:非流动资产处置损失	18 959.10	44 770.40
三、利润总额	9 737 880.00	6 537 760.00
减:所得税费用	1 166 720.00	863 056.00
四、净利润	8 571 160.00	5 674 700.00
五、每股收益		
基本每股收益	1.65	1.08
稀释每股收益	1.65	1.08

资料来源:邓立治. 商业计划书原理、演示与案例[M]. 北京:机械工业出版社,2018.

观察利润表,可知它是按照企业利润的构成内容,分层次、分步骤逐步计算编制而成的报表。从收入到营业利润是利润表的核心。其中,收入的展现比较简单,表中营业收入也可区分为主营业务收入和其他业务收入。成本费用的呈现比较复杂,主要包括以下两类:

(1)营业成本。这类支出和收入取得有最为直接的关联,是企业为了生产产品而支付的生产材料成本、支付给直接从事产品生产的人工的成本及制造费用。

(2)期间费用。期间费用不直接计入产品的制造成本,而是直接计入当期损益,从而影响企业的净利润。包括:一是销售费用,即企业在销售商品和材料、提供劳务的过程中发生的各种费用；二是管理费用，即企业行政管理部门为组织和管理生产经营活动而发生的各项费用；三是财务费用，即企业在生产经营过程中为筹集资金而发生的各项费用。

以营业利润为基础，加上营业外收入，有的情况下再加上投资收益，减去营业外支出，即可得出利润总额。以利润总额为基础，减去所得税，可得净利润。表中最下方的每股收益是净利润与股本总数的比率，反映了普通股股东每持有一股所能享有的企业净利润或需承担的企业净亏损，是投资者评价企业盈利能力、预测企业成长潜力的重要参考。

(三) 现金流量表

现金流量表是以现金为基础编制的财务状况变动表，它提供了企业资金来源和运用、现金增减变动原因等信息，反映了公司获得和管理现金的能力。这里的现金是个广义概念，既包括库存现金和可以用于支付的存款，也包括现金等价物。用公式可以表示为：现金 = 银行存款 + 库存现金 + 其他货币资金 + 现金等价物。现金等价物是指企业持有的期限短、流动性强、易于转换为已知金额的现金，价值变动很小的投资。现实中，现金流越来越受到重视，被视为创业企业的生命线。现金流量表的内容和构成如表 10-7 所示。

表 10-7 现金流量表

编制单位：××　　　　　　　　　　　　　　　×年×月×日　　　　　　　　　　　　　　单位：元

项　　目	本年金额	上年金额
一、经营活动产生的现金流量		
销售商品、提供劳务收到的现金	142 119 000.00	94 924 400.00
收到的税费返还	224 173.00	149 950.00
收到其他与经营活动有关的现金	666 069.00	749 184.00
经营活动现金流入小计	143 009 000.00	95 823 600.00
购买商品、接受劳务支付的现金	109 098 000.00	80 442 800.00
支付给职工的现金	6 886 310.00	5 578 860.00
支付的各项税费	5 337 270.00	3 807 670.00
支付的其他与经营活动有关的现金	8 510 480.00	5 264 760.00
经营活动现金流出小计	129 832 000.00	95 094 100.00
经营活动产生的现金流量净额	13 177 000.00	729 461.00
二、投资活动产生的现金流量		
收回投资所收到的现金	35 470 200.00	33 147 400.00
取得投资收益所收到的现金	68 794.00	40 652.70
处置固定资产、无形资产、其他长期投资回收现金净额	21 964.00	56 394.40
收到其他与投资活动有关的现金	0	284 367.00
投资活动现金流入小计	35 561 000.00	33 528 900.00
购建固定资产、无形资产、其他长期资产所支付现金	9 263 040.00	2 501 860.00
投资所支付的现金	32 329 200.00	34 757 000.00
支付的其他与投资活动有关的现金	0	101 858.00
投资活动现金流出小计	41 592 200.00	37 360 700.00

项　目	本年金额	上年金额
投资活动产生的现金流量净额	− 6 031 210.00	− 3 831 850.00
三、融资活动产生的现金流量		
吸收投资所收到的现金	0	0
取得借款所收到的现金	199 800.00	5 230 260.00
收到其他与融资活动有关的现金	0	0
融资活动现金流入小计	199 800.00	5 230 260.00
偿还债务所支付的现金	65 503.40	5 223 720.00
分配股利、利润和偿付利息所支付的现金	5 300 260.00	1 554 390.00
支付其他与融资活动有关的现金	1 279 200.00	1 554 390.00
融资活动现金流出小计	6 644 970.00	10 116 600.00
融资活动产生的现金流量净额	− 6 445 170.00	− 4 886 370.00
四、汇率变动对现金及现金等价物的影响	30 604.50	− 2 920.77
五、现金及现金等价物净增加额	731 235.00	− 7 991 690.00

资料来源:邓立治. 商业计划书原理、演示与案例[M]. 北京:机械工业出版社,2018.

观察现金流量表,可看到现金流按照产生载体不同分成以下三大类:

(1) 经营活动产生的现金流量。这部分内容主要反映企业日常生产经营活动中产生的现金流入和流出情况,如销售商品、提供劳务收到的现金,以及购买原材料、支付工资等产生的现金流出。

(2) 投资活动产生的现金流量。这部分主要反映企业在长期资产(如机器厂房等固定资产、专利等无形资产)上的投资以及投资收益的现金流入和流出情况。

(3) 融资活动产生的现金流量。这部分主要反映企业通过发行股票、债券等方式筹集资金以及偿还债务等产生的现金流入和流出情况。

现金流量表是联系资产负债表和利润表的桥梁,它通过详细记录企业的现金流入和流出,既体现了资产负债表中现金科目的变动情况,又揭示了利润表中收益实现与现金流入之间的时间差异,连接了静态的资产负债表和动态的利润表。三大报表之间存在必然联系,无法割裂,如果只对其中某一张财务报表制作和分析可能导致错误,且不能全面了解企业状况。

除了三大报表之外,还有一些财务指标和经营指标是创业者和投资者都需要了解和关注的。通过提取和分析报表数据,可进一步进行盈利能力分析、偿债能力分析、营运能力分析和成长能力分析,需要了解的读者可进一步查阅专业书籍。

第三节　商业计划书

商业计划书是以书面形式呈现的创业计划,专为新项目、新技术或新创意寻求资金支持而设计,其核心目的在于全面而深入地展示初创企业的运营现状、市场定位、竞争优势以及发展前景,从而有效吸引投资者。

一、 商业计划书的构成

商业计划书一般由概要、公司情况、产品(服务)与技术、行业与市场、营销规划、生产运营、公司管理、财务规划、风险计划与控制、资本退出与附录等内容构成。

(一) 概要

概要是对商业计划书进行简单的概括和提炼,要求简洁明了地反映商业计划书的基本内核以及风险投资者关心的主要问题。

(二) 公司情况

本部分阐述公司的基本情况,包括公司的历史沿革、发展现状、基本战略和未来的短、中、长期的发展规划,也可以在该部分对本公司的商业模式进行介绍。

(三) 产品(服务)与技术

产品(服务)是商业计划书中的核心内容之一。它基于行业痛点或客户未满足的需求,介绍公司产品的概念、结构、性能特性、产品系列、竞争产品分析与产品核心优势、产品研发过程、新产品研发计划与研发团队、产品市场前景预测、产品的商标、软件著作权及专利等知识产权。对于一些硬核产品(服务)的创业,核心技术作为产品竞争优势的重要来源,有必要对产品支撑技术的基本原理、相对于已有技术的突破和优势以及构造技术壁垒的论文、著作、知识产权等进行介绍。

(四) 行业与市场

该部分内容应该阐述公司所在行业和市场中的关键影响因素。行业分析主要介绍创业公司所归属产业领域的供需状况及行业政策等基本情况,以及公司在行业中的基本地位。市场分析主要介绍公司产品的基本市场情况,包括目标市场、竞争对手的情况、公司产品的市场定位、未来市场的发展趋势等。为增强该部分内容的可信度,需要大量翔实的市场调查数据进行论证。

(五) 营销规划

基于好的市场机会和匹配的优质产品,需要建立一个完善的营销计划来将该产品营销出去。营销计划应该基于市场调研和产品价值,针对产品的目标市场和定位,基于营销组合理论,如果是有形的产品,则从产品、定价、促销、渠道等方面制定营销策略并建立实施计划,如果是无形服务,则从产品、定价、促销、渠道、人员、有形展示、服务过程等方面制定营销策略并建立实施计划。

(六) 生产运作

生产运作需要解决的问题包括:厂址的选址与布局、生产工艺流程规划、原材料的采购和物料的物流管理、产品的质量管控等。

(七) 公司管理

公司管理部分包括公司的组织架构,各部门的功能与职责范围,部门的负责人及主要成员,公司的人力资源规划与基本的薪酬、培训和绩效考核体系,公司的股东名单,董事会成员,股权分配及份额占比等。

(八) 财务规划

财务规划部分包括融资需求、财务预测及相关财务分析。融资需求部分要说明实现公司发展所需要的资金额度、时间表和主要用途,以及为获得相关融资额度所需要释放的股权比例。财务预测则是公司基于历史业绩和发展趋势,对公司未来的财务状况进行预测,形成未来几年(一般是 5 年)的资产负债表、损益表和现金流量表。相关的财务分析包括两部分,第一部分基于财务预测数据从投资方的角度来计算相关的投资回报指标,如投资回收期、投资净现值、内含报酬率等;第二部分基于财务预测数据从成长能力、盈利能力、偿债能力和运营能力四个方面来预测公司未来的发展能力。

(九) 风险计划与控制

商业计划本质上是面向未来的,因此,创业者在商业计划书中一般会对项目作出较为美好和乐观的未来规划,但是创业项目的一个最大的特点就是创业者在未来会碰到各种的不确定性。因此,在撰写商业计划书时,就必须按照风险管理的逻辑,对创业过程中可能会遇到的各种潜在风险进行识别和评价,并依此制定各类风险应对措施。

(十) 资本退出

风险投资不是战略投资,商业计划书需要考虑资本的退出方式,并且要详细说明该退出方式的合理性,以便为投资者提供合适的退出通道。此外,公司应该设计多种退出方式,如MBO(管理层收购)、IPO(首次公开募股)等。如果公司在计划期内未完成风险资本退出计划,还可以有其他的备选方案供选择,这样才能让每一个投资人在投资之前做到心中有数。

(十一) 附录

附录是商业计划书正文内容的有力补充和说明。附录出现的附件包括但不限于:财务报表、合同资料、合作协议或意向书、信誉证明、公司营业执照及公司章程、市场调研报告、公司获奖情况、创业者履历及获奖、软件著作权与专利证明、官方媒体宣传报道、行业内著名专家推荐信、第三方权威机构开具的测试报告、体现核心技术先进性的重大项目和论文信息、授权使用书等。

二、 商业计划书撰写建议

撰写商业计划书不仅是对创业项目的全面规划,也是向投资者展示项目潜力的关键文本。以下是一些撰写商业计划书的建议,旨在帮助创业者更有效地传递其商业构想和计划的重点。

(一) 明确目标与定位

一是商业计划书应明确阐述项目的核心目标,包括市场定位、产品或服务的独特性、期望达到的市场份额或财务指标。二是根据目标受众(投资者、合作伙伴或贷款机构)的需求和期望,调整计划书的内容和风格,确保其针对性和吸引力。

(二) 清晰的结构与连贯的逻辑

一是要构建结构化框架,商业计划书应包含概要、公司情况、产品或服务、行业与市场分析、营销规划、生产运营计划、财务规划、风险评估与应对措施等关键内容。二是要确保各部分内容之间的逻辑连贯性,避免跳跃式叙述或重复信息,保持叙述口径的统一性,每个部分都应紧密围绕核心目标展开,形成完整的故事线。

(三) 突出优势与亮点

一是要强调项目的独特卖点,清晰阐述产品或服务的独特性,包括技术创新、用户体验、成本效益或市场定位等方面,这有助于吸引投资者的注意力并突出项目的竞争优势。二是要展示团队的实力。对于初始的创业项目,投资项目本质上是投人、投团队,因此应详细介绍团队成员的背景、技能和经验,以及他们如何共同推动项目前进,一个强大的团队是项目成功的关键因素之一。

(四) 数据支持与论据充分

首先,要提供具体数据来支持市场分析、财务预测和风险评估等关键部分,这包括市场规模、增长率、竞争对手的市场份额、成本结构、预计销售和利润等具体数据的呈现。其次,在可能的情况下,引用权威的市场研究报告、行业数据、资深专家观点、第三方权威检测机构的检测报告等来增强计划书的可信度和说服力。

(五) 简洁明了与视觉吸引

避免使用过于复杂或专业的术语,确保语言简洁明了,易于理解,用通俗易懂的方式解释复杂的概念和数据。多利用图片、表格等视觉元素来增强计划书的可读性和吸引力,这些元素应简洁、清晰且有助于传达关键信息。

(六) 迭代修订与持续改进

初稿完成后,应向团队成员、创业导师、投资者或行业专家征求反馈意见及建议,并根据反馈意见进行必要的修改和优化。商业计划书是一个动态的文件,应随着项目的进展和市场环境的变化而不断更新和完善。

三、 商业计划书撰写的常见问题

创业者在商业计划书撰写过程中会出现一些常见的问题,在撰写商业计划书时应加以避免。下面列举几个问题:

(一) 误解商业计划的目的

创业者需要重视的是计划内容,而不仅仅是计划书本身。商业计划包括设立目标、确定方案、追踪进展、进行调整等一系列过程,撰写商业计划书只是其中的第一步,之后还需要不断地审阅和修订,以反映出不断变化的实际情况。

(二) 商业计划缺乏全盘考虑

计划书由一系列逻辑关系密切的模块构成,创业者在撰写商业计划书时,不仅要关注每个模块的具体内容,而且要遵循各模块之间的逻辑联系,保证各模块之间的协同。

(三) 忽略相关的保密信息

创业者要明确需要与团队成员分享的信息以及需要保密的信息。创业者必须与团队成员分享商业计划的目标及指标,并通过商业计划塑造团队的凝聚力及协作精神。

(四) 重点不明确

创业者在撰写商业计划书时往往无所不包,重点也不突出,这也导致执行时抓不到重点。例如涵盖三四个重点的计划书往往有效且具有针对性,而列出二十个重点的计划书实际上毫无重点可言。

(五) 高估商业创意

创意的价值并不仅仅在于创意本身,而更在于建立在创意之上的具体业务。只有经历了诸如员工朝九晚五的工作、生产产品、订购和装运产品、提供服务、客户支付账单等一系列业务过程,创意才真正变成了一项实实在在的创业业务。

(六) 忽略细节

商业计划需要关注细节,例如现金流、财务状况、重大事件的处理、责任的分配等。很多创业者在撰写商业计划书时,往往会陷入大而化之、空洞无物的境地,导致商业计划只能停留在纸面,无法落地执行。

(七) 不切实际的预测

商业计划针对的是未来,难免会对产品的市场空间、将来的销售额、未来的盈利状况等进行预测,但是有些创业者在撰写商业计划时所作的预测严重脱离实际,很难经得起推敲。包括投资者在内,没有人会相信不合理的销售额预测,并且超高的盈利预测通常意味着创业者对成本费用缺乏实际认识,这会让人对创业项目和创业者本身产生质疑。

案例

跟红杉中国学写商业计划书

红杉中国成立于 2005 年,由沈南鹏和红杉资本共同创办。红杉中国是专注于投资科技、医疗健康、消费三大领域的私募股权投资机构。自 2005 年成立以来,红杉中国致力于发掘和培育创新和创业力量,在海内外投资了逾 1 500 家企业,其中涌现出许多具有鲜明技术特征、创新商业模式、具备高成长性和高发展潜力的公司。迄今为止,红杉中国有超过 160 家成员企业成功上市,近 130 家非上市公司已发展成为独角兽。

红杉资本总结出了商业计划书的九页核心内容,非常值得学习。第一页:只写两行字。项目名称＋一句话简介。首先就是让投资人一眼看到你是哪个赛道,大致做的是什么事情。比如今日头条,基于社交挖掘和个性化推荐的新媒体。海底捞,全国领先服务型直营连锁火锅品牌。第二页市场规模,主要是来说明你的这个事情值不值得做,能做多大。市场规模要么现在很大,要么未来很大。第三页用户(行业)痛点,目标用户有哪些还未被满足的需求或问题,这个痛点是要直接衍生出产品或服务的。核心在于表明你想解决的问题到底是不是个问题? 是不是个值得解决的问题? 第四页解决方案,就是对症下药,针对上一页的需求和问题,你到底是怎么解决的,解决效果怎么样。第五页商业模式,就是钱怎么来,从谁那儿来。这一部分最好简单明了,毕竟太复杂的商业模式很难在实际市场中跑通,跑得通的商业模式核心逻辑都是很清晰的。第六页运营数据,证明你做的怎么样,行不行得通。第七页项目优势,也就是你的竞争壁垒在哪,别人能不能赶得上你。第八页团队介绍,那就是要体现创始人和团队是否足够优秀,比大多数人都要强。第九页融资需求,表明需要多少钱,出让多少股份以及拿钱来做哪些事。

第四节　新企业的创办

创业活动本质上是一个商业活动,而现代商业活动都是以企业作为合法性基础的。因此为了让自己的创业活动具有合法性,创业者必须按照法律要求去创办新企业。本节简要介绍新企业创办过程中企业组织形式的选择和新企业注册流程两个实务工作内容,并就新创企业的定位及名称进行分析。

一、企业组织形式的选择

创业者在创办新企业时,可以在四种特定的组织形式中进行选择,这四种组织形式分别是个体工商户、合伙企业、有限责任公司和个人独资企业。

(一) 个体工商户

个体工商户是工商业经济在中小微企业的表现,与大型企业比较,如同幼狮和雄狮一般。个体工商户发展得好,就会成为大中型企业,后者如果收缩即可能回归个体工商户。根据《民法通则》规定,公民在法律允许的范围内,依法经核准登记,从事工商业经营的,为个体工商户。从事个体工商业生产经营必须依法核准登记。个体工商户的登记机关是县以上市场监督管理局。个体工商户须经核准登记,取得营业执照,方可执业。个体工商户转业、合并、变更登记事项或歇业,也应办理登记手续。

(二) 合伙企业

合伙企业是指由各合伙人订立合伙协议,共同出资,共同经营,共享收益,共担风险,并对企业债务承担无限连带责任的营利性组织,也是指自然人、法人和其他组织依照《中华人民共和国合伙企业法》在中国境内设立的,由两个或两个以上的自然人通过订立合伙协议,共同出资经营、共负盈亏、共担风险的企业组织形式。

合伙企业一般无法人资格,不缴纳企业所得税,缴纳个人所得税。其类型有普通合伙企业和有限合伙企业。其中普通合伙企业又包含特殊的普通合伙企业。国有独资公司、国有企业、上市公司以及公益性事业单位、社会团体不得成为普通合伙人。合伙企业可以由部分合伙人经营,其他合伙人仅出资并共负盈亏,也可以由所有合伙人共同经营。

(三) 有限责任公司

有限责任公司,简称有限公司,我国的有限责任公司是指根据《中华人民共和国市场主体登记管理条例》规定登记注册,由五十个以下的股东出资设立,每个股东以其所认缴的出资额为限对公司承担有限责任,公司法人以其全部资产对公司债务承担全部责任的经济组织。有限责任公司包括国有独资公司以及其他有限责任公司。

(四) 个人独资企业

独资企业是指一个人投资经营的企业。独资企业的投资者对企业债务负无限责任。企业负责人是投资者本人。企业负责人姓名须与身份证相符,不得使用别名。按照我国现行税法有关规定,私营独资企业取得的生产经营所得和其他所得,应按规定缴纳私营个人所得税。

二、 新企业的注册流程

新企业的注册流程一般可分为信息采集、核名、营业执照领取三个阶段,这三个阶段完成后,企业还需完成银行开户和税务登记两项工作。

(一) 公司信息采集

公司信息采集可划分为五个环节。第一,准备 6～10 个公司名称,可为地区＋字号＋行业＋类型;字号＋(地区)＋行业＋类型。第二,整理法人、监事、股东、财务负责人的详细信息,包括姓名、身份证号、手机号、邮箱、证件扫描件。第三,选择公司经营范围。第四,确定注册资本及持股比例。第五,签署法人签字刻章委托书。

(二) 公司核名

公司核名可划分为四个环节。第一,提交公司核名信息文件。第二,核名通过,生成章程、股东会决议等材料。第三,股东及法人签字。第四,法人手持身份证拍照。

(三) 营业执照领取

营业执照领取可划分为三个环节。第一,到市场监督管理局办理营业执照并领取正副本一套。第二,到市场监督管理局办理公司组织机构代码证。第三,到刻章厂刻章一套,包括公章、法人章、财务章、发票章。

完成注册后,企业要开始经营,还需要完成银行开户和税务登记两项工作。

(四) 银行开户

银行开户包括三个方面的内容。第一,基本户。准备公司章程原件、法人及财务负责人身份证原件、授权委托书等银行所要求资料。第二,资本金户(外资公司需要)。除基本户开户资料外,还需准备外商投资企业设立备案回执、公司章程、境内直接投资基本信息登记、业务申请表法人签字等银行所要求资料。第三,取得银行账户信息、网银盾、印鉴卡、对公服务卡。

(五) 税务登记

公司会计整理资料到相应税务机构办理公司备案及报税事宜,包括税务登记、税收核定、发票核定、购买金税盘、申领发票等。

特别要注意的是,新企业拿到营业执照之后,不可忽略后续的银行开户、税务事项以及工商年检,避免新企业被列为异常经营状态。

三、 新创企业定位与名称

除了企业组织形式的选择和完成注册手续外,新创企业的定位和名称也是两个值得关注的问题。

(一) 企业定位

企业定位是指企业通过产品及品牌,基于顾客需求,将其独特的个性、文化和良好形象,塑造于消费者心目中,并占据一定的位置。新创企业可以借鉴"3 法则"为自身定位提供指引,"3 法则"是指对于几乎绝大多数行业,在法规允许下,在没有独占权,在没有很大的贸易壁垒,在垂直一体化不是很强,在所有权和管理权高度分离的市场中,在没有大的政策限制下,最终会形成三足鼎立的局面,另外还有许多专业企业来填补很小的细分市场。新创企业首先要考虑自己应该处在一个什么样的位子上,是领导者、挑战者、跟随者,或者是专家型企业。接着,再从目标客户、产品和商业模式三个方面进行更精准的定位。目标客户定位要明确公司成立之后打算为哪一类型的客户提供产品和服务。产品定位要明确为目标客户提供什么样的产品和服务。商业模式定位要明确通过什么样的方式和途径为目标客户提供产品和服务。

(二) 名称

企业名称是企业在经营活动中所用的名称,即企业在行为上为法律行为时,用以署名或由代理人使用,与他人交易的名称。企业必须有名称标明自身并和其他交易主体相区别;否则,企业在经营活动中会有诸多不便,也将给交易秩序带来混乱。因此,企业名称为商业登记法所规范的主要事项之一。当事人应依法将企业名称进行登记,经核准登记注册后,方可使用;如果使用未经核准登记注册的企业名称从事生产经营活动,那么由主管机关责令其停止经营活动,没收非法所得或者给予罚款。法律法规并没有对企业命名进行特别严格的限制,新创企业在命名时可以考虑以下几个要点。首先,易于记忆,具有独特性,能引发人们对企业的好奇。其次,是有意义的,能与企业的核心业务相关。最后,可塑性,即选择一个能够包容企业业务需求灵活调整的名称,不能让一个名称框住企业业务拓展的可能性。

📝 思考题

1. 什么是创业计划,其功能是什么?
2. 创业计划制订包括哪几个环节?
3. 简析产品层次原理、波特竞争战略、营销 4P 理论的基本观点。
4. 行业调查、客户调查和竞争对手调查各包括哪些内容?
5. 如何准备创业路演?
6. 商业计划书主要包括哪些内容?
7. 新企业的创办主要包括哪些事项?

❉ 实践练习

活动名称: 撰写一份简洁的商业计划书

活动内容: 和朋友们一起聊聊创业构想,虚拟成立一个公司,试着写一份商业计划书。你可以借助生成式人工智能打开你的思路。商业计划书由概要、公司情况、产品(服务)与技术、行业与市场、营销规划、生产运作、公司管理、财务规划、风险计划与控制、资本退出与附录等内容构成。你要结合创业项目本身的特点,从以上方面阐述相关内容。

第十一章　科技创新创业

【学习目标】
- ☑ 理解科技创新创业的意义和特征
- ☑ 了解技术创新模式的演化过程
- ☑ 理解科技成果商业化的过程
- ☑ 掌握知识产权的概念和专利申请过程
- ☑ 了解科技创业国际化的动因和路径

引导案例

大疆创新

只有在实践中探索，才能掌握最有活力的创新理念、高效的思维方法、敏锐的洞察力和思考本质的方法论。

——汪滔

如果把大疆比作手机行业的苹果，那么它连一个像三星、华为一样的对手都没有。截至 2024 年，大疆在全球民用无人机市场占据超 80% 的市场份额。大疆的创始人汪滔在香港科技大学读书期间，开始自行研究飞控系统。2006 年 11 月，他和两个同学筹集到 200 万港元，收拾行装赶到了深圳——"硬件的硅谷"，在一个仅有 20 平方米的小仓库里创办了大疆创新科技公司。经过详细的市场调研与相关法律政策研究后，大疆并没有直接打开中国市场，而是决定从法律较为健全的海外入手。在当时无人机这个小众行业，中国市场起步较晚，相关法律体系不健全，无人机行业的标准未统一，而美国已有地区可以用来做无人机测试。这样，海外航模论坛用户和影视从业人员就成为大疆产品的目标消费者。2011 年 8 月，大疆在北美设立分公司，以此成为打开海外市场无人机领域的第一步。

打开海外市场后，汪滔开始将目光投向国内市场，他发现国内正在逐渐完善无人机领域政策，市场尚未产业化和商业化，大多数消费者仍处于个人 DIY 阶段。这些消费者主要是航模爱好者群体，他们通过自己购买相关配件、装置等，找到自己需要的组件并下载代码，进行个人设计并动手组装产品。由于不同消费者具备的专业知识和组装能力存在差异，采购的零部件质量也参差不齐，就使得这一时期航模爱好者使用的消费级无人机产品质量各异，产品体验较差，产品可靠性不高，经常出现故障和坠毁。再加上安装传感器和 GPS 的成本也很高，导致除了航模爱好者之外的人群并不关注无人机产品及其应用。面对此情此景，汪滔找来企业高管谋求突破，会上大家激烈讨论，始终没有一个明确的方向。这时，汪滔凭借敏锐的嗅觉和直觉突然提出了一体化解决方案：大疆应该用"一体机"取代"组装机"，做全球首家提供商业无人机飞控的企业。这一决策得到了与会高管的一致同意。通过实施"一体化战略",大疆获得了很高的市场份额,同时净利润率也达到了最高水平。

但是,大疆的危机并没有解除,如果仅仅是极客发烧友来购买无人机,大疆已经达到了行业的天花板,那么未来的大疆要如何生存呢?这时,他做出了一个艰难的决定——转型。所谓"不破不立",大疆在其盈利水平最高的时候走上了主动转型之路。在2010年到2012年,大疆连续突破技术难关,专注做一整套成熟完备的无人机系统。2011年起,大疆就不断推出各种新产品,包括WooKong-H(悟空)系列多旋翼控制系统及地面站系统在内的多种系列。这些产品很快成为无人机市场上的热销品。这一系列措施和行动就是汪滔提出的"一体化战略",即无人机产品不再由消费者DIY,而是由大疆来找出整体最优的无人机组合方式,并投入流水线生产。这一突破性的技术创新,是大疆叩开消费级无人机市场的必要条件,更是无人机发展史上的一个里程碑。2013年,大疆推出的Phantom无人机系列彻底改变了市场格局。这款产品不仅具备高清摄像功能,更是开创了用户航拍的潮流,以其易用性和高性价比迅速普及至大众消费者。在消费级市场成功后,大疆迅速扩展至专业及商业级市场,推出如Inspire、Mavic等产品,满足影视制作、测绘、农业监测等多元化需求。尤其是在农业智能化及城市安全监控等领域,大疆无人机的应用场景不断增加。

大疆稳步发展的同时,汪滔又看到了新的危机,大疆的客户依然有限,要想有更大的发展,必须有更多的用户,于是"RoboMaster"机甲大师赛出现。这是国内首个激战类机器人竞赛,开赛初期便得到高等院校、技术主导型企业上万科技爱好者的广泛关注,其独具一格的赛制方式、极具冲击力的竞赛体验、硬朗的风格成为引人注目的闪光点。大赛给参赛队员提供了实战和实践机会,给大学生们提供了展示机会,也让大疆有机会识别和招聘还处在大学期间的顶尖工程人才,更起到向全世界宣传无人机、培养未来消费者的作用。

大疆在全球无人机行业中的专利申请量也处于领先地位。根据2024年的数据,全球无人机行业专利申请数量TOP10申请人中,大疆创新科技有限公司排名第一,专利申请总量达到5 598项。大疆从发展初期就树立了知识产权意识,成立两年后即2008年就开始有申请专利记录。在大疆的不断发展过程中,其专利申请策略也不断发生转变,最初是所有专利向中国知识产权局提交中国申请,后来转变为部分专利在首次提交申请时是向国际局以PCT的方式提出。大疆建立了全方位立体化的专利保护体系,实施专利综合管理,其专利技术涵盖了飞行控制技术、旋翼技术、图像传输与处理技术、电池能源管理技术、结构设计与材料技术、传感器技术、通信技术、农业应用技术、导航与定位技术等多个领域,充分体现了大疆人对技术的敬畏,对创新的尊重。

资料来源:根据中国管理案例共享中心案例《大疆创新:突破性创新驱动下大疆无人机创新生态系统构建成功之旅》改编。

思考题:(1) 为什么大疆选择从国际市场到国内市场的发展路径?

(2) 案例中"一体化战略"是指什么?转型又是指什么?

(3) 大疆的知识产权保护政策对技术创新起到什么作用?

第一节　科技创新

一、科技创新的概念

科技创新是原创性科学研究和技术创新的总称,包括创造和应用新知识和新技术、新工艺,采用新的生产方式和经营管理模式,开发新产品,提高产品质量,提供新服务的过程。这个概念本身包含两个层面:一是科技本身的创新,包括在科学理论、知识、方法等方面突破现有认知,产生新的理论、知识、方法;二是将科技应用到社会生产生活的实际中,创造新的应用与改变。图 11-1 展示了参与科技创新的主体及产出形式。

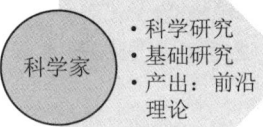 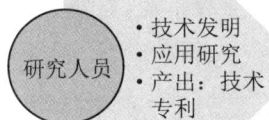 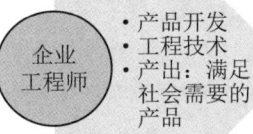

图 11-1　科技创新的主要环节

科技创新包含科学研究、技术发明和产品开发等主要环节,这些环节之间存在着紧密联系和转化关系。科学研究是科技创新的起点,为后续的技术创新和应用提供理论基础;技术发明将科学研究的成果转化为可应用的技术;产品开发团队将这些技术发明应用到社会生产生活的实际中,开发新产品、提高产品质量、提供新服务,从而创造新的应用与改变。

【一起来探究】

发明专利与科学发现有什么差别?

很多科技创业项目来自发明专利。发明是指对产品、方法或者其改进所提出的新的技术方案。发明人将技术方案向专利局提出申请,通过一系列严格审查,特别是新颖性、创造性和实用性审查,符合规定的发明专利申请即被授予专利权。

那么,科学发现和发明有什么差别呢?能获得专利吗?

二、科技革命与康波周期

进入 21 世纪以后,全球科技创新进入密集发展的时期,科技发展进一步塑造全球创新版图。人类历史上出现过四次科技革命,每一轮科技革命都引发了世界经济结构的重塑。

(一) 第一次科技革命：机械时代

第一次科技革命也被誉为蒸汽革命，是人类历史上具有划时代意义的转折点，主要发生在 18 世纪 60 年代至 19 世纪中期的英国，以蒸汽机的发明与广泛应用为主要标志。苏格兰工程师瓦特改良的蒸汽机成为这一革命的关键。蒸汽机的出现，使得能源供应从人力、畜力或自然力转向了一种更为高效、可持续的动力源，彻底改变了人类生产方式。纺织业的机械化是这一时代的革命先锋，珍妮纺纱机、水力织布机等设备的出现，极大地提高了生产效率。随后，蒸汽动力被引入到冶金、煤炭、机械等多个行业，推动了这些行业的机械化进程，使得英国迅速崛起为"世界工厂"，对全球经济产生了深远影响。这一时期的工厂制度也逐渐兴起，规模化生产成为可能，人类社会从此迈入机械时代。第一次科技革命不仅带来了生产力的飞跃，还促进了城市化进程，加速了工业化的发展，推动了社会结构的变革，催生了新的社会阶层和经济结构，为后续的工业革命奠定了坚实的基础。

(二) 第二次科技革命：电气时代

第二次科技革命也被誉为电气革命，标志着人类社会迈入了电气时代，主要发生在 19 世纪末至 20 世纪初的欧美多国，以电力的广泛应用和内燃机的发明为主要标志。特斯拉、爱迪生等科学家和发明家的杰出贡献，使得电力成为了全新的能源形式。电灯、电力系统等电气设备的普及，极大地改善了人们的生活质量，推动了交通运输、通讯、照明等多个领域的革新。同时，内燃机的发明使交通工具的速度和载重能力大幅提升，催生了汽车、飞机等新型交通工具，极大地拓展了人类的活动范围。化学工业也在此期间迅速发展，塑料、合成纤维、炸药等化学产品的出现丰富了人类生活，并为后续科技革命提供了重要物质基础。美国、德国等国家在这一时期迅速崛起为工业强国，电力的广泛应用不仅提高了生产效率，还促进了电力工业、化学工业等新兴产业的发展，对全球经济产生了巨大推动作用，加速了社会结构的变革和城市化进程。

(三) 第三次科技革命：信息时代

第三次工业革命也被称为信息技术革命或自动化革命，是人类社会进入信息时代的关键节点，主要发生在 20 世纪中后期的美国，以电子计算机的发明、互联网的普及以及自动化技术的广泛应用为主要标志。电子计算机的诞生极大地提升了数据处理能力，为科学研究、工程设计、企业管理等众多领域带来了革命性的变革。互联网的普及打破了地域限制，使得信息传输更加迅速、便捷，极大地推动了全球化进程。自动化技术的广泛应用使得生产线上的工人数量大幅减少，生产效率显著提升。比尔·盖茨的微软公司和史蒂夫·乔布斯的苹果公司等科技巨头迅速崛起，成为推动信息技术飞速发展的代表性力量。美国凭借其在信息技术领域的领先地位，对全球经济产生了深远的影响。这一时期出现了一批新兴行业，如电子商务、云计算等。第三次科技革命不仅实现了生产力的又一次飞跃，还推动了知识经济的兴起，加速了社会结构的多元化，并促进了全球产业链的重组。

(四) 第四次科技革命：智能时代

第四次工业革命也被称为智能革命或工业互联网革命，自 21 世纪初至今在全球范围内蓬勃发展，以人工智能、物联网、大数据、云计算等先进技术的深度融合与广泛应用为主要标志。人工智能技术的快速进步使得机器能够模拟人类的思维和行为，为医疗、教育、交通等多个领域带来了前所未有的便利与革新。物联网技术的普及让各种设备能够互联互通，形成了一个庞大的智能网络，为智慧城市、智能家居等前沿概念的实现提供了科技基础。大数据和云计算技术的应用极大地提升了数据的收集、处理和分析能力，为企业精准决策、社会治理模式创新等提供了科技支持。全球各国都在积极拥抱智能技术，推动产业升级和经济转型，智能技术已成为推动全球经济和社会发展的新引擎，为人类社会的可持续发展注入了新的活力与希望。

每一轮科技革命都引导了产业革命的发生，推动了经济社会全面发展。创新经济学家熊彼特指出，人类近两百年来每次重大的社会发展变革都是由当时重大的技术进步驱动的。这一观点与苏联经济学家康德拉季耶夫提出的长波经济周期理论相吻合。康德拉季耶夫长波周期（康波周期）是指经济成长过程中上升与衰退交替出现的一种周期性波动，一个周期波动历经 50～60 年时间。这一理论通过大量统计数据检验而得，比其他经济学家观察到的中短经济周期要长。根据熊彼特的注解，康波周期实际上就是一个生产力发展周期，从 18 世纪 80 年代开始的纺织工业时代，到之后的蒸汽机和钢铁、铁路时代，再之后是电气、化学、汽车时代，然后 20 世纪 50 年代开始进入半导体和自动化时代，20 世纪 80 年代开始进入计算机、信息时代。随着互联网和信息技术的进一步发展，到如今 21 世纪进入了大数据、人工智能时代，每一波科技创新的浪潮都席卷着时代经济起起伏伏。此外，康波周期还显示科技革命推动社会进步的步伐在加快，每个行业都在快速更迭中发生着根本性的变化，或增长，或衰落，潮头来袭时只有顺势而上者才能快速成长壮大。

三、 技术创新模式的演进

技术创新是涵盖在科技创新中的一个概念，是以创造新技术为目的的创新或以科学技术知识及其创造的资源为基础的创新，包括创造一种新的技术或以现有技术为基础开发一种新产品或新服务。技术创新的主体是企业，从企业管理的角度，技术创新就是一种新的思想的产生，到研究、发展、试制、生产制造到首次商业化的过程。根据英国经济学家 Rothwell 对创新过程的阐释，20 世纪 50 年代以来，技术创新模式经历了五代演变。

第一代：技术推动型模式（20 世纪 50—60 年代中期）

该模式下，技术创新是由基础科学推动的，如图 11-2 所示，从基础科学到工程技术发展，再到企业的生产制造行为，并最终促使新产品进入市场一步步推进。这一时期，半导体技术、电子信息技术、新材料技术等新兴领域快速发展，部分产业实现了新技术的突破并成功商业化，催生了大量新的商业机会，对社会进步和经济发展产生了显著推动作用，科学技术的重要性被广泛认可。许多企业采用这种模式开发新产品，取得了显著成果。

图 11-2　第一代创新过程模型：技术推动型

第二代：市场拉动型模式（20 世纪 60—70 年代）

该模式下，以市场需求为导向进行技术研发与产品创新。随着市场竞争的日益激烈和生产率的显著提升，尽管新产品开发活动持续进行，但企业的战略焦点逐渐转向如何利用现有技术实现规模扩张和多样化，以最大化规模经济效益并占据更大的市场份额。此时，多数产品市场已趋向供求平衡状态。企业创新过程开始重视市场的作用，导致市场拉动型创新模式的出现。如图 11-3 所示。

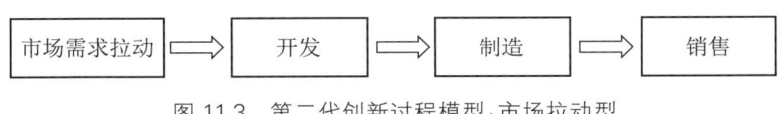

图 11-3　第二代创新过程模型：市场拉动型

第三代：技术与市场耦合互动模式（20 世纪 70 年代后期—80 年代中期）

该模式下，创新是由技术与市场的交互作用引发的。该时期，随着两次石油危机爆发，大量产品供过于求，企业更多地关注如何提高质量、降低成本。这一时期也是创新过程研究的一个高潮，许多学者通过实证研究了成功创新的本质特点是技术和市场耦合互动。该模式为企业开展有效的创新提供理论支持，减少或避免资金资源的浪费，是企业最愿意采用的技术创新模式。如图 11-4 所示。

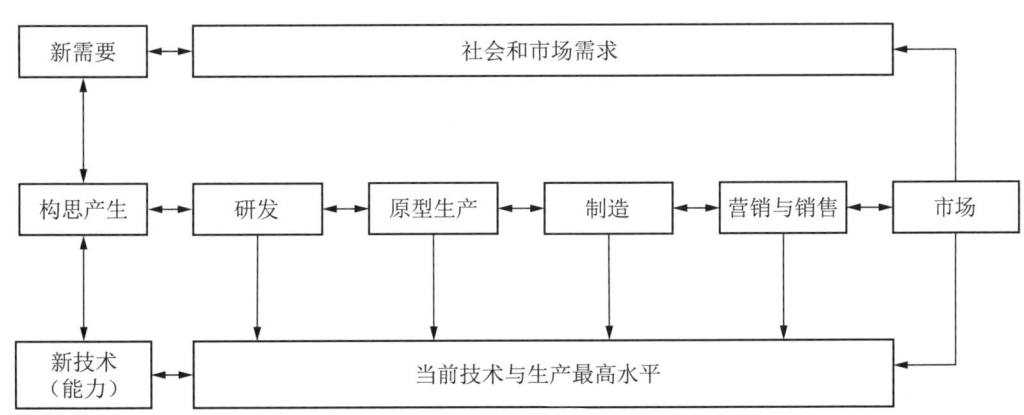

图 11-4　第三代创新过程模型：技术与市场耦合互动

第四代：集成（并行）模式（20 世纪 80 年代早期—90 年代早期）

该模式是通过总结日本汽车工业发展提出的，主要特点是各职能间的并行性以及同步活动期间较高的职能集成。集成和并行开发对基于时间的竞争至关重要。该时期，企业开始将关注焦点转向核心业务和战略层面，西方国家逐渐意识到日本企业在全球市场上展现出的竞争优势并不仅仅源自其模仿能力和精益生产、质量导向的生产过程。更重要的是，日本企业的新产品开发流程使它们能够比西方国家企业更快、更有效地持续推出新产品。通过采用并行模型，日本企业在创新竞争中取得了显著的成功。如图 11-5 所示。

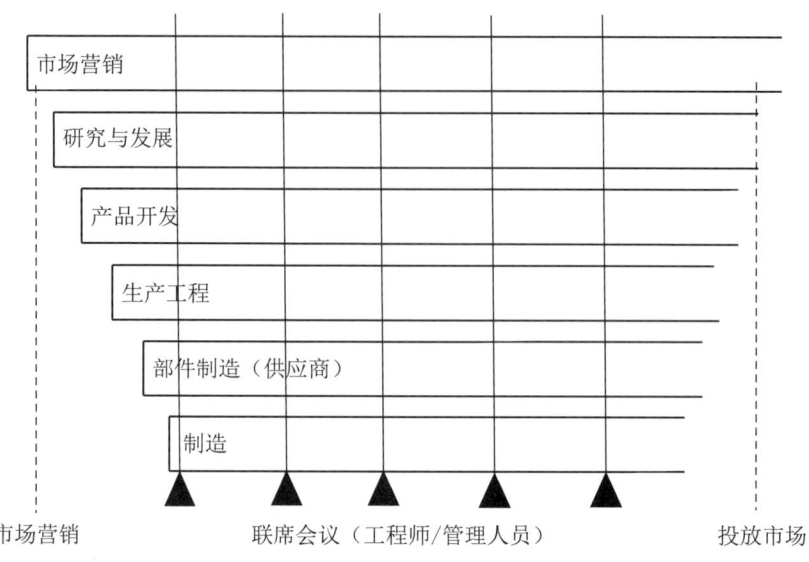

图 11-5　第四代创新过程模型:集成/并行

第五代:系统集成与网络化模式(20 世纪 90 年代以来)

该模式以系统集成和网络化为特征,产品开发的技术、组织、制度及生产等多维度深入整合,企业间联系更为紧密,并更多地运用信息工具,创新资源得到优化配置。该时期,新产品开发时间成为企业竞争优势重要来源。这一模式应用了先进的 IT 和电子化工具来辅助设计和开发活动,包括模型模拟、基于计算机的启发式学习以及使用计算机辅助设计等,提升了开发速度和效率,缩短了产品上市周期。如图 11-6 所示。

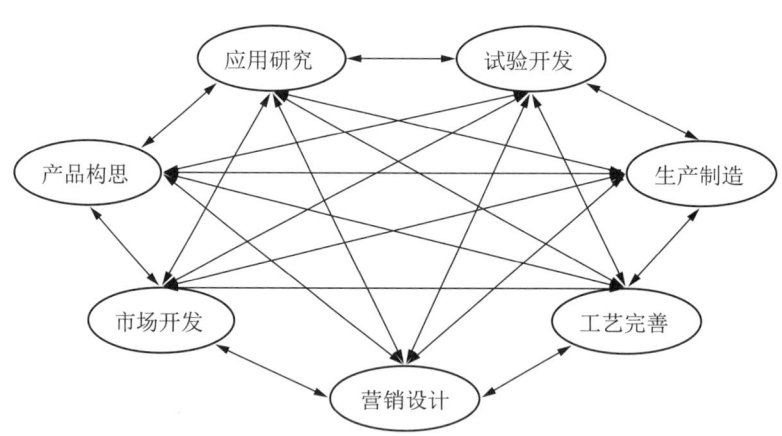

图 11-6　第五代创新过程模型:系统集成与网络化

第四代和第五代创新过程模型的出现,标志着技术创新管理从线性、离散模式转变为集成、网络化复杂模型。由于创新过程和产品对象的复杂性大大增强,创新管理需要系统观和集成观。进入 21 世纪,人们又发现学习是企业竞争优势的主要来源,知识的产生、获取、转移、整合和运用等成为了创新研究的焦点。由此又产生了数据作为生产要素,并将产业技术与数字技术相结合的创新模式。

第二节 科技创业

一、科技创业的意义

科技创业是指创业者以推动科技成果(或创意)商业化价值实现为基本特征,组织相关要素和资源,提供创新产品和创新服务的行为。创业企业在经营服务过程中高度依赖科学技术,科技创新在整个创业过程中不可或缺。科技创业本身具有鲜明的创新属性,其本质是在科技的支撑下做创新的产品、服务,用科技创新构建创业的比较优势和市场竞争力,在创新科技的驱动下实现企业利益最大化。它区别于传统创业的地方就是创业企业要有持续的科技研发,而传统创业重点在于市场运作,创业者往往只关注企业能否持续做大和盈利。

在我国,创业模式经历了生存型创业、财富型创业、互联网创业等主导型创业模式不断演变的过程。20世纪80年代以生存型创业为主导模式,创业者们凭借点子、胆量、努力和销售能力,借助产品、技术或渠道的优势来获取生存空间。例如,1987年,任正非筹集2万元创立华为公司,销售电话交换机。90年代,财富型创业大量出现,创业公司注重制造能力、品牌建设和国际化发展,例如,1994年,陈建华收购一家濒临破产的乡镇小纺织厂,创立恒力集团,后发展成为全球最大的功能性纤维生产基地和织造企业。到了20世纪前后,互联网创业成为主流,商业模式创新成为关键,例如1998年腾讯成立,1999年阿里巴巴成立。近年来,人工智能、高端制造等硬科技项目获得越来越多的投资人青睐。中国的创业主题正在发生深刻变化,一个科技主导的创业新时代已经到来。

科技创业成为我国经济高质量发展的重要引擎。通过引入新技术、开发新产品和提供新服务,科技创业企业能够开辟新市场、提高生产效率、带动产业升级。作为技术创新的推动者,科技创业者凭借敏锐的市场洞察力和创新意识,推动科技前沿发展,他们通过推出具有自主知识产权的核心技术,解决行业痛点,提升用户体验,为国家经济持续增长提供动力。科技创业是提升国家国际竞争力的重要途径,通过培养全球视野和创新能力的科技企业,推动本国技术和产品国际化,有助于提升国家在全球产业链和价值链中的地位。

案例

中兴断芯事件

2018年4月16日,美国商务部公布了对中兴通讯的制裁,禁止美国公司7年内与中兴开展任何业务,包括软件、技术、芯片等,理由是中兴违反了美国限制向伊朗出售美国技术的制裁条款。次日,中兴股票停牌。此后,中兴董事长一度强烈反对美国商务部的不公平决定,表示中兴不接受制裁,中兴各高层不断奔赴美国,与其展开谈判。6月13日,停牌多日的中兴终于进行了复牌,付出的代价却十分惨重。为了复牌,中兴共向美国支付了14亿美元民事罚款,并暂缓支付4亿美元罚款;更换上市公司和中兴康讯的全部董事会成员;并接受BIS(美国商务部工业与安全局)为期十年的新拒绝令。7月5日,中兴管理层换血,原总裁等19名高管辞职。美国商务部暂时、部分解除对中兴通讯公司的出口禁售令。7月12日,中兴在缴纳 4 亿美元的保证金后，正式恢复运营，长达 4 个月之久的贸易制裁终于结束了。此次断芯事件可以说让中兴吃足了苦头。在 5G 领域里，中兴作为无线通信基站的供应商，其应用的基带芯片和射频芯片都采购自美国公司；而在手机业务上，中兴高端智能手机的处理器芯片也来自高通。断掉芯片供应，中兴库存芯片数量只能维持 2 个月的订单量。

二、 科技创业的特征

同其他创业类型相比，科技创业具有如下显著特征：

(一) 创新驱动与持续创新

科技创业的核心驱动力无疑在于创新。创业者们凭借独特的科技理念、前沿的创新技术或具有突破性的专利成果，作为企业发展的基石，不断推动企业向前发展。这种创新驱动性不仅使科技创业企业在激烈的市场竞争中崭露头角，更能通过提供新颖、高效的解决方案或产品来满足日益多样化的市场需求。为了保持这种竞争力，科技创业企业需要具备快速迭代和持续创新的能力，不断推出新产品或服务以适应市场的快速变化。这要求企业不仅要拥有敏锐的市场洞察力，还要具备快速响应市场及持续投入技术研发和产品创新的决心与能力。

(二) 资源投入与融资挑战

科技创业企业通常拥有一支高度专业化的技术团队，他们专注于新技术的研发和应用，致力于将科技成果转化为实际生产力。这些企业在技术研发、产品创新等方面的投入是巨大的，以确保其在技术领域的领先地位。科创资金来源多样，包括风险投资、天使投资、政府补助、银行贷款等。但由于科技创业企业的高风险性，融资过程往往较为困难。因此，创业者需要具备良好的融资能力和谈判技巧，制定合理的融资策略，以吸引投资者的目光。经营科技企业的过程中也需要较高的资金投入，特别是高科技成果市场化、产业化过程中，资本投入量会相应增加。因此，如何高效利用资金、降低运营成本也是科创企业需要面对的问题。

(三) 高风险与高回报

科技创业伴随着高风险。创业者们可能会面临技术风险、市场风险、财务风险以及制度风险等多重挑战，尤其是新技术的研发和市场推广具有不确定性，可能导致技术失败、市场接受度低、资金短缺等多种风险。然而，高风险往往伴随着高回报。一旦创业成功，这些企业通常能够获得高额的回报，包括市场份额的快速增长、品牌价值的提升以及潜在的投资回报。这些收益可能达到数十倍、上百倍于原始投入。科技创业者需要思考如何在风险与回报之间找到平衡点。

(四) 国际化发展与合作

随着全球化的深入发展，科技创业企业越来越倾向于拓展国际市场。这不仅能为企业带来更大的市场份额和增长机会,还能帮助企业获取更多的资源和技术。国际化趋势要求科技创业企业具备跨文化交流和合作的能力,以及适应不同市场环境和法规的能力。这意味着企业需要不断提升自身的综合实力,包括技术研发能力、市场营销能力、品牌管理能力等。同时,国际化合作也是科技创业企业获取新技术、新资源的重要途径。通过与国际知名企业、科研机构等建立合作关系,可以共同研发新产品、开拓新市场,实现互利共赢。

三、 科技创业项目的来源

找到合适的科技创业项目是创业成功的关键。科技创业项目是指符合国家产业技术政策,科技含量高,创新性强,技术处于国内领先水平,知识产权清晰的创业项目。知识产权清晰首先要求项目具备自主知识产权,即项目所依赖的核心技术、专利、商标、著作权等是由创业团队自主研发或合法取得的,而非通过非法手段获取或侵犯他人知识产权。这是确保项目合法性和可持续性的基础。

科技创业项目的来源通常有以下几类:

(1)实体公司的高科技产品与服务。许多科技创业项目起源于创业团队已经注册(或即将注册)的实体公司,这些公司以高科技产品与服务为主营业务,通过持续的技术创新和产品研发,不断推出符合市场需求的新产品,从而推动企业的快速发展。这些项目往往具有明确的市场定位、成熟的商业模式和稳定的客户群体,是科技创业领域的佼佼者。

(2)创业团队成员的发明创造与专利技术。此种情况下,创业团队成员往往拥有深厚的专业知识和丰富的行业经验,他们的发明创造、专利技术和创意想法是科技创业项目的来源。这些项目通常具有较高的技术含量和创新性,能够解决行业痛点,满足市场需求。团队成员的参与不仅保证了项目的可行性和可持续性,也激发了团队的创业热情和创新能力。

(3)专家或企业授权的发明创造与专利技术。除了创业团队自身的创新成果外,一些科技创业项目还来源于专家或企业的授权。这些项目往往是在特定领域具有深厚研究背景和技术积累的专家或企业所开发,通过授权给创业团队进行商业化运作,实现了科技成果的有效转化。这种合作模式不仅促进了技术创新与产业升级,也为创业团队提供了宝贵的技术支持和市场机会。

(4)产学研融合项目。产学研融合是科技创业项目的重要来源之一。通过大学科技园技术转移中心、成果汇编项目、孵化器项目等平台,创业团队可以与高校、科研机构等建立紧密的合作关系,共同开展技术研发和成果转化。这些项目不仅具有较高的技术含量和创新性,还能够充分利用高校的科研资源和企业的市场优势,实现科研成果的快速商业化。

四、 从技术突破到商业化

科技创业公司的起点通常是一个创新构思,这个构思可能源于创始人的个人灵感、市场需求分析、技术趋势洞察,或是科研团队的研究发现。一旦构思形成,接下来就是将这一构思转化为实际的技术成果,转化为具体的产品模型或样品。公司需要制定一个清晰的商业模式并进行多渠道融资,并根据商业模式和市场需求进行产品开发,包括产品设计、功能开发、用户体验优化等。产品开发过程中会进行实验室测试、用户测试以及市场测试,以确保能够满足目标客户的需求。接着公司就会制定明确的市场进入策略,决定如何定价、推广和分销其产品。一旦产品得到市场认可,公司就进入了规模化生产阶段,此时公司会加强销售团队的建设,提高生产管理效率,提供优质的售后服务和技术支持,建立良好的品牌形象和客户忠诚度,从而进入利润创造阶段。

以上呈现了科技创新创业的一般过程,图 11-7 进一步把从技术突破到商业化的过程划分为三个阶段:早期发展、规模化制造、价值创造。

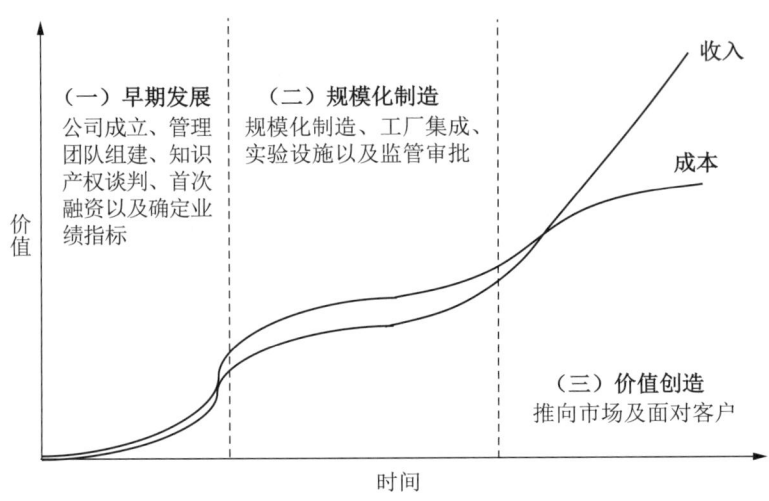

图 11-7　从技术突破到商业化的过程

(一) 早期发展

早期发展阶段主要包括拿到最初的科技成果、成立公司、组建团队、融资、确定业绩指标等。科研机构和研究人员的科研成果具有多种表现形式和应用路径。一种常见的表现形式是发表论文,主要是侧重理论研究、基础科学探索或新技术原理验证的科研成果产出。还有的研究成果则可以转化为有形的实体,如新技术、新材料、新设备或新工艺等。这些有形成果往往具有直接的应用价值,可被进一步开发并应用于特定的工业或商业领域。拿到最初的科技成果后应证明其获取过程是可重复的,以及在实验室里呈现的每一种性能,都可以在现实情况下重现。此外,实验室阶段不需要关注成本,而形成的产品则需要按照具备市场竞争力的成本生产出来。通常,在早期发展阶段会出现一个小的价值拐点,以证明技术的价值。

(二) 规模化制造

规模化制造阶段是实现产品商业化、扩大市场份额的关键阶段,包括规模化制造、工厂集成、实验设施建设及监管审批等。规模化制造是指通过实现生产标准化、模块化、流水化等流程优化手段,实现快速高效的大规模生产。工厂集成是指将各个生产环节、设备和系统有机地结合在一起,形成一个高效、协同的生产体。研发实验室、测试平台等实验设施为产品研发、测试和验证提供必要条件,以加速产品研发进程,提高产品质量和可靠性。监管审批涉及产品的安全性、合规性和市场准入等多个方面,企业需要遵守相关的法律法规和标准,通过严格的监管审批流程,确保产品的合法性和市场竞争力。在规模化阶段,产品价值往往低于成本,除了药物开发等少数领域,科技创新价值在这个阶段一般都难以兑现。

(三) 价值创造

最后一个阶段显示为收入增长,公司从亏损或低盈利状态转变为高盈利状态,出现价值拐点。对于大多数科创公司来说,直到第三阶段,产品价值才会被市场认可,而一旦被市场接受,则可能呈现销售业绩和利润的大幅增长。

案例

商汤科技

2001 年,汤晓鸥教授组建了香港中文大学多媒体实验室,这个实验室的初创团队就是商汤科技有限公司的前身。2014 年,汤晓鸥团队发布人脸识别算法,准确率达 98.52%,在全球首次突破人眼识别能力,获得美国国际数据集团数千万美元的投资,同年创办商汤科技。2021 年底,公司在港交所成功上市,市值达 1 400 亿港元。如何规模化、低成本生产高性能 AI 模型,是人工智能行业的主要技术进入壁垒。商汤科技前瞻性打造"SenseCore 商汤 AI 大装置",实现高性能 AI 模型的量产,并通过商汤的软件平台,将 AI 模型与应用在多种场景下迅速部署。同时,随着商汤科技的 AI 模型在处理现实世界数据和驱动各种人工智能应用方面变得更加精密和准确,它们已成为推动各行业数字化转型的基石。汤教授曾经这样说:"人工智能不是一个独立存在的行业,一定需要跟场景和各个垂直应用领域结合,就像互联网一样,是个赋能的产业。人工智能创业先要活下来,要让人工智能真的跟各行各业结合,这是非常重要的,第一步做的就是要活下来。所以我们不能只选择高大上的领域,而是首先做安防,因为安防非常重要,有大量的需求,接地气,这就可以活下来……"

资料来源:郭旭飞,杨爱民. 科技创业实战[M]. 北京:清华大学出版社,2023.

五、 瞪羚企业

瞪羚企业(gazella company)是美国经济学家戴维·伯奇在 20 世纪 80 年代提出的经济学概念,是指创业后跨过死亡谷以科技创新或商业模式创新为支撑进入高成长期的中小企业。在自然界中,瞪羚素以行动敏捷著称。瞪羚企业因为具有与瞪羚"相近"特征——个头小、跑得快、跳得高而得名,即创新能力强、专业领域新、发展潜力大。

这一概念在我国的应用始于 2003 年中关村科技园启动的"瞪羚计划",之后,以国家高新区为代表的创新聚集区也陆续启动瞪羚企业培育工作。我国瞪羚企业的认定范围主要是在符合国家和省战略新兴产业发展方向的产业领域,涵盖新兴工业、新一代信息技术(含大数据、物联网与云计算、高端软件、互联网)、生物健康、人工智能、金融科技、节能环保、消费升级等领域。不同地区的瞪羚企业认定标准可能有所不同,例如有些省份的认定标准包括近四年平均研究与试验发展(R&D)经费投入强度需达到 2.5%,有些省份则要求科技活动费用支出占营业收入的比例大于 4%。

同第四章提到的独角兽企业相比,两类企业都具有高成长性和创新性,不但自身发展很快,而且可以作为产业链上的关键节点,协同上下游企业形成产业集群。他们站在行业的前沿,其发展方向往往预示着未来的趋势,对行业和社会发展具有引领作用。两类企业不同之处体现在成长阶段和发展规模上。瞪羚企业以中小型企业为主,而独角兽公司则是较成熟的更大一些的企业。瞪羚企业被普遍认为是独角兽企业的预备队。

第三节　知识产权保护

知识产权保护为创新成果的商业化提供了法律支撑,能够确保创新者合法地享有创新成果带来的经济与社会效益,防止他人盗用或侵犯其创新成果。此外,知识产权保护还有助于激发企业、高校、科研机构等创新主体的积极性,推动创新成果的快速转化与应用,并且有助于增强投资者对创新项目的信心,降低投资风险,增加潜在回报。

一、 知识产权与知识产权保护

知识产权与知识产权保护是一对相互关联的概念。首先要申请知识产权,才能在出现侵权纠纷时向有关部门或法院申请知识产权保护。知识产权是指人类智力劳动产生的智力劳动成果所有权,是依照各国法律赋予符合条件的著作者、发明者或智力成果拥有者在一定期限内享有的独占权利。这些权利通常涵盖以下客体:

(1)作品:包括文学作品、艺术作品、科学作品等。

(2)发明、实用新型、外观设计:这些是关于技术创新的成果。

(3)商标:用于区分不同商品或服务的标志。

(4)地理标志:指示某商品来源于某地区,且该商品的特定质量、信誉或其他特征与该地理来源相关联的标志。

(5)商业秘密:不为公众所知悉、能为权利人带来经济利益、具有实用性并经权利人采取保密措施的技术信息和经营信息。

(6)集成电路布图设计:集成电路中至少有一个是有源元件的两个以上元件和部分或者全部互连线路的三维配置,或为制造集成电路而准备的上述三维配置。

(7)植物新品种:经过人工培育的或者对发现的野生植物加以开发,具备新颖性、特异性、一致性和稳定性并有适当命名的植物品种。

知识产权保护主要包括版权(著作权)和工业产权两个方面。版权(著作权)是指创作文学、艺术和科学作品的作者及其他著作权人依法对其作品所享有的人身权利和财产权利的总称。这包括署名权、发表权、使用权、许可他人使用权和获得报酬权等。工业产权是指包括发明专利、实用新型专利、外观设计专利、商标、服务标记、厂商名称、货源名称或原产地名称等在内的权利人享有的独占性权利。知识产权保护手段涉及注册登记、审查授权、行政执法、司法裁判、仲裁调解等多个方面。

二、 专利及其申请

专利是工业产权的重要组成,本质是专利权的一种简称,是指一项解决某一特定问题的技术方案,即发明、实用新型和外观设计,并且已经向国务院专利行政部门提出专利申请,经依法审查合格后,向专利申请人授予的在规定的时间内对该项发明创造享有的专有权或独享权。在我国,专利包括发明专利、实用新型专利、外观设计专利三个种类。

(1)发明专利:发明专利的技术含量最高,发明人所花费的创造性劳动最多。新产品及其制造方法、使用方法都可申请发明专利。发明专利保护期限为20年。

(2)实用新型专利:只要有一些技术改进就可以申请实用新型专利,要注意的是,只有涉及产品构造、形状或其结合时,才可申请实用新型专利。实用新型专利保护期限为10年。

(3)外观设计专利:只要涉及产品的形状、图案或其结合以及色彩与形状、图案的结合富有美感,并适于工业应用的新设计,就可以申请外观设计专利。外观设计专利保护期限为15年。

授予专利权的发明创造应当具备的条件包括实质性条件和形式条件两个方面:实质性条件是指授予专利权的发明专利和实用新型专利应当具备新颖性、创造性和实用性;形式条件是指应当以《中华人民共和国专利法》及其实施细则规定的格式,书面记载于专利申请文件上,并依据法定程序履行各种必要的手续。发明专利申请的完整审核流程分为受理、初步审查、公布、实质审查和授权五个阶段。

(1)受理阶段:专利局收到专利申请后进行审查,如果符合受理条件,专利局将确定申请日、给予申请号,并且核实过文件清单后,发出受理通知书,通知申请人。

(2)初步审查阶段:经受理后的专利申请按照规定缴纳申请费的,自动进入初审阶段。初审前发明专利申请首先要进行保密审查,需要保密的,按保密程序处理。初审时需要对专利申请是否存在明显缺陷进行审查。

(3)公布阶段:发明专利申请从发出初审合格通知书起进入公布阶段,如果申请人没有提出提前公开的请求,要等到自申请日起满18个月才进入公开准备程序。申请人请求提前公开的,则申请立即进入公开准备程序。申请公布以后,申请人就获得了临时保护的权利。

(4)实质审查阶段:发明专利申请公布以后,如果申请人已经提出实质审查请求并已生效的,申请人进入实质审查程序。实质审查中未发现驳回理由的,将按规定进入授权程序。

(5)授权阶段:经对授权文本的法律效力和完整性进行复核,对专利申请的著录项目进行校对、修改后,专利局发出授权通知书和办理登记手续通知书,按期办理登记手续的,专利局将授予专利权,颁发专利证书,在专利登记上记录,并在专利公报上公告。

案例

全球5G专利

在21世纪的科技浪潮中,5G通信技术无疑成为了各国竞相追逐的战略高地。它不仅代表着通信技术的最新成就,更是未来数字经济、智能制造、智慧城市等领域发展的基石。截至2024年3月31日,全球声明的5G标准必要专利超过11.4万件。华为凭借12.42%的有效全球专利族占比,稳居第一。第二名为高通,占比9.43%。第三名为LG,占比8.25%。排名第四位至第十位的企业依次为:三星、中兴、爱立信、诺基亚、小米、OPPO和大唐。前十中有一半为中国企业。

三、知识产权保护的两面性

一方面,知识产权保护对于创新活动具有正面激励作用,体现在:

(1)赋予排他性权力。知识产权保护通过法律手段,为创新者提供了对其发明创造的排他性使用权。这意味着在保护期内,任何未经授权的使用或复制行为都将被视为侵权,从而有效保障了创新者的合法权益。这种排他性权力为创新者提供了稳定的市场预期,降低了被侵权的风险,进而增强了其进行创新活动的动力。

(2)弥补创新投资。创新活动往往需要大量的研发投入,而这些投入往往难以在短期内得到回报。知识产权保护通过赋予创新者暂时性的垄断权力,使其能够在市场上独占其创新成果,从而获得垄断利润。这种利润不仅有助于弥补创新投资的成本,还能为创新者带来额外的收益,进一步激励其进行更多的创新活动。

(3)激励企业创新动机。专利制度作为知识产权保护的核心,通过设立专利审查和授权机制,确保了创新成果的质量和价值。企业为了获得专利保护,需要不断投入研发资源,提升创新能力。这种竞争机制促使企业不断追求技术创新,提高产品质量和服务水平,从而推动整个行业的进步和发展。

另一方面,知识产权保护又可能对创新活动产生负面效应,体现在:

(1)维权成本高昂。虽然知识产权保护为创新者提供了法律保障,但维权过程往往复杂且成本高昂。创新者需要投入大量时间和金钱来收集证据、提起诉讼并应对可能的法律纠纷。这种高昂的维权成本可能会削弱创新者进行维权活动的意愿,甚至导致一些创新成果被非法侵占而得不到有效保护。

(2)专利权分割与扩散。在创新过程中,往往涉及多个利益相关人的合作与贡献。这导致专利权在不同利益相关人之间被分割和扩散,增加了管理和协调的难度。此外,专利权的分割还可能引发利益冲突和纠纷,影响创新活动的顺利进行。

(3)对渐进性技术进步的阻碍。专利制度在保护创新成果的同时,也可能对渐进性技术进步产生一定的阻碍作用。由于专利权的存在,其他企业或个人在开发类似技术时可能需要绕过已有专利或支付高昂的专利使用费。这增加了创新活动的成本和风险,可能抑制了渐进性技术的发展和应用。

(4)专利保护范围过宽。在某些情况下,专利权的保护范围可能过于宽泛,涵盖了不应受保护的技术领域或创新成果。这种过宽的专利保护范围不仅可能引发不必要的法律纠纷和争议,还可能阻碍其他创新者在相关领域进行探索和研发活动。

第四节　科技创业国际化

科技创业国际化是指科技创业企业在全球范围内整合资源、开展业务、拓展市场的过程,包括产品、技术、资本、人才等要素的跨国流动和配置,也被人们称为"科创出海"。本章引导案例中大疆公司就是首先在海外市场创业成功。

一、　科技创业国际化的动因

科创企业国际化发展的动因源自市场、技术、资源、品牌等多方面因素：

（1）拓展跨国市场。随着全球经济的不断发展，各国市场对高科技产品和服务的需求日益旺盛。通过国际化战略，科技创业企业可以拓展海外市场，增加收入来源，降低对单一市场的依赖。例如，小米在 2014 年开始其全球化征程，通过红米 Note 和小米 Mi3 等产品开拓了印度和新加坡等海外市场。

（2）提升创新能力。国际化有助于科技创业企业接触国际前沿技术，了解行业动态，从而加速技术创新和成果转化。同时，通过与国际领先企业的合作，可以共同研发新技术、新产品，提升企业的创新能力。例如，字节跳动通过与谷歌、脸书等公司的合作，提高了自身技术水平和全球竞争力。

（3）整合全球资源。全球范围内存在丰富的创新资源，包括先进技术、优秀人才、资金等。科技创业企业通过国际化战略，可以获取这些资源，支撑企业的快速发展。例如，华为在法国、俄罗斯、美国等国家建立了 16 个海外研发中心，吸纳全球各领域顶尖科研人才，推动技术创新和成果转化。

（4）实现品牌国际化。建立全球知名的品牌形象，提升企业的国际知名度和美誉度，有助于企业在全球市场中脱颖而出。例如，比亚迪不断推出新能源汽车和储能产品等创新技术，积极参与国际市场竞争，逐步建立了全球知名的品牌形象。

二、　科技创业国际化的路径

科技创业国际化的路径多种多样，企业可以根据自身特点和市场环境选择合适的路径。以下是几种常见的国际化路径：

（1）出口贸易。通过向海外市场出口产品，科技创业企业可以初步接触国际市场，了解市场需求和竞争态势。出口贸易具有成本低、风险小的特点，是科创企业国际化的初级阶段。通过跨境电商平台，企业可以将产品直接销往海外市场，降低传统贸易渠道的成本和风险。

（2）海外投资。科技创业企业可以通过在海外设立研发中心、生产基地或销售机构等方式，直接参与国际市场竞争。海外投资有助于企业深入了解当地市场，提升品牌影响力和市场份额。例如，比亚迪在泰国、乌兹别克斯坦、巴西、匈牙利和印尼等地建设新能源乘用车工厂。

（3）国际合作。与国际领先企业、高校或研究机构开展合作，共同研发新技术、新产品，是科技创业企业国际化的重要途径。国际合作有助于企业获取国际前沿技术，提升创新能力，同时也有助于拓展国际市场。

（4）并购重组。通过并购海外企业，科技创业企业可以快速获取目标企业的技术、市场、品牌等资源，加速国际化进程。并购重组需要企业具备较强的资金实力和管理能力，同时也需要充分评估目标企业的价值和风险。

案例

宁德时代坚定出海之路

2012年,也就是宁德时代成立的第二年,德国宝马上门寻求合作,宁德时代得到了第一个海外大单。2014年,宁德时代在德国设立全资子公司,此后又陆续在法国、美国、加拿大、日本等国设立子公司。随着合作的车企越来越多,宁德时代逐步成长为锂电池巨头。2021年全球每下线两台新能源汽车,就有一台搭配了宁德时代的电池。在这一时期,海外市场起到了打响品牌知名度、增加新客户、加速企业发展的作用。近年来,动力电池行业的产能开始从供不应求变成供过于求,国内市场增长趋近饱和,出海成为必选项。2022年,宁德时代宣布,在匈牙利与奔驰合作建设欧洲产能最大的电池工厂,为奔驰、宝马、大众、Stellantis 等客户供货,这是宁德时代继德国工厂之后,在欧洲落下的第二颗棋子。然而,匈牙利工厂在推进上受到诸多阻力,例如劳动力短缺问题。宁德时代欧洲区首席执行官 Mathias Hüttenrauch 曾表示,德国的劳动力短缺使得欧洲电池厂的产能提升成为挑战,德国劳动力的老龄化和教育体系使得宁德时代难以招到足够有资质的员工。虽然阻力重重,但宁德时代曾公开表示:"德国工厂目前在产能爬坡中。匈牙利项目规模较大,公司分期开展建设,也在顺利推进中。"相比之下,美国市场就相对较难了,也没有德国、匈牙利那么容易拓展。2024年,宁德时代发出总裁办1号文件,由总裁曾毓群亲自负责出海业务,四位联席总裁分别负责海外销售、海外基建、海外基地运营和海外采购,直接向曾毓群汇报。"谁到海外,谁就是公司的英雄,走出去,到海外去。"曾毓群坚定出海之路。

三、 应对国际化挑战

科技创业国际化过程中面临诸多挑战,例如文化差异、市场准入、法律法规、汇率风险等。一是不同国家和地区的文化背景、价值观念、消费习惯等存在差异,这可能导致科创企业在国际化过程中遇到沟通障碍、市场适应性差等问题。二是各国市场准入条件不同,企业进入新市场时可能面临较高的门槛和限制。例如,某些国家对外资企业的持股比例、经营范围等方面有明确规定。三是不同国家和地区的法律法规存在差异,企业在国际化过程中需要了解并遵守当地的法律法规,避免因违规操作而引发的法律风险。四是汇率波动可能对国际化业务产生较大影响。例如,汇率升值可能导致企业出口产品价格上涨,影响市场竞争力;汇率贬值则可能导致企业海外投资收益减少。除此之外,国际化需要企业拥有具备跨文化沟通能力、国际市场营销能力、国际贸易能力的复合型人才,这类人才在科创企业中往往较为短缺。

为应对国际化过程中的挑战,需要采取一系列应对策略:

(1) 强化市场调研与品牌建设。科创企业需对目标市场进行深入而全面的调研,涵盖市场需求、竞争态势、法律法规等多个维度,同时,通过国际展会、精准广告投放、社交媒体营销等多种方式,积极扩大品牌在全球范围内的知名度,为国际化业务顺利开展打下基础。

(2) 构建全球创新合作网络。科创企业应主动寻求与国际领先企业、高等学府及研究机构等建立合作关系,共同开展新技术、新产品的研发工作。通过共享资源、协同创新,企业可以加速技术创新进程,促进科技成果的转化与应用,提升产品在国际市场上的竞争力。

（3）建立健全风险防控体系。科创企业在国际化进程中面临着市场风险、汇率风险、法律风险等多种潜在风险。企业需建立完善的风险防控机制，包括风险评估、预警系统、应急预案等，以便及时发现并有效应对各类风险，确保国际化业务稳健发展。

（4）加强国际化人才队伍建设。科创企业应高度重视国际化人才的培养与引进工作，特别是在国际市场营销、国际贸易、跨文化沟通等领域。企业应鼓励员工积极参与国际培训与交流活动，提升国际化素养和跨文化沟通能力，适应不同市场的消费习惯，从而有效应对文化差异带来的挑战。

案例

小红书急招英文审核

从 2025 年 1 月 13 日起，大量定位在美国的用户涌入小红书平台，并且发帖自称"TikTok 难民"。这一波用户增长势头强劲，仅在短短两天内，小红书就迎来了超过 70 万的新增用户。小红书创立于 2013 年，作为一款兼具社交与生活分享功能的 APP，极大地展现了其包容性。小红书内部团队启动了紧急加班模式，致力于针对外国用户群体进行功能优化。与此同时，小红书的合规与安全团队也同步加大工作力度，确保平台运营的规范与安全。值得注意的是，与众多海外社交应用相比，小红书在语言支持方面略显局限，尚未内置翻译功能，外国用户主要依赖英文交流或借助第三方翻译软件进行沟通。某招聘平台上，小红书宣布紧急招聘英文内容审核员，要求大学英语六级 425 分以上。

思考题

1. 科学研究、技术发明和产品开发之间存在什么关联？

2. 技术创新模式主要有哪些？

3. 科技创业项目一般有哪些来源？

4. 什么是瞪羚企业？与独角兽企业有何区别？

5. 从技术突破到商业化过程一般经历哪几个阶段？

6. 讨论知识产权保护对创新活动的保护和抑制作用。

7. 科创企业国际化的路径有哪些？

实践练习

活动名称：调研宁德时代的国际化发展之路

活动内容：从出口贸易、海外投资、国际合作、并购重组等方面调研宁德时代的国际化发展道路。谈一谈我国高科技企业出海面临哪些机遇和困境。你有更好的破局方案吗？

第十二章　大学生创新创业

【学习目标】

☑ 了解创新创业人才应具备的能力和素质

☑ 了解大学生提升创新能力的实践路径

☑ 了解高校为大学生创新创业提供的资源

☑ 了解中国国际大学生创新大赛

☑ 从创新创业榜样中汲取力量

引导案例

从实验室到冠军领奖台

创新是人类进步的源泉,青年是创新的重要生力军。希望你们弘扬科学精神,积极投身科技创新,为促进中外科技交流、推动科技进步贡献青春力量。全社会都要关心青年的成长和发展,营造良好创新创业氛围,让广大青年在中国式现代化的广阔天地中更好展现才华。

——摘自习近平总书记给中国国际大学生创新大赛参赛学生代表的回信

王博文,一个来自山东的小伙子,自小便对科技有着浓厚的兴趣。高中时期,一次偶然的机会,他在学校的科技节上接触到了基础的光学实验,那些看似简单的光线折射、反射现象,却在他心中埋下了探索未知世界的种子。在求学的道路上,他坚定地选择了南京理工大学的光学工程专业,这里不仅有国内顶尖的光学研究团队,更有一流的科研设施和实践平台,为他实现梦想提供了肥沃的土壤。

2018 年,王博文正式成为了南京理工大学光学工程实验室的一员。初入实验室,面对复杂的仪器设备和深奥的理论知识,他感到既兴奋又有些迷茫。幸运的是,他遇到了一群志同道合的师兄师姐和耐心指导的导师。在导师的悉心教导下,王博文迅速掌握了基本的实验操作技能和数据处理方法,开始参与到一些小型科研项目中,如光学元件的性能测试、光学系统的优化设计等。然而,真正的挑战才刚刚开始。在一次关于光学成像系统的研究中,王博文发现传统的成像技术存在分辨率低、成像速度慢等瓶颈问题,这极大地限制了光学技术在某些领域的应用。他意识到,要想在光学领域有所建树,就必须打破常规,寻找新的突破点。于是,他开始广泛阅读国内外相关文献,参加各类学术会议,试图从中汲取灵感。

2020 年,王博文在深入研究计算光学成像理论的基础上,提出基于孔径编码的计算光学反演成像技术。这一技术通过联合优化设计光学系统的孔径形状和排列方式,结合先进的计算重建算法,实现了对光场信息的精确捕捉和高效处理,从而大幅提升了成像系统的分辨率和成像速度。这一创新成果,不仅突破了传统光学成像技术的限制,还为光学成像技术的发展开辟了新的方向。然而，创新之路从来不是一帆风顺的。在将这项技术应用于实际系统时，王博文和他的团队遇到了诸多技术难题，如光学元件的加工精度、算法的优化效率等。面对这些挑战，王博文没有退缩，而是带领团队成员夜以继日地攻关，一次次地实验、调试、优化，终于，在 2021 年初，他们成功研制出了基于该技术的高性能红外智能计算成像系统，创造了红外夜视成像分辨率的世界纪录。

随着技术的成熟，王博文开始思考如何将这一创新成果转化为实际应用，为社会创造更大的价值。于是，他萌生了参加创新创业大赛的想法。2022 年，他带领团队参加了第八届中国国际"互联网＋"大学生创新创业大赛。在这个舞台上，王博文和他的项目"亿像素红外智能计算成像系统"以其独特的技术优势和广泛的应用前景，赢得了评委和观众的一致好评。在准备比赛的过程中，王博文和他的团队经历了无数次的讨论、修改、演练。他们不仅要对技术进行深入讲解，还要展示项目的商业模式、市场前景和社会价值。为了更好地呈现项目，王博文自学了 PPT 制作、演讲技巧等，力求在每一个细节上都做到最好。功夫不负有心人，在 2022 年 11 月的总决赛上，王博文和他的团队凭借出色的表现，从全球 340 万个项目中脱颖而出，荣获全国总冠军。站在领奖台上，王博文感慨万千。他知道，这个荣誉不仅仅是对他和团队努力的认可，更是对他们坚持创新、勇于探索精神的肯定。

获奖后，王博文的"亿像素红外智能计算成像系统"受到了社会各界的广泛关注。该系统凭借其高分辨率、实时成像、智能分析等特点，被广泛应用于安防监控、消防救援、智能交通等领域。在疫情防控期间，该系统更是发挥了重要作用，为人员密集场所的体温监测、人流控制提供了有力的技术支持。此外，王博文还积极参与了多项国家重大科研项目，与国内外多家知名企业和研究机构建立了合作关系，推动了光学成像技术的进一步发展和应用。他的创新成果不仅提升了我国在国际光学领域的竞争力，也为光学工程专业的学子们树立了榜样，激发了他们投身科技创新的热情。

在取得一系列成就后，王博文没有忘记自己的初心和使命。他深知，个人的成功离不开母校的培养和支持。因此，他积极参与学校的创新创业教育和科研指导工作，为学弟学妹们分享自己的科研经验和创新心得。同时，他还发起并组织了光学创新平台，为有志于光学研究的同学们提供了一个学习交流和实践创新的空间。在王博文的带动下，越来越多的学生开始关注光学领域的前沿动态，积极投身到科研项目和创新创业活动中，南京理工大学光学工程学科也因此不断吸引新鲜力量的加入，焕发出蓬勃的活力。学校的创新创业氛围日益浓厚，为培养更多具有创新精神和实践能力的优秀人才奠定了坚实的基础。

从实验室到冠军领奖台，王博文的创新之旅充满了挑战与机遇。他用实际行动诠释了什么是创新精神，什么是坚持不懈。他的故事告诉我们，只要有梦想、有勇气、有毅力，每个人都能在科技创新的道路上书写属于自己的辉煌篇章。

思考题：大学生如何利用学校资源和平台提升创新能力？

第一节　创新创业能力与素质

创新是引领发展的第一动力，是建设现代化经济体系的战略支撑。高等院校作为人才培养的实施主体，肩负着为国培养高素质创新型人才的使命与职责。如何培养创新能力，在科技竞争日趋激烈的国际背景下承担创新型国家建设重任，推动我国科技创新能力与国际竞争力的提升，是时代赋予当代青年大学生的一项重要命题。

一、创新创业教育

创新创业教育是一个中国本土原创的概念。创业教育最早出现在 20 世纪 30 年代美国哈佛大学，主要是培养企业家。到 70 年代末，美国社会掀起了创业型经济和科技创新浪潮，创业教育开始成为一种正式的教育理念，许多大学商学院纷纷开设创业课程，并将创业教育作为 MBA 教育的一部分。中国大学在 20 世纪末引入国外创业教育概念，也沿循了国外创业教育模式，例如 1997 年，清华大学率先在经济管理学院的 MBA 项目新设创新与创业专业方向。

创新教育最初是作为一种教育思想出现的，20 世纪 30 年代，以陶行知先生为代表的教育家们就开始倡导创新教育，并对创造内容、创造方法等提出了见解和看法。1979 年，上海交通大学率先开展创造学研究，并开设了创造选修课。1999 年，教育部先后制定了《面向 21 世纪教育振兴行动计划》和《关于深化教育改革全面推进素质教育的决定》，更加明确地提出要把培养学生创新精神和实践能力作为教育的重点。创新教育开始在全国范围内推行，成为素质教育的一个重要抓手，并把素质教育推上了一个新的台阶。高校纷纷开设创新教育课程，举办创新竞赛，建立创新实践基地等，以培养学生的创新意识和创新能力。

2010 年，教育部颁行《关于大力推进高等学校创新创业教育和大学生自主创业工作的意见》，这是我国第一个推进创新创业教育的全局性文件，其中正式使用了"创新创业教育"这一概念，并将其定义为"适应经济社会和国家发展战略需要而产生的一种教学理念与模式"。在该文件中，创新创业教育被赋予了培养学生的创新精神、创业意识和创业能力为基本价值取向的新教育理念，强调了创新与创业的紧密结合。创业教育与创新教育自此合成为创新创业教育，并赋予了中国的独特内涵，此后在国内各大高校逐渐得到推广和实践，形成了较为完善的内容体系和教学方法，创新创业课程也成为我国大学生的必修课程。

创新创业教育旨在培养具备创新思维、创业精神和实践能力的全面发展人才，增强学生的创新精神、创业技能和实际操作能力，为未来的职业生涯和社会经济发展做好准备。因此，创新创业教育不仅是要向大学生传授相关知识，更重要的是培养创新创业能力，使其具备创新创业素质，最终塑造出创造性人格。

二、创新创业能力

创新能力是一个常见的概念，有多种定义方式。有学者认为创新能力是个体运用已有的知识和经验,产生某种独特、新颖、有社会价值产品的能力,包括创新意识、创新思维和创新技能。还有学者认为创新能力表现为两个相互关联的部分,一部分是对已有知识的获取、改组和运用;另一部分是对新思想、新技术、新产品的研究与发明。这些定义从主观意识、知识和技能等多个维度诠释了创新能力的内涵,与创新专家阿玛贝尔提出的三因素模型相一致。参照阿玛贝尔的模型,可用图 12-1 表示创新能力的构成要素。

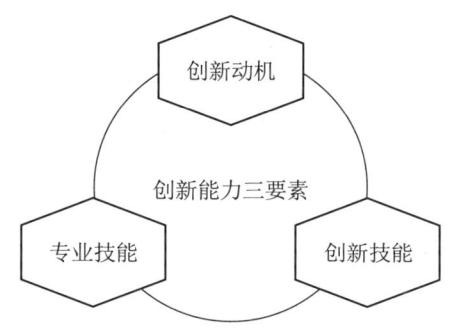

图 12-1　创新能力的构成要素

创新能力的第一个构成要素是创新动机,它是引起和维持创新活动的内部心理过程,是形成和推动创新行为的内驱力。第二个构成要素是专业技能,是指专业领域的相关知识、技能和天赋。第三个构成要素是创新技能,是指与创新相关的工具性、方法性知识和技能。创新能力的形成是三要素相互作用的结果,创新动机激发了"敢闯"的斗志,专业技能和创新技能积淀了"会创"的信心。

与创新创业教育相匹配的一个概念是创新创业能力,这也是一个具有中国特色的概念。有学者指出,创新创业能力是一种复合能力,是一个人在事业追求和奋斗过程中所表现出来的能力总和,从逻辑上,可以分为创新能力与创业能力两个部分。其中,创新能力是从新角度认识事物的能力,其本质是一种自我超越的能力;创业能力则是指一个人敢于把自己想法付诸行动的能力,其本质是一种自我实现的能力。创新创业能力实质上是一种有效行动能力,是突破自我发展过程中所遇到的难关的能力,是自我发展能力的集中体现。

三、 创新创业人才应具备的素质

(一) 自信心强

创新创业人才的第一个典型特征是自信心强,体现在性格上的乐观、开朗、认真、谨慎与进取。他们乐观开朗,相信难题总有解法,乐于交流且坦诚相待;做事认真,不敷衍塞责,对自己负责,爱惜名声;谨慎行事,不盲目冲动,善于观察思考,注重细节。同时,他们进取心强,有明确目标与追求,不满足现状,持续进步。这种自信不仅表现为对自我的肯定,更体现在对事业的执着与投入。

(二) 责任心强

责任心是成就大事的基础,它要求个体对自己及他人负责,严于律己。有责任心的人行为审慎,与自信特质相辅相成。他们深思熟虑,常忧国忧民,展现出强烈的批判性,不满足于现状,力求改变与改善。这种批判性源于对他人或社会利益的考量,而非个人利益。然而,责任心强有时却遭误解,如被指多管闲事或杞人忧天。责任心强的个体因批判性而更为凸显抱负与责任感,即使面临非议,仍坚持原则,勇于担当,体现了真正的创新创业精神。

(三) 敢于冒险

冒险精神源于自信,表现为敢于挑战常人认为不可能之事。冒险并非盲目,而是基于批判精神的自我评估后作出的决定,是对潜在机会的敏锐捕捉。冒险精神与责任心紧密相连,它源于对问题的批判性认识,驱使个体勇于解决问题。从价值取向看,冒险精神追求内在理想价值,而非外在功利,体现为一种责任而非功利取向。这种人格特质充满激情,常被视为疯狂或冲动,实则为理想所驱动。具有冒险精神的人往往事业心强、责任感重,其责任心与冒险精神高度依存。他们勇于担当,怀有"我不下地狱,谁下地狱"的使命感,以及"天下舍我其谁"的豪情壮志。

(四) 乐于合作

合作精神体现在确立共同目标、解决纷争及利益分配上。为实现共同利益,积极说服动员他人参与,通力合作。面对合作中的意见分歧,具备解决纷争的能力,确保行动协调。合作精神还蕴含大局意识,使个体能高瞻远瞩,动员众人,形成强大合力。因此,创新创业人才深知,缺乏合作精神难以成事,只有团结一心,才能克服困难,解决问题,共同迈向成功。

(五) 市场意识强

市场意识强是指以社会需求为核心,主动寻求满足这些需求的途径,展现出高度的责任心。具备市场意识的人,能够敏锐地洞察社会需求,明确个人奋斗方向,并与社会保持紧密互动,时刻关注外界变化。这种外向型心态使他们能够迅速捕捉市场机遇。此外,强大的交际能力也是他们市场意识的重要体现,通过换位思考,他们能够深切理解社会需求,从而更好地把握市场动态,为创新创业提供有力支持。

(六) 风险意识强

创新创业人才能够感知潜在危险,善于评估危机,知晓自己在许多事情上可能无能为力。因此,在行动前,他们会充分预估失败风险,制定防范措施和应急预案。风险意识强的人注重制度设计,建立预警和应急机制,时刻监测可能的不利状况,并认真评估分析。他们相信"凡事预则立,不预则废",完备的责任监督制度能防范疏忽大意造成的恶果。这种高度的风险意识,使他们在创新创业中更加稳健,能够应对各种挑战,确保项目的成功实施。

(七) 耐挫力强

耐挫力是对信心和意志力的考验,表现为刚毅、内敛、有韧性,能沉着应对突发事件。它体现为敢于面对现实、积极自我反思、主动降低损失、重新规划设计、耐心寻求转机。敢于面对现实是耐挫力的关键,只有接受失败现实,才有振作机会。积极自我反思能完善组织建设,消除潜在隐患。主动降低损失可将失败影响降到最低。重新规划设计能调整发展思路,灵活应对变化。寻求转机则能在逆境中寻找新机遇。耐挫力强的人相信"失败是成功之母",视挫折为意志力与自信心的考验,普遍具有不服输的心理,将挫折视为通往更大成功的必经之路,展现出强大的创新创业精神。

第二节 创新创业实践

实践是培养创新能力的有效方式。高校对大学生创新实践能力的培养贯穿三类课堂:以课程教学为中心的第一课堂,以课外科技活动为主的第二课堂,和以参与校外实践活动为主的第三课堂。第一课堂以理论传授为主,同时包含一定比例的实践实验环节,第二、第三课堂主要发挥实践育人的功能。三类课堂提供的创新实践和创业实践活动对大学生创新能力的增强起到至关重要的作用,构成创新能力培养的两条有效路径。

一、 创新实践

创新实践是以新思维、新发明和新描述为特征的过程与活动。高校能够为大学生提供如下类型的创新实践活动与资源:

(1)本科生科研训练。在大学生的知识和能力基础以及生理和心理发展水平达到一定程度时(如大学二年级),通过参加科学研究工作,实行"自主式"学习,使其学习过程和研究过程逐步趋于一致,能够在创造性的科研过程中培养大学生的创造性。近二十年来,国内高校普遍实施了本科生科研训练项目,不少学校已将其设置为第一课堂,成为毕业必修学分。本科生通过科研训练活动,接触到学科前沿知识,掌握科学的研究方法,能够有效提升专业技能和创新技能。

(2)学科竞赛活动。学科竞赛作为高校大学生的群众性科技活动,紧密结合课堂教学,以竞赛的方式考查学生基本理论知识和解决实际问题能力,能够激发大学生的兴趣和潜能,培养其团队协作意识和创新精神。自1989年首届"挑战杯"全国大学生课外学术科技作品竞赛举办以来,各种不同类型的学科竞赛如工程训练、节能减排、电子设计、数学建模、机械设计、结构设计等综合性或专业性的学科竞赛争相开展。研究发现,相较于过早要求学生发表学术论文,大学生参与学术竞赛更能发挥其主体作用并显著影响其创新思维。

(3)创新工作室。近年来不少高校采用创新工作室的组织形式作为培养大学生实践创新能力的支撑平台。学校为创新工作室制定扶持政策,提供必要的场地条件。工作室成员在导师指导下进行专业基础的训练,学习前沿的专业知识,完成指定的创新训练计划,开展新技术研究和应用,进一步作为骨干参与各类学科竞赛。工作室的常规性训练不但有助于提升学生知识内化后再创新的能力,而且有助于强化其参与意识、责任意识和贡献意识。

二、 创业实践

创业实践是一类特殊的创新活动,是指针对社会痛点问题,通过创新设计出产品或解决

方案,创办一家影响和改变世界的公司。高校能够为大学生提供如下类型的创业实践活动与资源:

（1）创业实践课程。由于高校创业教育的第一课堂主要集中在理论授课,第二课堂的创业实践或竞赛活动又容易忽视理论知识的基础性作用,因此,建设科学完善的创业实践课程,有效衔接第一课堂与第二课堂已成为当前双创教育改革的发力点。不少高校开设了创业实践课程,将创业项目引入课堂,组建跨学科的学生团队,开展探索性学习与实践,协同提升学生创新创业技能、自主创业能力和服务社会能力。

（2）创业竞赛。创业竞赛将理论知识和实践技能相融合,能够让学生感知到社会发展需求,在提高创新能力的同时增强职业规划的超前性。两大创业赛事中,"挑战杯"创业计划竞赛将科技成果转化与商业运作相结合,为大学生自主创业提供平台。大学生创新大赛将互联网和 AI 技术与经济社会各领域紧密结合,以赛促创,推动产业升级转型。通过参加创业竞赛,学生边做边学,能够有效激发内在动力和潜力,快速提升创新创业能力。

（3）大学生创业园。大学生创业园是大学生将思想转化为实际成果的地方,能够为大学生提供办公场所等各方面的共享设施,聘请创业咨询师、知名创业专家、创业企业家等为大学生创业进行系统的咨询服务和培训,为大学生创业提供包括法律咨询、工商注册、金融服务等内容的一站式服务,从而提升大学生创业速度,提高创业项目的成功率和生存率。

案例

让人刮目相看的九零后

2014 年,陈嘉伟考入南京理工大学材料化工类本科专业进行学习,大二参加本科生科研训练,在了解到中国显示器领域关键技术受制于国外的背景后,积极申请加入工信部重点实验室,研究第三代柔性显示技术,在 QLED 技术上获得突破,授权多项发明专利。掌握核心技术后,陈嘉伟积极参加各类学科竞赛,获得"挑战杯"全国特等奖、"中国青少年科技创新奖"等多项奖励。在大三时,陈嘉伟萌生了创业的念头,他通过参加创业竞赛边做边学,带领创业团队创立公司,研发和生产显示面板原料,其创业项目获得第六届中国国际"互联网＋"创新创业大赛金奖。留校攻读博士研究生后,陈嘉伟在科研领域又取得了理论创新成果,学术论文发表在国际顶级期刊。陈嘉伟同学被评为中国共青团十八大代表、全国优秀共青团员、全国研究生党员标兵。从陈嘉伟同学的成长经历可以看出,他同时选择了创新实践和创业实践这两条路径,两者相互促进,强有力地助推了创新能力的培养。

第三节　中国国际大学生创新大赛

中国国际大学生创新大赛是一项国家级、国际化的创新创业赛事,由教育部等 12 个中央部委以及地方政府共同主办。大赛以"我敢闯,我会创"为主题,鼓励全国乃至全球的大学生积极参与,展现创新思维与实践能力。自 2015 年起,我国每年都会举办该项赛事。

一、 大赛的目标和任务

(一) 大赛目标

中国国际大学生创新大赛的总体目标是：更中国、更国际、更教育、更全面、更创新、更协同，落实立德树人根本任务，传承和弘扬红色基因，聚焦"五育"融合创新创业教育实践，开启创新创业教育改革新征程，激发青年学生创新创造热情，打造共建共享、融通中外的国际创新盛会，让青春在全面建设社会主义现代化国家的火热实践中绽放绚丽之花。

（1）更中国。更深层次、更广范围体现红色基因传承，充分展现新发展阶段高水平创新教育的丰硕成果，集中展示新发展理念引领下创新人才培养的中国方案，提升新时代中国高等教育的感召力。

（2）更国际。深化创新教育国际交流合作，汇聚全球知名高校、企业和创业者，服务以国内大循环为主体、国内国际双循环相互促进的新发展格局，搭建全球性创新创业竞赛平台，提升新时代中国高等教育的影响力。

（3）更教育。推动思想政治教育、专业教育与创新教育深度融合，弘扬劳动精神，加强学生创新实践能力培养，造就敢想敢为又善作善成的新时代好青年，提升新时代中国高等教育的塑造力。

（4）更全面。推进职普融通、产教融合、科教融汇，鼓励各学段学生积极参赛，形成创新创业教育在高等教育、职业教育、基础教育、留学生教育等各类各学段的全覆盖，打通人才培养各环节，提升新时代中国高等教育的引领力。

（5）更创新。积极开辟发展新领域新赛道，不断塑造发展新动能新优势，丰富竞赛内容和形式，激发全社会创新创造动能，促进高校创新成果转化应用，进一步服务国家重大战略需求和经济社会高质量发展，提升新时代中国高等教育的创造力。

（6）更协同。充分发挥大赛平台纽带作用，促进优质资源互联互通，推动形成开放大学、开放产业、开放问题的良好氛围，助推大赛项目落地转化，营造支持青年大学生创新创业、共同合作、互相包容、互相支持的良好生态。

(二) 大赛任务

（1）以赛促教，探索人才培养新途径。全面提高人才自主培养质量，强化高校课程思政建设，深入推进新工科、新医科、新农科、新文科建设，深化创新创业教育改革，引领各类学校人才培养范式深刻变革，形成新的人才培养质量观和质量标准，切实提高学生的创新精神、创新意识和创新能力。

（2）以赛促学，培养创新创业生力军。着力造就拔尖创新人才，激励广大青年扎根中国大地了解国情民情，在创新创业中增长智慧才干，怀抱梦想又脚踏实地，敢想敢为又善作善成，做有理想、敢担当、能吃苦、肯奋斗的新时代好青年。

（3）以赛促创，搭建产教融合新平台。把教育融入经济社会发展，推动成果转化和产学研用融合，促进教育链、人才链与产业链、创新链有机衔接，以创新引领创业、以创业带动就业，推动形成高校毕业生更高质量创业就业的新局面。

二、 参赛要求、赛制和赛程

参赛项目要求能够紧密结合经济社会各领域现实需求，充分体现高校在新工科、新医科、新农科、新文科建设等方面取得的成果，培育新产品、新服务、新业态、新模式，促进制造业、农业、卫生、能源、环保、战略性新兴产业等领域的转型升级，促进人工智能、数字技术与教育、医疗、交通、金融、消费生活、文化传播等深度融合。参赛项目要求弘扬正能量，践行社会主义核心价值观，真实、健康、合法。不得含有任何违反《中华人民共和国宪法》及其他法律法规的内容。所涉及的发明创造、专利技术、资源等必须拥有清晰合法的知识产权或物权。参赛项目如有涉密内容，参赛前须进行脱敏处理。参赛项目只能选择一个符合要求的赛道报名参赛，根据参赛团队负责人的学籍或学历确定参赛团队所代表的参赛学校，且代表的参赛学校具有唯一性。历届金奖和银奖项目不可报名参赛。参赛人员（不含产业命题赛道参赛项目成员中的教师）年龄要求不超过 35 岁。

大赛包含高教主赛道、青年红色筑梦之旅赛道、职教赛道、产业命题赛道和萌芽赛道等多个赛道，采用校级初赛、省级复赛、总决赛三级赛制（不含国际参赛项目）。校级初赛由各院校负责组织，省级复赛由各地负责组织，总决赛由各地按照大赛组委会确定的配额择优遴选推荐项目。

大赛赛程为：

（1）参赛报名。参赛团队通过登录全国大学生创业服务网进行报名。通过"全国大学生创业服务网"或"中国国际大学生创新大赛"微信公众号进行赛事咨询。国际参赛项目通过全球青年创新领袖共同体促进会官网进行报名。

（2）初赛复赛。初赛复赛的比赛环节、评审方式等由各校、各地自行决定，各校会参考当年的大赛政策公布相应比赛文件。

（3）总决赛。大赛设金奖、银奖、铜奖；另设省市组织奖、高校集体奖及若干单项奖。入围总决赛的项目将通过评审，择优进入总决赛现场比赛，决出各类奖项。大赛组委会通过全国大学生创业服务网、国家大学生就业服务平台为参赛团队提供项目展示、创业指导、人才招聘、资源对接等服务。

三、 优秀项目案例

大赛自举办以来，涌现出许多优秀的创新创业项目案例。大学生应从创新创业榜样中汲取力量，勤奋进取，培养敢闯会创的品格素养，在创新之路上发现自我，发展自我，实现自我，最终超越自我。下面列出几个优秀项目案例：

(一) 光影流转——亿像素红外智能计算成像的开拓者

项目介绍：南京理工大学光影流转团队研制出国际上首台基于计算成像原理的超高清红外热像仪，大幅突破红外成像器件的物理极限制约，创造了红外成像的"亿像素"世界纪录。产品体系已完成从处理芯片、到机芯模组、再到系统整机的全方位覆盖，核心部件全国产化，达到"全链路"自主可控。技术与产品将全面占据红外成像行业上游制高点，有力地推动我国军用夜视装备的更新换代与红外成像仪器产业的技术变革。

项目成绩:第八届大赛全国冠军

(二) 虚拟机房——电网式算力调度网络

项目介绍:清华大学共绩算力团队首次提出以算代储系统方案,利用任务分发代替电力传输,构建了全球唯一的分散闲时算力调度平台,整合了来自大量个人设备、全国数千家网吧以及中大型集群的闲时资源,已经实现万卡级算力调度,为头部 AIGC 企业、科研工作者提供灵活低价的算力服务,并与多家企业和政府达成商业合作,不仅开创了算力共享的新商业模式,还为资源的优化利用探索了前沿路径。

项目成绩:第九届大赛全国亚军

(三) Insta360 全景相机

项目介绍:给人们带来全空间视角"表达另一种生活方式"是全景相机想给用户带来的体验。南京大学项目团队在寻找更优质的直播解决方案时,自主研发了 360°全景视频设备。Insta360 全景相机采用了两颗 230°超广角镜头,能够拍摄 4K 画质的视频和照片,并将画面实时拼接,为用户提供身临其境的视觉体验。产品设计小巧轻便,便于携带,用户可以随时随地进行全景拍摄。同时,基于云的内容分发系统使得用户可以轻松地将拍摄的内容分享到主流平台,与更多人分享精彩瞬间。

项目成绩:第二届大赛全国亚军

(四) 安夏科技——纪检监察信息化 3.0 建设的引领者

项目介绍:南京安夏电子科技有限公司由南京理工大学 16 届本科生谷敏骏创立。专注于纪检监察信息化业务,包括软件业务信息化,科技装备信息化,办案场所信息化。拥有涉密甲级(软件开发);涉密乙级(系统集成 安防监控);高新技术企业等资质,保障了百万级案件线索流转办理,实现了十万级执纪执法领导干部实时在线使用,打造了创新型国家智慧监督体系,为数字中国探路,获得了中央及地方党政机关高度认可及上百次党报报道。2022年谷敏骏获得全国创新创业英才奖。

项目成绩:第七届大赛全国金奖

思考题

1. 创新创业人才应具备哪些能力与素质?
2. 大学期间你为自己设计了一条怎样的创新实践路径?

实践练习

活动名称:访谈一名成功的大学生创业者
活动内容:选择一名成功的大学生创业者,从人才素质角度调研其成功的原因,可以从自信心、责任心、冒险精神、合作性、市场意识、风险意识、耐挫力等人才素质角度进行观察和判断。

参考文献

[1] 阿曼德,谢泼德. 创新管理:情境、战略、系统和流程[M]. 陈劲,译. 北京:北京大学出版社,2014.

[2] 安江英,安连锁,杨凯,等. 产学协同:全方位培养创新人才的研究与持续实践[J]. 中国大学教学,2009(11):67-69.

[3] 贝赞特,蒂德. 创新与创业基础[M]. 牛芳,池军,田新,等译. 北京:机械工业出版社,2013.

[4] 博克,乔治,王重鸣. 商业模式工具书:实战版:创新商业模式的工具方法及案例演练[M]. 浙江大学全球创业研究中心团队,译. 北京:人民邮电出版社,2020.

[5] 博赞. 思维导图[M]. 卜煜婷,译. 北京:化学工业出版社,2015.

[6] 陈劲. 开放式创新:实践指南[M]. 北京:电子工业出版社,2024.

[7] 陈劲,郑刚.创新管理[M]. 北京:北京大学出版社,2016.

[8] 陈劲. 自主创新与技术管理:全球竞争中的战略选择[M]. 北京:北京大学出版社,2019.

[9] 成思源. 技术创新方法——TRIZ理论及应用[M]. 北京:清华大学出版社,2023.

[10] 创新方法研究会. 创新方法教程[M]. 北京:高等教育出版社,2015.

[11] 戴尔,葛瑞格森,克里斯坦森.创新者的基因[M]. 曾佳宁,译. 北京:中信出版社,2020.

[12] 邓立治,邓张升,唐雨歆. 商业计划书案例:从创新创业大赛到创业实战[M]. 北京:机械工业出版社,2021.

[13] 邓立治. 商业计划书:原理、演示与案例[M]. 2版. 北京:机械工业出版社,2018.

[14] 邓小鸿,张耀平,刘惠文. 地方院校大学生创新工作室构建研究[J]. 高等工程教育研究,2020(6):45-49.

[15] 蒂德,贝赞特. 创新管理:技术变革、市场变革和组织变革的整合[M]. 陈劲,译. 北京:中国人民出版社,2012.

[16] 蒂蒙斯,斯皮内利. 创业学[M]. 周伟民,吕长春,译. 北京:人民邮电出版社,2011.

[17] 付玉秀,张洪石.突破性创新:概念界定与比较[J].数量经济技术经济研究,2004(3):73-83.

[18] 戈尔曼. 颠覆式创新:如何在未来的竞争中获胜[M]. 北京:北京大学出版社,2020.

[19] 顾元勋. 商业模式:原理与案例[M]. 北京:清华大学出版社,2024.

[20] 郭斌,王真. 商业模式创新[M]. 北京:中信出版社,2022.

[21] 郭建如,邓峰. 高校人才培养改革对大学生创新能力的影响[J]. 高等教育研究,2020,41(7):70-77.

[22] 郭旭升,杨爱民.科技创业实战[M]. 北京:清华大学出版社,2023.

［23］胡保亮,闫帅. 商业模式创新:数字经济时代持续竞争优势的源泉[M]. 北京:清华大学出版社,2021.

［24］黄 V.W.,霍洛维茨. 硅谷生态圈:创新的雨林法则[M]. 诸葛越,等译. 北京:机械工业出版社,2015.

［25］加拉格尔. 爱彼迎传[M]. 唐昉,林星宇,译. 北京:中信出版社,2019.

［26］克里斯坦森. 创新者的窘境[M]. 胡建桥,译. 北京:中信出版社,2020.

［27］克里斯坦森. 颠覆性创新[M]. 崔传刚,译. 北京:中信出版社,2019.

［28］克里斯坦森,雷纳. 创新者的解答[M]. 李瑜偲,林伟,郑欢,译. 北京:中信出版社,2010.

［29］朗格内克,穆尔,佩蒂. 小企业管理——创业之门[M]. 郭武文,等译. 北京:人民邮电出版社,2006.

［30］雷家骕,冯婉玲. 高新技术创业管理[M]. 北京:机械工业出版社,2001.

［31］李世辉,李香花."学生—学术—学科"三位一体大学生创新能力培养模式研究[J]. 中国高等教育,2020(8):53-54.

［32］李薇,等. 大学生创新创业项目式实训教程[M]. 北京:中国传媒大学出版社,2024.

［33］李垣,乔伟杰. 基于价值管理中的企业创新系统构建[J]. 中国软科学,2002(12):62-65.

［34］刘志阳. 创业画布[M]. 北京:机械工业出版社,2018.

［35］刘志阳,林嵩,路江涌. 创新创业基础[M]. 北京:机械工业出版社,2021.

［36］吕爽,谭军华,刘小玲等. 创新思维[M]. 北京:清华大学出版社,2022.

［37］苗苗,沈火明. 创新创业创青春[M]. 北京:机械工业出版社,2022.

［38］潘泽清. 商业模式解析:商业模式画布与运用[M]. 北京:九州出版社,2022.

［39］钱颖一. 批判性思维与创造性思维教育:理念与实践[J]. 清华大学教育研究,2018(4):1-16.

［40］芮鸿岩,戴斌荣. 当代大学生创新创业理论与实践[M]. 北京:高等教育出版社,2021.

［41］斯皮内利,亚当斯. 创业学:21世纪的企业家精神[M]. 蒂蒙斯创业学研习社,译. 北京:机械工业出版社,2022.

［42］王洪才. 创新创业教育新论[M]. 南京:南京师范大学出版社,2023.

［43］王洪才,等. 中国大学生创新创业能力结构与发展水平研究[M],厦门:厦门大学出版社,2023.

［44］王娜. 基于互联网的平台型企业商业模式创新研究[M]. 北京:中国社会科学出版社,2021.

［45］王亚东,赵亮,于海勇,等. 创造性思维与创新方法[M]. 北京:清华大学出版社,2018.

［46］吴梅英. 大学生创新能力培养模式研究[J]. 中国高等教育,2021(5):56-58.

［47］杨芳. 创业设计与实务[M]. 北京:机械工业出版社,2019

［48］杨鹏,任溶,桂曙光. 科技创业与融资[M]. 北京:中国科学技术出版社,2024.

［49］叶静怡. 创新经济学理论实证与创新调查[M]. 北京:北京大学出版社,2020.

［50］张光宇,许泽浩,戴海闻,等. 颠覆性创新:国家视角［M］. 北京:科学出版社,2022.

［51］张陆洋,闫琼. 科技创新创业基础［M］. 北京:高等教育出版社,2022.

［52］张玉利,薛红志,陈寒松,等. 创业管理［M］. 5 版. 北京:机械工业出版社,2020.

［53］赵敏,史晓凌,段海波. TRIZ 入门及实践［M］. 北京:科学出版社,2010.

［54］周苏,陈敏玲. 创新思维与 TRIZ 创新方法［M］. 北京:清华大学出版社,2018.

［55］周苏.创新思维与方法［M］. 北京:机械工业出版社,2022.

［56］朱恒源,余佳. 创业八讲［M］. 北京:机械工业出版社,2016.

教师教学资源服务指南

关注微信公众号"**高教财经教学研究**",可浏览云书展了解最新经管教材信息、申请样书、下载课件、下载试卷、观看师资培训课程和直播录像等。

🎯 课件及资源下载

电脑端进入公众号点击导航栏中的"教学服务",点击子菜单中的"资源下载",或浏览器输入网址链接http://101.35.126.6/,注册登录后可搜索相应资源并下载。

🎯 样书申请及培训课程

点击导航栏中的"教学服务",点击子菜单中的"云书展",了解最新教材信息及申请样书。
点击导航栏中的"教师培训",点击子菜单中的"培训课程"即可观看教师培训课程和"名师谈教学与科研直播讲堂"的录像。

🎯 联系我们

联系电话: (021)56718921